国家教师资格考试 高分题库

过关必刷1000题

参考答案及解析

教育教学知识与能力

小学

山香教师资格考试命题研究中心　主编

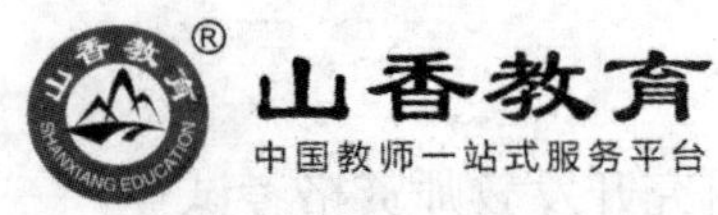

国家教师资格考试高分题库

过关必刷1000题

教育教学知识与能力

小学

山香教师资格考试命题研究中心 主编

关注公众号，点击“笔试练习”领取历年真题及预测卷20套!

图书在版编目(CIP)数据

高分题库. 教育教学知识与能力. 小学 / 山香教师资格考试命题研究中心主编. —北京 ：首都师范大学出版社，2017. 4(2021.9重印)

国家教师资格考试

ISBN 978-7-5656-3401-7

Ⅰ. ①高… Ⅱ. ①山… Ⅲ. ①小学教师－教学能力－资格考试－习题集 Ⅳ. ①G451. 1-44

中国版本图书馆CIP数据核字(2017)第061483号

国家教师资格考试高分题库
JIAOYU JIAOXUE ZHISHI YU NENGLI XIAOXUE
教育教学知识与能力·小学
山香教师资格考试命题研究中心 主编

策划编辑 张文强
责任编辑 曹亮亮 王慕飞　　封面设计 山香教育
首都师范大学出版社出版发行
地 址 北京市西三环北路105号
邮 编 100048
电 话 010-68418523(总编室)　010-68982468(发行部)
网 址 http://cnupn.cnu.edu.cn
印 刷 河南黎阳印务有限公司
经 销 全国新华书店
版 次 2017年4月第1版
印 次 2021年9月第12次印刷
开 本 787mm×1092mm 1/16
印 张 16.5
字 数 380千
定 价 42.00元

前　言

中小学教师资格考试是由国家建立考试标准，省级教育行政部门组织的全国统一考试，包括笔试和面试两部分。笔试主要考查申请人从事教师职业所应具备的教育理念、职业道德、法律法规知识、科学文化素养、阅读理解、语言表达、逻辑推理和信息处理等基本能力；教育教学、学生指导和班级管理的基本知识；拟任教学科领域的基本知识，活动设计实施评价的知识和方法，运用所学知识分析和解决教育教学实际问题的能力。笔试一般在每年3月和11月各举行一次，笔试单科成绩有效期为2年。笔试科目均合格的考生，可参加教师资格考试面试。下表为各学段的笔试科目及面试相关情况。

<table>
<tr><th colspan="3" rowspan="2">类别</th><th colspan="3">笔试科目</th><th rowspan="2">面试</th></tr>
<tr><th>科目一</th><th>科目二</th><th>科目三</th></tr>
<tr><td colspan="3">幼儿园</td><td>综合素质</td><td>保教知识与能力</td><td rowspan="2">—</td><td rowspan="5">教育教学实践能力</td></tr>
<tr><td colspan="3">小学</td><td>综合素质</td><td>教育教学知识与能力</td></tr>
<tr><td rowspan="5">中学</td><td colspan="2">初级中学</td><td rowspan="5">综合素质</td><td rowspan="5">教育知识与能力</td><td rowspan="3">学科知识与教学能力</td></tr>
<tr><td colspan="2">高级中学</td></tr>
<tr><td rowspan="2">中职</td><td>文化课教师</td></tr>
<tr><td>专业课教师</td><td rowspan="2">（试点省自行组织）</td><td rowspan="2">（试点省自行组织）</td></tr>
<tr><td colspan="2">中职实习指导教师</td></tr>
<tr><td colspan="7">注1.初级中学的《学科知识与教学能力》科目分为：语文、数学、英语、物理、化学、生物、道德与法治、历史、地理、音乐、体育与健康、美术、信息技术、历史与社会、科学等15个学科。
注2.普通高级中学的《学科知识与教学能力》科目分为：语文、数学、英语、物理、化学、生物、思想政治、历史、地理、音乐、体育与健康、美术、信息技术、通用技术等14个学科。</td></tr>
</table>

为了让考生有针对性地备考，使复习有方向有条理，作为国内研究开发教师资格考试辅导教材的专业机构，山香教育在调研历年教师资格考试真题的基础上，结合考试标准和考试大纲，策划出版了本套题库，致力于帮助广大考生实现教师之梦。

本套题库具有如下特点：

第一，精选真题，契合考纲。

本题库选择真题时注重其是否契合《中小学教师资格考试·教育教学知识与能力（小学）笔试大纲》。精选真题按照教育基础、学生指导、班级管理、学科知识与教学设计、教学实施、教学评价与反思六个部分划分归类，又具体分出各个专题，使考生能够根据专题的知识点、重点进行强化训练，以达到提升应试能力的目的。

第二，题量丰富，解析精当。

本套题库试题丰富，题型全面，且所有试题都附有详细的答案和解析，思路清晰，要点明确，考生可通过做题达到巩固知识、熟悉题型、强化记忆的效果。

本套题库难免存在一些不足之处，衷心希望各位读者朋友批评指正，同时希望这套题库能为考生顺利通过教师资格考试提供帮助。

编　者

备考指南

山香教师资格考试命题研究中心对历年考试成绩的统计发现，每年通过教师资格统考的比例在27%左右。因此，对于广大考生来说，只有制订科学的计划、付出足够的学习时间、科学地提高复习效率，才能在激烈的竞争中脱颖而出。为了帮助您更高效地使用备考图书，顺利进入面试，我们为您制订了详细的笔试复习计划，希望您以此为参考，科学合理地制订适合自己的复习计划。

复习阶段	复习时间	复习方略	参考用书
准备阶段	3天	1.熟悉考试情况：搜集历年考试报名公告与考试大纲，了解教师资格考试的报考条件、报名流程、考试内容、考试规则等信息 2.制订备考计划：根据自身基础条件与优劣势，制订出一个适合自己的、科学合理的完美备考计划，精心选择一套权威应试教材进行复习	山香教育出版：专用教材系列、历年真题系列、高分题库系列
基础复习	1个月	1.精读最新辅导教材，着重夯实基础。掌握考试命题趋势，把准复习方向。深入系统学习教材，全面掌握基本理论知识，学习答题技巧 2.时间充裕的考生，每天至少要花四个小时复习教材，在本轮复习结束时至少要将教材复习三遍。时间不充裕的考生，每天可抽两个小时复习教材，在本轮复习结束时至少应将教材从头到尾看两遍 3.复习进度讲究由浅入深、循序渐进、系统不间断，善于总结，在教材中对重点内容做出明显的标记，以备最后冲刺时使用 4.考生在此阶段可结合高分题库进行章节同步强化练习，结合历年真题模拟训练，以便及时了解自己的弱项，及时补救	山香教育出版：专用教材系列、历年真题系列、高分题库系列
综合提升	1个月	1.此阶段的复习，可先对自己在基础复习中的弱项进行补救，并选择专项教材或题库进行专项突破，突破短板才能最终获胜 2.每天坚持做两三套题。时间充裕应多做题，检测自己的学习效果，巩固知识和强化记忆 3.考生在大量做题的过程中，对于经常出错的题型、自己擅长的题型要善于分析归纳，这样有助于查漏补缺，因势利导 4.整理重点，学思结合。要配合练习题、模拟题、真题等，总结经验，归纳解题思路、答题模板、方法和技巧，梳理知识，做到学与思的结合	山香教育出版：历年真题系列、高分题库系列、21天通关系列
临考提升	7天	1.考前进行模拟实训，体验实战，最后梳理考点，调整考试状态 2.每天坚持花三个小时做两套通关试题，上午一套，下午一套。坚持花两个小时左右的时间温习看过的教材和做过的题，温习时要明确哪些知识点常考，以什么形式考，哪些地方自己容易出错等 3.模拟考试场景，限定时间，注意答题细节与技巧	山香教育出版：21天通关系列、通关宝典系列
考试前一天		调整心态，熟悉考场及乘车路线，准备好考试用品，检查准考证，放松心情，充分休息	

注意：

(1)认真复习教材，熟记教材，理解教材，吃透教材。争取掌握书中的每一个知识点、解题技巧。考前还应该以快速阅读的方式温习一遍教材，巩固知识，防止知识的遗忘。

(2)练习的时候，尽量在规定时间内做题，真正达到模拟训练的效果。查看答案解析的时候一定要多加注意自己做错的题，争取下次遇到这些题时一定做对。

目　录

第一模块　过关必刷题库

第二模块　全真模拟试卷

参考答案及解析单独成册

第一模块　过关必刷题库

第一章　教育基础

核心知识提要

- 教育基础
  - 教育学基础知识
    - 教育的产生与发展
      - 教育的基本形态:家庭教育、学校教育、社会教育
      - 教育的起源★
        - 神话起源说、生物起源说
        - 心理起源说、劳动起源说
      - 教育产生的原因:人类对自身生存和发展需要的满足★
      - 古代社会的教育
        - 中国
          - 夏出现了我国最早的学校
          - “四书五经”
        - 外国
          - 埃及:以僧为师、以吏(书)为师
          - 教会教育的内容:“七艺”
      - 德国是世界上最早普及义务教育的国家
      - 20世纪以后教育的新特点:终身化、全民化、民主化、多元化、现代化
    - 教育学的产生与发展
      - 孔子的教育思想★★
      - 《学记》的教育思想
      - 夸美纽斯★
        - “泛智”教育
        - 教育适应自然
        - 班级授课制
        - 教学原则
      - 卢梭★
        - 坚定的“性善论”者
        - 教育的任务应该使儿童“归于自然”
      - 赫尔巴特:传统教育学派代表人物
      - 杜威★
        - “新三中心论”
        - 教育即生活、教育即生长、教育即经验的改组或改造
        - 教育无目的论
        - “从做中学”
        - 现代教育学派代表人物
      - 中国近现代教育思想★
      - 当代教育学理论的新发展★
    - 教育与社会的发展
      - 教育与政治经济制度★
      - 教育与生产力水平
      - 教育与科学技术
      - 教育与文化★
    - 教育与人的发展★★
      - 影响个体身心发展的因素:遗传、环境、学校教育、个体主观能动性
      - 个体身心发展的动因:内发论、外铄论、多因素相互作用论

- 教育基础
  - 教育学基础知识
    - 教育目的★
      - 教育目的的理论:社会本位论、个人本位论、生活本位论、教育无目的论等
      - 我国确立教育目的的理论依据是马克思关于人的全面发展学说
    - 学校教育制度★★
      - 现代学制的类型:双轨学制;单轨学制;分支型学制
      - 我国学制的发展
    - 义务教育制度★★
      - 义务教育的特点
      - 《中华人民共和国义务教育法》的颁布时间
  - 我国的小学教育
    - 1896年盛宣怀创办了我国最早的公立小学堂——南洋公学中的外院
    - 校长负责制
  - 课程
    - 课程的内涵、课程定义的基本类型、古德莱德关于课程的定义
    - 课程类型★★★
      - 学科课程与活动课程,分科课程与综合课程,必修课程与选修课程
      - 国家课程、地方课程与校本课程,显性课程与隐性课程
    - 课程目标
      - 课程目标取向的分类
        - 普遍性目标、行为性目标
        - 生成性目标、表现性目标
      - 三维课程目标:知识与技能目标、过程与方法目标、情感态度与价值观目标★★
    - 新课程结构的主要内容
      - 整体设置九年一贯的义务教育课程
      - 小学阶段以综合课程为主,高中以分科课程为主
      - 从小学至高中设置综合实践活动课程并作为必修课
      - 农村中学课程要为当地社会经济发展服务
    - 课程内容的组织形式:螺旋式、纵向组织、横向组织、逻辑顺序与心理顺序的内涵★
    - 课程的文本表现形式:课程计划、课程标准、教材★★
    - 课程开发的模式:目标模式、过程模式
    - 当前我国基础教育课程改革
      - 改革的目标★
        - 实现课程功能的转变
        - 体现课程结构的均衡性、综合性和选择性
        - 密切课程内容与生活和时代的联系
        - 改善学生的学习方式
        - 建立与素质教育理念相一致的评价与考试制度
        - 实行三级课程管理制度
      - 新课程倡导的学生观★
        - 学生是发展中的人
        - 学生是独特的人
        - 学生是具有独立意义的人
      - 新课程倡导的教学观★
        - 教学是课程创生与开发的过程
        - 教学是师生交往、积极互动、共同发展的过程
        - 教学重过程甚于重结论
        - 教学更为关注人而不只是学科
      - 新课程倡导的教师观要求教师要实现角色和教学行为的转变★
      - 新课程倡导的学习方式有自主学习、探究学习和合作学习
  - 学生与教师:《小学教师专业标准(试行)》基本理念★★
    - 师德为先、学生为本
    - 能力为重、终身学习
  - 小学教育科学研究
    - 教育科学研究的基本过程
    - 教育科学研究方法★★

经典真题回顾

一、单项选择题(每小题2分,共18小题。参考时限30分钟)

1.“玉不琢,不成器;人不学,不知道。是故古之王者建国君民,教学为先。”《学记》中的这句话反映了( )

A. 教育与经济的关系　　B. 教育与文化的关系

C. 教育与政治的关系　　D. 教育与科技的关系

2. 明确指出教学就是阐明“把一切事物教给一切人类的全部艺术”的著作是( )

A. 赫尔巴特的《普通教育学》　　B. 卢梭的《爱弥儿》

C. 夸美纽斯的《大教学论》　　D. 洛克的《教育漫话》

3.“子曰:自行束脩以上,吾未尝无诲焉。”《论语》中这句话体现的教育思想是( )

A. 启发诱导　B. 因材施教　C. 有教无类　D. 诲人不倦

4. 巴班斯基认为,应该把教学看作一个系统,从系统的整体与部分之间、部分与部分之间以及系统与环境之间的相互联系、相互作用之中设计教学。这一教学理论称为( )

A. 教学环境最优化　　B. 教学内容最优化

C. 教学过程最优化　　D. 教学方法最优化

5. 英国哲学家洛克提出“白板说”,认为外部的力量决定了人的发展。这种观点属于( )

A. 外铄论　B. 内发论　C. 多因素论　D. 相互作用论

6. 我国教育史上首次纳入师范教育并实施的学制是( )

A.“癸卯学制”　　B.“五四三学制”

C.“壬寅学制”　　D.“六三三学制”

7. 义务教育的基本特征主要包括( )

①强制性 ②普遍性 ③公共性 ④选择性 ⑤终身性

A. ①②③　B. ①②④　C. ①③⑤　D. ②③④

8.《中华人民共和国义务教育法》颁布的时间是( )

A. 1983年　B. 1986年　C. 1993年　D. 2006年

9. 倡导经验课程,并主张以主动作业形式实施这种课程的教育家是( )

A. 卢梭　B. 杜威　C. 泰勒　D. 布鲁纳

10. 校歌、校徽、校标等是学校课程的一部分,这类课程属于( )

A. 学科课程　B. 活动课程　C. 显性课程　D. 隐性课程

11. 裴斯泰洛齐认为教育目的就在于全面和谐地发展人的一切天赋力量和才能,使人的各项能力得到自然的进步与均衡发展,其价值取向属于( )

A. 个人本位论　B. 社会本位论　C. 文化本位论　D. 生活本位论

12. 在小学课程实施过程中,教师挖掘和利用的民风民俗、传说故事、传统节日、文化活动等资源属于( )

A. 自然资源　B. 校内资源　C. 社会资源　D. 个体资源

13. 某学校开发了一门介绍当地风俗、物产与人物的课程,该课程属于( )

A. 地方课程　B. 校本课程　C. 隐性课程　D. 分科课程

14. 在教学《圆的周长》时,张老师将“掌握圆的周长计算公式”拟定为教学目标之一。该目标属于( )

A. 知识与技能目标　　B. 过程与方法目标

C. 思想与方法目标　　D. 情感态度与价值观目标

15. 某小学拟编写一本综合实践活动校本教材,编写这一教材的主要依据应为( )

A. 教学目标　B. 教学内容　C. 课程标准　D. 课程计划

16. 小学教科书的编排形式应有利于学生的学习,不仅要符合教育学、心理学和美学的要求,还应符合( )

A. 社会学的要求　　B. 政治学的要求

C. 生态学的要求　　D. 卫生学的要求

17. 将课程编制过程划分为确定目标、选择经验、组织经验、评价结果四个阶段,并被誉为“课程评价之父”的教育家是( )

A. 卢梭　B. 杜威　C. 泰勒　D. 布鲁纳

18.“治贫先治愚”,教育扶贫能够阻断代际传递,这是因为教育具有( )

A. 政治功能　B. 经济功能　C. 生态功能　D. 人口功能

二、简答题(每小题10分,参考时限10分钟。共3小题)

1. 简述小学综合实践活动开展的基本步骤。

2. 简述《小学教师专业标准(试行)》中关于教师专业能力的构成。

3. 简述教育叙事研究的一般步骤。

三、材料分析题(每小题20分,参考时限20分钟。共2小题)

1. 材料:

在一次关于学生个体差异的研讨会上,一位小学校长将学生比喻成鲜花,他说:"有的学生是适时盛开的花朵,有的学生是还未开放的花苞。只要给予足够的阳光、空气、水分及耐心的等待,未开的花苞总会开放,而且有的迟开的花苞盛开时可能会更鲜艳、更长久。我们要用静待花开的心态去对待孩子,接受他,尊重他,这样才能帮助他,促进他。"

问题:

(1)分析该校长发言中所蕴含的学生观。

(2)结合材料谈谈小学教师应树立怎样的教育观。

2. 材料:

一天,黄老师要求学生背诵课文。才过了五六分钟,几个成绩比较优秀的学生就来找老师背诵,并得到了老师表扬。这时,小伟也要求背诵,几个同学听了哈哈大笑,因为小伟有智力缺陷,思维缓慢,说话不流畅,普通孩子用几秒钟说的一句话,他却需要一两分钟才能讲清楚,黄老师望着小伟涨红的脸,微笑着说:"好的。小伟,你来背,不着急,慢慢来。"

小伟用他那特有的发音,一字一句认真地背诵起来。5分钟过去了,小伟一字不差地背完了。黄老师激动地竖起大拇指说:"小伟,你真棒!"教室里响起了热烈的掌声,小伟的脸上露出了灿烂的笑容。

问题:

(1)结合材料,评析黄老师的做法。

(2)教师应如何对随班就读的"特殊儿童"进行教育。

过关必刷题库

专题一　教育学基础知识

一、单项选择题(每小题2分,共88小题。参考时限135分钟)

1. 教育活动不仅存在于人类社会,而且存在于动物界,教育起源于生存本能活动,否认了教育的社会属性,这是教育的生物起源说的观点。生物起源说的代表人物是(　　)

A. 沛西·能　B. 孟禄　C. 凯洛夫　D. 米丁斯基

2. 把学生的"一般发展"作为教学的出发点的著作是(　　)

A.《教学与发展》　B.《大教学论》

C.《国民教育与民主主义教育》　D.《教育过程》

3. 卢梭认为,在人的心灵中根本没有什么天生就有的邪恶,任何邪恶都是在后天不恰当的社会制度中养成的。因此,他主张儿童的教育要远离腐化的上层社会生活,远离充满罪恶的城市,要把儿童带到乡村大自然的淳朴环境中,把他们从社会的不良影响下挽救出来,在教育中保护儿童善良的天性。卢梭的观点属于(　　)教育目的价值取向。

A. 环境本位论　B. 个人本位论

C. 生活本位论　D. 社会本位论

4. 20世纪以后,教育的主要特点有终身化、全民化、民主化、多元化和(　　)

A. 大众化　B. 公立化　C. 公平化　D. 现代化

5. 西周各级各类学校教育的基本学科是(　　)

A."四书"　B."五经"　C."七艺"　D."六艺"

6. 赫尔巴特提出教学形式阶段理论,认为任何教学活动都必须经历的四个阶段是(　　)

A. 注意、期待、要求、行动　B. 明了、联合、系统、方法

C. 注意、期待、相关、集中　D. 明了、联合、提示、巩固

7. 墨子认为:"国有贤良之士众,则国家之治厚;贤良之士寡,则国家之治薄。"这一思想体现的是教育的(　　)

A. 政治功能　B. 经济功能　C. 文化功能　D. 人口功能

8. "我们的儿童是我们国家未来的公民,也是世界的公民,他们将创造历史。"马卡连柯的这句话体现了他对教育目的所持的观点是(　　)

A. 能力本位论　B. 社会本位论

C. 知识本位论　D. 个人本位论

9.《论语·为政》指出:"道之以政,齐之以刑,民免而无耻;道之以德,齐之以礼,有耻且格。"这一观点反映了(　　)

A. 教育的政治功能　　B. 教育的文化功能
C. 教育的人口功能　　D. 教育的经济功能

10. 樊迟请学稼,子曰:"吾不如老农。"请学为圃,曰:"吾不如老圃。"樊迟出。子曰:"小人哉,樊须也!上好礼,则民莫敢不敬;上好义,则民莫敢不服;上好信,则民莫敢不用情。夫如是,则四方之民襁负其子而至矣,焉用稼?"上述典故体现了这一阶段的教育(　　)

A. 与生产劳动相结合　　B. 与生产劳动相脱离
C. 教育内容科学化　　D. 实现了大众化

11. 教育是培养人的一种社会活动,是传承社会文化、传递生产经验和社会生活经验的基本途径。下列关于教育的概念,说法错误的是(　　)

A. 教育是人类特有的社会现象,动物界不存在教育
B. 教育随着人类的产生而产生,随着社会的发展而发展
C. 教育能增进人们的知识和技能,影响人们的思想观念
D. 教育就是指学校教育,即有目的地对学生身心施加影响

12. 我国的教育方针在其演进过程中虽有一定变化,但重视道德教育的优良传统没有改变。这说明教育具有(　　)

A. 历史性　　B. 长期性　　C. 继承性　　D. 永恒性

13. 提出了军国民教育、实利主义教育、公民道德教育、世界观教育和美感教育,倡导"五育"并举的教育家是(　　)

A. 黄炎培　　B. 晏阳初　　C. 杨贤江　　D. 蔡元培

14. "不愤不启,不悱不发"的思想最早出自(　　)

A.《说文解字》　　B.《论语》　　C.《孟子》　　D.《四书集注》

15. 在英国,曾经不同阶层的教育有着明显的区分——资产阶级和贵族的子女有权上质量较高的公立学校,毕业后进入剑桥和牛津等大学接受世界上最优秀的学术教育;而工人的孩子只能接受职业教育,进而继续成为工人。这种制度属于(　　)

A. 单轨制　　B. 双轨制　　C. 并列结合制　　D. 分支制

16. 提出"教育即生活""学校即社会"的教育家是(　　)

A. 裴斯泰洛齐　　B. 涂尔干　　C. 杜威　　D. 加里宁

17. "人只有经过适当的教育之后,人才能成为一个人。"夸美纽斯的这句话旨在说明教育是(　　)

A. 培养人的社会实践活动　　B. 使人得以生存的活动
C. 传递社会经验的活动　　D. 保存人类文明的活动

18. 教育的"生物起源说"和"心理起源说"的共同缺陷是都否定了(　　)

A. 教育的科学属性　　B. 教育的生产属性
C. 教育的社会属性　　D. 教育的艺术属性

19. 美国教育家杜威是实用主义教育学的代表人物。他提出的"三中心论"是指(　　)

A. 教师中心、教材中心、课堂中心　　B. 教师中心、儿童中心、教材中心
C. 儿童中心、活动中心、经验中心　　D. 儿童中心、活动中心、教材中心

20. 发挥教育合力必须要注意三种教育形态的有机结合,这三种教育形态是(　　)

①家庭教育　②学校教育　③社会教育　④自我教育

A. ①②④　　B. ①③④　　C. ①②③　　D. ②③④

21. 荀子说:"干、越、夷、貉之子,生而同声,长而异俗,教使之然也。"这强调影响人的身心发展的因素是(　　)

A. 遗传　　B. 环境
C. 教育　　D. 个体主观能动性

22. 影响个体身心发展的因素有很多,其中对人的身心发展起主导作用的是(　　)

A. 遗传　　B. 环境　　C. 学校教育　　D. 个体主观能动性

23. 马克思主义认为,造就全面发展的人的根本途径是(　　)

A. 教育与生产劳动相结合　　B. 从事智力劳动
C. 从事体力劳动　　D. 接受教育

24. 被毛泽东称为"伟大的人民教育家"的是(　　)

A. 蔡元培　　B. 陈鹤琴　　C. 陶行知　　D. 李叔同

25. 我国古代社会提出了"在明明德,在亲民,在止于至善"的教育目的,这体现了(　　)对教育目的确立的影响。

A. 经济　　B. 政治　　C. 文化　　D. 科技

26. 在整个教育体系中(　　)处于核心地位,是教育活动的出发点和归宿,也是人类进行改革的依据。

A. 教育目的　　B. 教育内容　　C. 受教育者　　D. 教育手段

27. 关于教育的起源一直众说纷纭,其中,我国古代的朱熹所持的观点是(　　)

A. 神话起源说　　B. 生物起源说
C. 心理起源说　　D. 劳动起源说

28. 教育(　　)是对教育专制性、等级化和特权化的否定。

A. 全民化　　B. 终身化　　C. 民主化　　D. 多元化

29. 我国明朝末期的东林书院强调"家事、国事、天下事,事事关心",这在一定程度上反映了教育的(　　)

A. 政治功能　　B. 人口功能　　C. 经济功能　　D. 文化功能

30. 14世纪欧洲学校的课程有算数、几何、天文等，到16世纪增加了地理和力学，17世纪又增加代数、三角、物理和化学等。这说明对教学内容变化产生影响的是(　　)

A. 生产力　B. 传统文化　C. 上层建筑　D. 政治经济制度

31. "近朱者赤，近墨者黑""孟母三迁"说明了(　　)对人的发展的影响。

A. 环境　B. 个体主观能动性　C. 遗传　D. 学校教育

32. "儿童必需的知识是通过模仿而获得的，在幼年时，其模仿是无意识的。"持这种观点的学说是(　　)

A. 生物起源论　B. 心理起源论

C. 劳动起源论　D. 神话起源论

33. "教育的主要目的，在最广泛的意义上就是'塑造人'，或者更确切地说，帮助儿童成为充分成型和完善发展的人。"这句话体现了(　　)的观点。

A. 个人本位论　B. 社会本位论

C. 教育无目的论　D. 教师中心论

34. "环境决定论"认为环境对人的身心发展起决定作用。"环境决定论"的代表人物有(　　)

A. 柏拉图　B. 班杜拉　C. 苏格拉底　D. 华生

35. 第一次规定了男女同校，废除读经，充实了自然科学的内容，将学堂改为学校。这是(　　)的内容。

A. 壬寅学制　B. 癸卯学制

C. 壬子癸丑学制　D. 壬戌学制

36. 针对当时农民存在的愚、穷、弱、私四大问题，提出文艺、生计、卫生、公民四种教育，采取学校教育、社会教育、家庭教育三大方式的教育家是(　　)

A. 雷沛鸿　B. 晏阳初　C. 陶行知　D. 梁漱溟

37. 马克思关于人的全面发展学说认为(　　)是造就全面发展的人的唯一方法。

A. 生产劳动　B. 学校教育

C. 家庭教育　D. 教育与生产劳动相结合

38. 片面追求升学率易造成教育的荒废，这是教育的(　　)

A. 正向个体功能　B. 负向个体功能

C. 正向社会功能　D. 负向社会功能

39. "吾十有五而志于学，三十而立，四十而不惑，五十而知天命，六十而耳顺，七十而从心所欲，不逾矩。"这句话体现的教育思想是(　　)

A. 素质教育　B. 终身教育　C. 全民教育　D. 全纳教育

40. 在教育方面，注重军事体育训练和政治道德灌输，教育内容单一，教育方法比较严厉的国家是(　　)

A. 古印度　B. 古埃及　C. 斯巴达　D. 雅典

41. 美国斯坦福大学的一项研究表明，儿童期的智力测验并不能正确地预测成年以后的工作成就，一个人的成就同智力的高低并无极大的相关。这说明(　　)

A. 遗传素质仅仅为人的身心发展提供了可能性

B. 遗传素质的成熟机制制约着人的身心发展

C. 遗传素质具有可塑性

D. 遗传素质的差异对人的身心发展具有决定性影响

42.《学记》中的"藏息相辅"即主张(　　)

A. 教与学相结合　B. 学与思相结合

C. 课内与课外相结合　D. 教学与劳动相结合

43. 制约教育的性质、领导权和受教育权的根本因素是(　　)

A. 政治经济制度　B. 社会生产力

C. 人口数量与质量　D. 文化习俗

44. "教育起源于儿童对成人的无意识模仿"是(　　)的观点。

A. 心理起源说　B. 劳动起源说

C. 生物起源说　D. 神话起源说

45. 裴斯泰洛齐认为："为人在世，可贵者在于发展，在于发展个人天赋的内在力量，使其经过锻炼，使人能尽其才，能在社会上达到他应有的地位。这就是教育的最终目的。"这句话反映了(　　)

A. 个人本位论　B. 教育无目的论

C. 生活本位论　D. 社会本位论

46. "橘生淮南为橘，生于淮北为枳。"这句话反映了(　　)因素对个人发展的影响。

A. 成熟　B. 遗传　C. 教育　D. 环境

47. 马克思主义关于人的全面发展学说提出要培养德、智、体、美、劳全面发展的人，为培养社会主义人才指明了方向。这体现了教育目的具有(　　)

A. 导向作用　B. 激励作用　C. 评价作用　D. 调控作用

48. 我国政府通过在国外设立"孔子学院"，让更多的外国民众学习汉语、了解中国、喜爱中国。这说明教育可以(　　)

A. 创造、更新文化　B. 传播、交流文化

C. 选择、提升文化　D. 筛选、保存文化

49. 教育的任务应该使儿童"归于自然"，这是自然主义教育的核心。下列人物当中，(　　)提出了"自然教育"的主张。

A. 赫尔巴特　B. 康德　C. 洛克　D. 卢梭

50. 近年来，部分学校开设了雕版印刷、根雕、剪纸等课程，这在一定程度上促进了非物质文化遗产的

传承、保护与发展。该现象体现出教育具有(　　)

A. 经济功能　　B. 政治功能　　C. 文化功能　　D. 生态功能

51. 昆体良是古罗马教学法大师，他是西方教育史上第一个专门论述教育问题的教育家。其代表作是(　　)

A.《论演说家的教育》　　B.《普通教育学》

C.《大教学论》　　D.《理想国》

52. 历史上第一个明确主张"教育心理学化"的教育家是(　　)

A. 夸美纽斯　　B. 赫尔巴特

C. 裴斯泰洛齐　　D. 杜威

53. "蓬生麻中，不扶而直；白沙在涅，与之俱黑"这句话夸大了(　　)因素对人的身心发展的影响。

A. 遗传　　B. 环境　　C. 个体主观能动性　　D. 学校教育

54. (　　)的教育学思想散记在他的哲学著作《理想国》一书中。他以"理念说"为核心，建立了一整套包含形而上学、价值论及知识论的哲学系统。

A. 苏格拉底　　B. 柏拉图

C. 亚里士多德　　D. 康德

55. 在我国，最早规定实行"男女教育平等，允许初等小学男女同校"的学制是(　　)

A. 壬寅学制　　B. 癸卯学制

C. 壬子癸丑学制　　D. 壬戌学制

56. "教，上所施，下所效也"，"育，养子使作善也"，这一教育名言出自(　　)

A.《孟子》　　B.《荀子》　　C.《中庸》　　D.《说文解字》

57. "一两的遗传胜过一吨的教育"是(　　)的观点。

A. 遗传决定论　　B. 环境决定论

C. 二因素论　　D. 教育万能论

58. 我国近代第一个在全国推行的学制是(　　)

A. 壬寅学制　　B. 癸卯学制

C. 壬子癸丑学制　　D. 壬戌学制

59. "产婆术"作为一种学生和教师共同讨论、共同寻求正确答案的方法，有助于激发和推动学生思考问题的积极性和主动性，是西方最早的(　　)方法。

A. 巩固性教育　　B. 民主性教育　　C. 主观性教育　　D. 启发式教育

60. 对教育事业的发展速度、规模和学校结构起决定作用的因素是(　　)

A. 决策者的观念　　B. 生产力发展水平

C. 政治制度　　D. 社会需求

61. 学制是一个国家各级各类学校的系统，下列哪一项不属于学制的内容(　　)

A. 学校性质　　B. 课程标准

C. 入学条件　　D. 修业年限

62. "教育是与种族需要、种族生活相适应的、天性的，而不是获得的表现形式，教育既无需周密的考虑使它产生，也无需科学予以指导，它是扎根于本能的不可避免的行为。"这种教育起源说属于(　　)

A. 神话起源说　　B. 生物起源说

C. 心理起源说　　D. 劳动起源说

63. 学校的出现是社会发展到一定阶段的必然产物，世界上许多国家在进入(　　)后出现了学校。

A. 原始社会　　B. 奴隶社会　　C. 封建社会　　D. 资本主义社会早期

64. 我国最早提出"教育"一词的是(　　)

A. 孔子　　B. 墨子　　C. 孟子　　D. 荀子

65. 马克思主义教育学在教育起源问题上坚持(　　)

A. 劳动起源论　　B. 生物起源论

C. 心理起源论　　D. 生物进化论

66. 下列选项中，是实用主义教育家及其代表作的是(　　)

A. 布鲁纳《教育过程》　　B. 杜威《民主主义与教育》

C. 赞可夫《教学与发展》　　D. 凯洛夫《教育学》

67. "教育既有培养创造精神的力量，也有压抑创造精神的力量，甚至有的教育还在摧残儿童"，这说明(　　)

A. 教育在人的发展中起主导作用　　B. 教育在人的发展中具有导向性作用

C. 教育比遗传素质更能影响人的发展　　D. 教育对人的发展的主导作用是有条件的

68. 首次把教育学作为一门独立学科提出来，并与其他学科并列的是西方教育家(　　)

A. 赫尔巴特　　B. 康德　　C. 培根　　D. 洛克

69. 规定以"中学为体，西学为用"的教育思想为指导，且男女不许同校的学制是(　　)

A. 壬寅学制　　B. 癸卯学制

C. 壬子癸丑学制　　D. 壬戌学制

70. 学制在大、中、小学阶段的入学年龄划分方面，多数国家基本上是一致的。这是因为学制的设置受(　　)的影响。

A. 政治经济　　B. 生产力和科技

C. 人的身心发展规律　　D. 民族文化传统

71. 在教育史上首次提出"教育遵循自然"的观点的教育家是(　　)

A. 苏格拉底　　B. 孔子　　C. 亚里士多德　　D. 柏拉图

72.( )不仅是我国古代最早的教育专著，而且也是世界上最早的教育专著。

A.《学记》 B.《论语》 C.《师说》 D.《劝学篇》

73.下列哪项说明了个体主观能动性对人的发展的影响( )

A.近朱者赤，近墨者黑 B.孟母三迁

C.蓬生麻中，不扶而直 D.出淤泥而不染

74.我国第一部马克思主义教育学著作是( )

A.商务印书馆编的《教育学》 B.杨贤江的《新教育大纲》

C.凯洛夫的《教育学》 D.钱亦石的《现代教育理论》

75.在构成教育活动的基本要素中，主导性的因素是( )

A.教育者 B.受教育者 C.教育媒介 D.教育内容

76.著名生态学家、生物学家洛伦兹发现，刚出生的小鸭子会发生“印刻”，即模仿第一眼看到的动物进行学习。这一现象支持了教育的( )

A.神话起源说 B.生物起源说

C.劳动起源说 D.心理起源说

77.提出“人是唯一需要教育的动物”，并且最早在大学开设教育学讲座的教育家是( )

A.康德 B.卢梭 C.裴斯泰洛齐 D.夸美纽斯

78.我国基础教育阶段的语文教材中能够选取唐诗、宋词中的名篇作为学生的学习内容。这体现的是教育在文化发展中的( )作用。

A.传递和保存 B.传播和交流

C.选择和提升 D.更新和创造

79.在教育史上注重科学文化、历史知识的掌握和逻辑思维能力的培养，认为获得知识的途径是亲知、闻知、说知的是( )

A.道家 B.墨家 C.儒家 D.法家

80.某家长认为目前学校课业负担过重，担心会影响孩子创造性和批判反思能力的发展，决定在家亲自给孩子上课。该事例说明学校教育具有( )

A.正向显性功能 B.负向显性功能

C.正向隐性功能 D.负向隐性功能

81.提出“白板说”，认为天赋的智力人人平等的教育家是( )

A.凯洛夫 B.卢梭 C.皮亚杰 D.洛克

82.杜威的( )强调“儿童中心”，提出了“做中学”的方法，开创了“现代教育派”。

A.《民主主义与教育》 B.《爱弥儿》

C.《经验与教育》 D.《学校与社会》

83.教育家凯兴斯泰纳曾说：“我十分明确地把培养有用的国家公民当作国家国民学校的教育目标，并且是国民教育的根本目标。”这是教育史上较为典型的( )的思想。

A.遗传决定论 B.环境决定论

C.社会本位论 D.个人本位论

84.在恶劣的环境中，有的人仍能够“出淤泥而不染”，这主要体现的是( )对个体身心发展的影响。

A.环境 B.学校教育

C.遗传 D.个体主观能动性

85.下列不属于孔子的教学主张的是( )

A.不愤不启，不悱不发 B.学而不思则罔，思而不学则殆

C.有教无类 D.教学相长

86.“南人善泳，北人善骑”主要说明了( )对人的发展的影响。

A.遗传因素 B.环境 C.生理成熟 D.先天因素

87.以下不属于孔子的教学内容特点的是( )

A.偏重社会人事，宗教成分较少 B.偏重文事，轻视武事

C.轻视科技与生产劳动 D.我国分科课程的开端

88.否定教育自身的发展规律，割裂教育的历史传统，把教育完全作为政治、经济的附庸。这样的观念违背了教育的哪一特性( )

A.生产性 B.永恒性 C.相对独立性 D.工具性

二、简答题(每小题10分，参考时限10分钟。共8小题)

1.简述学校教育对人身心发展的促进作用。

2.简述教育目的的作用。

3.简述原始社会的教育特征。

4. 简述教育的科技功能。

5. 简述影响个体身心发展的主要因素。

6. 简述教育目的确立的依据。

7. 简述文化对教育的影响。

8. 简述家庭教育的特点。

三、材料分析题(每小题20分,参考时限20分钟。共1小题)

材料:国学大师季羡林回忆说:“我有意识地真正用功,是从这里开始的。我是一个很容易受环境支配的人。在小学和初中时,成绩不能算坏,总在班上前几名,但从来没有考过甲等第一。我毫不在意,照样钓鱼、摸虾。到了高中,国文作文无意中受到了王崑玉先生的表扬,英文是全班第一。其他课程考个高分并不难,只需稍稍一背,就能应付自如。结果我生平第一次考了一个甲等第一,平均分数超过九十五分,是全校唯一的一个学生。当时山大校长兼山东教育厅厅长的前清状元王寿彭,亲笔写了一副对联和一个扇面奖给我。这样被别人一夸,我的上进心就被激起来了。从此认真注意考试名次,不再掉以轻心。结果两年之内,四次期考,我考了四个甲等第一,威名大震。”王寿彭给季羡林题写的对联中的上联是:才华舒展临风锦,下联是:意气昂藏出岫云,题头是:羡林老弟雅(察)。

问题:结合材料,分析学校和个人在个体发展中的作用。

专题二　我国的小学教育

一、单项选择题(每小题2分,共5小题。参考时限10分钟)

1. 小学教育通常是指一个国家学制中第一个阶段的教育,也称为初等教育,教育对象一般为(　　)
   A. 5~11岁　　B. 5~12岁
   C. 6~12岁　　D. 7~13岁

2. 我国公办中小学的内部领导体制是(　　)
   A. 党支部领导体制　　B. 校长负责制
   C. 集中制　　D. 分权制

3. 普通小学教育的性质是(　　)
   A. 高等教育　　B. 职业教育　　C. 基础教育　　D. 专业教育

4. 以下不属于学校管理基本内容的是(　　)
   A. 思想品德教育管理　　B. 教学工作管理
   C. 教务行政管理　　D. 学生生活管理

5. 小学教育必须面向全体适龄儿童,体现了小学教育的(　　)
   A. 全民性特征　　B. 义务性特征
   C. 发展性特征　　D. 全面性特征

二、简答题(每小题10分,参考时限10分钟。共1小题)

简述我国小学教育的特点。

专题三 课 程

一、单项选择题(每小题2分,共40小题。参考时限60分钟)

1. 针对20世纪初形成并流行的常模参照测验的不足而提出的评价模式是( )

A. 目标评价模式 B. 目的游离评价模式

C.CIPP模式 D. 以上都不对

2. 课程资源的核心和主要组成部分是( )

A. 学生 B. 教师 C. 教材 D. 知识

3. 从课程的表现形式来看,校园文化属于( )

A. 显性课程 B. 隐性课程

C. 技术课程 D. 综合课程

4. 历史上最早把"课程"用作一个专门的教育术语的教育家是( )

A. 柏拉图 B. 杜威 C. 斯宾塞 D. 泰勒

5. 某小学为培养学生的"工匠精神"和动手能力,与企业合作开发"手工陶瓷工艺品制作"课程。从空间上讲,这种课程资源属于( )

A. 校内课程资源 B. 素材性课程资源

C. 校外课程资源 D. 条件性课程资源

6. 规定了学科的教学目标与任务,知识的范围、深度和结构,教学进度以及有关教学方法的基本要求的文件是( )

A. 课程标准 B. 课程计划 C. 课程 D. 教材

7. 课程资源按空间分布的不同,可以分为( )

A. 校内课程资源和校外课程资源 B. 显性课程资源和隐性课程资源

C. 素材性课程资源和条件性课程资源 D. 物质形态的课程资源和精神形态的课程资源

8. 学校人际关系状况,师生特有的心态、行为方式等属于( )

A. 显性课程 B. 活动课程

C. 隐性课程 D. 学科课程

9. 综合实践活动是一门以( )为核心的实践性课程。

A. 教师的经验和生活 B. 学生的经验与生活

C. 师生的经验与生活 D. 社会实践

10. 我国把课程分为国家、地方、学校三个层次。那么,一级课程和二级课程指的是( )

A. 地方课程和学校课程 B. 国家课程和学校课程

C. 国家课程和地方课程 D. 地方课程和国家课程

11. 我国中小学课程主要由( )三部分组成。

A. 课程计划、课程目标、教材 B. 课程计划、课程标准、课程目标

C. 课程目标、课程标准、教材 D. 课程计划、课程标准、教材

12. 下列所列举的各种课程类型中,不属于综合课程的是( )

A. 植物学、动物学、生理学融合而成的"生物学"课程

B. 环境教育课程

C. 活动课程

D. 小学数学课程

13. 按照美国学者古德莱德的课程层次理论,由研究机构、学术团体和课程专家提出的课程属于( )

A. 理想的课程 B. 正式的课程 C. 领悟的课程 D. 运作的课程

14. 我国古代的"六艺"和古希腊的"七艺"都属于( )

A. 学科课程 B. 活动课程 C. 经验课程 D. 综合课程

15. 某语文教师在讲授《咏鹅》时,确定的课程目标之一是:引导学生欣赏鹅的美好形象,使学生产生对鹅的喜爱之情,受到美的熏陶,激发学生学习古诗的兴趣。这符合新课改三维目标中的( )

A. 知识与技能目标 B. 过程与方法目标

C. 思维与智慧目标 D. 情感态度与价值观目标

16. 根据学生选择课程的自主性,可将课程分为( )

A. 学科课程和经验课程 B. 必修课程和选修课程

C. 分科课程和综合课程 D. 基础型课程、拓展型课程和研究型课程

17. 主张评价应关注非预期的结果,评价的重点应放在课程计划实际的结果上,更多地考虑课程计划满足实际需要的程度的是( )

A. 差距评价模式 B.CSE评价模式

C.CIPP评价模式 D. 目的游离评价模式

18. 国家、地方或学校规定学生必须学习的课程属于( )

A. 必修课程 B. 选修课程 C. 显性课程 D. 隐性课程

19. 最古老、使用范围最广泛的课程类型是(　　)

A. 活动课程　B. 综合课程　C. 学科课程　D. 实验课程

20. 美国课程专家泰勒在《课程与教学过程的基本原理》一书中提出的课程开发模式为(　　)

A. 任务分析模式　B. 过程模式

C. 工作分析模式　D. 目标模式

21. 显性课程和隐性课程是根据(　　)的不同而划分的。

A. 课程内容的固有属性　B. 学生的学习要求

C. 课程的任务　D. 影响学生的方式

22. 在课堂教学中,教师必须注意加强学校文化和学科文化建设。这主要有利于落实课程三维目标中的(　　)

A. 知识与技能目标　B. 过程与方法目标

C. 情感态度与价值观目标　D. 课堂教学目标

23. 学校为增强学生体质,专门修建的综合性体育训练馆属于(　　)

A. 校外课程资源　B. 条件性课程资源

C. 隐性课程资源　D. 素材性课程资源

24.《课程与教学的基本原理》一书被誉为"现代课程论的圣经",其作者是美国著名课程理论专家(　　)

A. 斯宾塞　B. 涂尔干　C. 康德　D. 泰勒

25. 从课程设计、开发、管理主体或管理层次来看,可将课程分为(　　)

A. 学科课程与活动课程　B. 国家课程、地方课程与校本课程

C. 必修课程与选修课程　D. 基础型课程、拓展型课程与研究型课程

26. 将课程内容按照由浅入深、由易到难的原则,在逻辑上前后联系,直线推进,不重复地进行排列属于(　　)课程。

A. 直线式　B. 纵向式　C. 横向式　D. 螺旋式

27. 新课程改革中提出的课程"三维目标"是指(　　)

A. 知识与技能、过程与方法、情感态度与价值观

B. 知识、智力、能力

C. 基本知识、基本技能、基础性学力

D. 知识、智力、情感

28. 把若干相邻的学科内容加以筛选、充实后按照新的体系合而为一的课程是(　　)

A. 学科课程　B. 分科课程　C. 综合课程　D. 活动课程

29. 某小学根据当地太极拳具有悠久历史的现实,在该校开设了太极拳课程。该课程属于(　　)

A. 国家课程　B. 地方课程

C. 校本课程　D. 学科课程

30. 下列不属于新课程结构主要特点的是(　　)

A. 均衡性　B. 综合性　C. 平均性　D. 选择性

31. "新教材一方面关注并充分利用学生的生活经验,另一方面也注意及时恰当地反映科学技术新成果……"这主要说明新教材(　　)

①为学生提供了更多现成的结论　②强调与现实生活的联系

③强调知识与技能、过程与方法的统一　④体现了国家基础教育课程改革的基本思想

A. ①②　B. ③④　C. ②④　D. ①③

32. 按照美国学者古德莱德的课程层次理论分类,学生在课堂学习中实实在在体验到的课程属于(　　)

A. 理想的课程　B. 正式的课程

C. 运作的课程　D. 经验的课程

33. 直接经验与间接经验的关系反映到课程类型上,主要表现为(　　)的关系。

A. 活动课程与学科课程　B. 学科课程与综合课程

C. 显性课程与隐性课程　D. 选修课程与必修课程

34. 显性课程的主要特征是(　　),这是区分显性课程和隐性课程的主要标志。

A. 计划性　B. 外显性　C. 目的性　D. 直接性

35. 新课程结构整体设置九年一贯的义务教育课程,在小学阶段(　　)

A. 以分科课程为主　B. 分科课程与综合课程相结合

C. 以综合课程为主　D. 以分科课程为主,综合课程为补充

36. 为了改变传统课程过分强调学科本位的现象,新课程注重联系学生经验和生活实际,提倡和追求不同学科间的彼此关系。这体现的新课程结构特征是(　　)

A. 均衡性　B. 选择性　C. 独立性　D. 综合性

37. 综合实践活动是新的基础教育课程体系中设置的(　　)

A. 选修课程　B. 必修课程

C. 学科课程　D. 活动课程

38. 为发展学生的兴趣、爱好和特长而开设的,可供学生自由选择的课程是(　　)

A. 综合课程　B. 选修课程

C. 学科课程　D. 活动课程

39. 首次提出"隐性课程"一词的学者是(　　)

A. 杰克逊　B. 泰勒　C. 杜威　D. 博比特

40. 与现在人们对课程的理解有相似之处,认为"课程"主要是指"功课及其进程"的学者是(　　)

A. 孔子　B. 朱熹　C. 王夫之　D. 曾国藩

二、简答题(每小题10分,参考时限10分钟。共9小题)

1. 简述课程的三种文本表现形式。

2. 简述课程目标取向的分类。

3. 简述教材的编排方式。

4. 简述新课改提倡的教师角色。

5. 简述基础教育课程改革的基本理念。

6. 简述新课程倡导的学生观。

7. 简述制约课程内容选择的因素。

8. 简述泰勒原理的基本内容。

9. 简述教材编写的原则和要求。

三、材料分析题(每小题20分,参考时限20分钟。共1小题)

材料:张老师选了一篇课文改编成课本剧,分配表演任务时,听到了学生们的议论,学生A说:"老师怎么选了这篇课文,又长又不好演。"学生B说:"你管呢,让演什么就演什么呗。"学生A又说:"我可不想演。"于是,张老师就请不想演的学生谈谈自己的看法,学生A说:"您选的课文不好,而且您每次都是写好剧本让我们演,为什么不让我们自己来试一试呢?"经过考虑,张老师把编导的任务交给了学生A,学生A高兴地接受了任务,与同学们商量表演哪一课,并请老师做参谋。最终,课本剧表演非常成功,师生共同品尝了收获的喜悦。

问题:请结合基础教育课程改革的教学理念对该材料进行分析。

专题四 学生与教师

一、单项选择题(每小题2分,共35小题。参考时限55分钟)

1. 体育课上,小刚和小明因为好奇将李老师拿来的扩音器弄坏了,李老师看到后并没有直接批评他们,而是给他们讲解了扩音器的原理,满足了他们的好奇心之后才进行处理。这反映了教师劳动的(　　)特点。

A. 复杂性　B. 示范性　C. 创造性　D. 长期性

2. "亲人不在身边,老师就是我们的亲人"反映了留守儿童所期待的教师角色是(　　)

A. 父母与朋友　B. 研究者　C. 管理者　D. 授业、解惑者

3. 叶圣陶指出:"教师以身作则,教师本身的行为就是标准和规范,也是一种及时有效的'不言之教'。"这句话体现了教师劳动的(　　)

A. 复杂性　B. 创造性　C. 长期性　D. 示范性

4. "教学有法,教无定法"说明教师的劳动具有(　　)

A. 示范性　B. 复杂性　C. 创造性　D. 个体性

5. "为了使学生获得一点知识的亮光,教师应吸进整个光的海洋。"这句话是指教师应该具备(　　)

A. 广博的专业知识　B. 崇高的专业理想　C. 精湛的专业技能　D. 务实的专业态度

6. 王老师关注如何教好每一堂课的内容,如何通过自己的授课提高学生的成绩,这说明王老师处于(　　)

A. 关注情境阶段　B. 关注学生阶段　C. 关注生存阶段　D. 关注自我感受阶段

7. 学生的"向师性"和"模仿性"的心理特征决定了教师的劳动具有(　　)

A. 示范性　B. 复杂性　C. 主体性　D. 长期性

8. 不少从教多年的教师,虽然经验丰富,却难以形成对教育教学工作的理论认识,这制约了他们的专业成长。从知识结构的角度看,这是因为他们较为缺乏(　　)的储备。

A. 本体性知识　B. 条件性知识　C. 实践性知识　D. 程序性知识

9. 王老师在讲余光中的《乡愁》时,先高声朗诵这首脍炙人口的诗:"小时候,乡愁是一枚小小的邮票,我在这头,母亲在那头……"话音未落,一位学生站起来说:"老师,一枚小小的邮票,哪能容得下那么多人?"面对这种情况,以下哪种处理方式最为合适(　　)

A. 不耐烦地说:"某某同学,你总喜欢这样钻牛角尖,学习成绩怎么好得了!"

B. 把这位同学的发言当成鲜活的课程资源,鼓励学生思考,结合教材,发表意见

C. 强调教材的权威性,告诫学生要尊重事实

D. 批评学生不遵守课堂纪律,回避该问题,继续教学

10. 教师担负全部的责任,计划班级的学习活动,安排学习的情境,学生没有自由,只能听从教师的命令。与这种现象相匹配的教师领导类型最可能是(　　)

A. 专断型　B. 民主型　C. 放任型　D. 消极型

11. 在学生眼里,老师是"吐辞为经,举足为法"的象征。这反映的是教师劳动的(　　)

A. 长期性　B. 连续性　C. 创造性　D. 示范性

12. 英语教师胡老师上课时,学生琳琳指出胡老师某处讲解有误,但实际上胡老师的讲解是对的。胡老师的做法恰当的是(　　)

A. 不搭理琳琳

B. 肯定琳琳勇于指出老师错误的行为,并跟琳琳解释为什么没有错

C. 批评琳琳没有认真听讲,胡乱指出错误

D. 直接告诉琳琳,老师是对的

13. 何老师在教育教学中,只管教书、完成教学任务,对学生不管不问,使得学生在他所教科目的学习上,处于一种无人管理的状态。何老师与学生之间的关系最有可能属于(　　)

A. 一般型师生关系　B. 放任型师生关系　C. 专制型师生关系　D. 民主型师生关系

14. 一位教师经常会反思同事们怎么看自己,领导觉得自己干工作怎么样。这个教师目前处于(　　)

A. 关注学生阶段　B. 关注生存阶段　C. 关注情境阶段　D. 虚拟关注阶段

15. "学高为师""良师必须是学者"是强调哪一类知识对教师专业发展的重要性(　　)

A. 本体性知识　B. 条件性知识　C. 实践性知识　D. 文化知识

16. 吴老师任某班班主任后,用了一个月的时间了解班里每个学生的性格特点和兴趣爱好,并且建立学生档案,依此进行教育教学工作。吴老师的成长阶段属于(　　)

A. 关注生存阶段　B. 关注情境阶段　C. 关注学生阶段　D. 关注自我感受阶段

17. 刚刚走上工作岗位的赵老师为了迅速提高自己的授课技能,尝试以少数学生为对象,做小型的课堂教学,并且把授课过程录制下来,便于自己课下分析、总结,逐步提升自己的教学能力。这属于教师专业发展方法中的(　　)

A. 微格教学　B. 教学反思　C. 观摩教学　D. 说课

二、简答题(每小题10分,参考时限10分钟。共1小题)

简述我国小学教育的特点。

专题三　课　程

一、单项选择题(每小题2分,共40小题。参考时限60分钟)

1. 针对20世纪初形成并流行的常模参照测验的不足而提出的评价模式是(　　)

A. 目标评价模式　　B. 目的游离评价模式

C.CIPP模式　　D. 以上都不对

2. 课程资源的核心和主要组成部分是(　　)

A. 学生　　B. 教师　　C. 教材　　D. 知识

3. 从课程的表现形式来看,校园文化属于(　　)

A. 显性课程　　B. 隐性课程

C. 技术课程　　D. 综合课程

4. 历史上最早把“课程”用作一个专门的教育术语的教育家是(　　)

A. 柏拉图　　B. 杜威　　C. 斯宾塞　　D. 泰勒

5. 某小学为培养学生的“工匠精神”和动手能力,与企业合作开发“手工陶瓷工艺品制作”课程。从空间上讲,这种课程资源属于(　　)

A. 校内课程资源　　B. 素材性课程资源

C. 校外课程资源　　D. 条件性课程资源

6. 规定了学科的教学目标与任务,知识的范围、深度和结构,教学进度以及有关教学方法的基本要求的文件是(　　)

A. 课程标准　　B. 课程计划　　C. 课程　　D. 教材

7. 课程资源按空间分布的不同,可以分为(　　)

A. 校内课程资源和校外课程资源　　B. 显性课程资源和隐性课程资源

C. 素材性课程资源和条件性课程资源　　D. 物质形态的课程资源和精神形态的课程资源

8. 学校人际关系状况,师生特有的心态、行为方式等属于(　　)

A. 显性课程　　B. 活动课程

C. 隐性课程　　D. 学科课程

9. 综合实践活动是一门以(　　)为核心的实践性课程。

A. 教师的经验和生活　　B. 学生的经验与生活

C. 师生的经验与生活　　D. 社会实践

10. 我国把课程分为国家、地方、学校三个层次。那么,一级课程和二级课程指的是(　　)

A. 地方课程和学校课程　　B. 国家课程和学校课程

C. 国家课程和地方课程　　D. 地方课程和国家课程

11. 我国中小学课程主要由(　　)三部分组成。

A. 课程计划、课程目标、教材　　B. 课程计划、课程标准、课程目标

C. 课程目标、课程标准、教材　　D. 课程计划、课程标准、教材

12. 下列所列举的各种课程类型中,不属于综合课程的是(　　)

A. 植物学、动物学、生理学融合而成的“生物学”课程

B. 环境教育课程

C. 活动课程

D. 小学数学课程

13. 按照美国学者古德莱德的课程层次理论,由研究机构、学术团体和课程专家提出的课程属于(　　)

A. 理想的课程　　B. 正式的课程　　C. 领悟的课程　　D. 运作的课程

14. 我国古代的“六艺”和古希腊的“七艺”都属于(　　)

A. 学科课程　　B. 活动课程　　C. 经验课程　　D. 综合课程

15. 某语文教师在讲授《咏鹅》时,确定的课程目标之一是:引导学生欣赏鹅的美好形象,使学生产生对鹅的喜爱之情,受到美的熏陶,激发学生学习古诗的兴趣。这符合新课改三维目标中的(　　)

A. 知识与技能目标　　B. 过程与方法目标

C. 思维与智慧目标　　D. 情感态度与价值观目标

16. 根据学生选择课程的自主性,可将课程分为(　　)

A. 学科课程和经验课程　　B. 必修课程和选修课程

C. 分科课程和综合课程　　D. 基础型课程、拓展型课程和研究型课程

17. 主张评价应关注非预期的结果,评价的重点应放在课程计划实际的结果上,更多地考虑课程计划满足实际需要的程度的是(　　)

A. 差距评价模式　　B.CSE评价模式

C.CIPP评价模式　　D. 目的游离评价模式

18. 国家、地方或学校规定学生必须学习的课程属于(　　)

A. 必修课程　　B. 选修课程　　C. 显性课程　　D. 隐性课程

19. 最古老、使用范围最广泛的课程类型是(　　)

A. 活动课程　　B. 综合课程　　C. 学科课程　　D. 实验课程

20. 美国课程专家泰勒在《课程与教学过程的基本原理》一书中提出的课程开发模式为(　　)

A. 任务分析模式　　B. 过程模式

C. 工作分析模式　　D. 目标模式

21. 显性课程和隐性课程是根据(　　)的不同而划分的。

A. 课程内容的固有属性　　B. 学生的学习要求

C. 课程的任务　　D. 影响学生的方式

22. 在课堂教学中,教师必须注意加强学校文化和学科文化建设。这主要有利于落实课程三维目标中的(　　)

A. 知识与技能目标　　B. 过程与方法目标

C. 情感态度与价值观目标　　D. 课堂教学目标

23. 学校为增强学生体质,专门修建的综合性体育训练馆属于(　　)

A. 校外课程资源　　B. 条件性课程资源

C. 隐性课程资源　　D. 素材性课程资源

24.《课程与教学的基本原理》一书被誉为"现代课程论的圣经",其作者是美国著名课程理论专家(　　)

A. 斯宾塞　　B. 涂尔干　　C. 康德　　D. 泰勒

25. 从课程设计、开发、管理主体或管理层次来看,可将课程分为(　　)

A. 学科课程与活动课程　　B. 国家课程、地方课程与校本课程

C. 必修课程与选修课程　　D. 基础型课程、拓展型课程与研究型课程

26. 将课程内容按照由浅入深、由易到难的原则,在逻辑上前后联系,直线推进,不重复地进行排列属于(　　)课程。

A. 直线式　　B. 纵向式　　C. 横向式　　D. 螺旋式

27. 新课程改革中提出的课程"三维目标"是指(　　)

A. 知识与技能、过程与方法、情感态度与价值观

B. 知识、智力、能力

C. 基本知识、基本技能、基础性学力

D. 知识、智力、情感

28. 把若干相邻的学科内容加以筛选、充实后按照新的体系合而为一的课程是(　　)

A. 学科课程　　B. 分科课程　　C. 综合课程　　D. 活动课程

29. 某小学根据当地太极拳具有悠久历史的现实,在该校开设了太极拳课程。该课程属于(　　)

A. 国家课程　　B. 地方课程

C. 校本课程　　D. 学科课程

30. 下列不属于新课程结构主要特点的是(　　)

A. 均衡性　　B. 综合性　　C. 平均性　　D. 选择性

31. "新教材一方面关注并充分利用学生的生活经验,另一方面也注意及时恰当地反映科学技术新成果……"这主要说明新教材(　　)

①为学生提供了更多现成的结论　　②强调与现实生活的联系

③强调知识与技能、过程与方法的统一　　④体现了国家基础教育课程改革的基本思想

A. ①②　　B. ③④　　C. ②④　　D. ①③

32. 按照美国学者古德莱德的课程层次理论分类,学生在课堂学习中实实在在体验到的课程属于(　　)

A. 理想的课程　　B. 正式的课程

C. 运作的课程　　D. 经验的课程

33. 直接经验与间接经验的关系反映到课程类型上,主要表现为(　　)的关系。

A. 活动课程与学科课程　　B. 学科课程与综合课程

C. 显性课程与隐性课程　　D. 选修课程与必修课程

34. 显性课程的主要特征是(　　),这是区分显性课程和隐性课程的主要标志。

A. 计划性　　B. 外显性　　C. 目的性　　D. 直接性

35. 新课程结构整体设置九年一贯的义务教育课程,在小学阶段(　　)

A. 以分科课程为主　　B. 分科课程与综合课程相结合

C. 以综合课程为主　　D. 以分科课程为主,综合课程为补充

36. 为了改变传统课程过分强调学科本位的现象,新课程注重联系学生经验和生活实际,提倡和追求不同学科间的彼此关系。这体现的新课程结构特征是(　　)

A. 均衡性　　B. 选择性　　C. 独立性　　D. 综合性

37. 综合实践活动是新的基础教育课程体系中设置的(　　)

A. 选修课程　　B. 必修课程

C. 学科课程　　D. 活动课程

38. 为发展学生的兴趣、爱好和特长而开设的,可供学生自由选择的课程是(　　)

A. 综合课程　　B. 选修课程

C. 学科课程　　D. 活动课程

39. 首次提出"隐性课程"一词的学者是(　　)

A. 杰克逊　　B. 泰勒　　C. 杜威　　D. 博比特

40. 与现在人们对课程的理解有相似之处,认为"课程"主要是指"功课及其进程"的学者是(　　)

A. 孔子　　B. 朱熹　　C. 王夫之　　D. 曾国藩

二、简答题(每小题10分,参考时限10分钟。共9小题)

1. 简述课程的三种文本表现形式。

2. 简述课程目标取向的分类。

3. 简述教材的编排方式。

4. 简述新课改提倡的教师角色。

5. 简述基础教育课程改革的基本理念。

6. 简述新课程倡导的学生观。

7. 简述制约课程内容选择的因素。

8. 简述泰勒原理的基本内容。

9. 简述教材编写的原则和要求。

三、材料分析题(每小题20分,参考时限20分钟。共1小题)

材料:张老师选了一篇课文改编成课本剧,分配表演任务时,听到了学生们的议论,学生A说:"老师怎么选了这篇课文,又长又不好演。"学生B说:"你管呢,让演什么就演什么呗。"学生A又说:"我可不想演。"于是,张老师就请不想演的学生谈谈自己的看法,学生A说:"您选的课文不好,而且您每次都是写好剧本让我们演,为什么不让我们自己来试一试呢?"经过考虑,张老师把编导的任务交给了学生A,学生A高兴地接受了任务,与同学们商量表演哪一课,并请老师做参谋。最终,课本剧表演非常成功,师生共同品尝了收获的喜悦。

问题:请结合基础教育课程改革的教学理念对该材料进行分析。

专题四　学生与教师

一、单项选择题(每小题2分,共35小题。参考时限55分钟)

1. 体育课上,小刚和小明因为好奇将李老师拿来的扩音器弄坏了,李老师看到后并没有直接批评他们,而是给他们讲解了扩音器的原理,满足了他们的好奇心之后才进行处理。这反映了教师劳动的(　　)特点。

A. 复杂性　　B. 示范性　　C. 创造性　　D. 长期性

2. "亲人不在身边,老师就是我们的亲人"反映了留守儿童所期待的教师角色是(　　)

A. 父母与朋友　　B. 研究者

C. 管理者　　D. 授业、解惑者

3. 叶圣陶指出:"教师以身作则,教师本身的行为就是标准和规范,也是一种及时有效的'不言之教'。"这句话体现了教师劳动的(　　)

A. 复杂性　　B. 创造性　　C. 长期性　　D. 示范性

4. "教学有法,教无定法"说明教师的劳动具有(　　)

A. 示范性　　B. 复杂性　　C. 创造性　　D. 个体性

5. "为了使学生获得一点知识的亮光,教师应吸进整个光的海洋。"这句话是指教师应该具备(　　)

A. 广博的专业知识　　B. 崇高的专业理想

C. 精湛的专业技能　　D. 务实的专业态度

6. 王老师关注如何教好每一堂课的内容,如何通过自己的授课提高学生的成绩,这说明王老师处于(　　)

A. 关注情境阶段　　B. 关注学生阶段

C. 关注生存阶段　　D. 关注自我感受阶段

7. 学生的"向师性"和"模仿性"的心理特征决定了教师的劳动具有(　　)

A. 示范性　　B. 复杂性　　C. 主体性　　D. 长期性

8. 不少从教多年的教师,虽然经验丰富,却难以形成对教育教学工作的理论认识,这制约了他们的专业成长。从知识结构的角度看,这是因为他们较为缺乏(　　)的储备。

A. 本体性知识　　B. 条件性知识　　C. 实践性知识　　D. 程序性知识

9. 王老师在讲余光中的《乡愁》时,先高声朗诵这首脍炙人口的诗:"小时候,乡愁是一枚小小的邮票,我在这头,母亲在那头……"话音未落,一位学生站起来说:"老师,一枚小小的邮票,哪能容得下那么多人?"面对这种情况,以下哪种处理方式最为合适(　　)

A. 不耐烦地说:"某某同学,你总喜欢这样钻牛角尖,学习成绩怎么好得了!"

B. 把这位同学的发言当成鲜活的课程资源,鼓励学生思考,结合教材,发表意见

C. 强调教材的权威性,告诫学生要尊重事实

D. 批评学生不遵守课堂纪律,回避该问题,继续教学

10. 教师担负全部的责任,计划班级的学习活动,安排学习的情境,学生没有自由,只能听从教师的命令。与这种现象相匹配的教师领导类型最可能是(　　)

A. 专断型　　B. 民主型　　C. 放任型　　D. 消极型

11. 在学生眼里,老师是"吐辞为经,举足为法"的象征。这反映的是教师劳动的(　　)

A. 长期性　　B. 连续性　　C. 创造性　　D. 示范性

12. 英语教师胡老师上课时,学生琳琳指出胡老师某处讲解有误,但实际上胡老师的讲解是对的。胡老师的做法恰当的是(　　)

A. 不搭理琳琳

B. 肯定琳琳勇于指出老师错误的行为,并跟琳琳解释为什么没有错

C. 批评琳琳没有认真听讲,胡乱指出错误

D. 直接告诉琳琳,老师是对的

13. 何老师在教育教学中,只管教书、完成教学任务,对学生不管不问,使得学生在他所教科目的学习上,处于一种无人管理的状态。何老师与学生之间的关系最有可能属于(　　)

A. 一般型师生关系　　B. 放任型师生关系

C. 专制型师生关系　　D. 民主型师生关系

14. 一位教师经常会反思同事们怎么看自己,领导觉得自己干工作怎么样。这个教师目前处于(　　)

A. 关注学生阶段　　B. 关注生存阶段

C. 关注情境阶段　　D. 虚拟关注阶段

15. "学高为师""良师必须是学者"是强调哪一类知识对教师专业发展的重要性(　　)

A. 本体性知识　　B. 条件性知识

C. 实践性知识　　D. 文化知识

16. 吴老师任某班班主任后,用了一个月的时间了解班里每个学生的性格特点和兴趣爱好,并且建立学生档案,依此进行教育教学工作。吴老师的成长阶段属于(　　)

A. 关注生存阶段　　B. 关注情境阶段

C. 关注学生阶段　　D. 关注自我感受阶段

17. 刚刚走上工作岗位的赵老师为了迅速提高自己的授课技能,尝试以少数学生为对象,做小型的课堂教学,并且把授课过程录制下来,便于自己课下分析、总结,逐步提升自己的教学能力。这属于教师专业发展方法中的(　　)

A. 微格教学　　B. 教学反思

C. 观摩教学　　D. 说课

18. 刘老师认为教师不能束缚学生的天性，因此，即使班上的学生不按时完成作业也不管不问；而学生们认为刘老师教学水平低下，也从不主动向他请教问题。这属于(　　)师生关系。

A. 专制型　　B. 放任型

C. 民主型　　D. 平等型

19. 教师不仅要传授学生科学文化知识、训练技能、发展智力与培养能力，还要培养学生一定的思想品德，并促进其心理健康。这说明教师的劳动具有(　　)的特点。

A. 示范性　　B. 复杂性　　C. 主体性　　D. 创造性

20. 李老师教学能力强，善于与学生交流，经常倾听学生的意见，班上的学生学习积极性高，兴趣广泛，和老师配合默契。这属于(　　)的师生关系。

A. 专制型　　B. 放任型　　C. 民主型　　D. 权威型

21. "道之所存，师之所存也。"这句话反映了教师职业角色中的(　　)

A. "传道者"角色　　B. 示范者角色

C. "授业、解惑者"角色　　D. "研究者"角色

22. 你总是微笑着看学生，学生也微笑着看你；你总是蹲下来看学生，学生也把你看作知己。这样的师生关系特点为(　　)

A. 教学相长　　B. 民主平等

C. 关心学生　　D. 严师出高徒

23. 俗话说："十年树木，百年树人。"这体现了教师职业的(　　)特点。

A. 创造性　　B. 复杂性

C. 示范性　　D. 长期性

24. 作文课上，老师要学生写一件有趣的事，学生都写不出。突然外面飘起了大雪，于是老师带学生到教室外面观察雪花、解读雪花、感受雪花、堆雪人、打雪仗。最后，学生写出了一篇篇佳作。这主要体现了教师劳动的(　　)

A. 复杂性　　B. 示范性　　C. 创造性　　D. 专业性

25.《小学教师专业标准(试行)》提出的基本理念是(　　)

A. 师德为先、学生为本、能力为重、终身学习

B. 师德为先、智育为本、能力为重、创新改革

C. 能力为先、智育为本、创新为重、终身学习

D. 能力为先、学生为本、创新为重、促进公平

26. "学为人师，行为世范"体现了教师劳动的(　　)特点。

A. 复杂性、创造性　　B. 连续性、广延性

C. 长期性、间接性　　D. 主体性、示范性

27. 一位小学数学教师教学"千克的初步认识"时，在用天平称粉笔时，忘了拆下天平物盘下的胶垫，出现了第一次称一支粉笔为100克，第二次称一支粉笔为10克的情况。面对这种情况，以下哪种处理方式最为合适(　　)

A. 向学生解释说是天平这种测量工具的误差

B. 反问学生："这是为什么呢？"从而引起学生思考

C. 假装什么都没发生

D. 向学生说这是因为在称的过程中粉笔有损耗

28. 陶行知的"捧着一颗心来，不带半根草去"的教育信条体现了教师(　　)

A. 丰富的教育理论知识　　B. 崇高的职业道德

C. 精深的学科知识　　D. 过硬的教学基本功

29. 悠悠喜欢唱歌跳舞，孙老师对她说："整天蹦蹦跳跳的没有学生样，学生得老老实实学习才行！"孙老师的说法忽略了(　　)

A. 学生的心理发展　　B. 学生的全面发展

C. 学生的主动发展　　D. 学生的主体发展

30. 教师将自己的意志强加于学生，扼杀学生的学习兴趣，从而使学生被所谓的"标准答案"框住，压抑了学生创造的天性。这违背了学生(　　)的本质属性。

A. 依赖性　　B. 生成性　　C. 自主性　　D. 整体性

31. 具有"表扬可能宠坏儿童，所以很少给予儿童表扬"典型特征的师生关系模式属于(　　)

A. 专制型　　B. 民主型　　C. 放任型　　D. 溺爱型

32. 多年来，曾老师坚持让学生使用反思记录表、学习日志和成长记录袋等多种方法来记录学习过程，并不断指导学生优化记录的方法。曾老师的做法(　　)

A. 忽视了学生的发展性　　B. 忽视了学生的差异性

C. 尊重了学生的创造性　　D. 尊重了学生的自主性

33. 经过长时间的积累，教师会形成个性化的、独特的、富有规律性的做法。这些做法属于(　　)

A. 本体性知识　　B. 通识性知识

C. 条件性知识　　D. 实践性知识

34. 语文老师关于语言、文学方面的知识，属于教师知识结构中的(　　)

A. 一般文化知识　　B. 条件性知识

C. 本体性知识　　D. 实践性知识

35. 教师的劳动成果是学生的品德、知识和能力，而非显性的物质财富。这说明教师的劳动具有(　　)特点。

A. 创造性　　B. 长期性　　C. 间接性　　D. 示范性

二、简答题（每小题10分，参考时限10分钟。共5小题）

1. 简述教师劳动的特点。

2. 简述教师专业发展的内容。

3. 小学教师应当具备哪些专业知识？

4. 简述教师的职业角色的内容。

5. 简述教师职业道德素养的主要内容。

三、材料分析题（每小题20分，参考时限20分钟。共2小题）

1. 材料：

在一次公开课上，执教老师对一个胖乎乎的男孩说："请你把这段课文给大家读一下，好吗？""老师，现在我不想读。"这名学生不顾有听课老师在场，大胆地表达了自己的意愿。"你有权保持沉默。"执教老师笑容依然，"我们会耐心等待，以后再欣赏你的精彩表现。"果然，在后半节课上这个学生主动发言，以自己精彩的朗读博得了听课老师和学生的热烈掌声。

问题：请分析执教老师在处理这一事件时所体现的教育教学素养。

2. 材料：

材料一　章老师教学时经常思考如何教好每一堂课的内容，如何能通过自己的授课提高学生的成绩。

材料二　年轻的郭老师初登讲台时非常紧张，担心自己是否能被学生和领导接受，害怕自己的表现不能让领导满意。

材料三　有着十多年教龄的王老师每次备课时都会认真的分析学生的学习情况以及不同学生对知识的接受能力，以便达到全班学生共同进步的目的。

问题：根据上述材料，分析这三位教师分别处在教师成长历程中的哪一阶段。

专题五　小学教育科学研究

一、单项选择题(每小题2分,共20小题。参考时限30分钟)

1. 研究者想快速了解近年来国内“义务教育均衡发展”问题的研究动向,最便捷的办法是查阅(　　)

A. 教育辞书　　B. 教育年鉴
C. 原始性文献　　D. 综述性文献

2. 研究者按照研究目的,合理控制或创设一定的条件,人为地变革研究对象,从而验证研究假设,探讨教育现象因果关系,揭示教育工作规律的研究方法是(　　)

A. 教育观察法　　B. 教育实验法
C. 教育调查法　　D. 叙事研究法

3. 根据(　　),可将调查法分为问卷调查、访谈调查、测量调查和调查表法。

A. 调查的目的　　B. 调查的性质
C. 调查的对象　　D. 调查的手段

4. 专门为教育科学研究提供感性认识的文献是(　　),包括教育参考书、教学大纲、调查报告、工作总结等。

A. 事实性文献　　B. 理论性文献
C. 工具性文献　　D. 经验性文献

5. 杜威所著的《民主主义与教育》在文献等级中属于(　　)

A. 一次文献　　B. 二次文献　　C. 三次文献　　D. 四次文献

6. 三年级二班是某校公认的差班、乱班,班上不少同学具有较强的攻击性。陈老师刚接手这个班,就开始在课外活动或学生交往中记录他们的攻击行为,以此来研究性别与攻击的关系。这种研究方法称为(　　)

A. 个案法　　B. 调查法　　C. 实验法　　D. 观察法

7. 身处教育实践第一线的研究者与受过专门训练的科学研究者密切协作,以教育实践中存在的某一问题作为研究对象,通过合作研究,再把研究结果应用到自身从事的教育实践中的研究方法是(　　)

A. 观察法　　B. 文献法　　C. 行动研究法　　D. 读书法

8. 某老师为了检验哪个版本的教材更合适,在任教的两个平行班开展了教育研究,在教学条件一样的情况下,分别使用了不同的教材。期末考试使用相同的试卷测试了两个班级学生的学习结果并进行比较。其采用的研究方法是(　　)

A. 观察法　　B. 调查法　　C. 经验总结法　　D. 实验法

9. 某教研室教研员计划研究学生参与课堂讨论对其成绩的影响。他选择每周在某学校的语文课堂进行四个课时的跟堂观察,并依据含有具体观测维度的观察表,记录学生参与课堂讨论的具体情况。从研究类型上看,这种观察属于(　　)

A. 参与式、非结构式观察　　B. 非参与式、非结构式观察
C. 参与式、结构式观察　　D. 非参与式、结构式观察

10. 杨老师在教授生字词的过程中发现部分学生有丢笔少划的现象,于是把“小学生丢笔少划现象的原因及对策研究”作为自己的研究课题,根据在工作中收集整理的资料提出可能的假设,根据假设设计、实施教学措施,并根据反馈信息进一步调整教学行动方案。这种研究方法属于(　　)

A. 教育实验法　　B. 教育行动研究
C. 教育叙事研究　　D. 个案研究法

11. 教师围绕某一教育现象,采用问卷、谈话、座谈等形式收集资料,并对所获得的资料进行定量、定性分析,指出存在的问题并提出建议的研究方法属于(　　)

A. 调查法　　B. 观察法　　C. 实验法　　D. 个案研究法

12. 实际工作者在现实情境中自由展开反思,敢于探索,并以解决工作情境中特定的实际问题为主要目的的研究是(　　)

A. 叙事研究　　B. 个案研究　　C. 行动研究　　D. 调查研究

13. 某学校一年级语文教师邓老师发现所教学生错别字偏多,于是他在识字教学中尝试运用字理教学法,之后他设计申报“低年级小学生产生错别字的心理机制与对策研究”课题。就课题产生而言,邓老师设计的课题来源于(　　)

A. 文献的梳理　　B. 教育实践
C. 各级课题指南　　D. 他人课题的启示

14. 在较长时间内,通过系统搜集特定个体的有关资料,研究其发展变化过程。这种研究方法是(　　)

A. 观察法　　B. 调查法
C. 行动研究法　　D. 个案研究法

15. 教育叙事研究是一种将客观的过程、真实的体验、主观的阐释有机融为一体的教育经验的发现和揭示过程。下列关于教育叙事研究的步骤,顺序正确的是(　　)

A. 事件的记录与描述,观察并提出问题,反思与分析,总结与提升,交流与评价
B. 事件的记录与描述,观察并提出问题,总结与提升,反思与分析,交流与评价
C. 观察并提出问题,事件的记录与描述,反思与分析,总结与提升,交流与评价
D. 观察并提出问题,事件的记录与描述,总结与提升,反思与分析,交流与评价

16. 教师将自我的教育观念转变及教学能力提升的过程写成自传,通过积极的自我反思,进而明确专业发展方向的教育研究方法是(　　)

A. 教育叙事　　B. 样本比较　　C. 教育实验　　D. 抽样调查

17. 直接以自己的生产、科研、社会活动等实践为依据撰写出来的文献属于(　　)

A. 一次文献　　B. 二次文献

C. 三次文献　　D. 检索性文献

18. 文献检索中,按时间范围、以课题研究的发生时间为检索始点,按事件发生、发展时序,由远及近、由旧到新地查找资料的方法是(　　)

A. 顺查法　　B. 逆查法　　C. 引文查找法　　D. 综合查找法

19. 行动研究法是教育研究方法之一。有关行动研究法的缺点,下列说法正确的是(　　)

A. 无法将理论研究与实践问题结合起来,解决实际问题的有效性较差

B. 研究样本受具体情境的限制,缺少控制,影响研究的代表性

C. 对研究人员的语言技能、洞察力有较高要求

D. 研究结论一定会遇到伦理道德问题

20. 在本学期的听课活动中,张老师严格按照学校发放的听课记录表进行观察记录,这种观察是(　　)

A. 叙述观察　　B. 间接观察　　C. 结构观察　　D. 参与观察

二、简答题(每小题10分,参考时限10分钟。共4小题)

1. 简述一个好的教育研究课题应具有的特点。

2. 简述教育行动研究的优缺点。

3. 简述教育科学研究的基本过程。

4. 简述实验法的优点。

第二章　学生指导

核心知识提要

- 学生指导
  - 心理学基础知识
    - 认知过程★★★
      - 感觉
      - 知觉
      - 注意
      - 记忆
      - 思维
      - 想象
    - 情绪情感过程★
      - 情绪:心境、激情、应激
      - 情感:道德感、美感、理智感
    - 意志过程★
      - 动机冲突
      - 意志品质:自觉性、果断性、自制性、坚韧性
    - 个性心理★
      - 马斯洛的需要层次理论
      - 加德纳的多元智力理论
      - 四种气质类型
    - 人格★
      - 埃里克森的人格发展八阶段理论
      - 影响人格形成与发展的因素
  - 小学生身心发展
    - 个体身心发展的一般规律★★★
      - 个体身心发展的顺序性
      - 个体身心发展的阶段性
      - 个体身心发展的不平衡性(不均衡性)
      - 个体身心发展的互补性
      - 个体身心发展的个别差异性
      - 个体身心发展的整体性
    - 心理发展的理论★★
      - 皮亚杰的认知发展阶段理论
      - 维果斯基的最近发展区理论
    - 学生的个别差异
      - 认知方式差异★
      - 智力差异
  - 小学生学习指导
    - 学习理论
      - 行为主义学习理论★★
      - 认知派学习理论
      - 人本主义学习理论
      - 建构主义学习理论
    - 学习策略★
      - 认知策略:复述策略、精加工策略、组织策略
      - 元认知策略:计划策略、监控策略、调节策略
      - 资源管理策略

- 学生指导
  - 小学生学习指导
    - 学习迁移
      - 学习迁移的种类
      - 影响学习迁移的因素★
  - 小学德育、美育与劳动教育
    - 品德的心理结构:道德认知、道德情感、道德意志和道德行为★
    - 品德发展的理论★
      - 皮亚杰的道德发展阶段理论:对偶故事法
      - 科尔伯格的道德发展阶段理论:道德两难故事法
    - 小学生态度和品德的形成与培养
      - 态度与品德形成三阶段:依从、认同、内化★
      - 态度与品德形成的影响因素
      - 态度与品德的培养方式
    - 小学德育的目标和内容★
    - 小学德育的原则、途径与方法
      - 小学德育的基本原则
      - 小学德育的基本途径★
      - 小学德育的方法★★
    - 小学劳动教育★
      - 劳动教育的内涵、内容、意义
      - 小学劳动教育的途径
  - 小学生安全教育★★
    - 小学生常见症状及应对:发热、头痛、呕吐、腹泻、鼻出血、中暑等
    - 小学生卫生保健:教学卫生、个人卫生、环境卫生、营养卫生保健
    - 小学生安全教育:火灾、中毒、扭伤、被昆虫蜇伤等
  - 小学生心理健康教育
    - 小学生常见心理问题:多动症★
    - 心理辅导的方法
      - 行为疗法
      - 认知疗法:理性—情绪疗法★
      - 精神分析疗法★
      - 人本主义疗法

经典真题回顾

一、单项选择题(每小题2分,共14小题。参考时限25分钟)

1. 教师在课堂上一边讲授一边板书,同时留意学生反应,这种品质属于(　　)

A. 注意的广度　　B. 注意的转移

C. 注意的分配　　D. 注意的稳定性

2. 小英帮助生病在家的小勇辅导功课后,感到很快乐,这种情感属于(　　)

A. 道德感　　B. 美感　　C. 理智感　　D. 幸福感

3. 小学高年级学生自我意识的发展受学校、教师、同伴等影响显著。这表明其自我意识发展处于(　　)

A. 生理自我时期　　B. 社会自我时期

C. 心理自我时期　　D. 精神自我时期

4. 小学教育要抓住儿童发展的"关键期",这是由于个体身心发展具有(　　)

A. 顺序性　　B. 阶段性　　C. 不均衡性　　D. 个别差异性

5. 小军因喜欢班主任王老师,所以喜欢她的课和她组织的各种活动。这种心理现象属于(　　)

A. 泛化　　B. 强化　　C. 分化　　D. 消退

6. 为方便学生理解和记忆,教师将某个英语单词编成小故事,这是运用了(　　)

A. 复述策略　　B. 组织策略

C. 精加工策略　　D. 元认知策略

7. 三(2)班的一些学生只要作业稍微难一点就望而却步,还有一些学生在班级活动中经常叫苦叫累,对此班主任需要在班级加强学生(　　)

A. 情绪情感的教育　　B. 意志品质的培养

C. 人际交往的教育　　D. 思维品质的培养

8. 通过"道德两难故事法"提出道德认知发展阶段理论的学者是(　　)

A. 马斯洛　　B. 皮亚杰　　C. 科尔伯格　　D. 罗森塔尔

9. 小学德育的基本途径是(　　)

A. 课外活动和校外活动　　B. 少先队活动

C. 品德课和各科教学　　D. 班主任工作

10. 小学教师经常采用贴小红花、插小红旗等方式鼓励学生为班级做好事,这种德育方法是(　　)

A. 奖惩评价法　　B. 榜样示范法

C. 情感陶冶法　　D. 实际锻炼法

11. 小学生在课间玩耍时不小心扭伤了脚踝,教师首先应采取的措施是(　　)

A. 揉一揉受伤的脚踝　　B. 抬高受伤的脚踝

C. 在受伤处进行热敷　　D. 给学生吃止痛药

12. 儿童易患口角炎、角膜炎、皮炎等,可能是缺乏(　　)

A. 维生素A　　B. 维生素B_2　　C. 维生素C　　D. 维生素D

13. 儿童"多动症"的核心特征是(　　)

A. 活动过多　　B. 冲动任性

C. 注意障碍　　D. 学习困难

14. 在心理辅导中,小学生有时会把辅导老师当成自己的父母,以获得情感的满足。这种心理现象属于(　　)

A. 共情　　B. 移情

C. 同情　　D. 激情

二、简答题(每小题10分,参考时限10分钟。共3小题)

1. 简述皮亚杰认知发展理论的教育启示。

2. 简述学习迁移的影响因素。

3. 简述小学德育的实施途径。

过关必刷题库

专题一　心理学基础知识

一、单项选择题(每小题2分,共77小题。参考时限120分钟)

1. 先注视打开的电灯,几分钟后闭上眼睛,会感到眼前有一个同电灯差不多的光源出现在黑暗的背景里,这就是视觉现象中的(　　)

A. 视觉对比　　B. 颜色视觉　　C. 视觉适应　　D. 视觉后像

2. 一名教师走到安静的教室门口故意咳嗽两声,目的是引起学生的(　　)

A. 无意注意　　B. 有意注意

C. 有意后注意　　D. 随意注意

3. 能力有高低之分,性格有自信与自卑之差。这说明人有(　　)的差异。

A. 心理过程　　B. 认知过程

C. 个性心理倾向性　　D. 个性心理特征

4. 当我们去电影院看电影迟到时,刚进去时光线很暗,很难看清自己的座位号,而过了一段时间之后,我们就能看清楚了,这是暗适应现象,它表示我们的视觉感受性(　　)

A. 提高了　　B. 降低了　　C. 没有变　　D. 较差

5. 先有一个目标(目的),它与当前的状态之间存在着差别,人们认识到这个差别,就要想出某种办法采取活动(手段)来减小这个差别。这种解决问题的方法或策略是(　　)

A. 算法策略　　B. 逆推法

C. 手段—目的分析法　　D. 尝试错误法

6. 听同样一个报告,懂行的人和不懂行的人相比,结果大相径庭。这符合的知觉特性是(　　)

A. 选择性　　B. 理解性　　C. 整体性　　D. 恒常性

7. 一个学习外语的人在初学阶段去阅读外文报纸,需要意志努力,但随着学习的深入,外语水平的不断提高,他能够毫不费力地阅读外文报纸。此时他的注意状态达到了(　　)

A. 有意注意　　B. 无意注意

C. 有意后注意　　D. 无意后注意

8. “昨夜雨疏风骤,浓睡不消残酒。试问卷帘人,却道海棠依旧。知否? 知否? 应是绿肥红瘦。”李清照的这首《如梦令》体现了思维的(　　)

A. 间接性　　B. 敏捷性　　C. 概括性　　D. 深刻性

9.《聊斋志异》中神鬼狐妖的故事体现了作者的(　　)

A. 再造想象　　B. 创造想象

C. 幻想　　D. 无意想象

10. 人们看书时用红笔画出重点便于重新阅读,这是利用知觉的(　　)

A. 选择性　　B. 整体性　　C. 理解性　　D. 恒常性

11. 人们对已储存在头脑中的表象进行加工改造形成新形象的过程称为(　　)

A. 表象　　B. 想象　　C. 幻想　　D. 印象

12. 小刘打算用五天时间完成一项任务,但是领导分派了新任务,小刘又很快把精力投入到新任务上。这说明小刘(　　)

A. 注意的广度大　　B. 注意的稳定性强

C. 注意的分配性好　　D. 注意的转移快

13. 根据人脑反映的对象的不同,可以把知觉分为物体知觉和社会知觉。其中,物体知觉分为空间知觉、时间知觉和(　　)

A. 大小知觉　　B. 运动知觉　　C. 颜色知觉　　D. 形状知觉

14. 红红看动画片时,妈妈喊她很多遍她都没有听见。这一现象体现了注意的(　　)

A. 指向性　　B. 调节性　　C. 集中性　　D. 维持性

15. 技术工人在对一台机器进行维修时，一边检查一边思考故障的原因，直到发现问题排除故障为止。这一过程中(　　)占据主要地位。

A. 直观动作思维　　B. 具体形象思维

C. 抽象逻辑思维　　D. 直觉思维

16. 教师在讲新知识之前都要先带领学生复习以前学过的知识，并通过找到旧知识与新知识之间的联系来帮助学生识记新知识。这种识记属于(　　)

A. 机械识记　　B. 无意识记　　C. 意义识记　　D. 被动识记

17. “足智多谋，随机应变”反映的思维的品质是(　　)

A. 敏捷性　　B. 广阔性　　C. 深刻性　　D. 灵活性

18. 法国作家左拉的《陪衬人》描述有钱人的小姐们、太太们专门找一些比较丑的、没有特点的人带在身边出入公共场合，以此来显示自己的美。这利用的是(　　)

A. 同时对比　　B. 继时对比　　C. 感觉适应　　D. 感觉补偿

19. 魏征曾对唐太宗李世民说：“嗜欲喜怒之情，贤愚皆同。贤者能节之，不使过度；愚者纵之，多至失所。”这说的是意志要有(　　)

A. 自制性　　B. 果断性　　C. 坚韧性　　D. 自觉性

20. 一个人区别于他人的稳定而统一的心理品质是(　　)

A. 人格　　B. 性格　　C. 气质　　D. 倾向性

21. 在教育教学中，教师要根据学生的不同气质类型做好教育工作，要特别重视(　　)类型的学生。

A. 多血质和胆汁质　　B. 胆汁质和抑郁质

C. 抑郁质和黏液质　　D. 黏液质和多血质

22. “笨鸟先飞”“勤能补拙”说明(　　)

A. 需要对能力有影响　　B. 动机对能力有影响

C. 性格对能力有影响　　D. 气质对能力有影响

23. 有关记忆的研究表明，排在最前面和最后面的单词比排在中间的单词记忆效果要好。这种现象属于(　　)

A. 有意回忆　　B. 前摄抑制

C. 倒摄抑制　　D. 系列位置效应

24. 小华在背诵《山行》时背10分钟刚好记住，接着又继续背诵了5分钟，这种知识保持的方法属于(　　)

A. 及时复习　　B. 合理安排复习时间

C. 适度学习　　D. 过度学习

25. 节俭属于性格的(　　)

A. 态度特征　　B. 行为特征　　C. 意志特征　　D. 情感特征

26. 小李成绩好，班主任便觉得小李是个优秀的学生，且认为其品德和行为习惯都非常好；而小张成绩较差，班主任对他的评价便是什么都干不好。这体现了(　　)

A. 近因效应　　B. 皮格马利翁效应　　C. 晕轮效应　　D. 首因效应

27. 刘老师在为同学们播放《冰上圆舞曲》时，有的同学似乎看到了舞者在冰上翩翩起舞。学生的这种心理活动属于(　　)

A. 感觉适应　　B. 感觉对比　　C. 错觉　　D. 联觉

28. 学生在课堂上学习的各种课本知识和日常生活常识都属于(　　)

A. 动作记忆　　B. 语义记忆　　C. 陈述性记忆　　D. 程序性记忆

29. 红、橙、黄色往往使人产生暖的感觉，绿、青、蓝色使人产生冷的感觉。这种现象是(　　)

A. 感觉适应　　B. 感觉对比　　C. 联觉　　D. 错觉

30. 问题解决中，把一个较为复杂的问题分解为几个较为简单的子问题的方法是(　　)

A. 算法　　B. 爬山法

C. 手段—目的分析法　　D. 逆推法

31. 在日常生活中由于情绪紧张而引起遗忘的情况是常有的。例如，考试时由于情绪过分紧张，致使一些学过的内容怎么也想不起来。这种遗忘理论属于(　　)

A. 痕迹衰退说　　B. 干扰说　　C. 压抑说　　D. 提取失败说

32. 百米竞赛的预备信号与起跑信号间隔2秒比较合适，相隔太长时间才发起跑信号会影响运动员的成绩，其原因是(　　)

A. 注意的选择性　　B. 注意的分配

C. 注意的起伏　　D. 注意的指向性

33. 丽丽和爸爸一起看到一幅画，丽丽说：“这幅画里有一个女孩！”而爸爸却说：“小女孩正在思考问题呢！”他们的话语体现了知觉的(　　)

A. 理解性　　B. 选择性　　C. 恒常性　　D. 整体性

34. 一位教师头天晚上与家人发生了不愉快的事情，但第二天上课仍然兢兢业业，在课堂上谈笑风生，这反映了意志的(　　)

A. 自觉性　　B. 自制性　　C. 果断性　　D. 坚韧性

35. 人们欣赏名画《蒙娜丽莎》时，陶醉在“永恒”的微笑中，感到非常愉悦。这种情感属于(　　)

A. 道德感　　B. 理智感　　C. 美感　　D. 自豪感

36. “忧者见之则忧，喜者见之则喜”，这是受一个人的(　　)的影响所致。

A. 激情　　B. 心境　　C. 热情　　D. 应激

37. “外行看热闹，内行看门道”体现的是知觉的(　　)

A. 选择性　　B. 整体性　　C. 理解性　　D. 恒常性

38. 通常情况下，一提到护士，我们会想到心细、体贴人、讲卫生；一提到空姐，我们就会想到年轻、美丽、高薪。这种现象，在心理学上称为（ ）

A. 首因效应 B. 刻板效应 C. 晕轮效应 D. 偏见效应

39. 上课时老师突然停止讲课，这时全班学生会不自觉地看向老师，这引起的注意是（ ）

A. 无意注意 B. 有意注意 C. 有意后注意 D. 随意前注意

40. 变色龙会根据周围环境调节自身颜色，从而达到避免被人发觉的目的。这主要是利用了知觉的（ ）

A. 整体性 B. 选择性 C. 理解性 D. 恒常性

41. 人们在重大刺激作用下产生的勃然大怒、暴跳如雷、欣喜若狂等情绪体验称为（ ）

A. 心境 B. 激情 C. 应激 D. 感情

42. 小东在学习了数量的比较方法后，根据"A比B高13厘米，则B比A矮13厘米"，得出"如果甲数比乙数多25%，则乙数比甲数少25%"的结论。这属于（ ）

A. 定势 B. 功能固着 C. 酝酿效应 D. 范畴效应

43. 张博认为，"伞是用来防雨的""笔是用来写字的""牙膏是用来刷牙的"。张博的这种只熟悉事物的通常用途而看不到事物其他可能的功能的心理现象是（ ）

A. 迁移 B. 思维定势 C. 功能固着 D. 原型启发

44. 鲁班由"茅草划破手"这一现象引发思考，发明了锯，这种创造活动的心理机制属于（ ）

A. 思维定式 B. 功能固着 C. 负向迁移 D. 原型启发

45. 小王同学在阅读《水浒传》时，脑海中浮现出鲁智深的形象。这种想象属于（ ）

A. 再造想象 B. 创造想象 C. 自主想象 D. 无意想象

46. 心理学家汉密尔顿最先做了注意品质的实验，他在地上撒了一把石子儿，发现人们很难在一瞬间同时看到六颗以上的石子儿。这反映的是（ ）

A. 注意的范围 B. 注意的转移

C. 注意的分配 D. 注意的稳定

47. 某学生活泼、好动、乐观、灵活，喜欢交朋友，爱好广泛，稳定性差，缺少毅力，见异思迁。她的气质类型属于（ ）

A. 胆汁质 B. 多血质 C. 黏液质 D. 抑郁质

48. 王老师中途接手小学三年级二班的班主任工作，有几个学生经常缺交数学作业。经过了解王老师发现只要题目难一点或计算量大一点，这几个学生就不能按时完成作业。不仅如此，在各项活动中也有一些学生叫苦叫累。如果你是班主任，可在全班进行（ ）

A. 积极的情感教育 B. 意志品质的培养

C. 人际交往教育 D. 良好性格的教育

49. 李逵的情绪爆发快，难持久；林黛玉多愁善感，极富审美情感；燕青思维灵活，动作敏捷；林冲稳重，坚毅等。这些人的心理差异实际上就是（ ）

A. 人格的差异 B. 性格的差异 C. 情绪的差异 D. 气质的差异

50. 中医使用的"望闻问切"的诊断方法体现了思维的（ ）

A. 抽象性 B. 概括性 C. 间接性 D. 意识性

51. "新官上任三把火""初次见面时希望给人留下好印象"都体现了（ ）

A. 投射效应 B. 晕轮效应 C. 近因效应 D. 首因效应

52. 学生利用头脑中的概念、理论知识来解决问题，这种思维是（ ）

A. 直观动作思维 B. 具体形象思维

C. 抽象逻辑思维 D. 发散思维

53. "入芝兰之室，久而不闻其香"描述的是（ ）

A. 适应现象 B. 听觉适应 C. 嗅觉刺激 D. 味觉刺激

54. 艾宾浩斯的遗忘曲线表明，遗忘的速度是（ ）

A. 匀速发展 B. 先快后慢 C. 先慢后快 D. 无规律的

55. 影响遗忘进程的因素有很多，下列表述不正确的是（ ）

A. 学习材料的性质 B. 系列位置效应

C. 识记材料的数量 D. 个体的性格特点

56. 我们常常有这样的经验，明明知道对方的名字，但就是想不起来。这种现象印证了遗忘的（ ）

A. 干扰说 B. 消退说 C. 提取失败说 D. 压抑说

57. 旅游本是一项对人们很有吸引力的活动，但人们常常害怕耗费时间、精力和钱财而不愿意去。这时人们面临的心理冲突是（ ）

A. 双趋冲突 B. 双避冲突

C. 趋避冲突 D. 双重趋避冲突

58. 面对要求不能得到满足而吵闹不休的孩子，母亲把一个电动玩具人放在地上，玩具人翻起了筋斗，孩子顿时停止了吵闹而开怀大笑。这里，母亲所利用的注意形式是（ ）

A. 有意注意 B. 无意注意 C. 有意后注意 D. 无意后注意

59. "鱼，我所欲也；熊掌，亦我所欲也。二者不可得兼。"这种矛盾心态是动机冲突形式中的（ ）

A. 双避冲突 B. 趋避冲突 C. 双趋冲突 D. 单趋冲突

60. 有的小学生在学习英语字母"t"时，常常会发出汉语拼音"t"的音，造成这种干扰现象的原因是（ ）

A. 前摄抑制 B. 倒摄抑制 C. 消退抑制 D. 双向抑制

61. 进入小学三年级的佳佳在背诵唐诗时，会慢慢根据老师解释的诗句含义来记忆，不再像以前只是反复诵读记忆，这说明其记忆发展从（ ）

A. 无意记忆转向意义记忆 B. 机械记忆转向意义记忆

C. 具体形象记忆转向抽象逻辑记忆　D. 意义记忆转向无意记忆

62. 下列有关注意的说法正确的是(　　)

A. 注意的分散和转移是个体无意识的行为

B. 注意最重要的功能是对活动的调节和监控

C. 有意后注意不应在课堂中出现

D. 有意注意也可以是没有目的的注意

63. 古人经过长期观察后得出"月晕而风,础润而雨"的结论。这体现了思维的(　　)

A. 概括性　B. 间接性　C. 稳定性　D. 抽象性

64. 在某项测验中,要求学生在3分钟之内尽可能多地说出"砖"的多种用途,这主要是测量学生的(　　)

A. 灵活性　B. 独特性

C. 流畅性　D. 深刻性

65. 足球运动员在一瞬间把握球场上对方球员的布局漏洞,不失时机地把球踢进球门。这属于(　　)

A. 分析思维　B. 直觉思维　C. 聚合思维　D. 发散思维

66. 警察在嘈杂的人群中,能迅速辨别出罪犯。这主要依赖哪种思维(　　)

A. 分析思维　B. 直觉思维

C. 形象思维　D. 发散思维

67. 在实验中,让你戴上耳机,然后开始由小到大地调节音量,你会从一开始听不见,到开始逐渐能够听得见。你刚刚能够听得见时的音量,在心理学中被称为(　　)

A. 绝对感受性　B. 绝对感觉阈限

C. 差别感受性　D. 差别感觉阈限

68. 安安平时比较踏实,遇事沉着、冷静,但比较死板,灵活性不足。她应该属于(　　)的气质类型。

A. 胆汁质　B. 多血质　C. 黏液质　D. 抑郁质

69. 某学生既想参加演讲比赛、锻炼自己,又害怕讲不好、被人讥笑。这时他面临的心理冲突是(　　)

A. 双趋冲突　B. 双避冲突

C. 趋避冲突　D. 多重趋避冲突

70. 小佳的家人对她十分宠爱,她生性柔弱,做事磨蹭。一天,老师因为她做作业磨蹭而批评她后,小佳无法接受哭了很久,也不愿意去上学了。从气质特征的类型上看,小佳属于(　　)

A. 多血质　B. 黏液质

C. 抑郁质　D. 胆汁质

71. 小莉前几天与同桌吵架了,这几天都闷闷不乐,上课也老走神。她的情绪体验属于(　　)

A. 激情　B. 心境　C. 热情　D. 应激

72. 十岁左右的学生其自我意识发展较为成熟的方面是(　　)

A. 心理自我　B. 生理自我　C. 社会自我　D. 言语自我

73. 学生对于不能理解和不能解决的问题,表现出惊奇和疑虑,这类情感属于(　　)

A. 道德感　B. 理智感　C. 美感　D. 心境

74. 项羽在鸿门宴中没有听从谋士范增的建议杀掉刘邦,最后落得英雄末路、乌江自刎的下场。从心理学的角度来看,项羽最需要培养的意志品质是(　　)

A. 自制性　B. 果断性　C. 自觉性　D. 坚韧性

75. 在学习和生活中,我们常确定目标,而在目标实现的过程中会遇到各种障碍,这就要求我们要通过自己的心理努力克服困难,有意识地把自己的行为调节和控制在与实现目标一致的方向上。这种心理过程是(　　)

A. 动机　B. 情绪　C. 意志　D. 思维

76. 刚上二年级的小红在做值周生时,每天都很早起床去学校开教室门、打扫教室。如果某一天到学校晚了,她就会沮丧一整天。根据埃里克森提出的人格发展八阶段,小红正处在(　　)阶段。

A. 基本的信任对不信任　B. 自主对害羞

C. 勤奋对自卑　D. 主动对内疚

77. 某人经常问自己:"我是一个怎样的人?"按照埃里克森的人格发展阶段理论,该个体正处在(　　)

A. 信任感对怀疑感阶段　B. 主动感对内疚感阶段

C. 勤奋感对自卑感阶段　D. 自我同一性对角色混乱阶段

二、简答题(每小题10分,参考时限10分钟。共8小题)

1. 简述动机冲突的种类。

2. 简述加德纳提出的智力类型。

3. 简述在教学中如何提高学生解决问题的能力。

4. 简述遗忘过程的规律。

5. 简述知识、技能与能力之间的联系。

6. 简述如何培养小学生的想象力。

7. 影响学生解决问题的因素有哪些?

8. 简述埃里克森的人格发展阶段理论中的八个阶段。

三、材料分析题(每小题20分,参考时限20分钟。共1小题)

材料:小明的父母都从事房地产开发工作。因为工作的原因,小明从小到大跟着父母去过不少地方,每个地方待了不到两三年就又要到另一个城市去。父母工作忙,小明与父母的沟通也不是很多,每次到了一个新的地方进入当地学校读书,小明就又要适应一个新环境。而当小明渐渐熟悉起来,可能又要离开了。刚入学时,小明成绩挺好的,可是几年下来,成绩一落千丈,他自己很烦恼,父母也很担忧。

问题:

(1)从马斯洛需要层次理论来看,小明的哪种基本需要没有得到满足?

(2)请从需要之间的关系分析小明成绩下降的原因。

(3)请分析如何帮助小明摆脱困境,提高成绩。

专题二　小学生身心发展

一、单项选择题(每小题2分,共20小题。参考时限30分钟)

1. 青少年身心发展具有一定的阶段性,它反映了量变与质变的统一。由于身心发展各阶段是相互联系的,具有连续性,前一阶段是后一阶段的准备,这就要求教育工作者应(　　)
A. 做到因材施教　B. 抓好关键期教育
C. 考虑各阶段教育的衔接　D. 促进学生的一般发展

2. 亮亮把果冻偷偷藏在厨房的橱柜里。妈妈发现之后把果冻放到了客厅的抽屉里。有些儿童认为亮亮以后还会到厨房的橱柜里找果冻。这些儿童处在皮亚杰所说的认知发展阶段中的(　　)
A. 感知运动阶段　B. 前运算阶段
C. 具体运算阶段　D. 形式运算阶段

3. 皮亚杰认为,儿童思维发展趋于成熟的标志是(　　)
A. 获得"客体永久性"概念　B. 有符号功能思维
C. 获得"守恒"概念　D. 进入形式运算阶段

4. 在个体身心发展的过程中,身高和体重有两个发展的高峰,这说明个体发展具有(　　)
A. 顺序性和阶段性　B. 稳定性和可变性
C. 不均衡性　D. 整体性

5. "须知参差多态,乃是幸福的本源""有的人爱动,有的人喜静;有的人观察能力强,有的人记忆能力好;有的人善于理性思维,有的人长于形象思维"都体现了人的身心发展规律中的(　　)
A. 整体性　B. 阶段性
C. 个别差异性　D. 不平衡性

6. 皮亚杰认为,儿童的认知发展是在已有图式的基础上,通过同化、顺应和平衡等机制,不断从低级向高级发展的一个建构过程。其中个体调节自己的内部结构以适应特定刺激的过程是(　　)
A. 图式　B. 同化　C. 顺应　D. 平衡

7. 张老师在设置教学目标时,会考虑学生的现有知识水平,也考虑他们在老师的指导下可以达到的水平。维果斯基将这两种水平之间的差距称为(　　)
A. 教学支架　B. 最近发展区
C. 先行组织者　D. 自我差异性

8. 李老师问一名六岁的儿童:"你有兄弟吗?"儿童:"有。"李老师:"兄弟叫什么名字?"儿童:"吉姆。"李老师:"吉姆有兄弟吗?"儿童:"没有。"按照皮亚杰的认知发展阶段理论,该儿童的思维发展处于(　　)
A. 感知运动阶段　B. 前运算阶段　C. 具体运算阶段　D. 形式运算阶段

9. 小强的妈妈望子成龙心切,明知道小强不喜欢弹钢琴,还仍然给他报了钢琴兴趣班。这说明小强妈妈在教育过程中违背了儿童身心发展的(　　)
A. 互补性　B. 差异性　C. 稳定性　D. 顺序性

10. 印度"狼孩"的事例表明,个体在早期心理发展的某一个短暂时期内,对某类刺激特别敏感,一旦错失将难以达到应有的发展水平。心理学上把这一时期称为(　　)
A. 最近发展期　B. 生长高峰期
C. 心理断乳期　D. 关键期

11. 某语文教师不按课程标准所要求的学段目标开展教学,教授学生远远超出其当前认知水平的知识,该教师的行为主要违背了儿童发展的(　　)
A. 顺序性　B. 阶段性　C. 不平衡性　D. 个别差异性

12. 一般来说,偏爱自然科学,且自尊心较强的学生的认知风格属于(　　)
A. 场依存型　B. 场独立型
C. 沉思型　D. 冲动型

13. 老师在和年龄较小的儿童交流时发现,他们经常会说"太阳公公""白云姐姐""小草妹妹"等等,这体现的儿童思维特点是(　　)
A. 泛灵论　B. 自我中心
C. 集体独白　D. 思维不可逆性

14. 多多思考问题时常常拿不定主意,往往需要询问他人意见,情绪和行为很容易受到外部环境的影响。这说明多多的认知方式倾向于(　　)
A. 场独立型　B. 反思型　C. 冲动型　D. 场依存型

15. 新课改理念强调,课程实施要适当增加学习内容的难度,引导学生自主发展,但同时又要量力而行。这种教学理念主要基于(　　)
A. 心理准备区　B. 最近发展区　C. 适应期　D. 关键期

16. 个体身心发展的互补性规律要求教育工作者在教育教学过程中应该(　　)
A. 对学生树立信心,发挥学生的优势,扬长避短
B. 有的放失地开展教育工作,做到因材施教
C. 抓住学生发展的关键期,提高教育的有效性
D. 遵循由易到难、由简单到复杂、循序渐进的教学原则

17. 根据皮亚杰的认知发展理论,儿童可以同时从两个或两个以上角度思考问题,这一特征表明儿童的认知水平处于(　　)
A. 感知运动阶段　B. 前运算阶段
C. 具体运算阶段　D. 形式运算阶段

18. 张老师在数学课上将橘子剥成一瓣一瓣的，并问小红原来的橘子多还是现在的橘子多，小红认为橘子被剥成一瓣一瓣后比原来少了，这说明小红的思维还没有具备(　　)

A. 守恒性　　B. 平衡性

C. 抽象性　　D. 具体性

19. 儿童发展是一个持续不断的过程，不同年龄阶段表现出不同的特征。儿童发展的阶段性特点决定了教育工作要(　　)

A. 循序渐进　　B. 有针对性

C. 因材施教　　D. 抓关键期

20. 五年级一班的白老师向同学们提问说："大家知道唐朝的诗人有哪些吗?"老师话音刚落，小丽立马回答说："李白，还有苏轼……"小丽的认知风格属于(　　)

A. 场依存型　　B. 场独立型　　C. 冲动型　　D. 沉思型

二、简答题(每小题10分，参考时限10分钟。共3小题)

1. 简述个体身心发展的不平衡性(不均衡性)的表现。

2. 简述"教学应走在发展前面"的含义。

3. 简述个体的认知风格类型。

三、材料分析题(每小题20分，参考时限20分钟。共2小题)

1. 材料：

东汉名将马援，小时候并不怎么样。有一次，他见到同学朱勃，朱勃年方十三，能口诵诗书，举止娴雅，学识渊博，马援见了他很惭愧。马援的哥哥安慰马援，说："朱勃是小器，早成；你是大器，晚成。"马援没有自暴自弃，而是奋发努力，更加刻苦，后来很有作为。

问题：这则材料说明了什么？对教师的启示是什么？

2. 材料：

陈明和罗亮是一对好朋友，两个人在处理问题时的认知风格方面有较大的差异。陈明在学习上遇到问题时，常常利用个人经验独立对其进行判断，喜欢用概括的与逻辑的方式分析问题，很少受到同学与老师建议的影响。而罗亮遇到问题时的表现则与陈明相反，他更愿意听老师和同学的建议，并以他们的建议作为分析问题的依据。另外，罗亮还喜欢察言观色，关注社会问题。

问题：

(1)请结合材料谈谈二人的认知风格有何差异。

(2)请从教师的角度来说说如何根据二人的认知方式的差异进行教育。

专题三　小学生学习指导

一、单项选择题(每小题2分,共46小题。参考时限70分钟)

1. 某学生这样来管理自己的学习:"如果我能在30分钟内完成英语老师布置的家庭作业,那么就可以和爸爸出去玩。"该学生运用的是(　　)

A. 外部强化　B. 替代强化　C. 自我强化　D. 消极强化

2. 在日常生活中,看见路上的垃圾会绕道走开,这体现了(　　)

A. 负强化作用　B. 回避条件作用

C. 正强化作用　D. 逃避条件作用

3. 小石认为空气没有重量,但经过科学演示后他知道自己错了。他现在认为,空气是有重量的。从迁移的角度来说,这一理解的变化属于(　　)

A. 同化性迁移　B. 顺应性迁移

C. 一般迁移　D. 重组性迁移

4. 现实生活中,我们经常发现,越是成绩好的学生越愿意学习,越是成绩差的学生越不愿意学习。如果用桑代克提出的学习规律加以解释,则最适宜解释这种现象的是(　　)

A. 反馈律　B. 练习律　C. 效果律　D. 准备律

5. 为了方便记忆二十四节气,人们采用首字连词法(即利用每一个词的第一个字形成一个缩写),编制了二十四节气歌,这种做法从学习策略的角度看属于(　　)

A. 复述策略　B. 元认知策略　C. 组织策略　D. 精加工策略

6. 学生小芳由于"锐角三角形"的知识没有掌握好,从而影响了"钝角三角形"知识的掌握。这种现象属于(　　)

A. 纵向迁移　B. 横向迁移　C. 顺应迁移　D. 重组迁移

7. 下列不属于桑代克认为的学习要遵循的三条重要原则的是(　　)

A. 练习律　B. 效果律

C. 准备律　D. 强度律

8. 亮亮看见同班同学张强上课乱说话被老师批评,他就知道上课不能随便乱说话,亮亮此时受到的强化是(　　)

A. 直接强化　B. 替代强化　C. 自我强化　D. 定时强化

9. 学习是任何动物生存中普遍存在的、贯穿生命全过程的现象,是有机体生存和发展不可缺少的条件。下列选项中,属于学习现象的是(　　)

A. 蜘蛛织网　B. 吃了酸的食物流唾液

C. 含梅生津　D. 儿童模仿电影中人物的行为

10. 小学生学习了"植物""动物"等概念后,有助于他们对"生物"这一概念的学习。这体现的是(　　)

A. 水平迁移　B. 垂直迁移

C. 横向迁移　D. 逆向迁移

11. 首先做我要你做的事,然后才可以做你想做的事。如要求不爱吃青菜的孩子吃青菜,可以这样做:吃完这些青菜,才可以吃鸡腿。这种做法符合(　　)

A. 普雷马克原理　B. 扇贝效应

C. 教师期望效应　D. 习得性无助效应

12. 前摄抑制和倒摄抑制属于(　　)

A. 正迁移　B. 负迁移

C. 近迁移　D. 远迁移

13. 一位地理学家向一班学生问道:"假如你们在地球表面挖了一个几十千米深的洞,你们说洞底比上面热还是冷?"全班鸦雀无声,一片寂静。这时,学生的地理老师着急地说道:"教授,你问问题的方式不对。"随即,该老师问道:"同学们,地球的深层处于什么状态?"这时全班同学异口同声地回答道:"地球的深层都是岩浆。"按照奥苏伯尔对学生学习价值的看法,学生对"地球的深层都是岩浆"这一知识的学习属于(　　)

A. 有意义学习　B. 机械学习　C. 条件学习　D. 社会学习

14. 学习化学中锂、钠、钾等各种金属元素概念时,它们之间的相互影响称为(　　)

A. 水平迁移　B. 垂直迁移

C. 同化迁移　D. 顺应迁移

15. 下列选项中,属于元认知策略的是(　　)

A. 设置目标　B. 列提纲

C. 寻求同学帮助　D. 做笔记

16. 小明犯错误后通过撒谎避免了父母的惩罚,此后小明学会了用谎言来逃脱惩罚。此处发生了(　　)

A. 正强化　B. 逃避条件作用

C. 回避条件作用　D. 消退

17. 对于经常违反校规校纪的学生,一旦发现他们有好的表现,马上给予表扬。这种鼓励能帮助他们逐渐改掉坏习惯,养成良好的品行。这种做法在心理学上叫(　　)

A. 消退　B. 间隔强化

C. 负强化　D. 正强化

18. 听到隔壁班班主任高跟鞋的声音,以为是自己班的班主任回来了,全班同学顷刻间鸦雀无声,这体现了刺激的(　　)

A. 泛化　B. 分化　C. 获得　D. 消退

19. 学生不是空着脑袋走进教室的，所以教学不能无视学生原有的经验背景，而是要把学生已有的知识经验作为新知识的生长点，引导学生从原有的知识经验中“生长”出新知识。持这种观点的是(　　)

A. 联结学习理论　　B. 认知学习理论

C. 建构主义学习理论　　D. 有意义接受学习理论

20. 某学生因进步明显，老师取消了对他的处分，这是(　　)

A. 正强化　　B. 负强化　　C. 惩罚　　D. 消退

21. 一个孩子出现打人行为，因此他的父母规定他一个月不准吃肯德基。这种做法属于(　　)

A. 正强化　　B. 消退

C. 惩罚　　D. 负强化

22. 在实际的教育和教学过程中，引导学生分辨勇敢和鲁莽、谦让和退缩，要求学生区别重力和压力、质量和重量等，需要对刺激进行(　　)

A. 分化　　B. 消退　　C. 泛化　　D. 撤销

23. 苛勒在他的完形—顿悟学习理论中提出学习的结果是(　　)

A. 形成新的完形　　B. 塑造新的行为

C. 形成健康的人格　　D. 形成刺激—反应联结

24. 将在语文学习中总结出来的阅读技能运用到英语学习中的迁移属于(　　)

A. 水平迁移　　B. 一般迁移　　C. 垂直迁移　　D. 具体迁移

25. “其身正，不令而行；其身不正，虽令不从。”能够有效解释这一现象的学习理论是(　　)

A. 认知学习理论　　B. 社会学习理论

C. 人本主义理论　　D. 建构主义理论

26. 小贺觉得自己越长大，父母就越冷漠。小时候他只要大哭大闹就能换来想要的东西，可是长大之后无论再怎么哭、再怎么闹，父母都不会理睬自己。根据行为主义理论，父母的做法实际上属于(　　)

A. 正强化　　B. 负强化　　C. 消退　　D. 惩罚

27. “一朝被蛇咬，十年怕井绳”属于巴甫洛夫经典性条件反射理论中的(　　)

A. 分化　　B. 泛化　　C. 获得　　D. 消退

28. 庚子春爆发的新冠肺炎疫情，波及范围之广、传染性之强，对人们社会生活影响之大，历史罕见。为阻断疫情向校园蔓延，确保师生生命安全和身体健康，全国大中小学2020年春季学期延期开学。虽然延期期间要求“教师停课不停教、学生停课不停学”，但是有的学生能够正确认识疫情，调整心态，坚持学习不放松；有的则焦虑不已，怨天尤人，放松学习。从学习策略来看，这种现象更多地反映了学生的(　　)

A. 计划策略　　B. 调节策略

C. 努力管理策略　　D. 时间管理策略

29. 现在越来越多的学校在教学上都强调让教师引导学生使用某些方法或策略来解答问题，或者给学生某个问题，让他们通过网络、图书馆等途径自己寻找答案。这种学习方式属于(　　)

A. 接受学习　　B. 发现学习　　C. 深度学习　　D. 观察学习

30. 在英语学习中，学生在学习“eye”和“ball”后，学习“eyeball”就比较容易。这种现象属于(　　)

A. 一般迁移　　B. 具体迁移

C. 垂直迁移　　D. 负迁移

31. 下列人物中，提出“先行组织者”概念的是(　　)

A. 奥苏伯尔　　B. 布鲁纳

C. 桑代克　　D. 班杜拉

32. 任何学习都应该在学生有准备的状态下进行，而不能经常搞突然袭击。这符合桑代克学习规律中的(　　)

A. 准备律　　B. 练习律

C. 效果律　　D. 学习律

33. “学习过程就是尝试错误的过程”，这一观点属于哪种学习理论(　　)

A. 行为主义　　B. 认知主义　　C. 人本主义　　D. 建构主义

34. 如果一个家长想用看电视作为强化物来奖励儿童认真按时完成作业的行为，最合适的安排应该是(　　)

A. 让儿童看完电视以后立即督促他完成作业

B. 规定每周看电视的适当时间

C. 惩罚孩子过分喜欢看电视的行为

D. 只有按时完成家庭作业后才能看电视

35. 托尔曼学习理论的核心概念是(　　)

A. 期望　　B. 强化

C. 动作　　D. 完形

36. “举一反三，闻一知十”指的是(　　)

A. 学习策略　　B. 学习动机　　C. 学习迁移　　D. 学习期待

37. 小学生在阅读课文时，遇到不认识的生字，积极向老师请教。该学生运用的是资源管理策略中的(　　)

A. 时间管理策略　　B. 环境管理策略

C. 努力管理策略　　D. 学业求助策略

38. 老师在教授课文时采用列提纲的形式来板书。这种学习策略是(　　)

A. 精加工策略　　B. 组织策略

C. 元认知策略　　D. 阅读理解策略

39. 小明通过阅读文献，像历史学家研究分析史料那样，在求知过程中组织属于自己的知识。小明的学习属于(　　)

A. 接受学习　　B. 发现学习

C. 机械学习　　D. 动作技能学习

40. 考试结果出来后，学生分析考试成败的原因，并做出下一步的计划和安排，这属于(　　)

A. 精加工策略　B. 元认知策略　C. 组织策略　D. 复述策略

41. 潇潇在学习英语单词时，将“dog”联想为“我有一条小狗名叫多格”，潇潇使用的学习策略是(　　)

A. 复述策略　B. 组织策略　C. 精加工策略　D. 元认知策略

42. 学生学习时用简洁的词语写出材料中的主要观点、次要观点以及各观点之间的关系。这种学习策略属于(　　)

A. 精加工策略　　B. 计划策略

C. 调节策略　　D. 组织策略

43. 布鲁纳提出的掌握学科基本结构的教学原则是(　　)

A. 注意、保持、复现、动机

B. 动机原则、结构原则、程序原则、强化原则

C. 动机原则、结构原则、程序原则、迁移原则

D. 准备律、练习律、效果律

44. 小刚上课害怕被点名回答问题，当他发现坐在教室后排并趴在桌上时，就不大可能被提问。于是后来就越来越多地表现出类似行为。从行为主义的观点来看，这是由于该生曾受到(　　)

A. 正强化　　B. 负强化

C. 惩罚　　D. 塑造

45. 某学习者运用形象联想法进行记忆，他所运用的学习策略是(　　)

A. 复述策略　　B. 元认知策略

C. 精加工策略　　D. 组织策略

46. 小东的英语学习成绩很好，所以他在学习法语时觉得比较轻松，小东的这种学习迁移属于(　　)

A. 逆向迁移　B. 垂直迁移　C. 正迁移　D. 负迁移

二、简答题(每小题10分，参考时限10分钟。共7小题)

1. 简述布鲁纳的结构教学观。

2. 简述奥苏伯尔有意义学习的条件。

3. 简述建构主义的知识观。

4. 简述影响学习兴趣的因素。

5. 简述常用的复述策略。

6. 简述学习迁移的种类。

7. 简述激发学生学习兴趣的方法。

三、材料分析题(每小题20分,参考时限20分钟。共2小题)

1. 材料:

期末考试后,某班举行了学习方法交流讨论会,让几名成绩优秀的学生,介绍他们学习的策略和方法。

学生A说:"我上每门课都喜欢做笔记,尤其喜欢把老师讲授的知识用关系图或者框架图总结起来,因为我觉得这个框架就像脑中的知识框架一样,每次复习的时候看到这个框架,掌握知识就会特别轻松高效。"

学生B说:"每次学习新的知识点,我自己会先设立一个学习目标,这个目标是在老师教学目标基础上所做的调整,在阅读课本时,我会对有疑问的知识点做标注并设置问题,课下等待老师的解答,这样可以很快把握这个章节的重难点。"

学生C说:"我认为是否掌握了所学的知识点,重要的是是否意识到课本哪个部分懂了,哪个部分还不懂,不懂的部分问题出在哪里。我课下也会思考,老师刚刚所讲的重要内容我是否关注到了,然后我会根据对这些问题的评估,调整自己的学习进度。"

学生D说:"可能是我热爱天文的缘故,我常常阅读科普杂志,参观博物馆和展览馆。我将对天文知识的热爱转化为对老师所讲知识的好奇心,尤其像生物、物理、地理这样的学科,使我感到学习的乐趣。所以我从不觉得学习是负担,学习是开拓眼界、挑战自我的过程。"

会后,同学们相互交流着各自的学习策略和经验,大家都认为,想要提高学习效率,首要的就是掌握适合自己的学习方法。

问题:

(1)结合材料,用学习策略的相关知识分析上述学生的学习行为。

(2)作为教师,你会如何引导学生形成自己的学习策略?

2. 材料:

王明在班级中成绩一般,是老师和同学经常忽视的对象。有一天上英语课,他在那里叠纸飞机,为了引起同学和老师的注意,他把飞机投向了空中。英语老师当场在全班同学面前批评了他。

问题:

(1)请分析王明出现这种情况的原因。

(2)请用行为主义学习理论分析材料中英语老师处理问题的方法及其效果。

(3)请用其他的学习理论,提出更好的处理方法。

专题四　小学德育、美育与劳动教育

一、单项选择题(每小题2分,共26小题。参考时限40分钟)

1. 针对学生思想品德形成过程中出现的曲折和反复现象,教师应该循循善诱,等待时机。这体现的德育规律是(　　)

A. 德育过程是具有多种开端的对学生知、情、意、行的培养与提高过程

B. 德育过程是组织学生的活动和交往,统一多方面教育影响的过程

C. 德育过程是一个促进学生思想内部矛盾斗争的发展过程,是教育与自我教育相结合的过程

D. 德育过程是一个长期的、反复的、逐步提高的过程

2. 采用"道德两难故事法"研究道德认知发展问题的教育心理学家是(　　)

A. 麦克菲尔　　B. 科尔伯格　　C. 班杜拉　　D. 斯宾塞

3. 根据学生的身心发展特点,小学、初中、高中不同学习阶段的德育工作有相应的侧重点,其中,小学阶段的德育重点主要是(　　)

A. 基本道德知识的理解与掌握　　B. 日常行为习惯的培养与指导

C. 道德理想信念的培养与指导　　D. 人生观价值观的选择与确立

4. 王军写了保证书,决心上课不再迟到,但是由于冬天天冷,王军迟迟不肯钻出被窝,以致再次迟到。对王军进行思想品德教育的重点在于提高其(　　)

A. 道德认识水平　　B. 道德情感水平

C. 道德意志水平　　D. 道德行为水平

5. 皮亚杰将儿童的道德认知发展阶段依次划分为(　　)

A. 前道德—自律道德—他律道德　　B. 前道德—他律道德—自律道德

C. 自律道德—他律道德—后道德　　D. 他律道德—自律道德—后道德

6. 小赵把冒险当作勇敢,做出了违反纪律的事情,其原因是他缺乏(　　)

A. 正确的道德认识　　B. 积极的道德体验

C. 良好的道德意志　　D. 高尚的道德动机

7. 按照科尔伯格的道德发展阶段理论,个体认为只要动机是好的,行为就是正确的。这反映了其道德发展处于(　　)

A. 相对功利的道德定向阶段　　B. 社会契约道德定向阶段

C. 普遍原则的道德定向阶段　　D. 好孩子的道德定向阶段

8. 学校德育可以通过多种途径实施,但其中最基本的途径是(　　)

A. 思想品德课和其他学科教学　　B. 课外和校外活动

C. 班主任工作　　D. 少先队活动

9. 在德育工作中,要统一学校、家庭和社会各方面的教育力量,建立"三结合"的教育网络。这主要遵循的德育原则是(　　)

A. 导向性原则　　B. 知行统一原则

C. 尊重信任与严格要求学生相结合原则　　D. 教育影响的一致性与连贯性原则

10. 对学生进行思想品德教育,如果企图用"堵"和"压"的办法去解决,就会产生矛盾,造成反抗;用大禹治水的办法,就能使学生明白事理,提高认识。这反映了德育的(　　)

A. 知行统一原则　　B. 依靠积极因素,克服消极因素原则

C. 疏导原则　　D. 正面教育与纪律约束相结合原则

11. 在科尔伯格有关儿童道德发展阶段的研究中,好孩子的道德定向阶段属于(　　)

A. 前习俗水平　　B. 习俗水平

C. 后习俗水平　　D. 权威水平

12. 对于那些"认识到拿人家东西不对,也为此而感到羞愧,但还是抵挡不住一些好东西的诱惑,从而出现了偷盗行为"的孩子,应加强其(　　)的培养。

A. 道德认知　　B. 道德信念

C. 道德情感　　D. 道德意志

13. 子路对教育的作用不以为然,说:南山有竹,人不去管它照样长得直;砍来当箭,照样能穿透犀牛皮。孔子对他说:若是将砍来的竹子刮光装上箭头,磨得很利,岂不射得更深吗?子路接受了孔子的教诲,成为孔子的学生。孔子的做法体现了哪一德育原则(　　)

A. 教育影响的一致性和连贯性原则　　B. 尊重信任学生与严格要求学生相结合的原则

C. 因材施教原则　　D. 疏导原则

14. 学校在抗战纪念日组织学生开展参观历史博物馆、走访抗日老战士的活动,这些活动体现的德育途径是(　　)

A. 思想品德课教学　　B. 课外与校外活动

C. 其他学科教学　　D. 少先队活动

15. 表现为"富贵不能淫,贫贱不能移,威武不能屈"的阶段是(　　)

A. 依从　　B. 认同

C. 内化　　D. 坚定

16. 道德形成的最终环节,同时也是衡量道德品质的客观标志是(　　)

A. 道德认识　　B. 道德情感

C. 道德意志　　D. 道德行为

17. 甲同学打扫卫生时打碎了一盘玻璃杯,乙同学偷吃时打碎了一个玻璃杯,处于他律道德阶段的儿童会认为(　　)

A. 甲同学错误大　　B. 乙同学错误大

C. 两者都没错　　D. 两者错误一样大

18. 下列选项中,属于规范内化的初级阶段、品德建立的开端的是(　　)

A. 依从　　B. 接受

C. 认同　　D. 内化

19. 美育,又称审美教育。下列选项中,不属于美育的主要任务的是(　　)

A. 培养和提高学生感受美、理解美、鉴赏美的能力

B. 培养和提高学生体现美、创造美的能力

C. 培养学生的心灵美和行为美

D. 培养和提高学生的美术课成绩

20. 个体根据家庭、社会的期望和要求而行事,不考虑行为所产生的直接明显的后果,这属于道德的(　　)

A. 前习俗水平　　B. 习俗水平

C. 后习俗水平　　D. 他律水平

21. "视其所以,观其所由,察其所安"最符合下列哪项德育原则(　　)

A. 导向性原则　　B. 尊重信任学生与严格要求学生相结合的原则

C. 教育影响的一致性与连贯性原则　　D. 因材施教原则

22. 许多学校都组织学生从事义工活动,鼓励学生参加"大手牵小手活动",让学生在这些活动中自己去感受、去体验。这种做法属于(　　)

A. 陶冶教育法　　B. 实际锻炼法

C. 说服教育法　　D. 榜样示范法

23. “言传不如身教”这句话体现了哪一种德育方法(　　)

A. 陶冶教育法　　B. 榜样示范法

C. 品德评价法　　D. 实践锻炼法

24. 教师指导学生自觉进行学习、反思和评价以实现思想转化和行为控制,这是(　　)

A. 品德评价法　　B. 实际锻炼法

C. 陶冶教育法　　D. 品德修养指导法

25. 在我国教育发展史上,第一个把美育概念引入中国并对美育的独特性质和独特地位做出进一步阐述的是(　　)

A. 孔子　　B. 蔡元培　　C. 王国维　　D. 陶行知

26. 通过教学和实践,使学生了解物质生产的基本技术知识,掌握一定的职业技术知识和技能,培养学生的动手能力,养成良好的劳动态度和艰苦奋斗的精神。这属于(　　)方面的要求。

A. 德育　　B. 劳动教育　　C. 体育　　D. 美育

二、简答题(每小题10分,参考时限10分钟。共6小题)

1. 简述贯彻教育影响的一致性与连贯性原则的要求。

2. 简述小学生品德发展的基本特征。

3. 简述德育过程的基本规律。

4. 简述运用榜样示范法的要求。

5. 简述小学美育的实施途径。

6. 简述我国劳动教育的内容。

三、材料分析题(每小题20分,参考时限20分钟。共1小题)

材料:学生小刚在老师上课写板书时,手指常常不自觉地敲打桌子,发出“嗒嗒嗒”的响声。有的老师警告说:“是谁?不想听课就出去!”可是这种情况总也制止不住。一位音乐老师上课时发现了这个情况,课后找到小刚。小刚怯生生地站在老师面前,等待老师批评。但是老师没有责备他,而是笑着说:“我发现你节奏感非常好。你可以参加学校的乐队,做一名鼓手。但有一个条件,你在上课时要认真听课,遵守课堂纪律,不要再敲桌子了,好吗?”小刚点点头,热泪盈眶。他在乐队里很努力,进步很快,而且上课再也不敲桌子了。

问题:

(1)材料中的音乐教师在教育过程中主要体现了哪条德育原则?

(2)根据新课改的内容,谈谈音乐老师的做法对你的教育教学有哪些启示?

专题五　小学生安全教育

单项选择题(每小题2分,共20小题。参考时限30分钟)

1. 佝偻病是发生在小儿生长过程中的一种疾病,是由于一系列因素导致钙、磷代谢障碍所致,最常见的佝偻病是由缺乏(　　)造成的。
A. 维生素A　B. 维生素B　C. 维生素C　D. 维生素D

2. 发生火灾冲出火海后,若身上的衣物正在燃烧,应当(　　)
A. 用手把火苗拍灭　B. 用嘴巴把火苗吹灭
C. 立即就地打滚　D. 立即大声呼救

3. 在日常生活中,热烫伤是常见的。当手部被烫伤时,正确的应急处理方法是(　　)
A. 迅速将烫伤的手置于冷水中,并不断用冷水冲洗
B. 迅速将烫伤的手脱离热源,并对烫伤的手进行包扎
C. 迅速将烫伤的手置于热水中,并不断用热水冲洗
D. 不采取任何措施

4. 如果发现家用电器着火,下列措施正确的是(　　)
①立即关闭开关,拔下电源插头或拉下总闸　②赶快用水扑救
③电器外壳着火时,用湿棉被覆盖　④待火熄灭后可接通电源,查明着火原因
A. ①②　B. ②④　C. ②③　D. ①③

5. 下列急救常识正确的是(　　)
A. 对骨折患者急救时,应该背起患者尽快赶往医院
B. 遇见他人触电时,应该尽快将其拉走,远离电源
C. 蜜蜂蜇伤症状较轻的,可以用肥皂水冲洗叮咬处
D. 若有人误服强腐蚀性物品,应该立即对其进行插胃管洗胃处理

6. 学生摔倒后出现头疼、恶心等轻微脑震荡的症状时,教师不宜采取的措施是(　　)
A. 电话通知家长,具体告知情况　B. 送校医务室或附近医院就诊
C. 卧床休息,适当减少饮水和进食量　D. 按摩并热敷受伤的部位

7. 许多传染病都是通过蚊虫传播的,这类疾病往往十分凶险。下列属于有效防蚊方法的是(　　)
A. 多用香皂和香水　B. 光脚穿鞋
C. 保持皮肤清爽　D. 在户外穿黑色的衣服

8. 小学生在做课间操时,不慎扭伤,作为老师,此时你不应该采取的措施是(　　)
A. 用冰对扭伤处进行冷敷　B. 立即让学生停止运动
C. 固定学生扭伤部位,并联系医务人员　D. 立即对伤处进行按摩

9. 在高层室内遭遇火灾时逃生的正确做法是(　　)
A. 大声呼救,等待救援　B. 用湿毛巾捂住口鼻,弯腰低头贴墙走
C. 乘坐电梯直达一楼　D. 立即开门往高处通风口跑,防止窒息

10. 地震发生时,若身处高楼,下列选项中正确的自救防护措施是(　　)
A. 立即往外跑,乘坐电梯下楼　B. 蹲到外墙窗户旁躲避,找机会跳楼逃生
C. 躲在吊柜下方　D. 把靠垫举在头顶,蹲到坚固的桌子下面

11. 在野外活动时难免会受伤,下列有关户外受伤急救的说法,错误的是(　　)
A. 先处理危重病人,再处理病情较轻的病人
B. 对同一病人,先救治生命,再处理局部
C. 在急救处理时,以患者感觉最舒适的方式移动身体
D. 若有脸色发青者,需要稍抬高其头部

12. 下列有关生活常识的说法,正确的是(　　)
A. 流鼻血时要抬高下巴　B. 脚崴着之后可以立刻冷敷一下
C. 嚼口香糖能使牙齿更加健康　D. 头被磕了个包后应尽快按揉消肿

13. 长时间暴露于寒冷环境或淹溺于冷水之中容易患上低温症,可能出现头晕、恶心、呼吸困难、失去意识等症状。下列关于应对低温症的做法,错误的是(　　)
A. 如果患者手脚冰凉,可用热水袋给患者四肢加热
B. 如果患者身上有湿衣服,应轻柔地帮患者脱掉或剪掉
C. 如果患者出现呼吸微弱甚至停止,应对患者进行心肺复苏
D. 如果有人出现低温症的症状,应立即拨打120,用衣服帮患者取暖

14. 若儿童不小心中毒,下列措施中不正确的是(　　)
A. 口服中毒者可根据病情采取催吐、洗胃、导泻或灌肠等方法迅速排出毒物
B. 皮肤接触者,立即脱去已污染的衣物,用清水反复冲洗皮肤、毛发、指甲等部位
C. 化学药品中毒者,应立即用大量的冷水冲洗
D. 腐蚀性毒物中毒,可饮用蛋清、牛奶、豆浆,以起到保护胃黏膜、延缓毒物吸收的作用。

15. 学生在学校体育活动中中暑,下列急救措施中正确的是(　　)
A. 用热毛巾敷头部,并擦身
B. 喝浓盐水或清凉饮料
C. 将病人转移到室内
D. 将其移至阴凉处,解开衣扣,平躺休息

16. 儿童出现皮肤炎症,可能是缺乏(　　)
A. 维生素A　B. 维生素B_1　C. 维生素C　D. 维生素D

17. 学生在户外活动中扭伤,出现充血、肿胀和疼痛,教师应对学生采取的措施是(　　)
A. 停止活动,冷敷扭伤处　B. 停止活动,热敷扭伤处
C. 按摩扭伤处,继续活动　D. 清洁扭伤处,继续活动

18. 小学生在学校发生轻微烫伤后，教师应及时处理，可采取的措施有(　　)

①在烫伤处冲冷水降温　②脱去烫伤处的衣服

③送医院处理　④通知家长来学校处理

⑤直接包扎烫伤处　⑥涂抹烫伤药物

A. ①④⑤　B. ①②⑥　C. ②③⑤　D. ③④⑤

19. 眼睛被酸、碱烧伤时，急救的关键是(　　)

A. 立即用大量的生理盐水冲洗　B. 用手揉眼睛

C. 用干净的布擦眼睛　D. 用温开水冲洗眼睛

20. 儿童出现口角溃烂、鼻腔红肿，可能是缺乏(　　)

A. 维生素A　B. 维生素B_1　C. 维生素B_2　D. 维生素D

专题六　小学生心理健康教育

一、单项选择题(每小题2分，共30小题。参考时限45分钟)

1. 最近三个月小东情绪低落，总是闷在宿舍里，原来喜欢打篮球，现在也提不起兴趣，甚至还产生了轻生的念头。小东的表现具有(　　)

A. 躁狂倾向　B. 焦虑倾向　C. 抑郁倾向　D. 自闭倾向

2. 心理健康有两层含义：一是无心理疾病；二是(　　)

A. 无身体疾病　B. 有积极发展的心理状态

C. 适应环境　D. 充分发挥自身的潜能

3. 艾利斯提出的ABC理论中，B代表(　　)

A. 良好的人际关系　B. 事件造成的情绪结果

C. 个体对事件的信念和观点　D. 诱发事件

4. 一个学生过分害怕猫，我们可以让他先看猫的照片，谈论猫；再让他远远观看关在笼中的猫，靠近笼中的猫；最后让他摸猫、抱猫，消除对猫的惧怕反应，这是运用了(　　)

A. 全身松弛训练　B. 强化法

C. 系统脱敏法　D. 肯定性训练

5. “没有查出病就是健康”实质上忽视了人的(　　)

A. 生理健康　B. 生理卫生　C. 心理健康　D. 身体健康

6. 在学生群体当中，常见的焦虑反应是(　　)

A. 生活焦虑　B. 择友焦虑　C. 缺钱焦虑　D. 考试焦虑

7. 在对学生进行心理辅导时要注意对学生个别差异的了解，并且对不同学生实行区别对待。这体现了心理辅导的(　　)

A. 面向全体学生原则　B. 预防与发展相结合原则

C. 个别化对待原则　D. 尊重与理解学生原则

8. 张老师发现，王强在上课的时候有找同学聊天的习惯，就把他的位置换到了表现很好的魏敏旁边，后来王强想找同学聊天的时候就想起要向魏敏学习，张老师的这种方法属于心理辅导方法中的(　　)

A. 强化法　B. 代币奖励法　C. 行为塑造法　D. 示范法

9. 小雨是一个内向且害羞的女孩，平常不敢表达自己的意见或情感。下列方法可有效改变小雨行为的是(　　)

A. 系统脱敏法　B. 自我控制法

C. 肯定性训练　D. 示范法

10. 小刘每次出门前都要反复检查门锁十几次，尽管明知没有必要，但如若不这样做他就会感到非常焦虑。这种现象可能属于(　　)

A. 焦虑症　B. 强迫行为　C. 强迫观念　D. 强迫恐惧

11. 每次到了考场上，小刚就会极度紧张、心跳加快、过度出汗，同时注意力难以集中。这种情况很可能是(　　)

A. 考试强迫　B. 考试焦虑

C. 考试抑郁　D. 学习困难

12. 刘亮在课堂上注意力难以集中、注意时间短暂，经常出现随意讲话和在教室四处走动的行为，和同学相处也经常发生矛盾，伴有学习困难、品行障碍等问题。这种情况最可能是下列病症中的(　　)

A. 多动症　B. 强迫症　C. 焦虑症　D. 厌学症

13. 儿童多动症是小学生中常见的一种以注意力缺陷和活动过度为主要特征的综合性障碍，其高峰发病年龄在(　　)

A. 3～5岁　B. 5～7岁　C. 8～10岁　D. 12～13岁

14. 小林总觉得自己的手很脏，于是经常连续不断地洗手，为此他耗费了大量时间。小林的这种表现属于心理障碍中的(　　)

A. 恐怖症　B. 抑郁症　C. 强迫症　D. 焦虑症

15. 小明害怕同老师说话，遇到问题也不敢向老师请教。为解决这一问题，老师总在小明主动请教时立即给予表扬，老师这一行为运用了(　　)

A. 强化法　B. 示范法　C. 需要满足法　D. 引导法

16. 对学生进行心理辅导工作，让当事人自己运用学习原理进行自我分析、自我监督、自我强化，以改变自身行为的方法是(　　)

A. 行为塑造法　B. 强化法

C. 示范法　D. 自我控制法

17. 亮亮害怕上学，一进校门就惶恐不安，千方百计地逃学旷课，其心理问题属于(　　)

A. 学校恐怖症　B. 过度焦虑反应

C. 学习困难综合征　D. 厌学症

18. 儿童厌学症的主要表现是(　　)

A. 缺乏学习技能　　B. 过度焦虑

C. 注意力缺陷　　D. 对学习不感兴趣

19. 在学校心理辅导的实践中，运用改善学生认知的技术来解决学生的心理问题。这是(　　)

A. 行为疗法　　B. 团体心理辅导

C. 系统脱敏法　　D. 理性—情绪疗法

20. 小青认为做事应该尽善尽美，决不允许出现任何差错，因而平时稍有失误就极度焦虑，老师通过改变其认知偏差来帮助她克服这种焦虑。这种心理疏导方法是(　　)

A. 强化法　　B. 系统脱敏法

C. 消退法　　D. 理性—情绪疗法

21. 小学生张亮不愿意写作业，一看到那么多作业就干脆放弃。为了帮助张亮完成期待的作业量，老师先让他一次写很少的作业，完成后就给予表扬，然后再慢慢增加作业的量，直到他能完成期待的作业量。这种行为矫正的方法是(　　)

A. 系统脱敏法　　B. 自信心训练法　　C. 行为塑造法　　D. 满灌疗法

22. 某学生在与他人谈话时缺乏自信，于是老师用角色扮演的方式来增强他的自信心。这属于(　　)

A. 肯定性训练　　B. 来访者中心疗法

C. 系统脱敏法　　D. 示范法

23. 对于不能够真实地表达自己意见和情感的学生，有效的行为改变的方法是(　　)

A. 肯定性训练　　B. 全身松弛训练　　C. 系统脱敏法　　D. 改变认知法

24. 心理健康表现为个人具有生命的活力，积极的内心体验和良好的(　　)

A. 精神面貌　　B. 社会化人格

C. 社会适应能力　　D. 精神状态

25. 临近期末，小飞因为担心期末考试自己考不好，吃不下睡不着，注意力集中不起来，严重影响了正常学习。小飞的这种情况最可能是产生了(　　)

A. 强迫症　　B. 焦虑症　　C. 抑郁症　　D. 恐惧症

26. 小高喜欢在课堂上发出怪声来扰乱课堂秩序，班主任得知小高对模型感兴趣后，便告诉小高，只要他能一整节课都不发出怪声，就奖励他一个小红星，当攒够15个小红星时，便让他参加模型展，班主任采用的行为疗法是(　　)

A. 隔离法　　B. 代币奖励法　　C. 示范法　　D. 自我控制法

27. 学生性格过分内向，害怕在社交场合说话，觉得自己说话不自然，说话时不敢抬头，不敢正视对方的眼睛。这属于(　　)

A. 嫉妒心理　　B. 抑郁状态　　C. 强迫行为　　D. 社交恐怖

28. 在对学生进行心理辅导时，老师使用的“ABC”情绪疗法属于(　　)

A. 行为改变法　　B. 认知改变法　　C. 精神分析法　　D. 运动改变法

29. 学生使用“我能应付这个考试”“无论考试的结果如何，都将不会是最后一次”等正向的自我对话来缓解考试焦虑，这种方法是(　　)

A. 合理宣泄　　B. 心理放松　　C. 系统脱敏　　D. 认知矫正

30. 下列选项中，属于考试焦虑症特征的是(　　)

A. 动机缺失、被动、缺少热情

B. 躯体上疲劳、失眠、食欲不振

C. 紧张不安、忧心忡忡、集中注意力困难

D. 对学习、工作异常负责，但又十分拘泥

二、简答题(每小题10分，参考时限10分钟。共5小题)

1. 简述小学生常见的心理问题。

2. 简述学校心理辅导的原则。

3. 简述常见的行为疗法。

4. 简述学校开展心理健康教育的途径。

5. 简述考试焦虑症的治疗方法。

第三章　班级管理

核心知识提要

- 班级管理
  - 班级与班级管理
    - 班集体的四个基本特征
      - 明确的共同目标
      - 一定的组织结构,有力的领导集体
      - 共同生活的准则,健全的规章制度
      - 正确的集体舆论以及团结、和谐、向上的人际关系
    - 形成良好班风的措施★
      - 发挥班主任的表率作用
      - 发挥舆论阵地的宣传作用
      - 发挥身边榜样的作用
      - 发挥任课教师和家长的作用
    - 班级管理模式:班级常规管理、班级平行管理、班级民主管理、班级目标管理
    - 班级管理的方法
    - 班级突发事件的处理原则★
      - 教育性原则
      - 客观性原则
      - 有效性原则
      - 可接受性原则
      - 冷处理原则
    - 突发事件处理的方法★
      - 沉着冷静面对
      - 机智果断应对
      - 公平民主处理
      - 善于总结引导
  - 班主任工作
    - 班主任在班级管理中的地位和作用
      - 班主任是班级建设的设计者
      - 班主任是班级组织的领导者★
      - 班主任是协调班级人际关系的主导者(艺术家)
    - 班主任的职责和任务
    - 班主任的领导方式:权威型、民主型和放任型
    - 班主任工作的内容与方法★★
      - 了解和研究学生　组织和培养班集体
      - 建立学生档案　进行个别教育工作
      - 组织班会活动　协调各种教育影响
      - 操行评定　班主任工作计划与总结
  - 班队活动和课外活动★★★
    - 班队活动的类型
    - 班会活动
    - 少先队基本知识
    - 课外活动的组织形式
    - 课外活动的内容

经典真题回顾

一、单项选择题(每小题2分,共8小题。参考时限15分钟)

1. 班主任李老师常常与学生协商处理班级各项事务,并鼓励学生积极参与讨论、互动交流、敢于质疑。这种班级管理方式属于(　　)

A. 专制型　　B. 民主型　　C. 放任型　　D. 对抗型

2. 小学生轮流值日负责班级卫生扫除,这属于(　　)

A. 志愿服务劳动　　B. 社会公益劳动

C. 勤工俭学劳动　　D. 自我服务劳动

3.《中国少年先锋队队章》规定,少先队队员的入队年龄是(　　)

A. 6~12周岁　　B. 6~14周岁

C. 7~12周岁　　D. 7~14周岁

4. 白老师在班会上声情并茂地讲述了钱学森历尽艰辛回到祖国,投身科学研究事业的故事,激发了学生强烈的爱国热情。这种班会活动类型属于(　　)

A. 叙事型　　B. 讨论型　　C. 表演型　　D. 体验型

5. 学校在课外活动中举办安全教育报告会,这一活动形式属于(　　)

A. 小组活动　　B. 学科活动

C. 阅读活动　　D. 群众性活动

6. 从课外活动的内容看,学校举办的法治教育报告会属于(　　)

A. 学科活动　　B. 社会活动　　C. 主题活动　　D. 文体活动

7. 某小学为弘扬民族文化,围绕"中国风"组织学生在课外开展书法练习、风筝制作、中国结编织等活动。这属于(　　)

A. 学科活动　　B. 科技活动　　C. 游戏活动　　D. 主题活动

8. 班主任的影响力除表现为职权影响力外,更重要的表现为(　　)

A. 年龄影响力　　B. 性别影响力

C. 人格影响力　　D. 知识影响力

二、简答题(每小题10分,参考时限10分钟。共3小题)

1. 简述小学班主任对学优生的教育策略。

2. 简述班主任了解、研究学生的主要内容。

3. 简述家校合作的途径。

三、材料分析题(每小题20分,参考时限20分钟。共1小题)

材料:四(2)班的小明最近在校表现不好,学习成绩直线下滑,为了解小明在家中的情况,班主任顾老师到小明家家访。在同小明的父亲交流情况时,顾老师引用了一句古语:"养不教,父之过。"小明的父亲听后很不高兴地说:"顾老师,您这话欠妥。孩子是我生养的,我不送他到学校接受教育,剥夺他受教育的权利,那是我的过错。现在,我把孩子送到学校接受教育,你们教不好,这应是老师的过错,怎么能说是我们做家长的过错呢?"结果,双方未能在教育小明的问题上达成共识。

问题:

(1)结合材料,谈谈你对教师与家长冲突的看法。

(2)试述教师家访的注意事项。

过关必刷题库

专题一　班级与班级管理

一、单项选择题(每小题2分,共22小题。参考时限35分钟)

1. 学校行政体系中最基层的行政组织是(　　)

A. 学生会　　B. 班级

C. 小组　　D. 团委

2. 王老师通过制定和执行班规来管理班级活动,班级各项工作有条不紊。王老师的做法体现了(　　)

A. 目标管理　　B. 常规管理　　C. 民主管理　　D. 平行管理

3. 班级是由教师和学生共同组成的,在学校进行教育和教学活动的基本单位,是学生学习、生活、发展的直接环境,同时也是其实现社会化发展的重要场所。(　　)最早提出"班级"一词。

A. 埃拉斯莫斯　　B. 马卡连柯

C. 夸美纽斯　　D. 赫尔巴特

4. 班级管理的根本目的是(　　)

A. 使学生得到充分的、全面的发展　　B. 发展学生智力

C. 培养创造能力　　D. 发掘学生特长

5. 张老师作为班主任,为了管好班级,他给学生制订了一系列的班级规则,以使学生养成良好的行为习惯。张老师运用的班级管理方法是(　　)

A. 目标管理法　　B. 行为训练法

C. 规范制约法　　D. 情境感染法

6. 班级成员在服从班集体的正确决定和承担责任的前提下,参与班级管理的模式是(　　)

A. 常规管理　　B. 平行管理

C. 民主管理　　D. 目标管理

7. 小张和小勇在课间休息的时候发生冲突,在互相推搡的过程中,小张把小勇推倒在地,作为班主任,这时你应该(　　)

A. 厉声喝止两人的动作　　B. 让小勇也推小张一把

C. 问清事情缘由后,再做处理　　D. 让他们叫家长过来

8. 平行管理是班级管理的常见模式之一,源于(　　)的"平行影响"的教育思想。

A. 马卡连柯　　B. 巴班斯基　　C. 夸美纽斯　　D. 陈鹤琴

9. 班主任杨老师一直认为班风对一个班级的影响很大,认为学生要在一个良好的集体氛围中,才能健康地学习和成长,因此经常对学生进行积极正向的引导,建立和谐的班级氛围。这种方法属于班级管理方法中的(　　)

A. 调查研究法　　B. 舆论影响法　　C. 目标管理法　　D. 心理疏导法

10. 单老师是二年级(1)班的班主任,今年的这一批学生让他十分头疼,无论什么事情都得他亲自去管,同学们都非常依赖他。这个时期的班级处于(　　)

A. 组建期　B. 形成期　C. 成熟期　D. 完成期

11. 对于一些偶发事件,教师不应急于表态、急于下结论,而应冷静地观察,待把问题的来龙去脉弄清楚再去处理,这体现了(　　)

A. 客观性原则　B. 教育性原则
C. 有效性原则　D. 冷处理原则

12. 下列不属于心理疏导法常用方式的是(　　)

A. 心理换位法　B. 宣泄疏导法
C. 认知疏导法　D. 情感疏导法

13. 衡量一个班级是不是一个良好的班集体,关键的因素是(　　)

A. 有没有共同的奋斗目标　B. 有没有健全的班规
C. 有没有得力的班干部　D. 有没有团结的教师集体

14. 在一个班集体形成之前,班主任通过制定一日常规(包含考勤、纪律、卫生、作业完成、劳动态度等方面)来稳定班级秩序。根据各方面的特点,制定相应的评分细则,视学生的表现给予相应的得分,而且发动学生参与管理,每项打分都由学生负责。班主任运用的班级管理模式为(　　)

A. 常规管理、平行管理　B. 平行管理、民主管理
C. 常规管理、民主管理　D. 目标管理、平行管理

15. 班主任既通过对集体的管理去间接影响个人,又通过对个人的直接管理去影响集体,从而把对集体和个人的管理结合起来的管理方式是(　　)

A. 常规管理　B. 平行管理
C. 民主管理　D. 目标管理

16. 班级教育管理者利用或创设各种教育情境,以境育情,使学生在情感上受到感染的方法是(　　)

A. 榜样示范法　B. 情境感染法
C. 舆论影响法　D. 心理疏导法

17. 班主任与学生共同确立班级总体目标,然后转化为小组目标和个人目标,使其与班级总体目标融为一体,形成目标体系,以此推进班级管理活动,实现班级目标的管理方法属于(　　)

A. 平行管理　B. 常规管理
C. 民主管理　D. 目标管理

18. 班级管理常见的几种模式是(　　)

A. 常规管理、平行管理、民主管理、目标管理
B. 教师管理、平行管理、民主管理、目标管理
C. 制度管理、交叉管理、民主管理、目标管理
D. 制度管理、交叉管理、教师管理、目标管理

19. 班级管理的重要功能是(　　)

A. 维持班级秩序　B. 实现教学目标、提高学习效率
C. 形成良好的班风　D. 使学生学会自治自理

20. 当老师与学生、学生与学生之间有一定的了解和信任,班级的组织与功能比较健全时,班集体发展处于(　　)阶段。

A. 成熟　B. 组建　C. 核心初步形成　D. 集体自主活动

21. 通过制定和执行规章制度去管理班级的经常性活动是(　　)模式。

A. 班级常规管理　B. 班级民主管理
C. 班级目标管理　D. 班级平行管理

22. 班级教学管理的核心是(　　)

A. 班级常规管理　B. 教学思想管理
C. 教学档案管理　D. 教学质量管理

二、简答题(每小题10分,参考时限10分钟。共6小题)

1. 简述班级管理的方法。

2. 简述班级管理的内容。

3. 简述培养良好班风的措施。

4. 简述班集体的形成与培养过程。

5. 简述班集体的特征。

6. 简述班级突发事件的处理原则。

三、材料分析题(每小题20分,参考时限20分钟。共1小题)

材料:王老师和张老师同时入职,各自担任一个平行班的班主任。两位教师都有良好的敬业精神和工作态度,学校领导也很信任他们。

王老师为了把班级带好,几乎把全部精力都投入到班级工作中,找学生谈话,督促学生做作业,管课堂纪律、教室环境卫生等等,甚至亲力亲为,代替学生完成部分学校布置的班级活动任务。

张老师的班级管理风格和王老师有所不同,她尊重每个孩子的个性,注重班集体建设,相信班集体的力量,创造条件让每个孩子在集体中成长成才,几年下来,无论是学生的精神风貌与学业成绩,还是班级的教室环境卫生、体育运动和文艺演出等,张老师所带的班级都走在全校前列,今年张老师还被评选为校级优秀班主任。

一天,两人聊起班主任工作,王老师问:"张老师,你把班级带得那么好,有什么绝招?"张老师说:"其实也没有什么特别的,就是首先要相信每个孩子都是天使,都能成功,同时最主要的是把班集体培养好,发挥班集体的作用。"

问题:

(1)请你说说班集体对学生健康成长具有哪些作用。

(2)如何培养一个良好的班集体?请提出你的建议。

专题二　班主任工作

一、单项选择题(每小题2分,共18小题。参考时限30分钟)

1. 班主任要协调各种教育影响,其中不包括(　　)

A. 任课教师的影响　　B. 家庭的影响

C. 政府的影响　　D. 社会机构的影响

2. 班主任对学生的态度会影响学生人格的形成。如果班级内学生在人格方面表现出没有组织纪律性,缺乏团体目标和集体主义观念,说明该班班主任对班级的管理属于(　　)

A. 慈爱型　　B. 民主型　　C. 放任型　　D. 专制型

3. 有人说过这样一句话:"一个学校可以一时没有校长,但不能一时没有班主任。"这一句话体现了班主任工作的重要性和必要性。下列四个选项中,(　　)是班主任工作的重要内容。

A. 组织班会活动　　B. 组织和培养班集体

C. 了解和研究学生　　D. 操行评定

4. 学生档案是指本校在学生管理活动中形成的,记录和反映学生个人经历、德才能绩、学习和工作表现的、以学生个人为单位集中保存起来以备查考的文字、表格及其他各种形式的历史记录。建立学生档案的基本步骤是(　　)

A. 保管—收集—鉴定—整理　　B. 收集—鉴定—整理—保管

C. 收集—整理—鉴定—保管　　D. 整理—收集—鉴定—保管

5. 操行评定是以教育目的为指导思想,以"学生守则"为基本依据,对学生一个学期内在学习、劳动、生活、品行等方面的小结和评价。学生操行评定的一般步骤是(　　)

A. 学生自评、小组评议、信息反馈、班主任评价

B. 学生自评、小组评议、班主任评价、信息反馈

C. 信息反馈、小组评议、班主任评价、学生自评

D. 信息反馈、小组评议、学生自评、班主任评价

6. 班主任赵老师经常听取班上学生的意见,根据大多数学生的建议来管理班级,并以较为婉转的方式引导学生,较少直接管理班级。赵老师的领导方式属于(　　)

A. 民主型　　B. 专制型

C. 权威型　　D. 放任型

7. 班主任是班级工作的领导者和组织者,也是素质教育的主要实施者,他(她)既是联系各科教师及学生之间的纽带,又是沟通学校、家庭和社会教育的桥梁。班主任工作繁多,下列属于班主任工作的中心环节的是(　　)

A. 组织和培养班集体　　B. 了解和研究学生

C. 组织课外、校外活动　　D. 协调校内外各种教育力量

8.《中小学班主任工作规定》指出："班主任是中小学日常思想道德教育和学生管理工作的主要实施者，是中小学生健康成长的(　　)，班主任要努力成为中小学生的人生导师。"

A. 教育者　B. 引领者　C. 代言者　D. 示范者

9. 张老师是毕业班班主任，为了更好地管理班级，加强与家长及社会等方面的联系，她主要采取家访、召开家长会、发放家校联系册和学生评价手册等方式。材料主要体现了班主任(　　)的工作任务。

A. 建立班级日常管理规则　B. 协调各方面教育影响

C. 提高全班学生的学习质量　D. 组织开展丰富多彩的活动

10. 在当前班级管理实践中，除了"教学中心"的领导方式外，运用得较多的是(　　)的领导方式。

A. "集体中心"　B. "学生中心"　C. "德育中心"　D. "教师中心"

11. 班主任工作总结一般分为(　　)

A. 学年总结和学期总结　B. 全面总结和专题总结

C. 班级总结和教学总结　D. 学习总结和活动总结

12. 班主任要做好个别教育工作，所谓个别教育是指(　　)

A. 班集体中优秀学生的个别教育

B. 班集体中后进生的个别教育

C. 既包括优秀学生的个别教育，也包括后进生的个别教育

D. 全体学生的教育

13. 全面了解和研究学生包括(　　)

A. 学生的品德和学习两个方面　B. 学生个体和集体两个方面

C. 学生校内和校外表现两个方面　D. 学生家庭环境和社会关系两个方面

14. 班主任的工作是从(　　)开始的。

A. 评定学生操行　B. 教育个别学生

C. 了解和研究学生　D. 组建班集体

15. 协调班级人际关系的主导者是(　　)

A. 班干部　B. 校长

C. 各科教师　D. 班主任

16. 刚接手新的班级，班主任张老师利用学生的登记表、学籍卡、体格检查表、学习手册等对学生进行分析和研究，张老师使用的方法是(　　)

A. 观察法　B. 谈话法

C. 调查法　D. 书面材料分析法

17. (　　)是以教育目的为指导思想，以"学生守则"为基本依据，对学生一个学期内在学习、劳动、生活、品行等方面的小结与评价。

A. 操行评定　B. 成绩评定

C. 素质评定　D. 道德评定

18. 优秀生虽然学习成绩优良，品行端正，工作积极，但他们也有缺点，也会犯错。因此，班主任面对他们不能偏爱，对其缺点和所犯的错误要及时指出并督促其改正。这体现了对优秀生的教育工作要遵循(　　)的教育要求。

A. 不断激励，弥补挫折　B. 消除嫉妒，公平竞争

C. 发挥优势，全班进步　D. 严格要求，防止自满

二、简答题(每小题10分，参考时限10分钟。共6小题)

1. 简述班主任的基本素养。

2. 简述班主任做好中等生的个别教育工作的要求。

3. 简述教师撰写操行评语的原则。

4. 简述班主任的职责。

5. 简述班主任工作的内容。

6. 简述班主任在班级管理中的地位和作用。

三、材料分析题(每小题20分,参考时限20分钟。共2小题)

1. 材料:

下面是两位教师对同一名学生写的操行评语。

评语一　该生不能严格要求自己,有时迟到,有时不按时交作业、成绩较差,在清洁卫生活动中表现还算积极,与老师的期待有较大差距。

评语二　你热心参加集体活动,能配合体育委员参加工作,对班长的工作也能大力协助和支持,很好地履行卫生委员的职责,受到好评。在学习方面,主观上想努力,但力度不够,成绩尚不够理想,希望进一步学习学生行为规范,力争在各项实践活动中,得到更好的锻炼,在学业方面得到更大进步。

问题:请从促进学生发展的角度,评价这两则评语,并谈谈教师在写评语时应注意什么内容。

2. 材料:

某学校有位叫刘林的学生,经常迟到、旷课、上游戏厅,甚至打架、敲同学竹杠。学习成绩就更不用说了,门门功课挂红灯,尽管老师多次教育,仍不见好转,还是经常旷课、打游戏,向同学借钱,同学不借就打同学,以致班里同学见了他都躲得远远的。虽然偶尔也有进步,但没过两天又恢复原样了,以致老师对他失去了信心。不过,这个学生并不是一无是处。他百米赛跑速度惊人,在校运会上他连续两年获得百米赛冠军,为班级夺得了荣誉。除此之外,他还特别喜爱画画,象棋也下得非常棒。

问题:请你结合教育教学实践,谈谈如何对待这样的学生。

专题三　班队活动和课外活动

一、单项选择题(每小题2分,共13小题。参考时限20分钟)

1. 某小学开展全校性的以“热爱家乡”为主题的课外活动,此活动属于(　　)

A. 个别活动　　B. 小组活动　　C. 群众性活动　　D. 班级活动

2. 课外活动的组织形式有群众性活动、小组活动和(　　)

A. 个别活动　　B. 自主活动

C. 集体活动　　D. 局部活动

3. 下列选项中不属于小组活动特点的是(　　)

A. 自愿组合　　B. 小型分散

C. 灵活机动　　D. 具体实践

4. 少先队员自己确定活动形式并开展组织活动,这体现了少先队活动的(　　)

A. 组织性　　B. 自主性　　C. 趣味性　　D. 创造性

5. 下列课外活动中,不属于群众性活动的是(　　)

A. 小制作、小发明　　B. 参观

C. 各种集会　　D. 报告和讲座

6. 在开展少先队教育活动过程中,要遵循少年儿童的年龄特点,满足少年儿童的兴趣和爱好。这体现了少先队活动的(　　)特点。

A. 组织性　　B. 自主性　　C. 实践性　　D. 趣味性

7. 为了防止出现“为活动而活动”的形式主义倾向,课外活动要(　　)

A. 活动内容丰富多彩　　B. 有明确的目的性、计划性

C. 注意发挥学生集体和个人的主动性　　D. 考虑学生的兴趣爱好和特长

8. 少先队活动要有利于少年儿童德、智、体、美诸方面全面和谐的发展,这是培养未来人才的需要,也是少年儿童自身成长和自身发展的内在规律的需要。这体现了少先队活动的(　　)原则。

A. 自主性　　B. 实践性　　C. 创造性　　D. 教育性

9. 参观、游览活动属于课外活动组织形式中的(　　)

A. 群众性活动　　B. 小组活动

C. 个别活动　　D. 集体活动

10. 为了培养学生书写汉字的能力,城南小学的语文小组定期举办“汉字听写大赛”。这种活动属于(　　)

A. 学科活动　　B. 科技活动　　C. 文体活动　　D. 主题活动

11. 班级活动是班级群体为了满足彼此的需要,有目的地作用于客观事物而实现的相互配合的动作系统。(　　)是班级活动的主要形式。

A. 主题班会　　B. 运动会

C. 晨会　　D. 校会

12. 某班开展以“小发明、小创造”为主题的兴趣活动,这属于课外活动中的(　　)

A. 文艺活动　　B. 体育活动　　C. 科技活动　　D. 游戏活动

13. 学校课外活动的基本组织形式是(　　)

A. 群众性活动　　B. 个别活动

C. 小组活动　　D. 社会活动

二、简答题(每小题10分,参考时限10分钟。共5小题)

1. 简述组织课外活动的基本要求。

2. 简述少先队活动的原则。

3. 简述课外活动的主要内容。

4. 简述开展主题班会的要求。

5. 简述班队活动的类型。

第四章　学科知识与教学设计

核心知识提要

- 学科知识与教学设计
  - 教学设计与教案
    - 教学设计的依据
      - 现代教学理论
      - 系统科学的原理和方法
      - 教学的实际需要
      - 学生的需要和特点
      - 教师的教学经验
    - 教学设计的原则
      - 系统性原则:综合考虑教师、学生、教材、手段、评价等因素,发挥整体效应
      - 目标性原则:目标明确
      - 程序性原则:教学设计要体现其程序的规定性及联系性,确保其科学性
      - 反馈性原则:有效获取反馈信息,修正、完善原有教学设计
      - 具体性原则:适用于具体教学情境,能对具体的教学过程起指导作用
      - 可行性原则:符合主客观条件,具有操作性
    - 教案设计的内容
      - 课题
      - 课型与课时
      - 教学目标
      - 教学重点和难点
      - 教学过程
      - 作业布置
      - 板书设计
  - 教学设计的步骤
    - 教学背景分析:教学内容与学生情况分析
    - 教学目标设计:教学目标的分类与陈述
    - 教学重难点设计:确定教学重难点
    - 教学过程设计
      - 课堂导入
      - 新课讲授
      - 巩固练习
      - 课堂总结
    - 作业布置
    - 板书设计
  - 语、数、英、音、体、美等学科的相关知识与教学设计★★★

经典真题回顾

教学设计题（每小题40分，参考时限50分钟。共6小题）

（第1小题为“中文与社会”，第2小题为“数学与科学”，第3小题为“英语”，第4小题为“音乐”，第5小题为“体育”，第6小题为“美术”。考生可按照所学专业方向，选择作答。）

1. 请认真阅读下列材料，并按要求作答。

14 我要的是葫芦

从前，有个人种了一棵葫芦。细长的葫芦藤上长满了绿叶，开出了几朵雪白的小花。花谢以后，藤上挂了几个小葫芦。多么可爱的小葫芦哇！那个人每天都要去看几次。

有一天，他看见叶子上爬着一些蚜虫，心里想，有几个虫子怕什么！他盯着小葫芦自言自语地说：“我的小葫芦，快长啊，快长啊！长得赛过大南瓜才好呢！”

一个邻居看见了，对他说：“你别光盯着葫芦了，叶子上生了蚜虫，快治一治吧！”那个人感到很奇怪，说：“什么？叶子上的虫还用治？我要的是葫芦。”

没过几天，叶子上的蚜虫更多了。小葫芦慢慢地变黄了，一个一个都落了。

葫 芦 藤 谢 哇 蚜 盯 赛 感 怪 慢

棵	棵	谢	谢
想	想	盯	盯
言	言	邻	邻
治	治	怪	怪

◎ 朗读课文。想一想，种葫芦的人想要葫芦，为什么最后却一个也没得到？

◎ 读一读，注意句子不同的语气。

有几个虫子怕什么！
有几个虫子不可怕。

叶子上的虫还用治？
叶子上的虫不用治。

根据上述材料完成下列任务：

(1)如指导二年级学生学习本文，试拟定教学目标。

(2)设计本课识字写字教学的主要环节。

(3)结合教材和二年级学生特点，设计一项课堂小练笔。

2. 请认真阅读下列材料，并按要求作答。

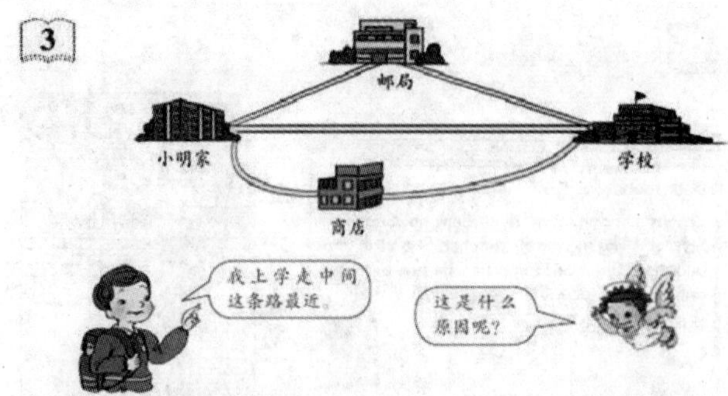

两点间所有连线中线段最短，这条线段的长度叫做两点间的距离。

4 我们来做个实验。

剪出下面4组纸条（单位：cm）。

（1）6、7、8。　（2）4、5、9。

（3）3、6、10。　（4）8、11、11。

用每组纸条摆三角形。

三角形任意两边的和大于第三边。

请根据上述材料完成下列任务：

(1)依据课标，简述小学数学教学活动的基本要求。

(2)如指导中年段小学生学习上述内容，试拟定教学目标。

(3)依据拟定的教学目标设计新授环节的教学活动并说明理由。

3. 请认真阅读下列材料，并按要求作答。

D Let's Read

Dear friend,

I'm in London. I'm a student in Sunshine School. I like my maths teacher. She's tall and beautiful. She has long hair. She has big eyes and a round face. She's very kind.

This is her photo.

Yours,
Nancy

Dear Nancy,

I'm in Beijing. I study in Garden School. I like my English teacher. She has a nice nose and small eyes. She has short black hair. She's not very tall. She likes reading.

Here is her photo.

Yours,
Jane

请根据上述材料完成下列任务：

(1)简述课堂与课后作业的类型及基本操作方式。

(2)如指导小学生学习本文，试拟定教学目标。

(3)依据拟定的教学目标，设计“读后说或读后写”的语言操练环节，并说明理由。

4. 请认真阅读下列材料，并按要求作答。

数鸭子

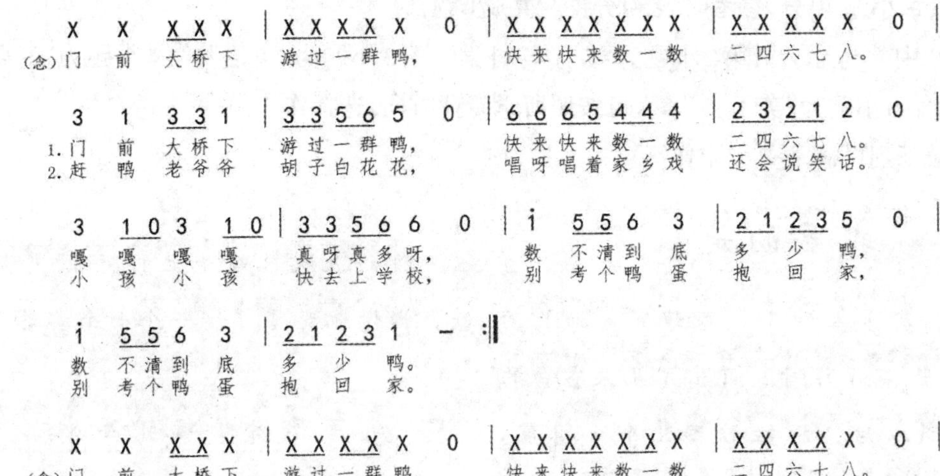

请根据上述材料完成下列任务：

(1)简要分析歌曲的特点。

(2)如指导低年级小学生学唱本歌曲，试拟定教学目标。

(3)依据拟定的教学目标，结合歌曲设计节奏教学环节并说明理由。

5. 请认真阅读下列材料，并按要求作答。

动作方法：两脚前后开立，两臂屈肘，两手持球于头后；上体稍后仰，重心落在后腿上，双手持球于头后，呈反弓；然后两腿用力蹬地、收腹、挥臂、甩腕，将球从头后向前上方掷出。

请根据上述材料完成下列任务：

(1)写出“双手从头后向前掷实心球”的教学重难点。

(2)如果指导水平三学生练习，试拟定教学目标。

(3)依据拟定的教学目标，设计易犯错误及纠正方法并说明理由。

6. 请认真阅读下列材料，并按要求作答。

从造型角度观赏：根据不同的用途，青铜器有各种不同的造型。

乳钉纹爵（夏）
造型稳定、舆俊。

青铜纵目面具（商）
造型夸张、奇特。

莲鹤方壶（春秋）
盖顶莲瓣中站立一只展翅欲飞的仙鹤，壶身布满龙虎等纹样。

铜奔马（东汉）
马形轻盈、矫健。

从纹样角度观赏：青铜上常饰有动物纹、几何纹、人事活动的图案，反映了当时人们的社会生活和思想观念。

画面人物达120人以上，反映战国时代人们采桑、射猎、宴乐、攻战的社会生活。

四羊方尊（商）
四只形态逼真的大卷角羊构成器皿的主体装饰。

宴乐攻战纹壶（战国）

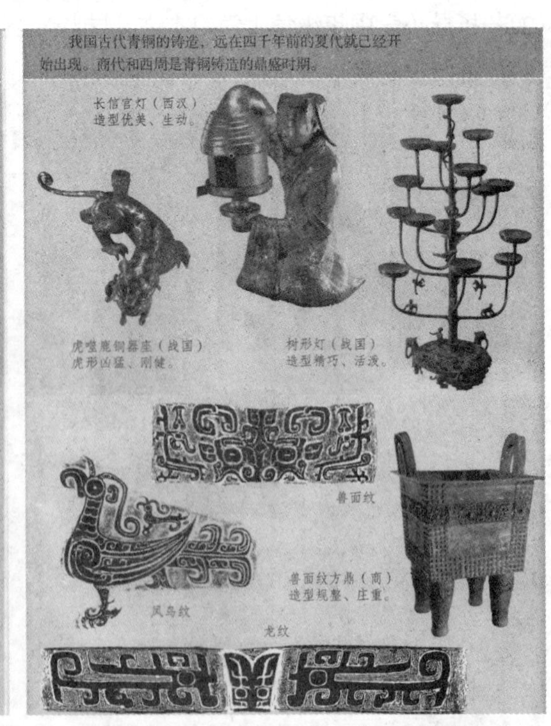

我国古代青铜的铸造，远在四千年前的夏代就已经开始出现。商代和西周是青铜铸造的鼎盛时期。

长信宫灯（西汉）
造型优美、生动。

虎噬鹿铜器座（战国）
虎形凶猛、刚健。

树形灯（战国）
造型精巧、活泼。

兽面纹

兽面纹方鼎（商）
造型规整、庄重。

凤鸟纹

龙纹

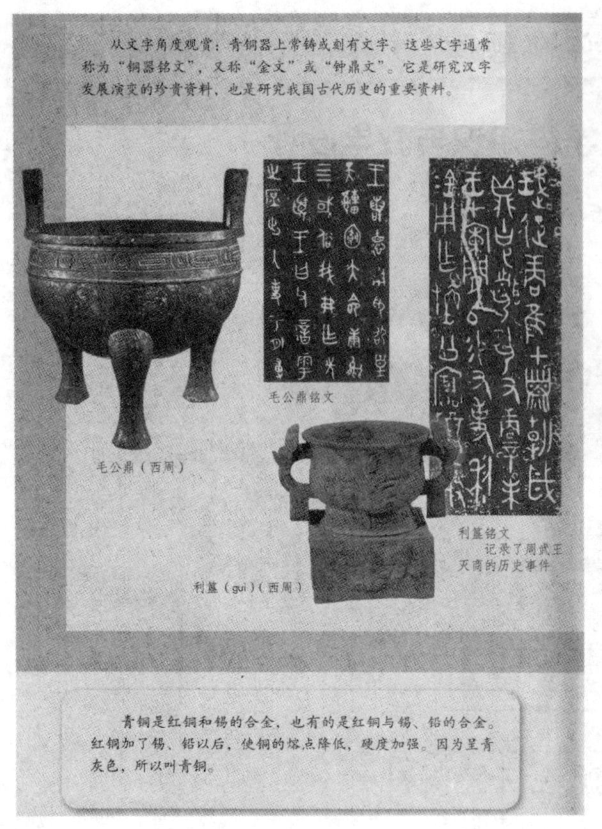

从文字角度观赏：青铜器上常铸或刻有文字。这些文字通常称为“铜器铭文”，又称“金文”或“钟鼎文”。它是研究汉字发展演变的珍贵资料，也是研究我国古代历史的重要资料。

毛公鼎（西周）

毛公鼎铭文

利簋（gui）（西周）

利簋铭文
记录了周武王灭商的历史事件

青铜是红铜和锡的合金，也有的是红铜与锡、铅的合金。红铜加了锡、铅以后，使铜的熔点降低，硬度加强。因为呈青灰色，所以叫青铜。

大克鼎（西周）

铜史墙盘（西周中期）

铜黄子壶（春秋中期）

学习要求：

搜集：我国著名的青铜器图片资料。

交流：将自己搜集的青铜器图片，与同学一起赏析。

尝试：从造型、纹样、文字等方面来描述青铜器作品。

请根据上述材料完成下列任务：

(1)我国先秦时期青铜器按用途划分主要有哪些？青铜器发展至鼎盛时期在造型、纹样上的特点主要有哪些？

(2)如指导高年段小学生学习本课程，试拟定教学目标。

(3)依据拟定的教学目标，设计“青铜器艺术赏析”内容的新授教学活动并说明理由。

过关必刷题库

专题一　小学语文学科知识与教学设计

教学设计题(每小题40分,参考时限50分钟。共5小题)

1. 请认真阅读下列材料,并按要求作答。

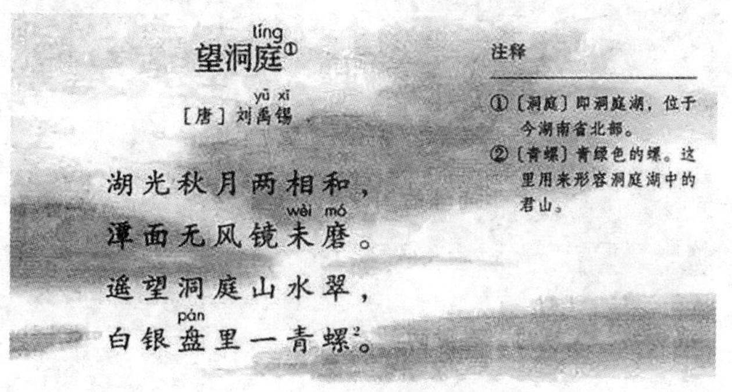

yì mǒ yí tíng wèi mó pán
亦 抹 宜 庭 未 磨 盘

- 有感情地朗读课文,想象诗中描绘的景色。背诵课文。默写《望天门山》。
- 结合注释,用自己的话说说下面诗句的意思。
  - ◇ 两岸青山相对出,孤帆一片日边来。
  - ◇ 湖光秋月两相和,潭面无风镜未磨。

请根据上述材料完成下列任务:

(1)试翻译这首诗。

(2)如指导中年级小学生学习,试确定教学目标。

(3)依据拟定的教学目标,设计课堂导入环节的教学过程并简要说明理由。

2. 请认真阅读下列材料,并按要求作答。

美丽的小兴安岭

我国东北的小兴安岭,有数不清的红松、白桦、栎树……几百里连成一片,就像绿色的海洋。

春天,树木抽出新的枝条,长出嫩绿的叶子。山上的积雪融化了,雪水汇成小溪,淙淙地流着。溪里涨满了春水。小鹿在溪边散步,它们有的俯下身子喝水,有的侧着脑袋欣赏自己映在水里的影子。

夏天,树木长得葱葱茏茏,密密层层的枝叶把森林封得严严实实的,挡住了人们的视线,遮住了蓝蓝的天空。早晨,雾从山谷里升起来,整个森林浸在乳白色的浓雾里。太阳出来了,千万缕耀眼的金光穿过树梢,照射在工人宿舍门前的草地上。草地上盛开着各种各样的野花,红的、白的、黄的、紫的,真像个美丽的大花坛。

秋天,白桦和栎树的叶子变黄了,松柏显得更苍翠了。秋风吹来,落叶在林间飞舞。这时候,森林向人们献出了酸甜可口的山葡萄,又香又脆的榛子,鲜嫩的蘑菇和木耳,还有人参等名贵药材。

冬天,雪花在空中飞舞。树上积满了白雪。地上的雪厚厚的,又松又软,常常没过膝盖。西北风呼呼地刮过树梢。紫貂和黑熊不得不躲进各自的洞里。紫貂捕到一只野兔当美餐,黑熊只好用舌头舔着自己又肥又厚的脚掌。松鼠靠秋天收藏在树洞里的松子过日子,有时候还到枝头散散步,看看春天是不是快要来临。

小兴安岭一年四季景色诱人,是一座美丽的大花园,也是一座巨大的宝库。

融　汇　涨　葱　挡　浸　缕　刮　舔

请根据上述材料完成下列任务:

(1)请分析文本景物描写的特点。

(2)若指导小学中年级学生学习本文,试拟定教学目标和教学重难点。

(3)依据拟定的教学重难点,设计课堂教学环节。

3. 请认真阅读下文，并按要求作答。

7 一个小村庄的故事

山谷中，早先有过一个美丽的小村庄。山上的森林郁(yù)郁葱葱，村前河水清澈(chè)见底，天空湛(zhàn)蓝深远，空气清新甜润。

村里住着几十户人家。不知从什么时候起，家家有了锋利的斧头。谁家想盖房，谁家想造犁(lí)，就拎起斧头到山上去，把树木一棵一棵砍下来。就这样，山坡上出现了裸(luǒ)露的土地。

一年年，一代代，山坡上的树木不断减少，裸露的土地不断扩(kuò)大……树木变成了一栋(dòng)栋房子，变成了各式各样的工具，变成了应有尽有的家具，还有大量的树木随着屋顶冒出的柴烟消失在天空了。

不管怎样，家家户户靠着锋利的斧头，日子过得还都不错。然而，不知过了多少年，多少代，在一个雨水奇多的八月，大雨没喘气儿，一连下了五天五夜，到第六天黎明，雨才停下来。可是，小村庄，却被咆(páo)哮(xiào)的洪(hóng)水不知卷到了何处。

我知道"大雨没喘气儿"的意思。

什么都没有了——所有靠斧头得到的一切，包括那些锋利的斧头。

我想对小村庄的人们说……

25 26

郁	澈	湛	犁	裸	扩	栋	咆	哮	洪

请根据上述材料完成下列任务：

(1)简要分析文本的写作特点。

(2)如指导中年级小学生学习本文，试拟定教学目标。

(3)依据拟定的教学目标，设计课堂教学的导入环节。

4. 请认真阅读下列材料，并按要求作答。

棉花姑娘

棉花姑娘生病了，叶子上有许多可恶的蚜虫。她多么盼望有医生来给她治病啊！

燕子飞来了。棉花姑娘说："请你帮我捉害虫吧！"燕子说："对不起，我只会捉空中飞的害虫，你还是请别人帮忙吧！"

啄木鸟飞来了。棉花姑娘说："请你帮我捉害虫吧！"啄木鸟说："对不起，我只会捉树干里的害虫，你还是请别人帮忙吧！"

青蛙跳来了。棉花姑娘高兴地说："请你帮我捉害虫吧！"青蛙说："对不起，我只会捉田里的害虫，你还是请别人帮忙吧！"

忽然，一群圆圆的小虫子飞来了，很快就把蚜虫吃光了。棉花姑娘惊奇地问："你们是谁呀？"小虫子说："我们身上有七个斑点，就像七颗星星，大家叫我们七星瓢虫。"

不久，棉花姑娘的病好了，长出了碧绿碧绿的叶子，吐出了雪白雪白的棉花。她咧开嘴笑啦！

姑	娘	蚜	盼	治	啄	斑

请根据上述材料完成下列任务：

(1)如指导低年段学生学习，试拟定教学目标。

(2)试拟定教学的重难点。

(3)依据拟定的教学重难点，设计课堂教学环节。

5. 请认真阅读下列材料，并按要求作答。

1　秋天的图画

秋天来啦，秋天来啦，山野就是美丽的图画。梨树挂起金黄的灯笼，苹果露出红红的脸颊，稻海翻起金色的波浪，高粱举起燃烧的火把。谁使秋天这样美丽？看，蓝天上的大雁作出了回答，它们排成一个大大的"人"字，好像在说——勤劳的人们画出秋天的图画。

我会认

图 梨 笼 浪 梁 燃 勤 劳

tú 图　lí 梨　lóng 笼　jiá 颊　làng 浪

liáng 梁　rán 燃　qín 勤　láo 劳

我会写

波	波			浪	浪		
灯	灯			作	作		
字	字			苹	苹		
丽	丽			劳	劳		

4　5

请根据上述材料完成下列任务：

(1)结合《义务教育语文课程标准》(2011年版)，谈谈应该如何开展识字教学。

(2)如指导二年级学生学习本文，试拟定教学目标。

(3)依据拟定的教学目标，设计课堂教学过程。

专题二　小学数学学科知识与教学设计

教学设计题(每小题40分，参考时限50分钟。共5小题)

1. 请认真阅读下列材料，并按要求作答。

7　小数的初步认识

认识小数

商品名称	价格/元	表示
火腿肠	5.98	__元__角__分
牛　奶	0.85	__元__角__分
面　包	2.60	__元__角__分

像5.98、0.85和2.60这样的数叫做小数。"."叫做小数点。

1

(1) 把1米平均分成10份，每份是1分米。

1分米是$\frac{1}{10}$米，还可以写成0.1米。

3分米是$\frac{3}{10}$米，还可以写成0.3米。

(2) 把1米平均分成100份，每份是1厘米。

1厘米是$\frac{1}{100}$米，还可以写成0.01米。

3厘米是$\frac{(\ )}{(\ )}$米，还可以写成(　)米。

18厘米是$\frac{(\ )}{(\ )}$米，还可以写成(　)米。

(3) 王东身高1米30厘米，写成小数是(　)米。

做一做

1. 1元是10角。

7角是$\frac{(\ )}{(\ )}$元，还可以写成(　)元。

2. 1元是100分。

7分是$\frac{(\ )}{(\ )}$元，还可以写成(　)元。

88　89

请根据上述材料完成下列任务：

(1)试分析小学数学学习的特点。

(2)如指导中年级小学生学习上述内容，试拟定教学目标和教学重点。

(3)根据拟定的教学目标，设计课堂教学环节。

2. 请认真阅读下列材料，并按要求作答。

你还记得商不变的规律和分数的基本性质吗？

联系比和除法、分数的关系，想一想：在比中有什么样的规律？

$6:8=6\div 8=\frac{6}{8}=\frac{3}{4}$　　　$12:16=12\div 16=\frac{12}{16}=\frac{3}{4}$

我们先利用比和除法的关系来研究。

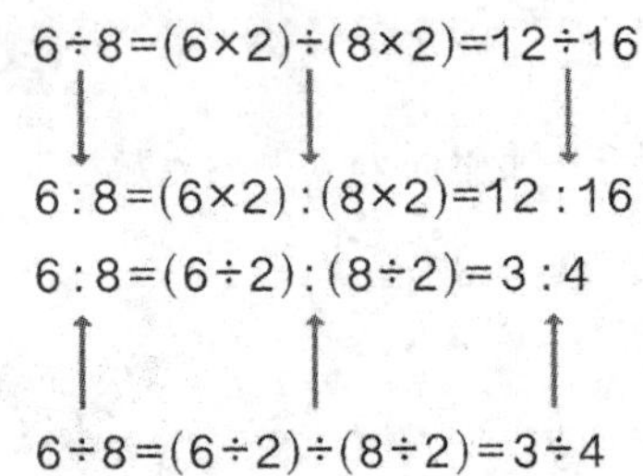

你能根据比和分数的关系研究比中的规律吗？

请根据上述材料完成下列任务：

(1)简述比的基本性质。

(2)根据上述材料，试拟定教学难点。

(3)依据拟定的教学难点，设计课堂教学环节。

3. 请认真阅读下列材料，并按要求作答。

2.

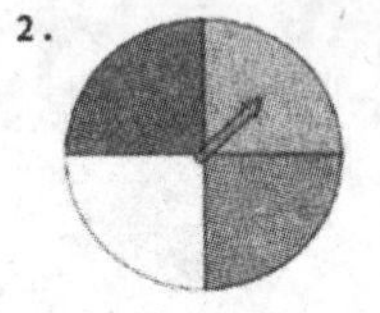

(1) 指针停在这四种颜色区域的可能性各是多少？

(2)如果转动指针100次，估计大约会有多少次指针是停在红色区域呢？

3. 6名学生玩“老鹰捉小鸡”的游戏。小强在一块长方体橡皮的各面分别写上1,2,3,4,5,6。每人选一个数，然后任意掷出橡皮，朝上的数是几，选这个数的人就来当“老鹰”。你认为小强设计的方案公平吗？

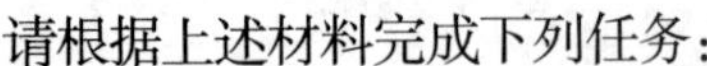

请根据上述材料完成下列任务：

(1)简要说明《义务教育数学课程标准》(2011年版)对“可能性”的教学要求。

(2)若指导五年级学生学习本课，试拟定教学目标及教学重难点。

(3)依据拟定的教学目标和重难点，设计教学过程。

4. 请认真阅读下列材料，并按要求作答。

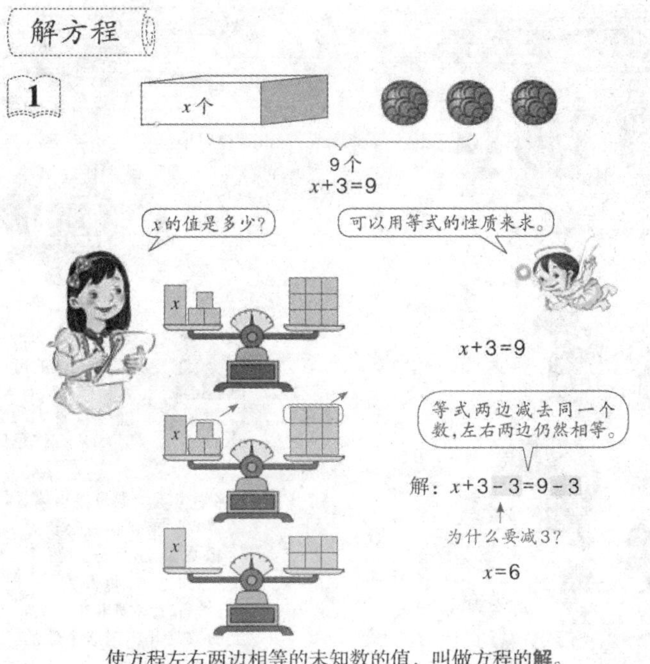

使方程左右两边相等的未知数的值，叫做方程的解。

像上面，$x=6$ 就是方程 $x+3=9$ 的解。求方程的解的过程叫做**解方程**。

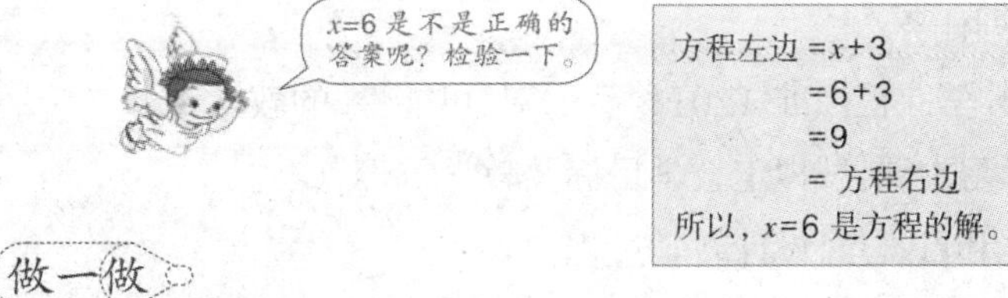

做一做

1. 解方程。

（1）$100+x=250$　　（2）$x+12=31$　　（3）$x-63=36$

2. $x=2$ 是方程 $5x=15$ 的解吗？$x=3$ 呢？

请根据上述材料完成下列任务：

(1)试分析方程与算术式的区别。

(2)如指导小学高年级学生学习，试确定教学目标和教学重点。

(3)根据教学目标和重点，设计“方程的解”与“解方程”概念部分的教学环节并简要说明设计理由。

5. 请认真阅读下列材料，并按要求作答。

5 在米尺上看看 1 米里面有多少个 1 厘米。

1 米 =100 厘米

做一做

拿一根绳子，量出 1 米、2 米……给大家看。

请根据上述材料完成下列任务：

(1)如指导小学二年级学生学习本课，试拟定教学目标。

(2)根据教学目标，拟定本课的重难点。

(3)依据拟定的教学目标和重难点，设计教学过程。

专题三　小学英语学科知识与教学设计

教学设计题(每小题40分,参考时限50分钟。共5小题)

1. 请认真阅读下列材料,并按要求作答。

请根据上述材料完成下列任务:

(1)依据材料分析教学内容。

(2)若指导小学生学习,试拟定教学目标。

(3)依据拟定的教学目标,为A. Listen and number部分设计教学活动并说明设计意图。

2. 请认真阅读下列材料,并按要求作答。

请根据上述材料完成下列任务:

(1)英语词汇教学的内容有哪些?

(2)若指导小学生学习,试拟定教学目标。

(3)依据教学目标,设计操练和运用环节的教学活动,并用中文注明设计意图。

3. 请认真阅读下列材料，并按要求作答。

请根据上述材料完成下列任务：

(1)请列举几种创设教学情境的方法。

(2)若指导小学生学习，试拟定教学目标。

(3)依据拟定的教学目标，设计课堂教学环节，并说明设计意图。

4. 请认真阅读下列材料，并按要求作答。

请根据上述材料完成下列任务：

(1)简述本课重点句式的突破策略。

(2)如指导中年级小学生学习，试拟定教学目标。

(3)依据拟定的教学目标，设计三种练习方式。

5. 请认真阅读下列材料，并按要求作答。

请根据上述材料完成下列任务：

(1)若指导小学生学习，试拟定教学目标。

(2)分析本节课的教学重难点。

(3)依据拟定的教学目标，设计课堂教学过程，并说明设计意图。

专题四　小学音乐学科知识与教学设计

教学设计题(每小题40分，参考时限50分钟。共4小题)

1. 请认真阅读下列材料，并按要求作答。

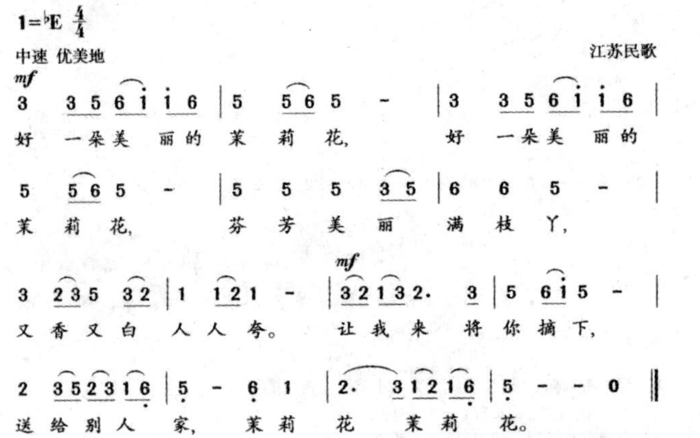

意大利作曲家普契尼创作的歌剧《图兰朵》中，《东方升起月亮》就是以《茉莉花》为素材创作的。

★ 背唱这首歌曲。

★ 《茉莉花》在我国广为流传，但因地域文化、方言等的差异，各地《茉莉花》的词曲有所不同。你还能找到不同版本的《茉莉花》听一听、唱一唱吗？

★ 美国的萨克斯管演奏家肯尼·G也把《茉莉花》改编成独奏曲。请通过互联网或其他途径找来他演奏的同名乐曲与同学们一起欣赏。

40

请根据上述材料完成下列任务：

(1)简要介绍什么是连音记号。

(2)如指导小学高年级学生学唱本歌曲，试拟定教学目标。

(3)依据拟定的教学目标，设计课堂教学过程。

2. 请认真阅读下列材料，并按要求作答。

请根据上述材料完成下列任务：

(1)简要分析歌曲的特点。

(2)如指导中年级小学生学唱本歌曲，试拟定教学目标。

(3)依据拟定的教学目标，设计课堂教学环节。

3. 请认真阅读下列材料，并按要求作答。

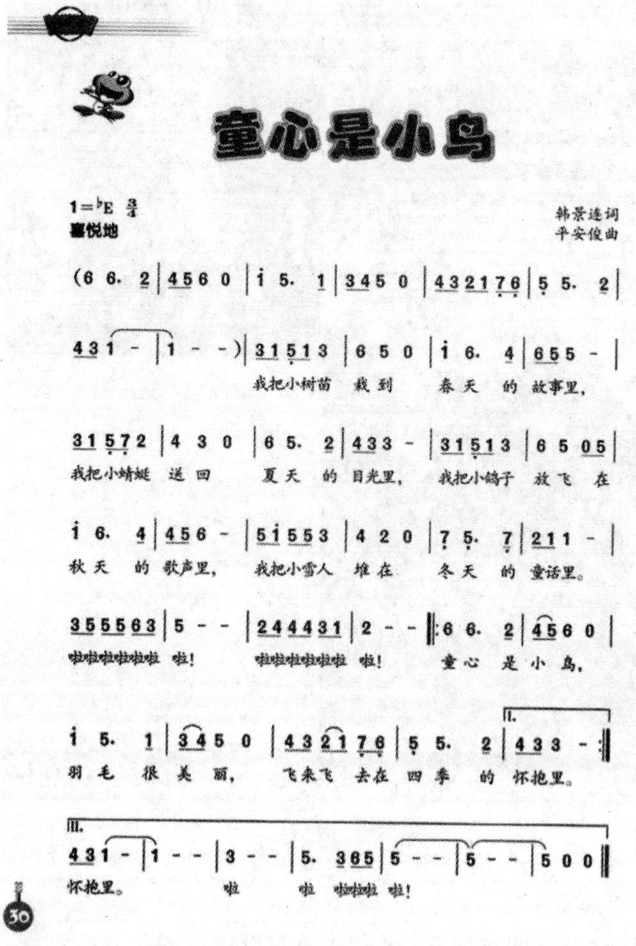

请根据上述材料完成下列任务：

(1)简要分析歌曲的特点。

(2)如指导高年级小学生学唱本歌曲，试拟定教学目标。

(3)依据拟定的教学目标，结合歌曲的学习，设计该歌曲的教学过程并说明理由。

4. 请认真阅读下列材料，并按要求作答。

两只小象

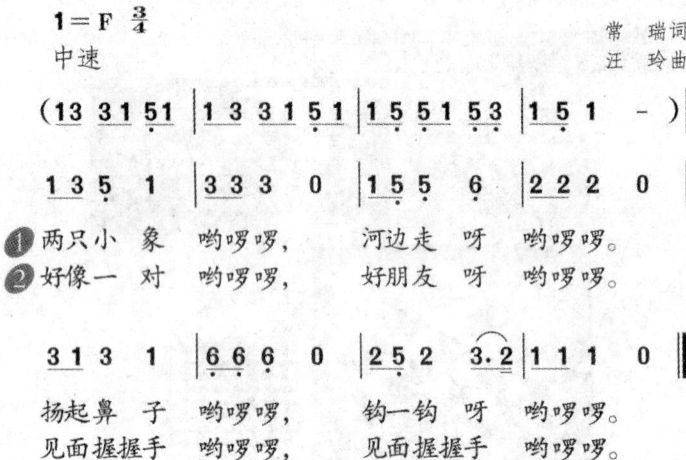

请根据上述材料完成下列任务：

(1)简要分析歌曲的特点。

(2)如指导小学低年级学生学唱歌曲，试拟定教学目标。

(3)依据拟定的教学目标，设计导入环节并说明理由。

专题五　小学体育与健康学科知识与教学设计

教学设计题(每小题40分，参考时限50分钟。共4小题)

1. 请认真阅读下述材料，并按要求作答。

跪跳起

动作方法：(1)从跪立开始，上体前倾，同时两臂后摆，臀部后坐。(2)两臂迅速向前上摆，摆至前举时立即制动，同时伸腰展髋，脚背与小腿用力下压。(3)身体向上腾起时，迅速提膝收腿呈半蹲姿势。

保护与帮助：保护与帮助者站在练习者体侧，当其两臂摆至前举时，迅速托其腋下(或提其上臂)帮助腾起。

请根据上述材料完成下列任务：

(1)简要说明“跪跳起”的教学重点、难点。

(2)如指导水平一学生练习，试拟定教学目标。

(3)依据拟定的教学目标，设计“跪跳起”的教学活动。

2. 请认真阅读下述材料，并按要求作答。

前滚翻

请根据上述材料完成下列任务：

(1)简要说明“前滚翻”的教学重点和难点。

(2)如指导水平三学生练习，试拟定教学目标。

(3)依据拟定的教学目标设计简单的教学过程。

3. 请认真阅读下述材料，并按要求作答。

助跑投掷垒球

请根据上述材料完成下列任务：

(1)简要说明“助跑投掷垒球”的教学重点、难点。

(2)如果指导水平三的学生练习，试拟定教学目标。

(3)依据拟定的教学目标，设计技术教学环节的步骤并说明理由。

4. 请认真阅读下列材料，并按要求作答。

脚背内侧传球

动作方法：斜线助跑，助跑方向与出球方向成45度；支撑脚以脚掌外侧着地，踏在球的后侧方20~25厘米处，脚尖指向出球的方向，身体稍微向支撑腿一侧倾斜；支撑脚着地同时，踢球腿以膝关节为轴，由大腿带动小腿成弧线向前摆动，当身体转向出球方向，膝关节摆至接近球的内侧垂直上方时，小腿加速前摆，脚尖稍外转指向斜下方，脚面绷直，脚趾紧扣，用脚背内侧击球的后中部；击球后，踢球腿随球继续前摆。

根据上述材料完成下列任务：

(1)简要说明“脚背内侧传球”的教学重点、难点。

(2)如果指导水平三的学生练习，试拟定教学目标。

(3)依据拟定的教学目标，设计不少于三种脚背内侧传球的练习方法并说明理由。

专题六　小学美术学科知识与教学设计

教学设计题(每小题40分，参考时限50分钟。共4小题)

1. 请认真阅读下述材料，并按要求作答。

请根据上述材料完成下列任务：

(1)怎样进行黑白图形的组合和排列？

(2)如指导中年级小学生学习，试拟定教学目标。

(3)依据拟定的教学目标，设计简单的教学过程并说明设计理由。

2. 请认真阅读下列材料，并按要求作答。

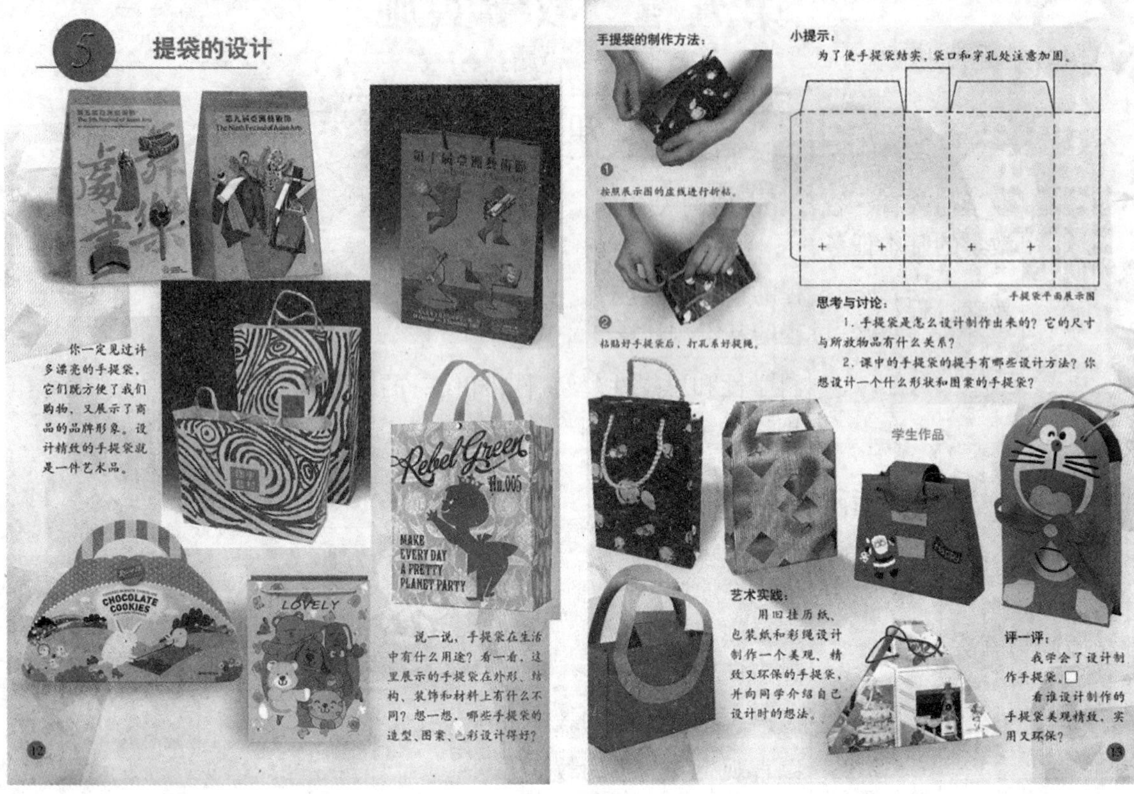

5 提袋的设计

你一定见过许多漂亮的手提袋，它们既方便了我们购物，又展示了商品的品牌形象。设计精致的手提袋就是一件艺术品。

说一说，手提袋在生活中有什么用途？看一看，这里展示的手提袋在外形、结构、装饰和材料上有什么不同？想一想，哪些手提袋的造型、图案、色彩设计得好？

12

手提袋的制作方法：

① 按照展示图的虚线进行折粘。

② 粘贴好手提袋后，打孔系好提绳。

小提示：

为了使手提袋结实，袋口和穿孔处注意加固。

手提袋平面展示图

思考与讨论：

1. 手提袋是怎么设计制作出来的？它的尺寸与所放物品有什么关系？

2. 课中的手提袋的提手有哪些设计方法？你想设计一个什么形状和图案的手提袋？

学生作品

艺术实践：

用旧挂历纸、包装纸和彩绳设计制作一个美观、精致又环保的手提袋，并向同学介绍自己设计时的想法。

评一评：

我学会了设计制作手提袋。□

看谁设计制作的手提袋美观精致，实用又环保？

13

请根据上述材料完成下列任务：

(1)手提袋的构成、材质和用途都有哪些？

(2)如指导高年级小学生练习，试拟定教学目标。

(3)依据拟定的教学目标，设计简单的教学过程并说明设计理由。

3. 请认真阅读下列材料，并按要求作答。

第4课　变一变

用我们的双手，使它们在切割中变幻，慢慢地给我们惊喜。

学习要求：

·用自己的照片，切成长条后排列，产生变形的效果。

·也可用风景照或图片，切成长条后排列，产生变形的效果。

拓展

也可画一幅夸张的漫画。

技法点击

请根据上述材料完成下列任务：

(1)同类色指的是什么颜色？

(2)如指导低年级小学生学习该材料，试拟定教学目标。

(3)依据拟定的教学目标，设计新授环节的教学活动。

4. 请认真阅读下列材料,并按要求作答。

请根据上述材料完成下列任务:

(1)相框的总体结构是什么?

(2)如指导高年级小学生学习本课,试拟定教学目标。

(3)依据拟定的教学目标,设计导入活动并说明理由。

(4)依据拟定的教学目标,设计"学习如何制作一个相框"内容的新授教学活动并说明设计理由。

第五章　教学实施

核心知识提要

教学实施

- 教学概述
  - 教学与教育、智育、上课的关系
  - 教学的基本任务
  - 教学过程
    - 教学过程的预设与生成
    - 教学过程的基本规律★
- 教学原则与方法
  - 教学原则★★★
    - 科学性和思想性(教育性)相统一的原则
    - 理论联系实际原则
    - 直观性原则
    - 启发性原则
    - 循序渐进原则
    - 巩固性原则
    - 因材施教原则
    - 量力性原则
  - 教学方法★★
    - 以语言传递为主的教学方法
    - 以直观感知为主的教学方法
    - 以实际训练为主的教学方法
    - 以情感陶冶(体验)为主的教学方法
    - 以引导探究为主的教学方法
- 教学组织形式
  - 常见的教学组织形式★★
  - 新型教学组织形式★
- 小学课堂教学的实施
  - 课堂教学的基本环节★★
    - 备课
    - 上课
    - 作业的布置与批改
    - 课外辅导
    - 学业成绩的检查与评定
  - 课堂教学情境创设的方法
  - 小学教师的课堂教学行为
  - 课堂管理
    - 教师期望效应(又称"罗森塔尔效应"或"皮格马利翁效应")
    - 维持课堂纪律的策略
  - 课堂教学导入的类型★★
  - 课堂总结的方法

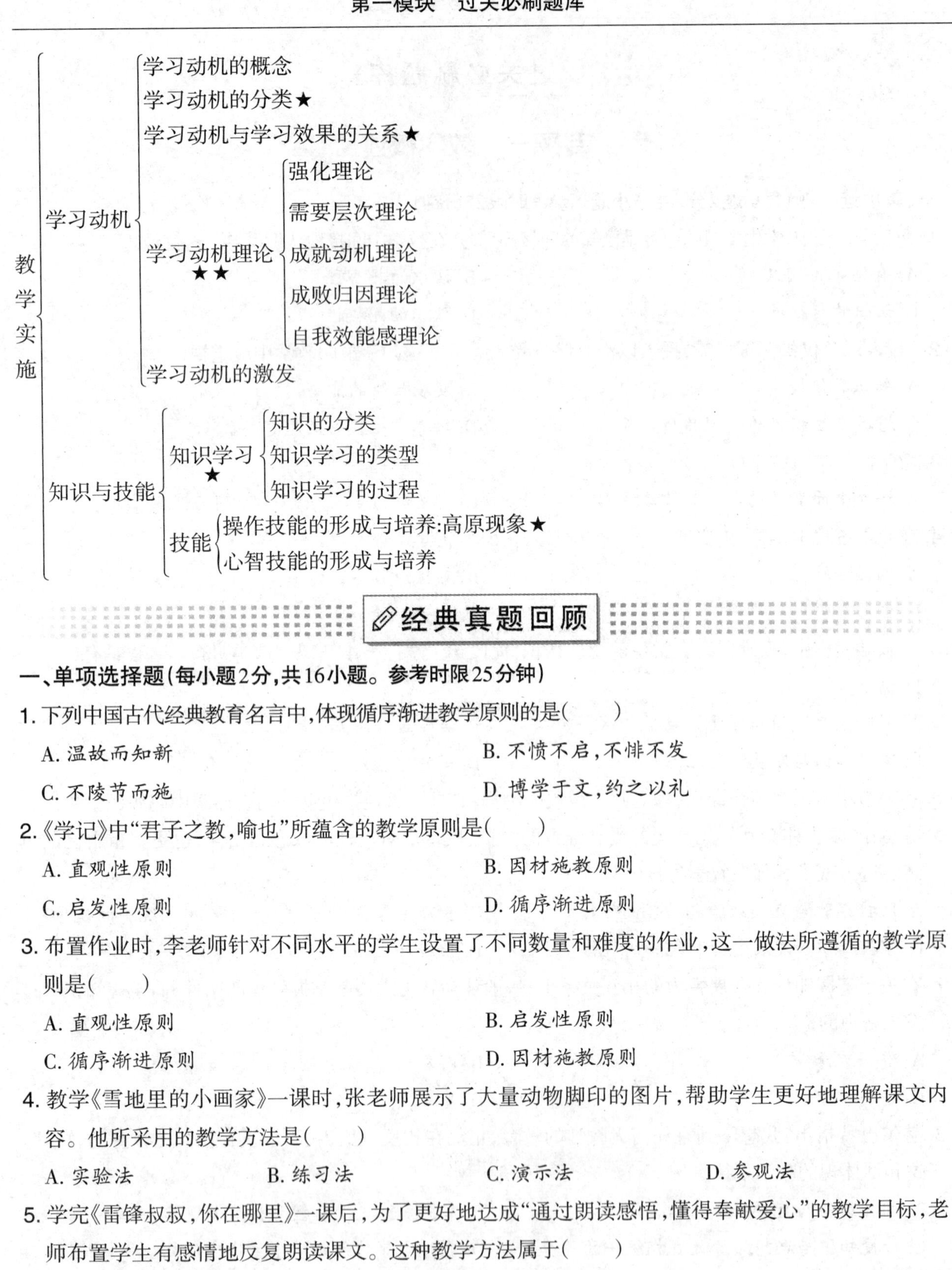

经典真题回顾

一、单项选择题(每小题2分,共16小题。参考时限25分钟)

1. 下列中国古代经典教育名言中,体现循序渐进教学原则的是(　　)
   A. 温故而知新　　B. 不愤不启,不悱不发
   C. 不陵节而施　　D. 博学于文,约之以礼
2. 《学记》中"君子之教,喻也"所蕴含的教学原则是(　　)
   A. 直观性原则　　B. 因材施教原则
   C. 启发性原则　　D. 循序渐进原则
3. 布置作业时,李老师针对不同水平的学生设置了不同数量和难度的作业,这一做法所遵循的教学原则是(　　)
   A. 直观性原则　　B. 启发性原则
   C. 循序渐进原则　　D. 因材施教原则
4. 教学《雪地里的小画家》一课时,张老师展示了大量动物脚印的图片,帮助学生更好地理解课文内容。他所采用的教学方法是(　　)
   A. 实验法　　B. 练习法　　C. 演示法　　D. 参观法
5. 学完《雷锋叔叔,你在哪里》一课后,为了更好地达成"通过朗读感悟,懂得奉献爱心"的教学目标,老师布置学生有感情地反复朗读课文。这种教学方法属于(　　)
   A. 练习法　　B. 实验法
   C. 读书指导法　　D. 实习作业法
6. 为了验证二氧化碳不支持燃烧,老师让学生分组合作,把点燃的火柴放进装有二氧化碳气体的瓶中,并观察瓶中的变化。这种教学方法属于(　　)
   A. 实验法　　B. 练习法　　C. 演示法　　D. 探究法
7. 为了让学生认识常见的交通标志,遵守交通规则,教师组织学生到学校附近的路口进行观察,这种教学组织形式属于(　　)
   A. 复式教学　　B. 现场教学　　C. 个别教学　　D. 课堂教学
8. 在某些偏远地区的小学,将不同年级的学生编在一个班里,教师在同一节课里以直接授课和完成作业等交替进行的方式对不同年级的学生施教。这种教学组织形式属于(　　)
   A. 个别教学　　B. 课堂教学
   C. 混合教学　　D. 复式教学
9. 教师不是分学科进行系统的知识传授,而是为学生创设学习环境,由学生根据自己的兴趣在教室或其他场所自由学习。这样的教学形式属于(　　)
   A. 在线课堂　　B. 网络课堂　　C. 开放课堂　　D. 翻转课堂
10. 王老师在《两小儿辩日》教学开始时说道:"孔子是我国古代学识渊博的大教育家,有一次却被两个小孩子提出的问题难住了,为什么呢? 学习了这篇课文后,你们就知道了。"这种导入方式属于(　　)
    A. 设疑导入　　B. 直接导入　　C. 经验导入　　D. 活动导入
11. 在下列各种学习动机中,属于内在动机的是(　　)
    A. 班级排名　　B. 老师表扬　　C. 家长鼓励　　D. 学习兴趣
12. 根据耶克斯—多德森定律,若要求学生完成较容易的学习任务,教师应使其学习动机强度控制在(　　)
    A. 较高水平　　B. 较低水平　　C. 中等水平　　D. 任意水平
13. 在学习成败归因影响学习动机的诸因素中,激励作用最大的是(　　)
    A. 运气好坏　　B. 能力高低
    C. 任务难度　　D. 努力程度
14. 小勇认为自己学习成绩不好是因为自己不够聪明,根据韦纳的归因理论,这属于(　　)
    A. 内部、稳定归因　　B. 外部、稳定归因
    C. 内部、不稳定归因　　D. 不稳定归因
15. 小学生通过学习,掌握了"路程=速度×时间"这一公式。这种学习属于(　　)
    A. 符号学习　　B. 辨别学习
    C. 概念学习　　D. 命题学习
16. 同学们学习一段舞蹈动作,刚开始进步很快,但一段时间后进步不明显,甚至停滞不前。这在技能练习上称为(　　)
    A. 高原现象　　B. 抑制现象　　C. 遗忘现象　　D. 挫折现象

二、简答题(每小题10分,参考时限10分钟。共1小题)

老师如何培养学生的自我效能感。

三、材料分析题(每小题20分,参考时限20分钟。共2小题)

1. 材料:

王老师在教学《海底世界》一课时,通过播放海底奇妙风光的视频,让学生在色、光、音的美妙组合下,对海底世界有整体的感知;通过演示课件,展示海面图景,启发学生理解"波涛汹涌"的含义,播放"海底听音器",模拟海底的声音,帮助学生理解"窃窃私语"的含义;通过鼓励学生在黑板上画出自己心目中的海底世界,深化学生对海洋知识的理解。

问题:

(1)对材料中王老师使用教学媒体的情况进行评析。

(2)阐述在教学过程中选择教学媒体的依据。

2. 材料:

王老师出示问题:每棵树苗16元,张叔叔要买4棵,经过协商,买3棵送1棵。每棵便宜多少元?学生很快就有了以下两种解法:

(1)16×3=48(元),48÷4=12(元),16−12=4(元)

(2)16×3=48(元),16×4=64(元),64−48=16(元),16÷4=4(元)

王老师习惯性地问了一句:"还有不同的解法吗?"

小杰迟疑地举起了手:"老师,我的方法是16÷4=4(元),但我说不出为什么。"这种解法王老师也没预料到,是否可行呢?是巧合吗?面对这一情况,王老师及时调整了教学思路,组织同学进行探讨。

学生纷纷发言,有的说"这个16元也表示买4棵一共便宜的,除以4得到的就是每棵便宜的。"有的说"买3棵送1棵,便宜的就是送的这1棵,也就是4棵便宜16元,所以16除以4就是每棵树便宜多少元。"……小杰困惑的表情舒展了,王老师也露出了笑容。

问题:

(1)结合材料,评析王老师解决小杰困惑的教学行为。

(2)简述教学过程中开发和利用学生资源的基本要求。

过关必刷题库

专题一　教学概述

一、单项选择题(每小题2分,共15小题。参考时限25分钟)

1. 在教学过程中,学生学习的内容是已知的间接知识,并在教学中间接地认识世界。这就是(　　)

A. 有领导的认识　　B. 认识的教育性

C. 认识的交往性　　D. 认识的间接性

2. "授人以鱼仅供一饭之需,授人以渔则终身受用无穷。"这句话说明教学中应重视(　　)

A. 知识的传授　　B. 发展学生的能力

C. 培养学生积极的心理品质　　D. 培养学生良好的思想品德

3. 教学的根本目的是(　　)

A. 培养全面发展的人　　B. 传授知识　　C. 发展智力　　D. 陶冶情操

4. 在教学过程中,学生主要通过学习(　　)来认识客观世界。

A. 间接经验　　B. 直接经验

C. 生活经验　　D. 生产经验

5. 在教学过程中,教师要结合学生的感性认识,促使学生掌握书本知识。这说明教学过程具有(　　)的规律。

A. 教师主导作用与学生能动性相结合　　B. 教学过程中知、情、意相统一

C. 掌握知识与发展智力相结合　　D. 间接经验与直接经验相结合

6. 在一节小学语文写作课上,梅老师在教授人物描写方法后,让学生写一写自己眼中妈妈的形象。通过写作,学生体会到妈妈温暖的爱和细致的呵护,展现出对母亲的依恋与信任,也更尊重自己的母亲。这体现了教师在教学过程中坚持(　　)

A. 间接经验与直接经验相结合的规律　　B. 教师主导作用与学生主体作用相统一的规律

C. 掌握知识和发展智力相统一的规律　　D. 传授知识与思想品德教育相统一的规律

7. 在关于掌握知识和发展智力的相互关系上,一般认为智力发展是掌握知识的条件,而掌握知识则是发展智力的(　　)

A. 唯一选择　　B. 内容

C. 途径　　D. 基础

8. 赫尔巴特指出"我想不到有任何无教学的教育,正如在相反方面,我不承认有任何无教育的教学"。这句话体现的教学规律是(　　)

A. 间接经验与直接经验相结合规律　　B. 掌握知识与发展智力相结合规律

C. 传授知识与思想品德教育相统一的规律　　D. 教师主导作用与学生主体地位相统一规律

9. 教学过程是一种特殊的认识过程,其特殊性表现在认识对象的间接性与概括性、认识方式的简捷性

与高效性、认识的交往性与实践性、认识的教育性与发展性和(　　)

A. 差异性　B. 复杂性　C. 有领导的认识　D. 直接性

10. 魏老师在课堂上把大部分时间交给学生讨论问题，学生自主学习的积极性很高，而魏老师作为课堂的引导者，保证学生不偏离主道，取得了很好的教学效果。这说明教学过程中(　　)

A. 掌握知识与发展智力相统一　B. 教师主导作用与学生主体作用相统一

C. 学习知识与应用知识相统一　D. 直接经验与间接经验相统一

11. 教学是教师的教和学生的学所组成的一种人类特有的人才培养活动。从本质上说，它是一种(　　)

A. 认识活动　B. 教师教的活动

C. 学生学的活动　D. 课堂活动

12.《礼记·学记》中说："记问之学，不足以为人师。"这主要体现的教学规律是(　　)

A. 直接经验与间接经验相统一　B. 掌握知识与发展智力相统一

C. 传授知识与思想品德教育相统一　D. 教师主导作用与学生主体地位相统一

13. 在教学过程中，学生对客观世界的认识主要是通过(　　)

A. 直接感知事物　B. 间接经验

C. 学生的实践活动　D. 交往

14. 我国古代既有"指引者，师之功也"的箴言，又有"师傅领进门，修行靠个人"的教谕。这体现了教学过程具有(　　)的规律。

A. 学生认识的简约性　B. 教学与发展相互促进

C. 知识学习与品德形成相统一　D. 教师主导作用与学生主体作用相统一

15. 教学过程是一种特殊的认识过程，以下不属于学生认识的特殊性表现的是(　　)

A. 认识的直接性　B. 认识的交往性

C. 认识的教育性　D. 认识的引导性

二、简答题(每小题10分，参考时限10分钟。共4小题)

1. 简述教学过程的基本规律。

2. 简述教学过程包括哪几个阶段。

3. 简述教学的基本任务。

4. 简述发挥教师主导作用的条件。

专题二　教学原则与方法

一、单项选择题(每小题2分，共31小题。参考时限50分钟)

1. 课堂教学中，学生依靠形式、颜色、声音、感觉来进行思维的过程，是全面贯彻了(　　)

A. 启发性原则　B. 巩固性原则　C. 系统性原则　D. 直观性原则

2. "读书无疑者，须教有疑；有疑者，却要无疑，到这里方是长进。"这句话体现的教学原则是(　　)

A. 启发性原则　B. 科学性和思想性相统一原则

C. 理论联系实际原则　D. 直观性原则

3. 我国倡导启发式教学的第一人是古代教育家(　　)

A. 孔子　B. 墨翟　C. 董仲舒　D. 朱熹

4. 王老师在讲授"磷及其化合物的性质"时，以磷化氢的"自燃"现象，说明民间俗称"鬼火"现象产生的原因，对学生进行了"无神论"教育。王老师在教学中主要贯彻的是(　　)

A. 循序渐进原则　B. 直观性原则

C. 启发性原则　D. 科学性和思想性相统一原则

5. 教师从学生的实际情况、个别差异出发，有的放矢地进行个别教学。这体现了教学的(　　)原则。

A. 启发性　B. 循序渐进　C. 直观性　D. 因材施教

6. 教学过程中，张老师根据学生实际情况，在教学内容方面的选择上，从易到难、从简单到复杂，以满足学生的需要。这体现了张老师在教学过程中遵循(　　)

A. 因材施教原则　B. 启发性原则

C. 循序渐进原则　D. 长善救失原则

7. 李老师在讲解《故都的秋》这篇课文时，通过播放视频、图片、幻灯片等手段，让学生真切感受到北国之秋的萧瑟与悲凉。她在教学中贯彻了(　　)

A. 启发性原则　B. 理论联系实际原则

C. 科学性与思想性相统一原则　D. 直观性原则

8. 李老师教三班的数学，这学期开始学习因式分解，他每讲完一个公式以后，就给学生大量的题目去做，以巩固所学的内容，李老师采用的教学方法属于（　　）

A. 讲授法　B. 讨论法　C. 练习法　D. 读书指导法

9. 以教师的语言为主要媒介，系统、连贯地向学生传授知识、表达情感和价值观念的教学方法是（　　）

A. 演示法　B. 谈话法　C. 陶冶法　D. 讲授法

10. “不闻不若闻之，闻之不若见之。”这句话反映的是（　　）

A. 启发性原则　B. 直观性原则　C. 巩固性原则　D. 系统性原则

11. 带领学生深入工厂或农村进行实地参观访问的教学形式是（　　）

A. 形象直观　B. 实物直观　C. 模像直观　D. 言语直观

12. 杨老师在讲授《看雪》一课时，通过大屏幕播放雪景，让学生感受雪的美。杨老师采用了什么教学方法（　　）

A. 讲授法　B. 谈话法　C. 参观法　D. 演示法

13. 我国古代墨子提出：“夫智者必量其力所能至而从事焉。”它所体现的教学原则是（　　）

A. 巩固性原则　B. 量力性原则

C. 直观性原则　D. 因材施教原则

14. 教师按照一定的教学要求向学生提出问题，要求学生回答，并通过问答的形式来引导学生获得或巩固知识的方法叫作（　　）

A. 讲授法　B. 谈话法　C. 讨论法　D. 实验法

15. 教师通过在氧气瓶内外燃烧木炭的对比状况来讲解燃烧与氧气的关系，这种教学方法是（　　）

A. 实验法　B. 演示法　C. 实习作业法　D. 练习法

16. 孔子要求“学而时习之”“温故而知新”，是说在教学中要贯彻（　　）原则。

A. 理论联系实际　B. 循序渐进

C. 启发性　D. 巩固性

17. 学生在教师的指导下，运用一定的仪器设备获取知识的教学方法是（　　）

A. 演示法　B. 练习法　C. 实验法　D. 实习作业法

18. 某教师在向学生讲“雪花”这一事物时，采用观看录像带并向空中抛洒大量碎纸片以引导学生体会下雪场景的方式，这种直观的手段是（　　）

A. 实物直观　B. 模像直观　C. 语言直观　D. 虚拟直观

19. 依据指导思想的不同，各种教学方法可以归并为两类，即（　　）

A. 讲授式和直观式　B. 启发式和注入式

C. 情感陶冶式和直观式　D. 讲授式和练习式

20. 我国地域辽阔、南北差异较大，为了使教学不脱离实际，必须补充必要的乡土材料，这体现了（　　）

A. 启发性原则　B. 理论联系实际原则

C. 巩固性原则　D. 因材施教原则

21. 朱熹说：“圣贤施教，各因其材，小以小成，大以大成。”这体现的教学原则是（　　）

A. 直观性原则　B. 因材施教原则　C. 巩固性原则　D. 循序渐进原则

22. 循序渐进原则是指教学要按照学科的逻辑系统和学生认知发展的顺序进行，使学生系统地掌握基础知识、基本技能，形成严密的逻辑思维能力。以下不属于循序渐进原则贯彻要求的是（　　）

A. 按照教材的系统性进行教学　B. 要抓住主要矛盾，解决好重点与难点

C. 将知识体系化、系统化　D. 逐步培养与形成学生综合运用知识的能力

23. 孙老师在给学生讲解花的构造时，将各种类型的花的挂图带到了教室，供学生观察学习。孙老师采用的教学方式是（　　）

A. 实物直观　B. 模像直观　C. 言语直观　D. 虚拟直观

24. 曹老师教《圆的周长》时，讲述了我国古代数学家祖冲之在计算圆周率上的卓越贡献，同学们感到很自豪。曹老师遵循的教学原则是（　　）

A. 启发性原则　B. 巩固性原则

C. 因材施教原则　D. 科学性与思想性相统一原则

25. 王老师教学《观潮》时，播放了一段视频让学生感受钱塘江大潮的雄伟壮观。其贯彻的教学原则是（　　）

A. 启发性原则　B. 因材施教原则

C. 直观性原则　D. 循序渐进原则

26.《学记》指出“独学而无友，则孤陋而寡闻”“相观而善”等。这说明我们在教学中要注意运用（　　）

A. 谈话法　B. 讨论法　C. 讲授法　D. 练习法

27. 法国思想家蒙田曾用教师指导学生走路来比喻指导学生学习，“教师最好先让孩子在其面前走几步，以便更好地判断孩子步伐的速度，从而推测他能坚持多久，然后方能判断他的能力。如果我们不顾分寸，就常会坏事”。可见，蒙田强调教师所要遵循的教学原则是（　　）

A. 循序渐进原则　B. 量力性原则

C. 理论联系实际原则　D. 巩固性原则

28. 在教师指导下，由全班学生或小组成员围绕某一中心问题进行群体性讨论、发表看法，借以交流信息、互相启发的一种教学方法是（　　）

A. 读书指导法　B. 演示法　C. 谈话法　D. 讨论法

29. 老师带领学生参观博物馆，观看前人制造的金银首饰、碑刻书画，促进学生理解中国古代史及文明史。这种教学形式是（　　）

A. 实物直观　B. 模像直观　C. 言语直观　D. 形象直观

30. 某小学音乐老师教授《明日歌》等诗词歌曲时，把《经典咏流传》节目引入课堂，组织学生观看节目、学唱歌曲。该教师的教学遵循了（　　）

A. 因材施教原则　B. 系统性原则

C. 发展性原则　D. 直观性原则

31. 在教学过程中，夏老师运用通俗易懂、科学准确的语言对教材内容进行解释、说明、论证。夏老师采用的是(　　)

A. 讲授法　　B. 谈话法

C. 讨论法　　D. 读书指导法

二、简答题(每小题10分，参考时限10分钟。共5小题)

1. 简述我国小学常用的教学方法。

2. 简述运用教学方法的一般要求。

3. 请简述理论联系实际的教学原则的含义和贯彻要求。

4. 简述我国小学常用的教学原则。

5. 简述因材施教原则的含义以及在教学中贯彻该原则的基本要求。

三、材料分析题(每小题20分，参考时限20分钟。共3小题)

1. 材料：

孙老师正在教授《青蛙和蛇》一课，在教学任务基本完成即将下课之际，为了拓展学生的知识面，孙老师向全体学生提出了一个问题："冬天来了，牛、狼等动物都会换上厚厚的毛以抵御寒冬，而青蛙和蛇为什么却要躲起来？"话音刚落，小张就迫不及待地站起来说："我知道，因为青蛙和蛇没有衣服，怕冷。"孙老师听后很不高兴地说："不知道就不要乱说！其他同学谁知道？"此时，教室里鸦雀无声，沉默一片。恰在此时，下课的铃声响起，孙老师只好说："我告诉你们，因为青蛙和蛇是冷血动物，需要冬眠，下课。"

问题：

(1)请结合材料对孙老师教学过程的得失进行分析与评价。

(2)结合材料谈谈教师在教学中应如何正确运用启发性教学原则。

2. 材料：

林老师为了上好《两栖动物的生殖与发育》一课，精心制作了PPT，并准备了青蛙标本、三张挂图和视频材料，课前林老师将这些教具摆放悬挂好后，马上受到了许多学生的围观。课上他先是播放了视频材料，接着他演示了青蛙标本，因标本过小，后面的同学伸长脖子也看不到，他不断翻着PPT，却没有适时做出讲解。下课铃声响了，准备的PPT还没有翻完。课后学生们反映说："我们忙着看这看那，老师讲什么都没听清，而且有的PPT背景上浅色字很模糊。"

问题：

(1)林老师在教学过程中运用的直观手段存在哪些问题？

(2)联系材料，阐述教师应如何贯彻直观性教学原则。

3. 材料：

某校两位老师以"平行四边形的面积"为题开展同课异构的教学活动。

王老师首先告诉学生平行四边形的面积等于底乘高，然后列举了很多不同大小的平行四边形来计算它的面积，帮助学生掌握平行四边形的面积公式。这节课，学生虽然很快学会了平行四边形面积公式的应用，但是对于平行四边形的面积为什么等于底乘高还是不太清楚。

李老师首先让学生观察平行四边形的特征，让学生想一想平行四边形跟以前学过的三角形和长方形有什么联系，然后要求学生拿出纸、笔、直尺、剪刀，自己画一画、剪一剪。在动手操作的过程中，同学们发现可以把一个平行四边形变成一个长方形，或者是分割成几个三角形，他们尝试着用三角形或长方形的面积计算方法去推导平行四边形的面积计算公式。最后同学们自己总结出了计算平行四边形面积的公式。

问题：

(1)王老师和李老师分别采用了哪种教学方法？

(2)他们采用的教学方法各有何优缺点？

专题三　教学组织形式

一、单项选择题(每小题2分,共20小题。参考时限30分钟)

1. 古代教学组织形式主要采用的是(　　)

A. 班级授课　B. 个别教学　C. 分组教学　D. 混合教学

2. 在教学组织形式改革方面,美国柏克赫斯特创建的道尔顿制的主要特点是(　　)

A. 打破班级组织,实行小组教学

B. 教师辅导学生个别自学

C. 将教学活动分为大班教学,小组学习和独立自学

D. 在同一教室的一节课内向两个以上不同年级的学生同时进行教学

3. 自夸美纽斯确立后,几个世纪以来一直为各国所采用的教学组织形式是(　　)

A. 小组教学　B. 道尔顿制

C. 个别教学　D. 班级授课制

4. (　　)是一种有利于经济有效地大面积培养人才的教学组织形式。

A. 特朗普制　B. 班级授课制

C. 个别教学制　D. 分组教学

5. 把大班上课、小组讨论和个人自学三种教学形式结合在一起,并采用灵活的时间单位代替固定划一的上课时间的教学组织形式是(　　)

A. 道尔顿制　B. 导生制　C. 特朗普制　D. 导师制

6. 在我国偏僻的山区小学,由于学生数量少、年龄小、不易集中,教师少,教学设备差等,有不少地方采用(　　)的教学组织形式来达到节约师资、完成教学任务的目的。

A. 个别辅导　B. 复式教学　C. 家庭作业　D. 现场教学

7. 打乱传统的按年龄编班的做法,而按学生的能力或某些测验成绩编班。这是(　　)

A. 外部分组　B. 内部分组　C. 设计教学法　D. 道尔顿制

8. 班级授课制是人类社会发展到一定历史阶段的产物,最早从理论上对班级授课制加以阐述的著作是(　　)

A.《民主主义与教育》　B.《大教学论》

C.《普通教育学》　D.《爱弥儿》

9. 难以充分照顾学生个别差异的教学组织形式是(　　)

A. 个别教学　B. 班级授课制

C. 分组教学制　D. 能力分组

10. 把两个及两个年级以上的儿童编在同一个班级,在一节课内由一位教师对不同年级学生进行教学的组织形式是(　　)

A. 分层教学　B. 合作教学　C. 小班教学　D. 复式教学

11. 教师组织学生到事情发生、发展的现场进行教学活动的组织形式是(　　)

A. 现场教学　B. 复式教学　C. 班级授课制　D. 个别教学

12. 微课是一种以视频为主要载体的新兴教学资源,从中小学生的注意时间考虑,微课时长一般为(　　)分钟。

A. 1～3　B. 5～8　C. 15～20　D. 30

13. 在原始社会和奴隶社会里,(　　)是教学组织的主要形式。

A. 个别教学　B. 分组教学　C. 复式教学　D. 协同教学

14. 王校长为了改革学校的教学组织形式,开始在六年级进行试验,教师上课不再向学生系统地讲授教材,而只为学生分别指定自学的参考书、布置作业,由学生自学和独立完成作业,学生有问题时才请教老师指导。这种教学组织形式属于(　　)

A. 个别教学制　B. 班级授课制

C. 道尔顿制　D. 分组教学制

15. 班级授课制是目前世界上普遍采用的(　　)

A. 教学过程　B. 教学手段　C. 教学方法　D. 教学组织形式

16. 现代教学的特殊组织形式是(　　)

A. 个别教学　B. 复式教学　C. 现场教学　D. 班级授课

17. 王老师组织学生到郊区的牛奶厂参观,请工人师傅为学生讲解牛奶的生产加工流程。王老师采用的教学组织形式是(　　)

A. 复式教学　B. 小组教学　C. 个别辅导　D. 现场教学

18. 班级授课制最主要的缺点是不利于(　　)

A. 因材施教　B. 发挥教师的主导作用

C. 扩大教学规模　D. 培养学生的集体观念

19. 我国最早采用班级授课制的教学组织形式始于(　　)

A. 民国时期的北京大学　B. 清代时期的北洋水师学堂

C. 清代末期的京师同文馆　D. 明代时期的武夷精舍

20. 学生在课前借助网络平台观看微视频进行自主学习,课堂上在教师指导下分组讨论、合作探究,这种新型教学组织形式称为(　　)

A. 在线课堂　B. 虚拟课堂　C. 翻转课堂　D. 网络课堂

二、简答题(每小题10分,参考时限10分钟。共1小题)

简述班级授课制的优缺点。

专题四　小学课堂教学的实施

一、单项选择题(每小题2分,共20小题。参考时限30分钟)

1. 上课是整个教学工作的中心环节,上好一节课有多方面的要求,其中上好课最根本的要求是(　　)

A. 板书有序　　B. 充分发挥学生的主体性

C. 教学方法适当　　D. 教学结构合理

2. 以学生原有的生活经验为出发点,教师通过生动而富有感染力的讲解、谈话或提问引起回忆,从而引导学生发现问题的导入方法是(　　)

A. 间接导入　　B. 直观导入　　C. 事例导入　　D. 经验导入

3. 学业成绩的检查主要分考查和考试两种,考查不包括(　　)

A. 口头提问　　B. 检查书面作业

C. 书面测验　　D. 实践考试

4. 下列不属于教师上课前"三备"内容的是(　　)

A. 备教案　　B. 备教材

C. 备学生　　D. 备教法

5. 李老师很担心同一批学生在第二次参加同样内容的人格测试时分数与上次不同。该老师的担心属于(　　)概念反映的内容。

A. 信度　　B. 效度　　C. 区分度　　D. 难度

6. 方老师在讲授《三角形的外角》一课时,先让学生回忆三角形内角的相关知识,进而进入新课的学习,方老师使用的导入方法是(　　)

A. 练习导入　　B. 温故导入

C. 问题导入　　D. 情境导入

7. (　　)是指课的基本组成部分及各部分进行的顺序、时限和相互关系。

A. 课的类型　　B. 课的结构　　C. 课程设置　　D. 课时安排

8. (　　)是教师上课的必要补充。

A. 布置作业　　B. 检查作业　　C. 课外辅导　　D. 课后练习

9. 下列不属于教学导入原则的是(　　)

A. 紧扣学习目标和内容重点　　B. 从学生的实际出发,符合学生的认知要求

C. 形式要新颖多样　　D. 导入有统一的定法

10. 教师自编测验时,要想提高测验的区分度,最重要的是控制好试题的(　　)

A. 难度　　B. 效度　　C. 信度　　D. 题量

11. 张老师在讲授完峻青的《秋色赋》后,将欧阳修的《秋色赋》和毛泽东的《沁园春·长沙》也一同展示给学生,引导学生比较、思考和讨论,这种结课方法叫(　　)

A. 归纳式　　B. 比较式　　C. 悬念式　　D. 回味式

12. 课堂教学总结又称课堂结尾,是在一堂课即将结束的几分钟的时间内,师生共同对课堂中所蕴含的知识、技能、情感态度以及价值观进行总结。小学最常用的结课方式是(　　)

A. 归纳式　　B. 练习式

C. 首尾呼应式　　D. 比较式

13. 教完古诗《草》后,于老师扮演耳背的老奶奶,把"一岁一枯荣"听成"一岁一窟窿",让学生纠正并解释。这种总结方式是(　　)

A. 自然式　　B. 归纳式　　C. 游戏式　　D. 悬念式

14. 学生学业成绩的检查与评定是教师了解学生学习情况的重要途径。下列选项中,不属于日常性学业成绩检查的有(　　)

A. 课堂提问　　B. 会考

C. 书面测验　　D. 书面作业

15. 在讲《大气压力》一课时,老师手拿烧瓶给学生看,并用"魔术棒"敲几下,里面是空的。然后拿出熟的鹌鹑蛋放在瓶口,当然按不下去,把蛋拿下;接着点燃蜡纸条放入瓶中,迅速将蛋放在瓶口,于是在大气压力作用下,鹌鹑蛋被烧瓶"吞"进肚里。此时,学生必定看得目瞪口呆。老师马上说:"蛋为什么会被烧瓶吞进肚里?今天我们就来揭开这个秘密。"这种导入方法属于(　　)

A. 悬念导入　　B. 直接导入

C. 故事导入　　D. 复习导入

16. 刘老师为了让学生对本堂课的内容留下总体印象,在结课时引导学生对整节课的内容进行概括总结,这种结课方法为(　　)

A. 悬念法　　B. 游戏法　　C. 归纳法　　D. 练习法

17. 备课是教学工作的基本环节之一,是整个课堂教学工作的起点,备课首先应(　　)

A. 对教学对象的各方面情况有充分了解　　B. 做好教学设计,编写教案

C. 选择适当的教学方法　　D. 熟悉课程标准,掌握将要教授的内容

18. (　　)是指在一堂课即将结束的几分钟里,师生共同对课堂所蕴含的知识技能、情感态度以及价值观等进行总结。

A. 课堂策略　　B. 课堂总结

C. 教学总结　　D. 教学策略

19. 杨老师在运用自己编制的试卷组织测验时发现,优等生和后进生的得分没有拉开差距,说明杨老师的试卷(　　)

A. 难度比较高,产生了天花板效应　　B. 难度比较低,产生了地板效应

C. 区分度比较低　　D. 试卷的信度很低

20. 教师根据学科课程标准的要求和课程特点,结合学生实际情况,确定教学方法和重难点,撰写教案。这一教学环节属于(　　)

A. 备课　　B. 上课　　C. 课后辅导　　D. 测试

二、简答题(每小题10分,参考时限10分钟。共9小题)

1. 简述课堂教学导入设计的一般原则。

2. 简述备课的基本步骤。

3. 简述维持课堂纪律的策略。

4. 简述上好课的基本要求。

5. 简述批改作业的要求。

6. 简述课外辅导的内容。

7. 简述课堂教学导入的类型。

8. 简述课堂教学情境创设的方法。

9. 简述课堂总结中要注意的问题。

三、材料分析题(每小题20分,参考时限20分钟。共3小题)

1. 材料:

有位教师在教"圆"这个概念时,一开始就问学生:"车轮是什么形状?"同学们觉得这个问题太简单,便笑着回答:"圆形。"老师又问:"为什么车轮要做成圆形呢? 难道不能做成别的形状,比如说,做成三角形、四边形等。"同学们一下子被逗乐了,纷纷回答:"不能!""因为它们无法滚动。"老师再问:"那就做成这样的形状吧!(老师在黑板上画了一个椭圆)行吗?"同学们开始茫然,继而大笑起来:"这样一来,车子前进时就会一会儿高一会儿低。"老师再进一步发问:"为什么圆形就不会一会儿高一会儿低呢?"同学们议论纷纷,最后终于找到了答案,因为圆形车轮上的点到轴心的距离是相等的。至此,老师自然地引出"圆"的概念。

问题:教师应如何上好一堂课? 请结合材料分析。

2. 材料:

孙老师在二(1)班上完《小壁虎借尾巴》一课后,设计了两项家庭作业让学生选择完成:

(1)把"小壁虎借尾巴"这个故事讲给自己喜欢的人听。

(2)你还知道哪些动物尾巴的作用呢? 你是怎么知道的? 想一想,明天上课时与小伙伴交流一下。

问题:

(1)对孙老师本次家庭作业的设计进行评析。

(2)谈谈"减负"与家庭作业之间的关系。

3. 材料：

某教师上“中位数”一课，进行了这样的设计。一个学生某次数学考试得了78分，全班的平均分是77分。于是他回去跟妈妈说他这次数学成绩处于班上的中上水平。问题：这个同学说的话是否属实？让同学们讨论。结果绝大部分同学认为属实。当教师把全班同学的分数(1个100分、4个90分、2个80分、1个78分、1个77分、1个10分、1个2分)公布后，大家大吃一惊，都错了。在同学们吃惊之时，教师启发学生总结出“原来平均数不可靠”的观点。怎么办呢？这就需要学习“中位数”的知识，这样引起学生对学习“中位数”知识的强烈期待。

问题：请分析教师这一做法的意义。

专题五　学习动机

一、单项选择题(每小题2分，共30小题。参考时限45分钟)

1. 根据动机产生的诱因来源，可以把动机分为内部动机和外部动机，下面属于内部动机的是(　　)

A. 附属内驱力　B. 自我提高内驱力　C. 认知内驱力　D. 远大理想和父母期望

2. 根据耶克斯—多德森定律，下列说法不正确的是(　　)

A. 动机强度与工作效率之间并非一种线性关系

B. 随着任务难度的增加，动机的最佳水平有逐渐升高的趋势

C. 动机强度处于中等水平时，工作效率最高

D. 各种活动都存在一个最佳的动机水平

3. 在期末全校大会上，校长宣布三好学生名单。这一情境体现了(　　)

A. 内部学习动机　B. 外部学习动机　C. 高尚的学习动机　D. 低级的学习动机

4. 某学生非常喜欢数学，所以上数学课时非常认真。这种学习动机属于(　　)

A. 自我提高内驱力　B. 认知内驱力　C. 附属内驱力　D. 生理内驱力

5. (　　)是在希望获得他人关心、认可、友谊与支持的需要基础上产生的，其目标是获得他人的赞许或认可，如学生努力学习就是为了得到教师、父母或同伴的称赞。

A. 认知内驱力　B. 自我提高内驱力

C. 附属内驱力　D. 情感内驱力

6. 冰冰学习很刻苦，但成绩总是提高不了，于是她慢慢放弃了继续努力的勇气和信心。这种心理反应属于(　　)

A. 学习焦虑　B. 高原反应

C. 习得性无助　D. 认知功能障碍

7. 耶克斯—多德森定律表明，对于简单的学习来说，最佳的动机水平是(　　)

A. 中等偏低的强度　B. 中等强度

C. 中等偏高的强度　D. 越高越好

8. 成就动机理论的主要代表人物是(　　)

A. 马斯洛　B. 韦纳　C. 阿特金森　D. 班杜拉

9. 学习动机包含学习需要和(　　)两个基本成分。

A. 学习压力　B. 学习兴趣

C. 学习期待　D. 学习知识

10. 根据成就动机理论，力求成功者最可能选择的任务的成功概率为(　　)

A. 25%　B. 50%　C. 75%　D. 100%

11. 根据美国心理学家班杜拉的理论，影响自我效能感的最主要因素是个体自身行为的(　　)

A. 自我预期　B. 成败经验　C. 自我归因　D. 期待

12. 王明喜欢玩电脑游戏，于是老师让他担任电脑课代表。王明做得很好，并带领全班获得某项电脑设计比赛的冠军。以下哪项是促进王明取得成功的原因(　　)

A. 交往内驱力　B. 内部动机

C. 外部动机　D. 附属内驱力

13. 下列因素中，属于成败归因理论中的稳定因素的是(　　)

A. 能力　B. 努力程度　C. 心境　D. 运气

14. “书中自有黄金屋，书中自有颜如玉。”这一表述强调的学习动机类型是(　　)

A. 内部动机　B. 外部动机　C. 一般动机　D. 近景动机

15. 一般来讲，容易、简单、枯燥的学习对动机水平的要求，比复杂、思维卷入过多、需要一定的创造性的学习对动机水平的要求(　　)

A. 高　B. 低

C. 一样　D. 因个体的差异而不同

16. 在奥苏伯尔看来，个体力图通过自己的胜任能力或工作能力而赢得相应地位的需要是(　　)

A. 认知内驱力　B. 自我提高内驱力

C. 附属内驱力　D. 自我实现内驱力

17. 根据学校情境中的学业成就动机的不同，奥苏伯尔等人把动机分为(　　)

A. 内部学习动机和外部学习动机

B. 高尚的学习动机和低级的学习动机

C. 近景的直接性学习动机和远景的间接性学习动机

D. 认知内驱力、自我提高内驱力和附属内驱力

18. 根据韦纳的归因理论，长期把失败归因于稳定的内部原因，会导致(　　)

A. 自卑沮丧　B. 骄傲自满　C. 愈挫愈勇　D. 气愤敌意

19. 学习动机有很多种,“让学习本身成为调动学生学习积极性的因素”这句话强调被激发的动机是( )

A. 情境动机 B. 成就动机 C. 外部动机 D. 内部动机

20. 教生物的崔老师询问了几个学生努力学习生物的原因,得知小丽是因为喜欢研究小动物、小植物而喜欢生物课;小亮是因为学好生物课,同学们都会崇拜他、听他指挥;小雅是因为学好了生物,崔老师就会表扬她。小丽、小亮、小雅的学习动机分别是( )

A. 自我提高内驱力、附属内驱力、认知内驱力
B. 自我提高内驱力、认知内驱力、附属内驱力
C. 认知内驱力、附属内驱力、自我提高内驱力
D. 认知内驱力、自我提高内驱力、附属内驱力

21. 王莉是个害羞的女孩,正在准备参加《中国好声音》歌唱比赛,如果她是内控的,她会将歌唱比赛的成功归因于( )

A. 自己具备这个能力 B. 认真的准备
C. 运气好 D. 任务简单

22. 学习活动中最稳定、最可靠、最持久的推动力是( )

A. 学习动机 B. 认知内驱力
C. 自我提高内驱力 D. 附属内驱力

23. 看到与自己水平差不多的人考上大学,就会增强自己考上大学的信心。这种自我效能感源自( )

A. 个体自己成功和失败的经验 B. 替代经验
C. 言语说服 D. 情绪唤醒

24. 随着学习任务的难度增加,动机的最佳水平的变化趋势是( )

A. 逐渐提高 B. 逐渐下降
C. 几乎不变 D. 完全不变

25. 一次小测验后,学生明明只得了80分。拿到成绩后,明明对张老师说:“张老师,我生病了,在这次考试中没有发挥好。”此处,明明的归因是( )

A. 内在的、不稳定的、不可控的 B. 内在的、稳定的、可控的
C. 外在的、不稳定的、可控的 D. 外在的、稳定的、可控的

26. 学生在数学课学习过程中对自己能够取得好成绩的主观判断,称为数学学习的( )

A. 自我效能感 B. 教学胜任感 C. 自我胜任感 D. 教学效能感

27. 激发个体进行学习活动,维持已引起的学习活动,并使行为朝向一定学习目标的心理倾向或内部动力是( )

A. 学习需要 B. 学习期待 C. 学习动机 D. 学习态度

28. 关于成就动机的研究表明,与害怕失败相比,追求成功者的目的是获取成就,即通过各种活动努力提高自尊心和获得心理上的满足,他们倾向于选择( )的任务。

A. 比较容易 B. 比较难 C. 非常容易 D. 难度适中

29. 小贺在某次考试中考到了班级第一名,她认为这次能考这么好主要是因为运气好,很多不会做的题目都蒙对了。根据韦纳的归因理论,这属于( )的归因。

A. 不稳定、外在、不可控 B. 不稳定、内在、可控
C. 稳定、外在、可控 D. 不稳定、外在、可控

30. 经常听到有的家长在说自己孩子没考好的原因,如“孩子只是碰巧没看清这道题而已”“这次的卷子比较难”。我们不赞成这样分析孩子成绩差的原因,是因为( )

A. 归因于运气,是内在不可控的
B. 归因于工作难度,是外在不稳定的
C. 归因于外部原因,不利于孩子进行操作,不利于培养努力的学习品质
D. 归因于外部环境,有利于孩子建立信心

二、简答题(每小题10分,参考时限10分钟。共7小题)

1. 简述激发小学生学习动机的策略。

2. 简述习得性无力感。

3. 简述奥苏伯尔关于学习动机的分类。

4. 简述“耶克斯—多德森定律”。

5. 简述影响自我效能感的因素。

6. 简述成就动机倾向类型的特征。

7. 简述韦纳的归因理论。

三、材料分析题(每小题20分,参考时限20分钟。共2小题)

1. 材料:

陈斌是某小学的学生,他最大的特点就是贪玩,学习不努力,每次考试他都抱有侥幸心理,希望能够靠运气过关。这次期末考试他考得不理想,他认为这次是自己的运气太差了。

问题:

(1)陈斌的这种归因是否正确?这种归因对他以后的学习会产生怎样的影响?

(2)如果不正确,正确的归因应是怎样的?

(3)对教师来讲,正确掌握韦纳的归因理论有何意义?

2. 材料:

某校学生吴某是老师们喜欢的乖学生,他的学习成绩一直非常优秀,多次考试成绩在年级都是数一数二的。进入六年级后,吴某报名参加了全市数学竞赛,班主任老师找吴某谈话,告诉他老师们一致看好他,希望他继续努力,不要辜负老师们对他的期望,为学校争光。吴某听后也暗下决心,要去搏一搏。随后的日子里,吴某每天学习的时间越来越长,做的题目也越来越多。一段时间后,吴某出现了食欲减退、失眠等反应,学习效率下降,数学竞赛也未取得好成绩。

问题:

(1)简述任务难度、学习效率与学习动机水平的关系。

(2)运用学习动机相关原理,分析班主任老师的做法存在的问题。

(3)你认为激励吴某学习的正确做法有哪些?

专题六　知识与技能

一、单项选择题(每小题2分,共23小题。参考时限35分钟)

1. 根据奥苏伯尔对有意义学习的分类,如果儿童听到"鸟"或看到文字"鸟",就知道它代表实际的鸟,即使此时并未见到真实的鸟,儿童也能以语言或文字的形式在大脑中形成关于鸟的形象,这属于(　　)

A. 概念学习　B. 类属学习　C. 上位学习　D. 符号学习

2. 学生已知"平行四边形"这一概念,可通过"菱形是四边一样长的平行四边形"这一命题学习菱形,这种学习属于(　　)

A. 上位学习　B. 下位学习　C. 并列结合学习　D. 组合学习

3. 陈述性知识也叫描述性知识。回答下列问题所用的知识不属于陈述性知识的是(　　)

A. "今天是星期二吗?"　B. "《离骚》是谁写的?"

C. "英国的首都在哪里?"　D. "饺子该怎么做?"

4. 先学习杠杆的力臂原理,再学习定滑轮,得知定滑轮的实质是等臂原理。这种学习属于(　　)

A. 上位学习　B. 下位学习　C. 并列结合学习　D. 符号学习

5. 根据知识反映活动的不同深度,可以将知识分为(　　)

A. 感性知识和理性知识　B. 具体知识和抽象知识

C. 陈述性知识和程序性知识　D. 方式方法知识和普遍原理知识

6. 在学习了相似三角形的相关知识,并经过数学老师的悉心指导后,王雨终于知道如何证明并写出两个三角形相似。题干中,王雨的学习属于(　　)学习。

A. 陈述性知识　B. 程序性知识　C. 显性知识　D. 隐性知识

7. 学习了钠、镁、铝等元素的性质和特征之后,再学习铜、铁、锌等概念就比较容易,这类学习属于(　　)

A. 派生类属学习　B. 相关类属学习

C. 并列结合学习　D. 命题学习

8. 根据知识的功能,将知识分为(　　)

A. 社会知识和自然知识　B. 记忆性知识和策略性知识

C. 陈述性知识和程序性知识　D. 一般知识和特殊知识

9. 知识是主体通过与环境的相互作用而获得的(　　)

A. 感受与体验　B. 前人经验

C. 记忆的内容　D. 信息及其组织

10. 在知识的学习类型中,学习表示若干概念之间关系的判断属于(　　)

A. 概念学习　B. 意义学习

C. 命题学习　D. 符号学习

11. 个体运用所获得的知识解决实际问题属于知识学习过程中的(　　)阶段。
A. 知识理解　B. 知识获得　C. 知识巩固　D. 知识应用

12. “蹒跚学步”属于动作技能学习中的(　　)
A. 操作整合　B. 操作定向
C. 操作模仿　D. 操作熟练

13. 陈述性知识学习的一般过程分为(　　)三个阶段。
A. 获得、应用和保持　B. 获得、保持和应用
C. 保持、获得和应用　D. 保持、应用和获得

14. 在教学中讲授果实的概念时,既选可食的果实又选不可食的果实(如棉籽等),这样才有利于学生准确掌握果实的概念,这是运用了(　　)
A. 正例与反例配合法　B. 变式法
C. 比较法　D. 直观法

15. 在学习“交通工具”这个概念时,把以前知道的自行车、汽车等归到这个概念里。此处是(　　)
A. 下位学习　B. 上位学习
C. 并列结合学习　D. 分类学习

16. 吹、拉、弹、唱所属的技能类型是(　　)
A. 操作技能　B. 智力技能
C. 认知技能　D. 心智技能

17. 借助于内部言语在头脑中进行认知活动的方式是(　　)
A. 操作技能　B. 心智技能
C. 一般技能　D. 特殊技能

18. 李楠在练习游泳的时候,刚开始学的比较快,后来无论多努力练习,还是不见效果,这种短暂的停顿现象被称为(　　)
A. 停滞现象　B. 高原现象　C. 学习困难　D. 倒摄抑制

19. 观看乒乓球教练打球,掌握打球的基本要领和动作属于动作技能的(　　)
A. 操作整合阶段　B. 操作模仿阶段
C. 操作定向阶段　D. 操作熟练阶段

20. 下列属于常见的心智技能的是(　　)
A. 驾驶汽车　B. 洗衣服　C. 解应用题　D. 拉小提琴

21. 学生在地理课上学习我国各省的简称,这是一种(　　)学习。
A. 符号　B. 概念　C. 命题　D. 判断

22. 教师在教学生掌握科学概念时,一般多采用“变式”,其目的主要是(　　)
A. 激发兴趣　B. 引起注意
C. 丰富想象　D. 区分本质特征与非本质特征

23. 上位学习是指在认知结构中原有概念的基础上学习一个包容程度更高的概念,即原有概念是从属概念,而新学习的概念是总括性概念。以下不属于上位学习的是(　　)
A. 学完直角的概念再学习角的概念
B. 学完盐酸的概念再学习酸的概念
C. 学完长方形的面积计算公式再学习正方形的面积计算公式
D. 学完鲸的习性再学习哺乳动物的习性

二、简答题(每小题10分,参考时限10分钟。共5小题)

1. 简述如何运用记忆规律促进学生有效学习。

2. 简述如何培养学生的心智技能。

3. 简述操作技能的形成阶段。

4. 简述如何有效地进行知识概括。

5. 简述如何提高知识直观的效果。

第六章　教学评价与反思

核心知识提要

- 教学评价与反思
  - 教学评价
    - 教学评价的内容
      - 学生学业评价
      - 课堂教学评价
      - 教师评价
    - 教学评价的功能
    - 教学评价的类型★★
      - 诊断性评价、形成性评价和总结性评价
      - 绝对性评价、相对性评价和个体内差异评价
      - 量化评价和质性评价
      - 即时评价和延迟评价
    - 测验评价技术★
      - 标准化成就测验
      - 教师自编测验
    - 现代教育评价:激励性评价与发展性评价★
  - 教学反思
    - 教学反思的概念
    - 教学反思的类型
      - 教学前反思、教学中反思和教学后反思
      - 纵向反思和横向反思
      - 个体反思和群体反思
    - 教学反思的基本内容
    - 教学反思的方法
      - 行动研究法
      - 自我提问法
      - 教学诊断法
      - 比较法
      - 阅读新知法
    - 教学反思的作用

经典真题回顾

一、单项选择题(每小题2分,共4小题。参考时限5分钟)

1. 老师建立了记录学生学习成就、持续进步信息的一连续表现、作品以及其他相关资料的档案袋,据此对学生进行评价。这种评价属于(　　)

A. 绝对评价　　B. 相对评价　　C. 过程性评价　　D. 终结性评价

2. 学期末,李老师对小明做出的评价是:"这个学期你上课听讲比以往认真,积极回答课堂提问,能按时完成作业,学习成绩有很大进步。继续加油,我看好你哦!"这种评价属于(　　)

A. 适时评价　　B. 相对评价　　C. 量化评价　　D. 质性评价

3. 为了保护学生学习的积极性,老师在批改学生作业时,对做错的题目暂不打"×",做对后再打"√",这种评价属于(　　)

A. 延迟评价　　B. 绝对评价

C. 相对评价　　D. 个体内差异评价

4. 教师通过听写英语单词,了解学生的掌握情况。这种评价方式属于(　　)

A. 测验评价　　B. 量表评价

C. 实作评价　　D. 档案袋评价

二、材料分析题(每小题20分,参考时限20分钟。共1小题)

材料:李老师批改五年级学生作文时,看到小勇的作文不足200字,而且字迹潦草,错别字不少,这样的作文打60分也就差不多了。但李老师想,只给一个分数对作文成绩一直不高的小勇不会有什么触动。于是,李老师经过认真思考,给他打了"100-25-15",并附上文字说明:你的作文选材新颖,有真情实感,但是字数不足,层次不清,减25分;书写潦草,错别字多,减15分。小勇根据老师的评语,进行了认真修改。李老师给修改后的作文打了80分。

问题:

(1)评析李老师评价作文的方式。

(2)如何通过作业评价促进学生的发展?

过关必刷题库

专题一　教学评价

一、单项选择题(每小题2分,共23小题。参考时限35分钟)

1. 张老师喜欢在课堂中对学习的内容向学生提问,在这里张老师运用的教学评价方式是(　　)

A. 相对性评价　B. 形成性评价　C. 绝对性评价　D. 总结性评价

2. 根据评价在教学中的作用不同,可分为诊断性评价、(　　)和总结性评价。

A. 相对性评价　B. 一元评价　C. 形成性评价　D. 绝对性评价

3. 在课堂教学评价时,如果我们关注的重点是学生对学习内容的掌握程度,学生是否达到了教学目标的要求,应尽量采用(　　)

A. 绝对性评价　B. 相对性评价

C. 常模参照评价　D. 个体内差异评价

4. 一位教师在给他所教学生的作文判分时,将学生现在写的作文与过去写的作文进行对比,有进步的,其成绩都判为优。这一评价类型属于(　　)

A. 相对性评价　B. 个体内差异评价

C. 绝对性评价　D. 形成性评价

5. 老师想要知道学生这学期的学习成果,在学期结束后对学生进行测验,这属于(　　)

A. 总结性评价　B. 配置性评价　C. 形成性评价　D. 诊断性评价

6. 教师分析学生学习困难的原因,判断学生是否具备学习新知的条件。这种评价方式是(　　)

A. 形成性评价　B. 差异性评价　C. 诊断性评价　D. 终结性评价

7. "矮子里找高个""水涨船高"是一种(　　)

A. 相对性评价　B. 绝对性评价　C. 定性评价　D. 定量评价

8. 以常模为参照点,把学生个体的学习成绩与之相比,根据学生在该班中的位置和名次,确定他的学习成绩的等级的教学评价是(　　)

A. 相对性评价　B. 绝对性评价

C. 个体内差异评价　D. 过程性评价

9. 通过查明学生已有的知识水平、能力发展情况以及学习上的特点、优点与不足之处,从而更好地组织教学内容、选择教学方法,以便对症下药、因材施教的评价是(　　)

A. 形成性评价　B. 诊断性评价　C. 总结性评价　D. 绝对性评价

10. 标准化成就测验是指由专家或学者所编制的适用于大规模范围内评定个体学业(　　)的测验。

A. 能力水平　B. 成就水平　C. 智力水平　D. 知识水平

11. 对被评价者的过去和现在进行比较,或将评价对象的不同方面进行比较的教学评价是(　　)

A. 诊断性评价　B. 相对性评价　C. 个体内差异评价　D. 绝对性评价

12. 教师自编测验是由教师根据具体的教学目标、教学内容和测验目的,自己编制的测验,是为(　　)服务的。

A. 教育目的　B. 教师和学生　C. 特定的教学　D. 当前工作

13. 教学评价是教学工作不可缺少的环节,从整体上调节、控制着教学活动的进行,保证着教学活动的顺利开展。教学评价根据不同的标准可以划分为不同的类型,教师资格考试属于(　　)

A. 相对性评价　B. 质性评价　C. 绝对性评价　D. 形成性评价

14. 将教学评价的结果作为决定升留级、分班编组、选择教程乃至指导职业定向的依据。这体现了教学评价的(　　)

A. 调节功能　B. 激励功能　C. 诊断功能　D. 管理功能

15. 在教学过程中,对学生个体的同一学科内的不同方面,或不同学科间的成绩与能力差异进行的横向比较和评价,以及对个体两个或多个时刻内的成就表现进行的前后纵向评价是(　　)

A. 个体内差异评价　B. 绝对评价　C. 总结性评价　D. 相对评价

16. 为了更好地了解学生的知识水平,更好地开展教学,某小学各班在新学期开始时都进行了摸底考试,这种评价方式属于(　　)

A. 诊断性评价　B. 形成性评价　C. 总结性评价　D. 过程性评价

17. 老师利用课堂小测验的形式对学生进行评价,这种评价的目的是(　　)

A. 改进教学　B. 了解学生　C. 评定成绩　D. 分班分组

18. 语文教师张某在一年级新生入学后立即组织了一次认知水平测试并根据学生的认知情况调整教学计划。该认知水平测试属于(　　)

A. 诊断性评价　B. 形成性评价　C. 终结性评价　D. 发展性评价

19. 根据评价所运用的方法和标准来划分,选拔性考试属于(　　)

A. 绝对性评价　B. 相对性评价　C. 目标参照性评价　D. 个体内差异评价

20. 学生小王以前经常不遵守课堂纪律,不认真听课,学习成绩十分落后,但新学期以来小王慢慢改正了自己的不良行为习惯,学习成绩也有所提高,老师认为小王进步很大,在学生日常表现评价中给小王评为"良好"等级。这里老师使用的学生评价方法是(　　)

A.相对性评价　B.个体内差异评价　C. 自我评价　D.绝对性评价

21. 某教师利用课堂提问、课堂讨论等形式来决定自己是否需要改善教学,这种评价类型属于(　　)评价。

A. 诊断性　B. 描述性　C. 形成性　D. 总结性

22. 教师想要了解教学过程中可能存在的问题,以便调整教与学的步骤,需使用(　　)

A. 诊断性评价　B. 形成性评价　C. 总结性评价　D. 结果性评价

23. 关注学生在学习过程中是否存在偏科现象属于(　　)

A. 绝对性评价　B. 诊断性评价

C. 个体内差异评价　D. 相对性评价

二、简答题(每小题10分,参考时限10分钟。共4小题)

1. 简述教学评价的功能。

2. 简述现代教育评价的理念。

3. 简述教学评价的类型。

4. 简述教学评价的基本内容。

专题二　教学反思

一、单项选择题(每小题2分,共9小题。参考时限15分钟)

1. (　　)要求教师在教学活动结束后,有充足的时间进行反思,对教学的整体结果进行归因和评价,及时通过自述回忆、模拟、角色扮演等形式广泛吸取有关经验,收集自己教学活动中的信息,深入细致地探讨教学中的长处和不足,总结自己的教学实践。

A. 教学前反思　　B. 教学中反思

C. 教学后反思　　D. 纵向反思

2. 通过教学反思,寻找教学实践中存在的问题并找出解决办法,这体现了教学反思的(　　)特点。

A. 实践性　　B. 创造性　　C. 自主性　　D. 批判性

3. 宋老师发现教学中的某一问题并对其描述,继而形成解决计划并实施,随后收集数据和材料来分析计划的有效性,并把结果应用于处理后续课堂中出现的类似问题上。这种研究方法是(　　)

A. 叙事研究法　　B. 行动研究法　　C. 文献研究法　　D. 实验研究法

4. (　　)是对自己的教学行为与表现从技术上、伦理道德上进行回顾、重视、质疑、分析,自己考查自己,自愿思考自己的教学行为产生的原因、结果,对自己的教学有效性进行评价。

A. 教学评价　　B. 教学反思　　C. 教学总结　　D. 教学过程

5. 从不同的维度进行划分,可将教学反思分为不同的类型。其中根据反思的时间,可将教学反思分为(　　)

A. 教学前反思和教学后反思　　B. 纵向反思和横向反思

C. 个体反思和群体反思　　D. 教学前反思、教学中反思和教学后反思

6. 教师可以通过自我反省法和小组"头脑风暴"法,收集各种教学"病例",然后归类分析,找出典型"病例",并对其进行分析,重点讨论影响教学有效性的各种教学观念,最后提出解决问题的对策。这种反思方法属于(　　)

A. 行动研究法　　B. 自我提问法

C. 教学诊断法　　D. 比较法

7. (　　)是把特定的教学作为对象放在自己的教学生涯中进行反思,比较历年教与学的情况,通过整体思考、类比、归纳、总结、改进,达到温故知新的目的的反思。

A. 个体反思　　B. 群体反思　　C. 纵向反思　　D. 横向反思

8. 肖老师经常把自身的教学实践作为一个认知对象放在历史进程中进行思考,这体现的教学反思是(　　)

A. 教学前反思　　B. 教学后反思　　C. 纵向反思　　D. 横向反思

9. 在对待自我上,新课程强调反思,按教学的进程,教学反思分为(　　)三个阶段。

A. 备课前、备课中、备课后　　B. 讲解前、讲解中、讲解后

C. 评价前、评价中、评价后　　D. 教学前、教学中、教学后

二、简答题(每小题10分,参考时限10分钟。共3小题)

1. 简述教学反思的基本内容。

2. 简述教学反思的作用。

3. 简述教学反思的主要方法。

第二模块　全真模拟试卷

国家教师资格考试全真模拟试卷(一)

教育教学知识与能力(小学)

注意事项:

1. 考试时间为120分钟,满分为150分。
2. 请按规定在答题卡上填涂、作答,在试卷上作答无效,不予评分。

一、单项选择题(本大题共20小题,每小题2分,共40分)

在每小题列出的四个备选项中只有一个是符合题目要求的,请用2B铅笔把答题卡上对应题目的答案字母按要求涂黑。错选、多选或未选均无分。

1. 对于"教育"的理解,不同的学术流派有不同的思想主张,其中道家主张教育要(　　)

A. 有教无类　　B. 非攻

C. "复归"人的自然本性　　D. 建国君民,教学为先

2. 恩格斯曾说:"教育将使年轻人能够很快熟悉整个生产系统,将使他们能够根据社会需要或他们自己的爱好,轮流从一个生产部门转到另一个生产部门。"该观点体现了(　　)

A. 教育可以改变人的劳动能力的性质与形态

B. 教育的发展有助于劳动力配置结构的改善

C. 教育有助于规范劳动者的劳动行为

D. 教育是人的劳动能力再生产的重要手段

3. 心理健康的人能够有效地发挥个人的身心潜力以及作为社会一员的(　　)

A. 积极的社会功能　　B. 应有的责任能力

C. 应有的责任义务感　　D. 道德精神面貌

4. 把教育的最高目的限定为"培养哲学王兼政治家"的教育家是(　　)

A. 柏拉图　　B. 拉伯雷

C. 卢梭　　D. 裴斯泰洛齐

5. 在教育文献中,各种文物、教育史专著、名师教育实录等属于(　　)

A. 事实性文献　　B. 工具性文献

C. 理论性文献　　D. 经验性文献

6. 小学教师用小红花、小红旗的奖励方式来鼓励学生诚实、助人为乐的行为,这种方法是(　　)

A. 实际锻炼法　　B. 榜样示范法　　C. 陶冶教育法　　D. 品德评价法

7. 细菌性痢疾是一种常见的肠道传染病,下列措施中能有效预防肠道传染病传播的是(　　)

A. 注意饮食,以流质或半流质为主　　B. 住院治疗

C. 服用口服痢疾活疫苗　　D. 切断传播途径

8. 方老师在班会课上给学生讲述自己当年的学习经历:"小时候我觉得自己长得不好看,怕班上的同学不喜欢我,于是我告诉自己一定要好好学习,我觉得只有这样同学们才会喜欢我、尊重我。"方老师当年的学习动机属于(　　)

A. 近景的直接性动机　　B. 自我提高内驱力

C. 附属内驱力　　D. 认知内驱力

9. 一个女孩正在清扫房间,她决定把自己书架上一大堆的动物玩具从最高到最矮重新摆放。先放高的,然后是中等的,最后是矮的。这个女孩的认知处于(　　)

A. 感知运动阶段　　B. 前运算阶段　　C. 具体运算阶段　　D. 形式运算阶段

10. 学生学习"质量=密度×体积",这种学习属于(　　)

A. 组合学习　　B. 符号学习

C. 概念学习　　D. 命题学习

11. 语文课后,学生久久地沉浸在优秀的文学作品中,在上数学课的时候仍然回味着语文课的内容,不能集中精神听课。这主要与学生的哪一项注意品质有关(　　)

A. 注意的广度　　B. 注意的稳定性

C. 注意的分配　　D. 注意的转移

12. 根据艾宾浩斯遗忘曲线,为了使记忆效果好,学生应(　　)

A. 分散复习　　B. 集中复习　　C. 及时复习　　D. 过度复习

13. 手机的开机密码忘记了,我们逐个尝试,终于找回了密码,这属于(　　)

A. 启发式　　B. 推理式　　C. 算法式　　D. 演绎式

14. 某教师在教授《路旁的橡树》一课时,将学生"学会关爱生命"拟定为教学目标之一。该教学目标属于(　　)

A. 过程与方法目标　　B. 知识与技能目标

C. 价值观与方法目标　　D. 情感态度与价值观目标

15. 语文老师在讲授《静夜思》的时候,通过给大家播放一些关于月亮的图片导入课程,这属于(　　)

A. 温故导入　　B. 直观导入

C. 趣味导入　　D. 经验导入

16. "道而弗牵,强而弗抑,开而弗达"所阐明的教学原则是(　　)

A. 循序渐进原则　　B. 直观性原则　　C. 启发性原则　　D. 因材施教原则

17. 教材是教师和学生据以进行教学活动的材料,包括教科书、讲义、讲授提纲、参考书、活动指导书以及各种视听材料。其中教材的主体是(　　)

A. 教学指导用书和参考书　　B. 教科书和讲义

C. 参考书和讲义　　D. 辅导资料和参考书

18. 某教师在教授《小小的船》一课时，想要了解学生对这首诗的理解情况，于是在课堂上向学生提问："你们知道叶圣陶先生想要通过这首诗表达什么吗?"这属于教学过程中的(　　)

A. 个体内差异评价　　B. 诊断性评价

C. 形成性评价　　D. 总结性评价

19. 存在于小学课堂教学活动之外、是学生多方面教育的有效形式、能够弥补课堂教学活动局限性的是(　　)

A. 班会　　B. 家长会　　C. 家访　　D. 课外活动

20. 学习了三角形和长方形的面积公式之后，再学习梯形的面积公式就比较顺利。这种迁移属于(　　)

A. 零迁移　　B. 逆向迁移　　C. 负迁移　　D. 正迁移

二、简答题(本大题共3小题，每小题10分，共30分)

21. 简述布置作业的要求。

22. 简述分组教学的优缺点。

23. 简述《小学教师专业标准(试行)》中"师德为先"的基本理念。

三、材料分析题(本大题共2小题，每小题20分，共40分)阅读材料，并回答问题。

24. 材料：

材料一：小平在做习题时发现自己难以理解表语从句这一语法点，但她并没有向老师或者同学求助，而是自己在网上搜索关于表语从句这一语法点的相关教学视频。她将搜索到的几个视频反复观看后，解决了自己对这一知识点的疑惑。随后小平在网上搜索了一下，发现几乎所有学科的所有知识点都能在网上找到对应的教学视频。通过这次学习，小平产生了深深的疑惑：既然这些知识都能在网上找到资源，那我还有必要每天去学校听老师讲课吗?

材料二：某报刊在一篇名为《未来将会消亡的职业》的报道中指出，随着社会科技的发展，某些职业将会被人工智能或互联网所取代。其中提及了教师这一职业，由于获取知识的途径越来越多，学生完全可以不通过教师来获取知识，教师对学生的作用也越来越小。随着科技的进步，教师

这一职业也会逐渐消亡。刚入职的王老师看了报道后非常担忧，他认为报道中的分析非常有道理，他已经开始担忧自己未来会失业了。

问题：

(1)请结合两个材料，分析现代教师角色发生了何种转变，请至少列出三点。

(2)请结合教师劳动的特点，分析材料二中王老师的担忧是否会成真。

25. 材料：

材料一：以下是两位新教师对课堂纪律问题处理的不同情况：

王老师认为和谐的师生关系是搞好教育教学工作的前提，给学生留下良好的第一印象，以后的教学工作才能顺利开展。在第一堂课上，王老师明确地告诉学生自己更愿意成为他们的朋友，对于学生提出的所有问题她都热情地给予解答。上课过程中有些学生在下面小声讲话，她仍然微笑着继续讲课，即使坐在后排的学生打闹起来，她也依然不生气。

肖老师认为良好的课堂纪律是成功开展课堂教学的基本保证，在课堂教学中，必须给学生制定明确的课堂规则，引导学生养成良好的课堂行为习惯。在第一堂课讲授新课前，他花了三十分钟，给学生讲课堂要求，重点强调课堂纪律，对于上课时偷偷讲话、故意扰乱课堂秩序等行为他都制定了具体的惩罚措施，最后以一句"相信能和大家愉快合作，学好咱们这门学科"结束了课堂的约法三章。他讲话时中气十足，学生普遍感到很有威慑力。

对课堂纪律问题有了不同的处置之后，两位老师的课堂上出现了截然不同的情况。王老师的课堂上，一些学生认为王老师为人温和，也不怎么抓纪律，渐渐的课堂纪律失控，有时甚至导致教学无法正常进行。而肖老师在之后的课堂上，按照约法三章要求学生遵守课堂纪律，惩罚了不遵守纪律的学生，学生变得更加自觉，课堂效率也越来越高。

材料二：在一项教学常规检查反馈中，某学校就学生问卷调查的内容进行了统计。统计结果表明，几乎每个年级对每个学科的教学建议都是一致的，那就是希望老师能够活跃课堂气氛。言下之意就是基本上各科的课堂教学都存在着课堂气氛不够活跃的现象。而当前许多教师也为如何活跃课堂气氛而苦恼，他们反映在教学中经常遇到的问题就是学生在课堂上不发言或发言雷同；而且大部分学生都缺乏探讨的热情，课堂气氛总是活跃不起来。

问题：

(1)请结合相关知识，对材料一中两位老师处理课堂纪律问题的做法进行评析。

(2)请根据上述材料给你的启示，谈谈教师应如何创设和营造活跃和谐的课堂氛围。

四、教学设计题（本大题有6小题，任选1小题作答，多答只按第1小题计分，40分。考生可按照所学专业方向，选择作答。第26小题为中文与社会，第27小题为数学与科学，第28小题为英语，第29小题为音乐，第30小题为体育，第31小题为美术）

26. 请认真阅读下列材料，并按要求作答。

9 黄山奇石

闻名中外的黄山风景区在我国安徽省南部。那里景色秀丽神奇，尤其是那些怪石，有趣极了。

就说"仙桃石"吧，它好像从天上飞下来的一个大桃子，落在山顶的石盘上。

在一座陡峭的山峰上，有一只"猴子"。它两只胳膊抱着腿，一动不动地蹲在山头，望着翻滚的云海。这就是有趣的"猴子观海"。

我能猜测"陡峭"的意思。

"仙人指路"就更有趣了！远远望去，那巨石真像一位仙人站在高高的山峰上，伸着手臂指向前方。

每当太阳升起，有座山峰上的几块巨石，就变成了一只金光闪闪的雄鸡。它伸着脖子，对着天都峰不住地啼叫。不用说，这就是著名的"金鸡叫天都"了。

黄山的奇石还有很多，像"天狗望月""狮子抢球""仙女弹琴"。那些叫不出名字的奇形怪状的岩石，正等你去给它们起名字呢！

闻 名 景 区 省 部 秀 神

尤 其 仙 巨 位 著 形 状

请根据上述材料完成下列任务：

(1)试对上文进行文本解读。

(2)若指导低年级小学生学习本文，试拟定教学目标。

(3)依据拟定的教学目标，设计写话教学环节，并简要说明理由。

27. 请阅读下列材料，并按要求作答。

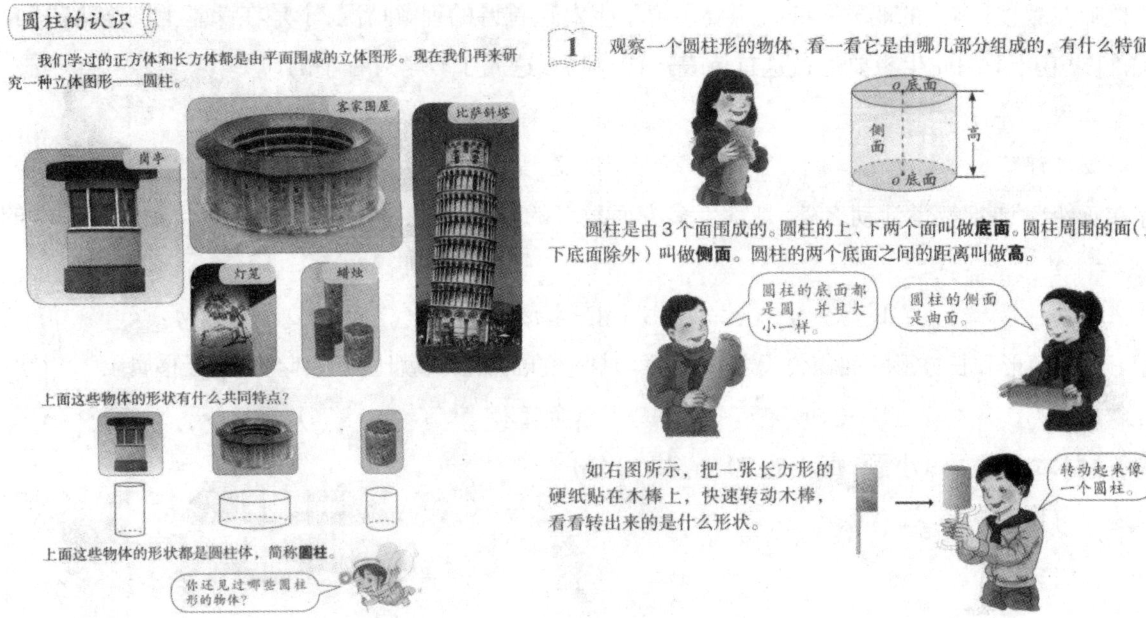

圆柱的认识

我们学过的正方体和长方体都是由平面围成的立体图形。现在我们再来研究一种立体图形——圆柱。

上面这些物体的形状有什么共同特点?

上面这些物体的形状都是圆柱体，简称**圆柱**。

你还见过哪些圆柱形的物体?

1 观察一个圆柱形的物体，看一看它是由哪几部分组成的，有什么特征。

圆柱是由3个面围成的。圆柱的上、下两个面叫做**底面**。圆柱周围的面（上、下底面除外）叫做**侧面**。圆柱的两个底面之间的距离叫做**高**。

如右图所示，把一张长方形的硬纸贴在木棒上，快速转动木棒，看看转出来的是什么形状。

请根据上述材料完成下列任务：

(1)简要说明"圆柱的认识"部分的设计意图。

(2)若指导六年级学生学习本课，试拟定教学目标。

(3)依据教学目标，设计"圆柱的特征"的小组探究活动并简要说明理由。

28. 请认真阅读下列材料，并按要求作答。

请根据上述材料完成下列任务：

(1)简述多媒体教学的优缺点。

(2)如指导小学生学习，试拟定教学目标。

(3)根据拟定的教学目标，设计导入和呈现环节的教学活动并说明设计意图。

29. 请认真阅读下列材料，并按要求作答。

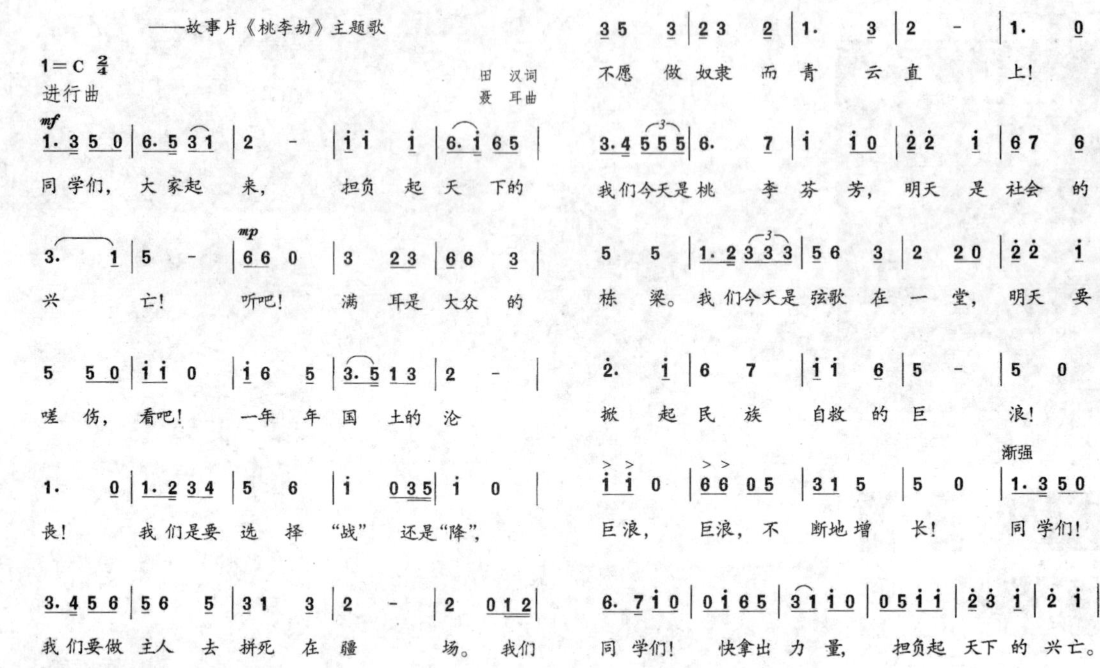

请根据上述材料完成下列任务：

(1)简要分析该歌曲的特点。

(2)如指导高年级小学生学唱该歌曲，试拟定教学目标。

(3)依据拟定的教学目标，结合该歌曲的学习，设计导入环节并说明设计意图。

30. 请认真阅读下列材料，并按要求作答。

排球——原地正面双手垫球技术

请根据上述材料完成下列任务：

(1)试拟定"排球——原地正面双手垫球技术"的教学目标。

(2)拟定"排球——原地正面双手垫球技术"的教学重点、难点。

(3)试根据拟定的教学目标设计教学过程。

31. 请认真阅读下列材料，并按要求作答。

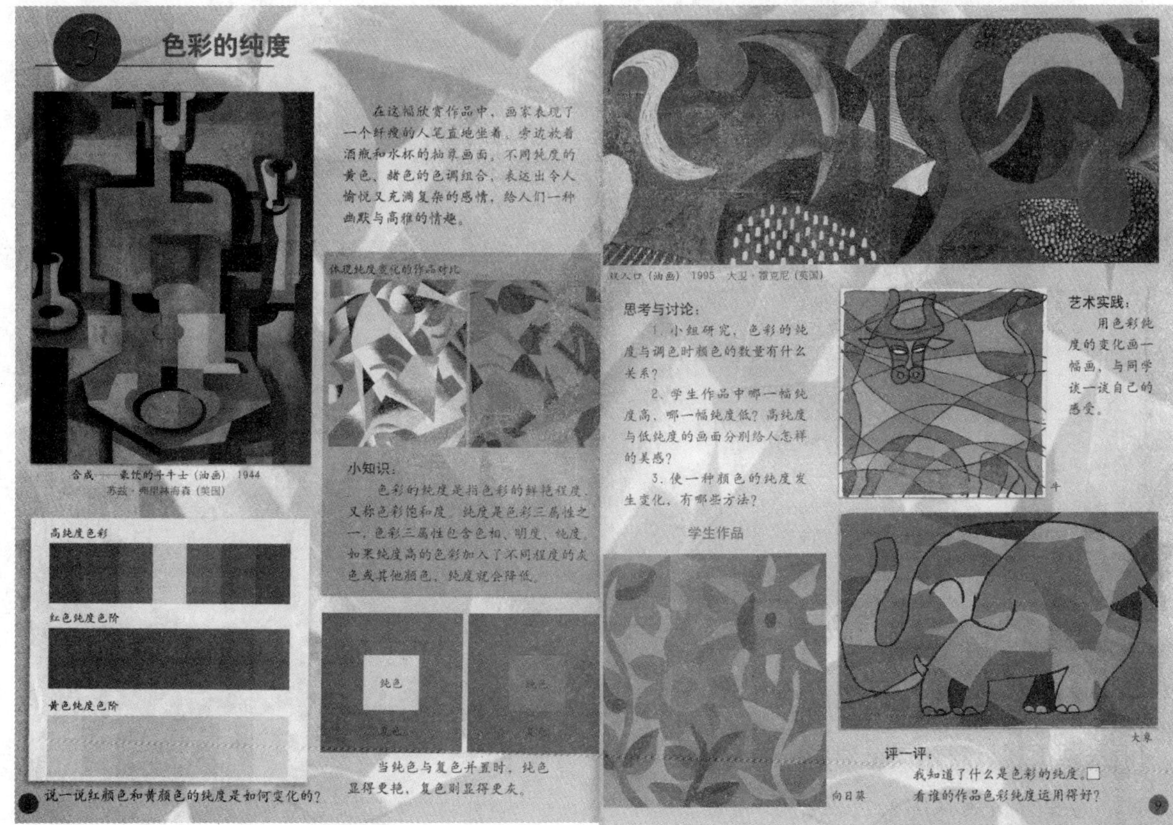

3 色彩的纯度

在这幅欣赏作品中，画家表现了一个纤瘦的人笔直地坐着，旁边放着酒瓶和水杯的抽象画面。不同纯度的黄色、赭色的色调组合，表达出令人愉悦又充满复杂的感情，给人们一种幽默与高雅的情趣。

体现纯度变化的作品对比

小知识：

色彩的纯度是指色彩的鲜艳程度，又称色彩饱和度。纯度是色彩三属性之一，色彩三属性包含色相、明度、纯度。如果纯度高的色彩加入了不同程度的灰色或其他颜色，纯度就会降低。

高纯度色彩

红色纯度色阶

黄色纯度色阶

纯色

当纯色与复色并置时，纯色显得更艳，复色则显得更灰。

说一说红颜色和黄颜色的纯度是如何变化的？

思考与讨论：

1. 小组研究，色彩的纯度与调色时颜色的数量有什么关系？

2. 学生作品中哪一幅纯度高，哪一幅纯度低？高纯度与低纯度的画面分别给人怎样的美感？

3. 使一种颜色的纯度发生变化，有哪些方法？

学生作品

牛

艺术实践：

用色彩纯度的变化画一幅画，与同学谈一谈自己的感受。

大象

向日葵

评一评：

我知道了什么是色彩的纯度。□

看谁的作品色彩纯度运用得好？

9

请根据上述材料完成下列任务：

(1)什么是色彩的纯度？色彩三属性是什么？

(2)如指导高年级小学生学习本课，试拟定教学目标。

(3)依据拟定的教学目标，设计导入活动并说明理由。

国家教师资格考试全真模拟试卷(二)

教育教学知识与能力(小学)

注意事项：

1. 考试时间为120分钟，满分为150分。
2. 请按规定在答题卡上填涂、作答，在试卷上作答无效，不予评分。

一、单项选择题(本大题共20小题，每小题2分，共40分)

在每小题列出的四个备选项中只有一个是符合题目要求的，请用2B铅笔把答题卡上对应题目的答案字母按要求涂黑。错选、多选或未选均无分。

1. 最早提出教育要适应儿童的年龄阶段，进行德智体多方面和谐发展教育的教育思想家是(　　)

A. 柏拉图　　B. 亚里士多德

C. 昆体良　　D. 苏格拉底

2. "教育有法可依，但无定法可抄"，这说明教师劳动具有(　　)

A. 情境性　　B. 创造性

C. 示范性　　D. 个别性

3. 古代斯巴达教育的目的是培养(　　)

A. 演说家　　B. 智者

C. 军人和武士　　D. 全面和谐发展的人

4. 要求"以最好的教学效果来达到学生最理想的发展水平"的苏联教育家是(　　)

A. 巴班斯基　　B. 赞可夫

C. 加里宁　　D. 凯洛夫

5. 西汉时期实行"罢黜百家，独尊儒术"的文教政策体现了教育的(　　)

A. 永恒性　　B. 历史性　　C. 继承性　　D. 民族性

6. 叶老师在结课时为诱发学生的求知欲，留下疑问，对学生说"欲知后事如何，请听下回分解"。这种结课方法为(　　)

A. 悬念法　　B. 延伸式

C. 复述法　　D. 归纳法

7. 小学生游戏时摔倒扭伤，痛苦难耐，教师正确的做法是(　　)

A. 止血带绑在伤处上方　　B. 纸巾盖上伤处，电话通知家长

C. 冷毛巾敷伤处，立即送往医院　　D. 清水冲洗伤处，消毒纱布包扎

8. 法国画家根据目击证人的描述画出嫌疑犯的画像，这属于(　　)

A. 创造想象　　B. 再造想象　　C. 无意想象　　D. 幻想

9. 一名学生在描述自己的房间时说:"窗边是书桌,挨着书桌的是……"这种记忆法是(　　)

A. 形象联想法　B. 谐音联想法　C. 首字连词法　D. 位置记忆法

10. 当人们从暗处来到光亮处,刚开始会觉得目眩,看不清周围的东西,过一会儿视觉才能恢复正常。这种现象属于(　　)

A. 暗适应　B. 明适应

C. 前摄抑制　D. 倒摄抑制

11. 学生动作的执行由出声的外部言语到不出声的外部言语,再到内部言语的过程是智力技能形成的(　　)阶段。

A. 原型定向　B. 原型模仿

C. 原型内化　D. 原型操作

12. 某学生给自己的座右铭是:留住美好和感动,遗忘消极与不快。这其中的"遗忘"所体现的遗忘理论是(　　)

A. 干扰理论　B. 压抑动机理论

C. 提取失败理论　D. 消退理论

13. 基础教育课程改革所倡导的研究性学习、合作学习等教学方式,其主要理论依据是(　　)

A. 建构主义学习理论　B. 结构主义理论

C. 行为主义理论　D. 联结主义学习理论

14. 教师运用实物与教具进行示范实验,指导学生获取知识的教学方法是(　　)

A. 练习法　B. 演示法　C. 实验法　D. 发现法

15. 课程内部各要素、各成分间的联系和结构方式往往可以用数量关系来说明,这表明课程结构具有(　　)

A. 可替代性　B. 可转换性

C. 可度量性　D. 可操作性

16. 路老师在进行科学课教学的过程中,经常是先给学生讲解知识,然后带学生到植物园里去观察,有时候还让学生进行一些扦插操作。这样可以使学生既有课堂知识的学习,又有实际的感性认识。这表明路老师遵循了教学过程中的(　　)

A. 间接经验与直接经验相结合的规律

B. 掌握知识和发展智力相统一的规律

C. 教师主导作用与学生主体作用相统一的规律

D. 传授知识与思想品德教育相统一的规律

17. 丁老师将口语交际《说说广告》一课的部分课程目标定为"说说自己喜欢和不喜欢的广告,注意说得有条理,把理由说充分"。此课程目标属于(　　)

A. 普遍性目标　B. 行为性目标

C. 生成性目标　D. 体验性目标

18. 荀况认为"人之性恶",因此教育要从"礼"这一需要出发,须以"礼义"加以教化。这体现的教育目的的价值取向是(　　)

A. 社会本位论　B. 个人本位论

C. 无目的论　D. 生活本位论

19. 学生操行评定的主要负责人是(　　)

A. 科任教师　B. 班主任　C. 级任导师　D. 班委会

20. 近年来学校提出"教书育人、管理育人、服务育人"的理念,所以学校中的管理者和工作人员都可被看成是(　　)

A. 教师　B. 管理人员　C. 教育者　D. 服务人员

二、简答题(本大题共3小题,每小题10分,共30分)

21. 简述完形—顿悟学习理论的内容。

22. 简述我国新型师生关系的特点。

23. 简述新课程倡导的学习方式。

三、材料分析题(本大题共2小题,每小题20分,共40分)阅读材料,并回答问题。

24. **材料:**

一个平时纪律涣散的学生,在数学课上被老师批评,很不服气,为示反抗,在课间休息时,将一把小扫帚悄悄地卡在教室的前门顶上借以"报复"。恰好这位老师临时与班主任调课,当班主任推开门走进教室的一瞬间,扫帚不偏不斜砸在了她的肩上。学生中顿时有人哄笑起来。

问题:

(1)这个材料反映了班级管理中的什么现象?

(2)联系实际谈谈班主任处理突发事件的办法。

25. 材料：

老师在讲解黄河泛滥的原因时，有这样一个教学片段。

老师先让同学们观察一个近年来黄河变化的视频，通过视频同学们发现黄河泛滥的原因之一在于受到暴雨的侵蚀。

老师继续问："我们都知道黄河很浑浊，这是为什么呢？

"因为水中有很多的黄土。"

"为什么会有很多黄土呢？同学们仔细观察一下地形图。"

同学们立即发现，黄河中上游流经黄土高原。

老师继续说："请同学们仔细观察近几年来黄河上游的植被变化图。"

通过对比学生发现，黄河中上游的植被破坏很严重。这导致黄河上游环境恶化，水土流失严重，大量泥沙流入黄河，导致黄河浑浊。

问题：

(1)材料中的教师运用了什么教学原则？

(2)结合材料，谈谈上述材料给你的启示。

四、教学设计题(本大题有6小题，任选1小题作答，多答只按第1小题计分，40分。考生可按照所学专业方向，选择作答。26小题为中文与社会，27小题为数学与科学，28小题为英语，29小题为音乐，30小题为体育，31小题为美术)

26. 请阅读下列材料，并按要求作答。

伯牙善鼓琴，钟子期善听。伯牙鼓琴，志在高山，钟子期曰："善哉，峨峨兮若泰山!"志在流水，钟子期曰："善哉，洋洋兮若江河!"伯牙所念，钟子期必得之。子期死，伯牙谓世再无知音，乃破琴绝弦，终身不复鼓。

请根据上述材料完成下列任务：

(1)简述文言文翻译的原则。

(2)如指导六年级学生学习本文，试拟定教学目标。

(3)依据设定的教学目标，设计新课教学过程。

27. 请阅读下列材料，并按要求作答。

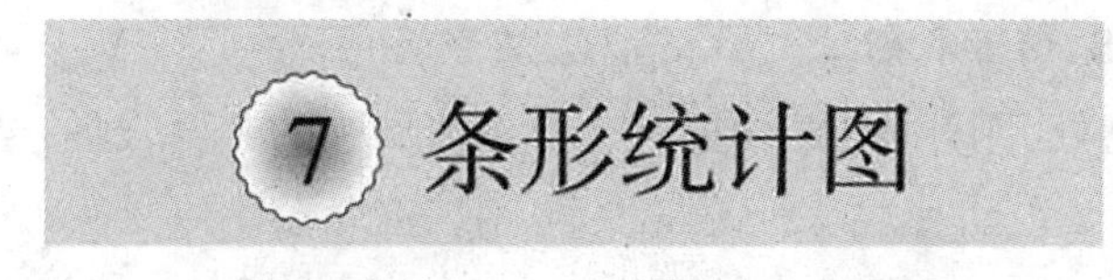

这个月的每种天气各有多少天？你能把它们清楚地表示出来吗？

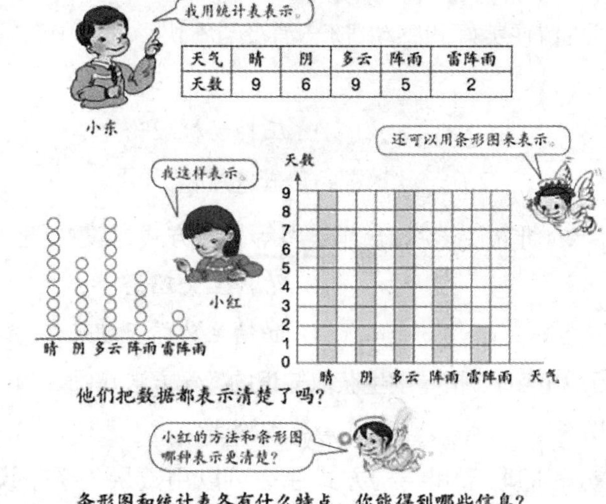

天气	晴	阴	多云	阵雨	雷阵雨
天数	9	6	9	5	2

请根据上述材料完成下列任务：

(1)什么是数据分析观念？数据分析观念可以从哪几个方面来体现？

(2)如指导中年级学生学习，试拟定教学目标。

(3)依据拟定的教学目标，设计课堂教学的主要环节，并简要说明设计意图。

28. 请认真阅读下列材料，并按要求作答。

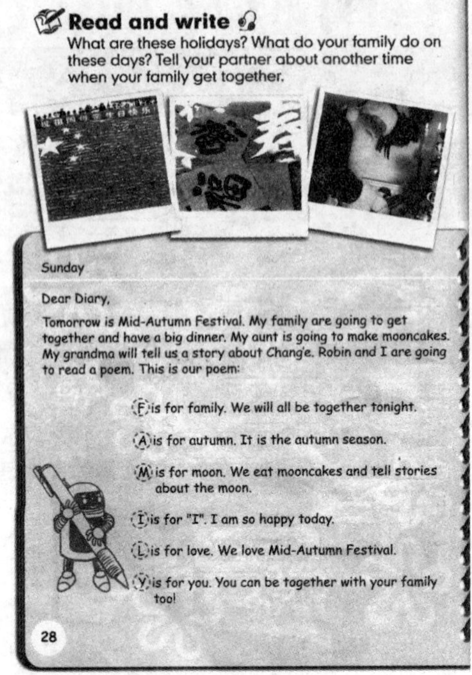

Read and write

What are these holidays? What do your family do on these days? Tell your partner about another time when your family get together.

Sunday

Dear Diary,

Tomorrow is Mid-Autumn Festival. My family are going to get together and have a big dinner. My aunt is going to make mooncakes. My grandma will tell us a story about Chang'e. Robin and I are going to read a poem. This is our poem:

F is for family. We will all be together tonight.

A is for autumn. It is the autumn season.

M is for moon. We eat mooncakes and tell stories about the moon.

I is for "I". I am so happy today.

L is for love. We love Mid-Autumn Festival.

Y is for you. You can be together with your family too!

28

请根据上述材料完成下列任务：

(1)简述小学英语课堂写作的教学原则有哪些。

(2)如指导小学生学习材料，试拟定教学目标。

(3)依据拟定的教学目标，设计呈现和操练环节的教学活动并说明理由。

29. 请认真阅读下列材料，并按要求作答。

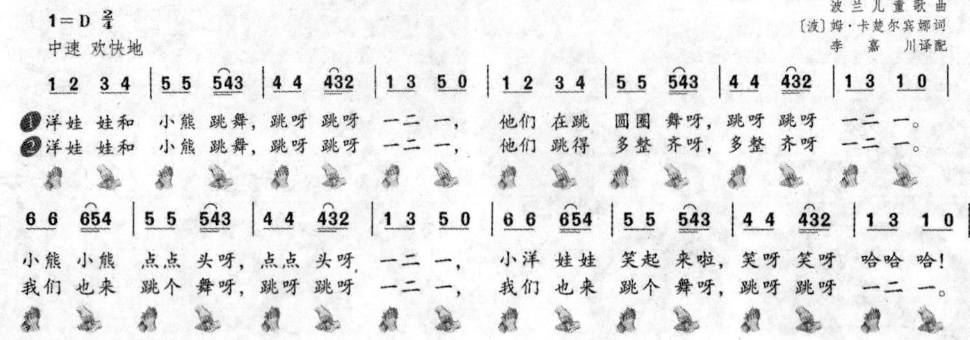

请根据上述材料完成下列任务：

(1)简要分析歌曲的特点。

(2)如指导低学段小学生学唱歌曲，试拟定教学目标。

(3)依据拟定的教学目标，结合歌曲的学习，设计导入环节并说明理由。

30. 请阅读下列材料，并按要求作答。

请根据上述材料完成下列任务：

(1)简要说明"肩肘倒立"的教学重点、难点。

(2)如果指导水平二的学生练习，试拟定教学目标。

(3)依据拟定的教学目标，请指出易犯的错误和纠正的方法。

31. 请认真阅读下列材料，并按要求作答。

10 自行车局部写生

你认真观察过自行车吗？自行车主要由哪几部分组成？你研究过它的局部吗？通过仔细观察自行车局部，你有什么新的发现？

看，丰富的线条能表现出自行车精细的构造之美。

思考与讨论

1. 用什么样的线条能表现出自行车局部的特点？

2. 你认为本课中的学生作业哪些地方画得好？为什么？

学生作品

艺术实践：

请你选一辆自行车，认真观察它的某一局部，用线条表现它的美感。谈谈精细的观察对你的绘画有什么帮助。

评一评：

我学会了用线条表现自行车局部的美感。□

看谁刻画的自行车局部精细又有美感？

请根据上述材料完成下列任务：

(1)什么是速写？速写对美术学习有哪些积极意义？

(2)如果指导中年段小学生学习上述内容，试拟定教学目标。

(3)依据拟定的教学目标，设计“用线条表现自行车局部”内容的新授教学环节并简要说明理由。

目 录

第一模块 过关必刷题库

第二模块 全真模拟试卷

参考答案及解析

第一模块　过关必刷题库

第一章　教育基础

经典真题回顾

一、单项选择题

答案速查

1～5	CCCCA	6～10	AABBD
11～15	ACBAC	16～18	DCB

1. C 【解析】本题考查社会政治经济制度与教育发展的关系。《学记》中这句话的意思是:玉石不经雕琢,就不能变成好的器物;人不经过学习,就不会明白道理。所以古代仁君圣王,建立国家,统治人民,一定要把教育放在首要地位。这句话表明教育能够教会人们道理,向人们传输一定的政治思想,帮助统治者更好地统治人民,这体现了教育的政治功能,反映的是教育与政治的关系。

2. C 【解析】本题考查教育学的独立形态阶段各代表人物的著作。1632年夸美纽斯出版的《大教学论》是教育学开始形成一门独立学科的标志,在此书中他提出了"泛智教育思想",探讨"把一切事物教给一切人类的全部艺术"。

3. C 【解析】本题考查孔子的教育思想。束脩指一束干肉。古人在孩子入学拜师时,一般都会送"束脩"给老师,作为见面礼。"自行束脩以上"来拜求老师,说明求学者是在以礼相求,诚心求教。孔子说这番话的真实含义是:只要是诚心向我求教的人,我没有不教诲他的。这说明孔子在教育对象上不重年龄、亲疏、贵贱等,体现了其有教无类的教育思想。

4. C 【解析】本题考查教学过程最优化理论。教学过程最优化是苏联教育家巴班斯基提出的教学理论和方法。他认为,应该把教学看作一个系统,从系统的整体与部分、部分与部分以及系统与环境之间的相互联系、相互作用之中考察教学,以便最优处理教学问题。巴班斯基将现代系统论的方法引进教学论的研究,是对教学论科学化的新探索。

5. A 【解析】本题考查个体身心发展的动因。外铄论认为环境决定个体心理发展的水平和形式,强调教育的作用。"白板说"主张人的心灵如同白板,教育使心灵丰富多彩。洛克的"白板说"属于典型的外铄论。

6. A 【解析】本题考查我国学制的发展。"癸卯学制"以普通教育为主干,分为纵向三段七级、横向三类。横向三类学校是:(1)普通教育;(2)实业教育;(3)师范教育。"癸卯学制"是中国近代教育史上首次纳入师范教育并实施的学制。

7. A 【解析】本题考查义务教育的基本特征。义务教育具有强制性、普及性(普遍性)、免费性、公共性、基础性、民主性等特点。

8. B 【解析】本题考查《中华人民共和国义务教育法》的颁布时间。《中华人民共和国义务教育法》于1986年4月12日由第六届全国人民代表大会第四次会议通过,并于1986年7月1日起施行。

9. B 【解析】本题考查杜威的教育思想。杜威是现代教育学派的代表人物,他提出"从做中学",要求以活动性、经验性的主动作业取代传统的书本式教材的统治地位。从题干"经验课程""主动作业"可以判断这是杜威的观点。

10. D 【解析】本题考查课程的类型。隐性课程也叫潜在课程、隐蔽课程,指学生在学校情景中无意识地获得经验、价值观、理想等意识形态内容和文化影响。校歌、校徽、校标等都可以潜移默化地影响学生,故属于隐性课程。

11. A 【解析】本题考查教育目的的确立理论。个人本位论注重教育对个人的价值。题干中,裴斯泰洛齐强调发展人天赋的内在力量,体现的是个人本位论的观点。

12. C 【解析】本题考查课程资源的类型。民风风俗、传统节日等都是人为创造的,具有"人工性",属于社会资源。

13. B 【解析】本题考查课程的类型。校本课程的主导价值在于通过课程展示学校的办学宗旨和特色。题干中该学校开发的介绍当地风俗、物产与人物的课程属于展示学校办学特色的校本课程。

14. A 【解析】本题考查三维课程目标。"知识与技能”目标强调基础知识和基本技能的获得。题干中“掌握圆的周长计算公式”属于对基础知识与基本技能的掌握，这在三维课程目标中属于知识与技能目标。

15. C 【解析】本题考查教材编写的依据。课程标准是课程计划中每门学科以纲要的形式编写的、有关学科教学内容的指导性文件，是课程计划的分学科展开。它是教材编写、教学、评估和考试命题的依据，也是国家管理和评价课程的基础。

16. D 【解析】本题考查教材编写的原则和要求。教科书的编排形式要有利于学生的学习，符合卫生学、教育学、心理学和美学的要求。

17. C 【解析】本题考查泰勒的目标模式。泰勒被誉为“课程评价之父”。他在《课程与教学的基本原理》一书中指出，开发任何课程和教学计划都必须回答四个基本问题，即确定教育目标、选择教育经验、组织教育经验、评价教育计划。

18. B 【解析】本题考查教育的功能。教育的经济功能之一，是再生产劳动力，即它可以提高劳动力的质量和素质，改变劳动力的形态，使劳动力得到全面发展，从而改变人的生存发展状态。“治贫先治愚”强调越贫穷的地方越要发展教育，是因为教育具有经济功能。

二、简答题(参考答案)

1. 简述小学综合实践活动开展的基本步骤。

综合实践活动开展的基本步骤为：(1)确定活动主题；(2)制订活动方案；(3)活动具体实施；(4)总结交流；(5)活动反思。

2. 简述《小学教师专业标准(试行)》中关于教师专业能力的构成。

在《小学教师专业标准(试行)》中，专业能力包括的领域有：(1)教育教学设计；(2)组织与实施；(3)激励与评价；(4)沟通与合作；(5)反思与发展。

3. 简述教育叙事研究的一般步骤。

(1)观察并提出问题；(2)事件的记录与描述；(3)反思与分析；(4)总结与提升；(5)交流与评价。

三、材料分析题(参考答案)

1. (1)材料中校长的发言体现了以人为本的学生观。

①以人为本的学生观认为学生是发展中的人，要以发展的眼光看待学生。材料中校长把学生比喻成鲜花，认为只要给予学生足够的阳光、空气、水分以及耐心的等待，未开的花苞总会开放，这说明该校长看到了学生身上的发展潜能，意识到学生是发展中的人。

②以人为本的学生观认为学生是独特的人，每个学生都有自身的独特性。材料中校长把学生比喻成具有不同形态的鲜花，这说明该校长看到了学生之间的差异性，认识到了学生自身的独特性。

③以人为本的学生观认为学生是具有独立意义的人，学生是学习的主体。材料中校长认为要用静待花开的心态帮助学生，促进学生发展，而不是代替学生发展，这充分体现出该校长意识到了学生是学习的主体。

综上所述，我们应该像材料中的校长一样，树立以人为本的学生观。

(2)小学教师应该树立素质教育观，具体分析如下：

①素质教育是面向全体学生的教育。素质教育倡导人人有受教育的权利，强调在教育中每个人都得到发展，而不是只注重一部分人，更不是只注重少数人的发展。每一位学生都能得到发展，是学生的基本权利。材料中这位校长既看到了适时盛开的花朵，也看到了未开放的花苞，并且认为要帮助未开以及迟开的花苞绽放，做到了面向全体学生。

②素质教育是促进学生全面发展的教育。素质教育倡导的是在教育中使每个学生都能得到充分的、全面的发展。实施素质教育必须坚持“五育”并举，促进学生生动活泼地发展。

③素质教育是促进学生个性发展的教育。每一个学生都有其个别性，教育要尊重并充分发展学生的个性。材料中校长认为给予未开放的花苞足够的阳光、空气、水分及耐心的等待，花苞总会开放，而且认为迟开的花苞盛开时也许会更鲜艳、更长久，充分体现了教师要因材施教。

④素质教育是以培养学生的创新精神和实践能力为重点的教育。在教学中我们不仅教给学生理论知识，更要把理论与实践相结合，倾听学生不同的声音，培养学生的创新精神。

总之，作为一名小学教师，我们在教学中应该坚持实施素质教育，以此来促进学生的全面发展和健康成长。

2. (1)材料中黄老师的做法是值得肯定和赞赏的。

在对待师生关系上，新课程强调尊重、赞赏；在对待教学关系上，新课程强调帮助、引导。材料中的黄老师面对说话不流畅的小伟，没有嘲笑、挖苦，反而是耐心引导，并及时鼓励，既尊重了学生的人格尊严，还发挥了教师的引导作用。

材料中黄老师对小伟充满信心，坚信他可以顺利地背完课文，最终小伟没让黄老师失望，也赢得了其他同学的认可。黄老师把小伟看成是发展中的人，认为学生具有巨大的发展潜能，遵循了以人为本的学生观。

(2)对待“特殊儿童”，教师首先应该关心、爱护、尊重他们。因为特殊儿童更需要周围人的关心；其次在教学中，教师要帮助、引导他们，多鼓励他们；最后，要对他们进行因材施教、长善救失，依靠积极因素来克服他们的消极因素。

过关必刷题库

专题一　教育学基础知识

一、单项选择题

答案速查

1～5	AABDD	6～10	BABAB
11～15	DCDBB	16～20	CACCC
21～25	CCACC	26～30	AACAA
31～35	ABADC	36～40	BDDBC
41～45	ACAAA	46～50	DABDC
51～55	ACBBC	56～60	DABDB
61～65	BBBCA	66～70	BDCBC
71～75	CADBA	76～80	BAABD
81～85	DACDD	86～88	BDC

1. A 【解析】法国社会学家利托尔诺和英国教育学家沛西·能是“生物起源说”的代表人物。孟禄是心理起源说的代表人物，苏联的凯洛夫和米丁斯基是劳动起源说的代表人物。

2. A 【解析】苏联教育家赞可夫出版了《教学与发展》一书，他把学生的一般发展作为教学的出发点，提出了发展性教学理论的五条教学原则。

3. B 【解析】个人本位论主张教育的目的是培养“自然人”，发展人的个性，增进人的价值，促使个人自我实现。卢梭的观点属于个人本位论的教育目的价值取向。

4. D 【解析】20世纪以后，教育的主要特点有终身化、全民化、民主化、多元化和现代化。

5. D 【解析】“六艺”是西周各级各类学校教育的基本学科，具体指礼、乐、射、御、书、数，D项正确。“四书五经”是我国封建社会时期的教育内容，“七艺”是中世纪西欧教会教育的内容，A、B、C三项排除。

6. B 【解析】赫尔巴特提出的教学四阶段论是指教学活动经历四个阶段，即明了、联合(联想)、系统、方法。后来四阶段论被发展为五阶段，即预备、提示、联系、总结、应用。

7. A 【解析】题干引文的意思是如果贤良人才多，国家就治理得很好；如果贤良人才少，国家就治理得差。国家的兴衰在于人才多寡。这说明教育可以通过培养人才来实现对政治经济制度的影响，体现了教育的政治功能。

8. B 【解析】社会本位论是从社会需要出发，注重教育的社会价值，主张教育的目的是培养合格公民和社会成员。马卡连柯的这句话体现的是社会本位论的思想。

9. A 【解析】“道之以政，齐之以刑，民免而无耻；道之以德，齐之以礼，有耻且格。”即用法制禁令去引导百姓，使用刑罚来约束他们，老百姓只是求得免于犯罪受惩，却失去了廉耻之心；用道德教化引导百姓，使用礼制去统一百姓的言行，百姓不仅会有廉耻之心，而且也就守规矩了。这句话说明教育是治国的关键，反映了教育的政治功能。

10. B 【解析】题干意思是樊迟向孔子请教如何种庄稼，孔子说自己不如老农；樊迟又请教如何种菜，孔子说自己不如老菜农。樊迟出去以后，孔子评价樊迟是小人。上位者重视礼仪，老百姓就没有敢不恭敬的；上位者爱好道义，老百姓就没有敢不服从的；上位者爱好诚信，老百姓就没有敢不诚实的。如果能够做到这一点，那么，四方的老百姓就会背负幼子前来归服，何必要自己来种庄稼呢？这表明孔子轻视生产劳动，教育偏重人事、文事。所以，樊迟问稼的故事体现了我国古代教育基本上与生产劳动相脱离的特点。

11. D 【解析】教育有广义的教育和狭义的教育之分，狭义的教育是指学校教育，D项说法错误。A项体现了教育的本质属性，B项体现了教育的永恒性，C项体现了广义的教育的内涵。

12. C 【解析】教育的继承性是指不同历史时期的教育有共同点，前后相继，后一时期教育是对前一时期教育的继承与发展。我国的教育方针在演变中继承了重视道德教育的优良传统，体现了教育的继承性。

13. D 【解析】1912年，蔡元培发表《对于教育方针之意见》一文，根据专制时代和共和时代对教育的不同要求，从“养成共和国民健全之人格”的观点出发，提出军国民教育、实利主义教育、公民道德教育、世界观教育和美感教育“五育”并举的教育思想，这一思想成为制定民国元年教育方针的理论基础。故本题选D。

14. B 【解析】《论语》阐述了“不愤不启，不悱不发”的教育思想。

15. B 【解析】双轨制以英国为典型代表，这种学制的学校系统分为两轨：一轨是学术教育，为特权阶层子女所占有，学术性很强，学生可升到大学以上；另一轨是职业教育，为劳动人民的子弟所开设，属生产性的一轨。两轨之间互不相通，互不衔接。

16. C 【解析】杜威强调儿童在教育中的中心地位，其主要的教育观点有：教育即生活、教育即生长、教育即经验的改组或改造、学校即社会等。

17. A 【解析】教育是一种有目的地培养人的社会活动，这是教育区别于其他事物现象的根本特征，也是教育的质的规定性。夸美纽斯的这句话说明了教育的本质属性。

18. C 【解析】“生物起源说”认为教育是一种生物现象，而不是人类所特有的社会现象；“心理起源说”认为教育起源于日常生活中儿童对成人的无意识模仿。二者都否定了教育的社会属性。

19. C 【解析】杜威提出“儿童中心”“活动中心”“经验中心”的“新三中心论”，区别于传统教育学流派主张的“课堂中心”“教材中心”“教师中心”的“旧三中心论”。

20. C 【解析】教育形态是指教育的客观存在形式和表现形态。根据教育系统所赖以运行的场所或空间标准，可以将教育形态划分为家庭教育、学校教育和社会教育。家庭、学校和社会教育的结合称为教育合力。

21. C 【解析】题干的意思是：吴国、越国、东夷、北貉之人，刚生下来啼哭的声音都是一样的，长大后风俗习惯却各不相同，这是教育使他们如此的。故题干内容强调的是教育对人的身心发展的影响。

22. C 【解析】影响人的身心发展的因素是多方面的。其中遗传素质是人的身心发展的物质前提，环境为个体的发展提供了多种可能，而教育作为特殊的环境对人的身心发展起主导作用和促进作用，个体因素是人的身心发展的内因和动力。故该题选C。

23. A 【解析】马克思阐述了关于人的全面发展理论，该理论提出“教育与生产劳动相结合是造就全面发展的人的唯一方法”。

24. C 【解析】陶行知的一生为改革和发展中国的教育事业鞠躬尽瘁，做出了不可磨灭的贡献。毛泽东称颂他为“伟大的人民教育家”。

25. C 【解析】教育目的的确立，除了取决于社会政治经济制度和生产力发展水平以外，还受文化的影响。例如，我国古代社会的主流文化是以儒学为核心的伦理型文化，这种文化反映在人才培养上，就强调教育目的是“在明明德，在亲民，在止于至善”。

26. A 【解析】教育目的是国家对培养人的总的要求，它规定着人才的质量和规格，对教育工作具有全程性的指导作用。它是整个教育工作的方向，是一切教育工作的出发点。教育目的的实现是教育活动的归宿。所以，在整个教育体系中，教育目的处于核心地位。

27. A 【解析】我国古代朱熹是神话起源说的代表人物。

28. C 【解析】教育民主化概括来说就是指全体社会成员享有越来越多的教育机会，受到越来越充分的民主教育。教育民主化是对教育的等级化、特权化和专制性的否定。

29. A 【解析】“家事、国事、天下事，事事关心”这句话很明显体现的是教育与政治的关系，反映了教育的政治功能。

30. A 【解析】生产力的发展促进了科学技术的发展与更新，从而也要求教育内容不断调整与更新。从14世纪到17世纪，随着生产力的发展水平不断提高，教育的内容也不断增加，这体现了生产力的发展水平对教育内容的影响。

31. A 【解析】“近朱者赤，近墨者黑”“孟母三迁”都体现的是环境对人的发展的影响。

32. B 【解析】心理起源说认为教育起源于日常生活中儿童对成人的无意识模仿。题干描述的正是这一学说的观点。

33. A 【解析】个人本位论主张教育的目的是培养“自然人”，发展人的个性，增进人的价值，促使个人自我实现。题干中说教育的主要目的是“塑造人”，是帮助儿童成为充分成型和完善发展的人，这体现的是个人本位论的观点。

34. D 【解析】外铄论（环境决定论）的主要代表人物包括荀子、洛克、华生等。

35. C 【解析】壬子癸丑学制是中国教育史上第一个具有资本主义性质的学制，它第一次规定男女同校，废除读经，充实了自然科学的内容，并将学堂改为学校。

36. B 【解析】晏阳初被称为“国际平民教育之父”。在乡村教育实践中，他提出了“四大教育”“三大方式”。“四大教育”即文艺教育、生计教育、卫生教育和公民教育；“三大方式”即学校式、家庭式和社会式。

37. D 【解析】马克思提出了关于人的全面发展学说，这一学说是我国确立教育目的的理论依据和基础。该学说提出教育与生产劳动相结合是“造就全面发展的人的唯一方法”。

38. D 【解析】片面追求升学率对教育造成的影响属于教育的社会功能，这种影响是负向的，所以，题干所述为教育的负向社会功能。

39. B 【解析】题干引文出自《论语》，意思是：我十五岁就立志学习，三十岁能够自立，四十岁遇到事情不再感到困惑，五十岁就知道哪些是不能为人力支配的事情而乐知天命，六十岁时能听得进各种不同的意见，七十岁可以随心所欲（收放自如）却又不超出规矩。这句话是孔子自述的其学习和修养的过程，这个过程贯穿了其一生，体现的是终身教育思想。

40. C 【解析】古代斯巴达教育以军事体育训练和政治道德灌输为主，教育内容单一，教育方法比较严厉。

41. A 【解析】一个人的成就同智力的高低并无极大的相关，说明遗传素质为人的发展提供了可能性，但不能决定人的发展。

42. C 【解析】“藏息相辅”的意思是：教学中要坚持课内学习与课外练习相结合，以达到更好的教学效果。

43. A 【解析】社会政治经济制度决定教育的性质。在同一政治经济制度下，各国的教育虽然也有差异，但其本质属性是相同的。社会政治经济制度还决定着教育的领导权、受教育权、教育目的、教育内容的取舍、教育体制，制约着教育的改革与发展。故制约教育的性质、领导权和受教育权的根本因素是政治经济制度。

44. A 【解析】心理起源说认为，教育起源于儿童对成人的无意识模仿。

45. A 【解析】个人本位论的观点之一是教育要从个体本能需要出发，强调教育要服从人的成长规律和满足人的需要，题干的描述说明教育目的的制定要根据个人的需要，反映了个人本位的教育目的论思想。

46. D 【解析】同样的种子由于土壤、气候等环境因素的改变，结果就产生了橘与枳的差别，这说明环境影响和制约着事物的发展。

47. A 【解析】教育目的有导向、激励、评价的作用。教育目的的导向作用是指教育目的一经确立，就成为人们行动的指南，不仅为受教育者指明了发展方向，预定了发展结果，也为教育工作者指明了工作方向和奋斗目标。题干中所描述的马克思主义关于人的全面发展学说为培养社会主义人才指明了方向，这体现的就是教育目的的导向作用。

48. B 【解析】教育能够传播、交流和融合文化。教育通过传播文化，使不同国家和民族的文化相互交流、交融，促进文化的优化和发展。国际性的文化交流更是民族文化融入全球文明的过程。题干所述体现了教育具有传播和交流文化的作用。

49. D 【解析】卢梭的小说《爱弥儿》宣扬了他的自然主义教育思想。他认为教育的任务应该使儿童“归于自然”，这是其自然主义教育的核心。

50. C 【解析】题干中学校对非物质文化遗产的传承、保护与发展，说明教育可以传递和保存文化，这是教育的文化功能的表现之一。

51. A 【解析】《论演说家的教育》即《雄辩术原理》，是昆体良的代表作，也是西方最早的教育著作。

52. C 【解析】在西方教育史上，裴斯泰洛齐是第一个明确提出“教育心理学化”主张的教育家。

53. B 【解析】题干这句话强调了环境对事物的影响，如果用在人的身心发展上，则夸大了环境的作用，因为人还具有主观能动性，人的身心发展还受到其他多种因素的影响。

54. B 【解析】柏拉图的教育思想集中体现在其代表作《理想国》中。

55. C 【解析】壬子癸丑学制规定实行“男女教育平等，允许初等小学男女同校”，这在我国近代教育发展史以及我国公民受教育权的发展史上具有极其重要的意义。

56. D 【解析】许慎在《说文解字》中对“教育”做过这样的解释：“教，上所施，下所效也”，“育，养子使作善也”。

57. A 【解析】题干描述的是霍尔的观点，他过分夸大了遗传的影响，认为人的发展是由遗传基因决定的，后天的教育只能影响其发展的速度（如加速或延缓)，这属于“遗传决定论”的观点。

58. B 【解析】“壬寅学制”以日本的学制为蓝本，由当时的管学大臣张百熙起草，是中国近代教育史上最早由国家正式颁布的学制系统，虽然正式公布，但并未实行；“癸卯学制”主要承袭了日本的学制，是中国近代教育史上第一部由国家颁布的并在全国实行的学制系统，成为中国近代教育走向制度化、法制化阶段的标志。

59. D 【解析】苏格拉底以其雄辩和与青年智者的问答法著名。苏格拉底问答法亦称“产婆术”，这是一种学生和教师共同讨论、共同寻求正确答案的方法，有助于激发和推动学生思考问题的积极性和主动性，将内部已有的知识引出来。这一教育理论是西方最早的启发式教育。故本题选D项。

60. B 【解析】社会政治经济制度、生产力、科学技术、文化等都对教育的发展有一定的影响和制约。其中生产力发展水平决定着教育事业的发展速度、规模和学校结构；社会政治经济制度决定教育的性质；科技进步是现代教育发展的根本动因；文化则影响着教育的观念、价值定向等方面。结合题干，故选B。

61. B 【解析】狭义的教育制度指学校教育制度，简称学制，是一个国家各级各类学校的总体系，具体规定各级各类学校的性质、任务、要求、入学条件、修业年限及它们之间的相互关系。B选项课程标准不属于学制的内容。

62. B 【解析】教育的生物起源说认为教育是一种生物现象，教育起源于动物界中各类动物的生存本能活动。从题干中的“教育是天性的”“教育是扎根于本能的不可避免的行为”等可知，题干体现的是生物起源说。

63. B 【解析】学校是人类社会发展到一定历史阶段的产物，人们一般认为学校产生于奴隶社会时期。世界上不同的文明中心和国家在进入到奴隶社会以后出现了学校，是因为奴隶社会政治、经济、文化的发展为学校的出现提供了土壤和条件。

64. C 【解析】在我国，“教育”一词最早见于《孟子·尽心上》中的“得天下英才而教育之，三乐也”。故孟子是我国最早提出“教育”一词的教育家。

65. A 【解析】马克思主义教育学认为教育起源于劳动，起源于劳动过程中社会生产需要和人的发展需要的辩证统一。

66. B 【解析】实用主义教育学的代表人物是美国教育家杜威和克伯屈，其代表著作分别是《民主主义与教育》和《设计教学法》。

67. D 【解析】题干的描述说明教育对人的发展具有不同的作用，实现教育对人的发展的主导作用是有一定条件的。

68. C 【解析】英国学者培根在《论科学的价值和发展》(1623)一文中，首次把教育学作为一门独立的学科提出来。

69. B 【解析】“癸卯学制”主要承袭了日本的学制，是中国近代教育史上第一部由国家颁布并在全国实行的学制系统。该学制以洋务派“中学为体，西学为用”的教育思想为指导，以读经尊孔为教育宗旨。另外，还规定不许男女同校，轻视女子教育，体现了半殖民地半封建的特点。故该题选B项。

70. C 【解析】从题干中的“大、中、小学阶段”以及“入学年龄的划分”可知，这体现的是人的身心发展规律对学制设置的影响。

71. C 【解析】亚里士多德在教育史上首次提出了“教育遵循自然”的观点，主张按照儿童心理发展的规律对儿童进行分阶段教育，提倡对儿童进行和谐的教育，这一观点成为后来全面发展教育的思想源泉。

72. A 【解析】《学记》(收入《礼记》)是中国也是世界教育史上的第一部教育专著，成文大约在战国末期。

73. D 【解析】A、B、C三项都体现的是环境对人的发展的影响，D项强调了主观因素的影响。

74. B 【解析】我国教育家杨贤江的《新教育大纲》(1930年)是我国第一部马克思主义的教育学著作。

75. A 【解析】构成教育活动的基本要素包括教育者、受教育者(学习者)和教育媒介(教育影响)。其中，教育者是主导性因素。

76. B 【解析】生物起源说认为学习是动物的生存本能，“印刻”现象恰恰体现了动物的这一本能。

77. A 【解析】康德认为教育的根本就是要对人的本性进行适当的控制，“人是唯一需要教育的动物”。教育的根本任务在于充分发展人的自然禀赋，使人人都成为自身，成为本来的自我，都得到自我完善。此外，康德是最早在大学开设教育学讲座的有影响力的学者之一。所以，题干所述的教育家为康德。

78. A 【解析】教育可以传递和保存文化。教育是文化传递和保存最为基本和最为有效的手段。

现在我们还能学习唐宋时期的优秀文化，这都得益于教育的传递和保存功能。

79. B 【解析】作为墨家的代表人物，墨翟以“兼爱”“非攻”为教，同时注重文史知识的掌握和逻辑思维能力的培养，还注重实用技术的传习。对于获得知识的理解，墨翟认为，人的知识来源可分为三个方面，即亲知、闻知、说知。所以，题干所述是墨家的教育思想。

80. D 【解析】题干中所描述的“影响孩子创造性和批判反思能力的发展”属于计划外的消极作用，因此答案选D。

81. D 【解析】洛克反对天赋观念，提出了“白板说”。他认为，人出生时心灵如同白纸或白板一样，人的一切知识和观念都来自外界事物在白纸或白板上留下的痕迹，最终都源于经验，并同时得出结论：“天赋的智力人人平等，人类之所以千差万别，便是由于教育之故。”

82. A 【解析】杜威著有《民主主义与教育》一书，他在师生关系上，认为应以儿童为中心，形成相应的教学方法——做中学，即在经验中学习，在处理问题中学习。所以A项符合题意。

83. C 【解析】社会本位论主张教育的目的是培养合格公民和社会成员。凯兴斯泰纳认为国家国民学校的教育目标就是培养有用的国家公民，这体现的是社会本位论的思想。

84. D 【解析】个体的主观能动性是人的身心发展的内在动力，也是促进个体发展从潜在的可能状态转向现实状态的决定性因素。逆境可以成才，“同流而不合污”“出淤泥而不染”“威武不能屈”等反映的是人的主观能动性在个体发展中的作用。

85. D 【解析】教学相长的主张出自《学记》，不是孔子的教学主张。

86. B 【解析】“南人善泳，北人善骑”，不同地区有不同的地理环境，这就会导致生活习性的不同。题干所述体现了自然环境对人的发展的影响。

87. D 【解析】我国分科课程的开端是西周时期的“六艺”，D项说法错误。

88. C 【解析】教育受一定社会的政治、经济等因素的制约，但作为一种培养人的社会活动，教育有其自身的规律，具有相对独立性。所以题干这一观念违背了教育的相对独立性。

二、简答题(参考答案)

1. 简述学校教育对人身心发展的促进作用。

学校教育对人身心发展的促进作用表现为促进个体个性化与个体社会化两方面。

(1)教育的个体个性化发展功能主要体现在，教育能促进人的主体意识、个体特征的发展以及人的个体价值的实现。

(2)教育的个体社会化的功能主要体现在：教育根据社会的规范和要求促进个体思想意识的社会化；教育通过引导和规范个体的行为，促进个体行为的社会化；教育通过指导学生根据自己的兴趣和能力确定自己未来的职业意向和角色，培养个体的职业角色意识。

2. 简述教育目的的作用。

(1)导向作用。教育目的一经确立，就成为人们行动的指南，不仅为受教育者指明了发展方向，预定了发展结果，也为教育工作者指明了工作方向和奋斗目标。

(2)激励作用。教育目的深刻影响着教师的教师观和学生观，激励着教育工作者按教育方针的规定去培养人才。

(3)评价作用。教育目的既是一个国家人才培养的质量规格和标准，同时也是衡量教育质量和效益的重要依据。

3. 简述原始社会的教育特征。

原始社会的教育主要有以下三个特征：(1)教育具有非独立性，教育和社会生活、生产劳动紧密相连。(2)教育具有自发性、全民性(普及性)、广泛性、无等级性(平等性)和无阶级性，是原始状态下的教育机会均等，只因年龄、性别和劳动分工不同而有差别。(3)教育具有原始性。教育内容简单，教育方法单一。

4. 简述教育的科技功能。

(1)教育能完成科学知识再生产；(2)教育推进科学的体制化；(3)教育具有科学研究的功能；(4)教育促进科研技术成果的开发利用。

5. 简述影响个体身心发展的主要因素。

(1)遗传；(2)环境；(3)学校教育；(4)个体主观能动性等。

6. 简述教育目的确立的依据。

(1)特定的社会政治、经济、文化背景；(2)人的身心发展特点和需要；(3)人们的教育理想。

7. 简述文化对教育的影响。

(1)文化观念影响教育观念；(2)文化对教育具有价值定向作用；(3)文化发展促进学校课程的发展；(4)文化影响教育目的的确立；(5)文化影响教育内容的选择；(6)文化影响教育教学方法的使用。

8. 简述家庭教育的特点。

(1)先导性;(2)生活性;(3)感染性;(4)针对性;(5)终身性。

三、材料分析题(参考答案)

(1)学校教育在人的身心发展中起主导作用。具体表现为:①学校教育对个体发展做出社会性规范;②学校教育具有开发个体特殊才能和发展个性的功能;③学校教育对个体发展的影响具有即时和延时的价值;④学校教育具有加速个体发展的特殊功能。材料中,学校教育提高了季羡林学习的自我意识和自我教育能力,对他的个人发展具有长远意义。王崑玉先生对季羡林在作文方面的表扬,促进了季羡林其他学科学习成绩的提高,加速了他个体身心发展的速度。这些都是学校教育对人的发展起主导作用的表现。

(2)个体的主观能动性是人的一种内在需要和动力,是一种寻求发展的积极动机和渴望。所以,个体的主观能动性是人的身心发展的内在动力,也是促进个体发展从潜在的可能状态转向现实状态的决定性因素。王崑玉先生和山大校长王寿彭的表扬和奖励激发了季羡林学习的主观能动性,“从此认真注意考试名次,不再掉以轻心”,从而使四次期考得了四个甲等第一。这体现了个体主观能动性的决定作用。

总之,学校教育对人的身心发展起主导作用,个体主观能动性是人的身心发展的内因和动力。二者与遗传、环境因素彼此关联、相互配合,共同发挥作用,促进人的身心发展。

专题二 我国的小学教育

一、单项选择题

答案速查

1~5	CBCDA

1. C 【解析】小学教育的教育对象一般为6~12岁的儿童。

2. B 【解析】小学实行校长负责制的学校管理体制。校长负责制也称“一长制”,是我国公办中小学的内部领导体制。

3. C 【解析】普通小学教育的性质是基础教育,其培养目标主要是为人的成长奠定德智体美劳各方面的基础。

4. D 【解析】学校管理的基本内容包括思想品德教育管理、教务行政管理、教学工作管理和总务工作管理。

5. A 【解析】小学教育的全民性,从广义上说,是指小学教育必须面向全体人民;从狭义上讲,是指小学教育必须面向全体适龄儿童。题干所述体现了小学教育的全民性特征。

二、简答题(参考答案)

简述我国小学教育的特点。

(1)启蒙性;(2)基础性;(3)义务性;(4)全民性;(5)全面性;(6)活动性;(7)趣味性;(8)特殊性。

专题三 课 程

一、单项选择题

答案速查

1~5	ACBCC	6~10	AACBC
11~15	DDAAD	16~20	BDACD
21~25	DCBDB	26~30	AACCC
31~35	CDAAC	36~40	DBBAB

1. A 【解析】目标评价模式是以泰勒为代表提出的一种课程评价模式,它是以目标为中心展开,是针对20世纪初形成并流行的常模参照测验的不足而提出的,是在泰勒的“评价原理”和“课程原理”的基础上形成的。

2. C 【解析】课程资源是课程建设的基础,它包括教材以及学生家庭、学校和社会生活中一切有助于学生发展的各种资源。其中,教材是课程资源的核心和主要组成部分。

3. B 【解析】隐性课程亦称潜在课程、隐蔽课程,是学生在学校情景中无意识地获得经验、价值观、理想等意识形态内容和文化影响。如师生关系、校风、学风等。“校园文化”属于隐性课程。

4. C 【解析】“课程”一词在西方最早出现在英国教育家斯宾塞的《什么知识最有价值》一文中,他是最早把“课程”用作一个专门的教育术语的教育家。

5. C 【解析】凡是学校范围之内的课程资源就是校内课程资源,超出学校范围的课程资源就是校外课程资源。题中小学与企业合作开发的课程资源超出了学校范围,属于校外课程资源。

6. A 【解析】课程标准是国家根据课程计划以纲要的形式编定的有关某门学科内容及其实施、评价的指导性文件。课程标准规定了学科的教学目标、任务,知识的范围、深度和结构,教学进度以及有关教学方法的基本要求,是编写教科书和教师进行教学的直接依据,也是衡量各科教学质量的重要标准。

7. A 【解析】按照空间分布的不同,课程资源可分为校内课程资源和校外课程资源。

8. C 【解析】心理性隐性课程主要包括学校人际关

系状况，师生特有的心态、行为方式等。题干所述属于隐性课程。

9. B 【解析】综合实践活动是一门以学生的经验与生活为核心的实践性课程。

10. C 【解析】从课程设计、开发、管理主体或管理层次角度可将课程分为国家课程、地方课程、校本课程。其中一级课程、二级课程、三级课程分别是国家课程、地方课程和校本课程。

11. D 【解析】目前在我国，中小学课程主要由课程计划、课程标准、教材三部分组成。

12. D 【解析】根据课程内容的组织方式，课程可分为分科课程和综合课程。分科课程是一种单学科的课程组织模式，它强调不同学科门类之间的相对独立性，强调一门学科的逻辑体系的完整性。综合课程是指打破传统的分科课程的知识领域，组合两门以上学科领域而构成的一门学科。"小学数学课程"属于分科课程。

13. A 【解析】美国学者古德莱德归纳出五种不同的课程：(1)理想的课程，即由一些研究机构、学术团体和课程专家提出的应该开设的课程；(2)正式的课程，即由教育行政部门规定的课程计划、课程标准和教材，也就是列入学校课程表中的课程；(3)领悟的课程，即任课教师所领会的课程；(4)运作的课程，即在课堂上实际实施的课程；(5)经验的课程，即学生在课堂学习中实实在在体验到的东西。

14. A 【解析】学科课程是指以文化知识(科学、道德、艺术)为基础，按照一定的价值标准，从不同的知识领域或学术领域选择一定的内容，根据知识的逻辑体系，将所选出的知识组织为学科的课程类型。而我国的"六艺"和古希腊的"七艺"都是按照学科内在的逻辑结构形成的，属于学科课程。

15. D 【解析】情感态度与价值观目标强调在教学过程中激发学生的情感共鸣，引起积极的态度体验，形成正确的价值观。由题干中的"使学生产生对鹅的喜爱之情""激发学生学习古诗的兴趣"可知，这位语文教师确定的这一课程目标体现了新课改三维目标中的情感态度与价值观目标。

16. B 【解析】从对学生学习要求的角度或学生选课的自主性来看，可将课程分为必修课程与选修课程。

17. D 【解析】目的游离评价模式是由美国学者斯克里文针对目标评价模式的弊病提出来的。他主张把评价的重点从"课程计划预期的结果"转向"课程计划实际的结果"上来。他强调评价除了要关注预期的结果之外，还应关注非预期的结果。

18. A 【解析】从对学生学习要求的角度，课程可分为必修课程与选修课程，其中必修课程是指国家、地方或学校规定学生必须学习的课程。

19. C 【解析】学科课程是最古老、使用范围最广泛的课程类型。其主导价值在于传承人类文明，强调使学生掌握、传递和发展人类积累下来的文化遗产。

20. D 【解析】泰勒在《课程与教学过程的基本原理》一书中提出的课程开发模式为目标模式。

21. D 【解析】根据课程的表现形式或者说影响学生的方式来划分，可将课程分为显性课程和隐性课程。

22. C 【解析】情感态度与价值观目标强调教学过程中激发学生的情感共鸣，引起积极的态度体验，形成正确的价值观。在课堂教学中，教师加强学校文化和学科文化的建设，有利于落实情感态度与价值观目标。

23. B 【解析】根据功能特点的不同，课程资源可以分为素材性课程资源和条件性课程资源。其中条件性课程资源包括直接决定课程实施范围和水平的人力、物力、财力、时间、场地、媒体、设备、设施和环境，以及对于课程的认识状况等因素。题干中的体育训练馆是学生锻炼的场地，属于条件性课程资源。

24. D 【解析】泰勒是美国著名的课程理论家，他于1949年出版了《课程与教学的基本原理》一书。

25. B 【解析】按课程设计、开发和管理主体或管理层次(或制定者)不同来划分，课程可分为国家课程、地方课程和校本课程。

26. A 【解析】直线式课程指的是将课程内容组织成一条在逻辑上前后联系的"直线"，前后内容基本不重复，即课程内容直线前进，前面安排过的内容在后面不再呈现。课程内容的排列遵循由浅入深、由易到难的原则。

27. A 【解析】新课程背景下的课堂教学，要求根据各学科教学的任务和学生的需求，从知识与技能、过程与方法、情感态度与价值观三个维度出发设计课程目标。

28. C 【解析】综合课程是指打破传统的分科课程的知识领域，组合两门以上学科领域而构成的一门学科。题干所述体现了综合课程的内涵。

29. C 【解析】题干中的小学开设的太极拳课程是学校自主开发的课程,因而属于校本课程。

30. C 【解析】新课程结构的主要特点是均衡性、综合性和选择性。

31. C 【解析】"新教材关注并充分利用学生的生活经验"体现了新教材强调与现实生活的联系;"新教材注意及时恰当反映科学技术新成果"体现出其加强课程内容与科技发展的联系,说明新教材体现了国家基础教育课程改革的基本思想,故该题选C项。

32. D 【解析】古德莱德认为,存在着五种不同的课程:(1)理想的课程,即由一些研究机构、学术团体和课程专家提出的应该开设的课程;(2)正式的课程,即由教育行政部门规定的课程计划、课程标准和教材,也就是列入学校课程表中的课程;(3)领悟的课程,即任课教师所领会的课程;(4)运作的课程,即在课堂上实际实施的课程;(5)经验的课程,即学生实际体验到的东西。故题干所述属于经验的课程。

33. A 【解析】活动课程强调使学生获得关于现实世界的直接经验和真切体验,学科课程是让学生接受、掌握已经总结好的间接经验。因而活动课程与学科课程的关系,实际上反映的是人的直接经验与间接经验、个人知识与公共知识、学生当下的心理经验与凝结在学科中的逻辑经验之间的关系。

34. A 【解析】显性课程的主要特征是计划性,这是区分显性课程和隐性课程的主要标志。

35. C 【解析】新课程结构的主要内容有:(1)整体设置九年一贯的义务教育课程,小学阶段以综合课程为主、初中阶段设置分科与综合相结合的课程;(2)高中以分科课程为主;(3)从小学至高中设置综合实践活动课程并作为必修课程;(4)农村中学课程要为当地社会经济发展服务。

36. D 【解析】新课程结构的综合性是针对过分强调学科本位、科目过多和缺乏整合的现状而提出的。它体现在三个方面:(1)加强学科的综合性。就一门学科而言,注重联系儿童经验和生活实际;就不同学科而言,提倡和追求彼此之间相互关联,相互补充。(2)设置综合课程。(3)增设综合实践活动。

37. B 【解析】综合实践活动是新的基础教育课程体系中设置的必修课程。2017年教育部印发的《中小学综合实践活动课程指导纲要》中规定自小学一年级至高中三年级全面实施综合实践活动课程。

38. B 【解析】选修课程是指依据不同学生的特点与发展方向,允许个人选择的课程。其主导价值在于满足学生的兴趣、爱好,培养和发展学生的良好个性。

39. A 【解析】"隐性课程"一词是由杰克逊在1968年出版的《班级生活》一书中首先提出的。

40. B 【解析】宋朝朱熹在《朱子全书·论学》中多次提及课程,如"宽着期限,紧着课程",这里的课程已含有学习范围、进程、计划的程序之义,与我们现在许多人对课程的理解有相似之处。

二、简答题(参考答案)

1. 简述课程的三种文本表现形式。

(1)课程计划;(2)课程标准;(3)教材。

2. 简述课程目标取向的分类。

(1)普遍性目标;(2)行为性目标;(3)生成性目标;(4)表现性目标。

3. 简述教材的编排方式。

(1)直线式教科书结构;(2)螺旋式教科书结构。

4. 简述新课改提倡的教师角色。

(1)从教师与学生的关系看,教师是学生学习的促进者;(2)从教学与研究的关系看,教师是教育教学的研究者;(3)从教学与课程的关系看,教师是课程的开发者和建设者;(4)从学校与社区的关系看,教师是社区型开放的教师。

5. 简述基础教育课程改革的基本理念。

(1)促进课程的适应性和管理的民主化,创建富有个性的学校文化;(2)重建课程结构和倡导和谐发展的教育;(3)提升学生的主体性和注重学生经验。

6. 简述新课程倡导的学生观。

(1)学生是发展中的人:学生的身心发展是有规律的;学生具有巨大的发展潜能;学生是处于发展过程中的人。(2)学生是独特的人:学生是完整的人;每个学生都有自身的独特性;学生与成人之间存在着巨大的差异。(3)学生是具有独立意义的人:每个学生都是独立于教师的头脑之外,不以教师的意志为转移的客观存在;学生是学习的主体;学生是责权的主体。

7. 简述制约课程内容选择的因素。

(1)社会因素;(2)受教育者身心发展的规律;(3)科学文化知识。

8. 简述泰勒原理的基本内容。

(1)确定教育目标;(2)选择教育经验;(3)组织教育经验;(4)评价教育计划。

9. 简述教材编写的原则和要求。

(1)按照不同学科的特点,在内容上体现科学性和思想性。(2)强调内容的基础性。(3)注意基本教材对大多数学生和大多数学校的适用性。(4)在教材的编排上,要做到知识的内在逻辑与教学方法要求的统一。(5)教科书的编排形式要有利于学生的学习。(6)教科书的编排要兼顾同一年级各门学科内容之间的关系和同一学科各年级教材之间的衔接。

三、材料分析题(参考答案)

(1)新课改强调以人为本,关注人是新课改的核心理念。教学应当更为关注人而不只是学科。材料中的张老师在考虑学生的建议之后调整了原本的教学计划,转而关注学生的学习状态,符合新课改的教学观。

(2)新课改强调教学是教与学的交往、互动,师生双方相互交流、相互沟通。在这个过程中,教师与学生分享彼此的思考过程、经验和知识,交流彼此的情感、体验与观念,丰富教学内容,求得新的发现,从而达成共识、共享、共进,实现教学相长和共同发展,彼此形成一个真正的"学习共同体"。材料中的张老师通过与学生之间的交流,引导学生说出了自己内心的想法,体现了交往与互动的教学观。

(3)新课改强调教学不只是课程传递和执行的过程,更是课程创生与开发的过程。因此老师在教学中要能够根据课堂情况进行灵活的安排,实现新课的创生与开发。材料中的张老师在听完学生的理由之后能够调整原本的安排,引导学生完成了表演,体现了开放与生成的教学观。

专题四　学生与教师

一、单项选择题

答案速查

1~5	CADCA	6~10	AABBA
11~15	DBBBA	16~20	CABBC
21~25	ABDCA	26~30	DBBBC
31~35	ADDCC		

1. C 【解析】教育机智是指教师能根据学生新的特别是意外的情况,迅速而正确地做出判断,随机应变地采取及时、恰当而有效的教育措施解决问题的能力。李老师没有因为小刚和小明弄坏扩音器而直接批评他们,而是因势利导地给他们讲解扩音器的原理,满足了他们的好奇心,之后才对他们弄坏扩音器这件事进行处理。这在一定程度上体现了李老师的教育机智。反映了教师劳动的创造性特点。

2. A 【解析】教师职业的最大特点在于职业角色的多样化。其中一个角色就是父母或朋友,教师要在学习、生活、人生等多方面给予学生指导,与学生一起分担痛苦与忧伤、分享欢乐与幸福。

3. D 【解析】教师劳动的示范性指教师的言行举止,如人品、才能、治学态度等都会成为学生学习的对象。教师必须以身作则、为人师表。根据题干所述,教师本身行为就是一种标准和示范,是学生学习的榜样,这体现了教师劳动的示范性。

4. C 【解析】"教学有法"是指教学时有法可依,有法可循。"教无定法"是指在实际教学时,没有固定不变的教学模式。这体现了教学方法的不断更新,属于教师劳动创造性特点的内容。

5. A 【解析】题干这句话表明教师要教给学生知识,首先自身应具备广博的知识。故选A项。

6. A 【解析】关注生存阶段的教师非常关注自己的生存适应性,有些新教师可能会把大量的时间都花在如何与学生搞好个人关系上;在关注情境阶段,教师关心的是如何教好每一堂课的内容,把关注的焦点投向提高学生的成绩;在关注学生阶段,教师将考虑学生的个别差异。题干描述的情况符合关注情境阶段的特征。

7. A 【解析】学生的"向师性"是指学生都有模仿、接近、趋向于教师的自然倾向。"模仿性"和"向师性"同时说明学生很容易受到教师的言谈举止的影响。因此教师应当以身作则,给学生做出应有的表率。这是教师劳动具有示范性的表现。

8. B 【解析】条件性知识,即认识教育对象、开展教育活动和研究所需的教育科学知识和技能,如教育原理、心理学、教学论、学习论、班级管理、现代教育技术等。题干中的教师虽然实践性知识丰富,但却难以形成对教育教学工作的理论认识,就是因为缺乏条件性知识的储备。

9. B 【解析】教学预设与教学实际难免会有不同,这就需要教师具备"教育机智"。教育机智是指教师能根据学生新的特别是意外的情况,迅速而正确地作出判断,随机应变地采取及时、恰当而有效的教育措施解决问题的能力。面对材料中这种突发情况,教师应尊重学生的观点,鼓励学生对学习内容合理质疑,引导学生思考,把学生的积极思考转变为教学资源。故选B。

10. A 【解析】专制型教师在教室内采取专制的作风,并担负全部的责任,计划班级的学习活动,安排学习的情境,指导学习的方法,控制学生的行为；学生没有自由，只能听从教师的命令，对教师往往是敬而远之。题干所述体现了专制型教师的特点。

11. D 【解析】示范性是指教师的言行举止，如人品、才能、治学态度等都会成为学生学习的对象。题干的描述体现了教师劳动的示范性。

12. B 【解析】B项的做法最恰当。"肯定琳琳勇于指出老师错误的行为"有利于维护学生发现问题、指出问题的积极性；"跟琳琳解释为什么没有错"一方面解决了学生的问题，另一方面还促进了学生们知识的巩固。

13. B 【解析】放任型师生关系中教师缺乏责任心，既不控制学生的行为，也不指示学习的方式，一切活动由学生自己进行。题干所述正符合这一特点。故何老师与学生之间的关系最有可能属于放任型的师生关系。

14. B 【解析】处于关注生存阶段的老师一般都是新教师，他们非常关注自己的生存适应性，最担心的问题是"学生喜欢我吗""同事们如何看我""领导是否觉得我干得不错"等。因而，可能会把大量的时间花在如何与学生搞好个人关系上，而不是更多地考虑如何让学生获得学习上的进步。因此，这位教师处于关注生存阶段。

15. A 【解析】教师的专业知识主要包括本体性知识、条件性知识、实践性知识和一般文化知识。本体性知识，即特定学科及相关知识，是教学活动的基础。"学高为师""良师必须是学者"是指教师首先要有高深的专业知识，即本体性知识。

16. C 【解析】根据教师所关注的焦点问题，可以把教师的发展分为三个阶段：关注生存阶段、关注情境阶段和关注学生阶段。能否自觉关注学生是衡量一个教师是否成熟的重要标志之一。题干中吴老师"了解每个学生的性格特点和兴趣爱好"是关注学生的体现。

17. A 【解析】微格教学指以少数的学生为对象，在较短的时间内（5～20分钟），尝试做小型的课堂教学，并把这种教学过程摄制成录像，课后再进行分析。这是训练新教师、提高其教学水平的一条重要途径。题干中赵老师提高专业水平的方法是微格教学。

18. B 【解析】放任型师生关系以无序、随意、放纵为其心态和行为特征。在教学中，教师采取放任的作风，不负任何实际责任，给予学生充分的自由，要他们学习自己所喜好的东西。教师不控制学生的行为，也不指导学习的方式，一切活动由学生自己进行。题干中刘老师对学生不管不问，学生也不与老师沟通交流，这属于放任型的师生关系。

19. B 【解析】教师不仅要传授学生科学文化知识，还要培养学生的思想品德，并且要促进其心理健康，这体现了教师劳动任务的复杂性，这是教师劳动复杂性的表现之一。

20. C 【解析】在民主型师生关系中，教师与学生的心态和行为特征是开放、平等、互助的。教师以民主的方式教学，重视集体的作用，与学生共同计划，共同讨论，帮助学生设立目标，指引学生对照着目标进行学习。这种师生关系下的教学氛围好，师生相处融洽，学生学习积极性高。题干内容正好体现了这一类型的师生关系。故本题选C项。

21. A 【解析】题干引文的意思是：道理存在的地方，就是老师存在的地方。教师负有传递社会道德传统、价值观念的使命，"道之所存，师之所存也"体现了教师职业角色中的"传道者"角色。

22. B 【解析】民主平等是教学生活人文性的直接要求和现代人格的具体体现。它要求教师理解学生，发挥非权力性影响，并一视同仁地与所有学生交往，善于倾听不同意见，同时也要求学生正确表达自己的思想和行为，学会合作和共同学习。题干中的"微笑着""蹲下来"体现了师生关系的民主平等特点。

23. D 【解析】教师劳动的长期性指人才培养的周期比较长，教育的影响具有迟效性。"十年树木，百年树人"是对教师劳动的长期性的最佳阐释。

24. C 【解析】针对学生写不出作文这一问题，老师抓住下大雪这一时机，让学生近距离感受雪花、了解雪花，最终问题得以解决，学生成功地写出了一篇篇佳作。这一过程体现了教师的教育机智，体现了教师劳动的创造性。

25. A 【解析】《小学教师专业标准（试行）》提出的基本理念是：师德为先、学生为本、能力为重、终身学习。

26. D 【解析】"学为人师，行为世范"的意思是：所学要为世人之师，所行应为世人之范。这句话体现了教师劳动的主体性和示范性。

27. B 【解析】智者千虑，必有一失，即使经验丰富的教师，也很难保证在讲课时不出一点差错。关键在于出现失误之后如何处理，能否适时应变。对待课堂上出现的错误，应该是善待错误，并通过教学机智把错误的事实转变为探究问题的情境。B项,教师引导学生亲自探寻问题、解决问题,从而获得认识并学会使用天平的方法最为恰当。

28. B 【解析】教师的职业道德素养要求教师忠于人民的教育事业、热爱学生、团结协作、为人师表(良好的道德修养)。陶行知的教育信条体现的就是教师崇高的职业道德。

29. B 【解析】题干中孙老师的说法表明他只注重学生智育方面的发展,忽视了学生的全面发展。

30. C 【解析】学生具有独立性,也称自主性,它表现为学生不仅具有自觉性,而且能自行确定或选择符合自身需要、特点和条件的目标和行动方式,并能在实现目标的行动中自我监督和调控。教师将自己的意愿强加于学生,扼杀学生的学习兴趣等等,这些都是剥夺自主性的表现,违背了学生自主性的本质属性。

31. A 【解析】专制型师生关系以命令、权威、疏远为其心态和行为特征。"表扬可能宠坏儿童,所以很少给予儿童表扬"这样的做法很容易造成老师与学生之间的疏远,学生没有自由,只能听从教师的命令。

32. D 【解析】题干中曾老师坚持让学生使用反思记录表、学习日志和成长记录袋等多种方法来记录学习过程,并不断指导学生优化记录的方法,这充分尊重了学生的自主性。

33. D 【解析】教师的实践性知识是基于教师个人的经验积累,在对待和处理教育问题时体现出的个人特质和教育智慧。题干所述属于实践性知识。

34. C 【解析】本体性知识,即特定学科及相关知识,是教学活动的基础。题干所述语文老师关于语言、文学方面的知识属于特定学科的专业知识,故该题选C项。

35. C 【解析】教师劳动的间接性指教师的劳动不直接创造物质财富,而是以学生为中介实现教师劳动的价值。教师劳动的结晶是学生,是学生的品德、学识和才能,待学生走上社会,由他们来为社会创造财富。

二、简答题(参考答案)

1. 简述教师劳动的特点。

(1)教师劳动的复杂性和创造性;(2)教师劳动的连续性和广延性;(3)教师劳动的长期性和间接性;(4)教师劳动的主体性和示范性。

2. 简述教师专业发展的内容。

(1)专业理想的建立;(2)专业态度和动机的完善;(3)专业知识的拓展与深化;(4)专业能力的提高;(5)教师的专业人格;(6)专业自我的形成。

3. 小学教师应当具备哪些专业知识?

《小学教师专业标准(试行)》提出,小学教师应当具备以下专业知识:(1)小学生发展知识;(2)学科知识;(3)教育教学知识;(4)通识性知识。

4. 简述教师的职业角色的内容。

(1)传道者的角色;(2)授业解惑者的角色;(3)示范者的角色;(4)教育教学活动的设计者、组织者和管理者的角色;(5)朋友的角色;(6)研究者的角色;(7)学生学习的促进者。

5. 简述教师职业道德素养的主要内容。

(1)对待事业:忠于人民的教育事业;(2)对待学生:热爱学生;(3)对待集体:团结协作;(4)对待自己:为人师表(良好的道德修养)。

三、材料分析题(参考答案)

1. (1)材料中的执教老师具有先进的教育理念,体现了较高的教育教学素养。该教师具有正确的学生观,热爱学生,尊重学生人格。当学生在公开课上不愿读课文的时候,教师给学生保持沉默的权利,没有因为学生在公开课上大胆地表达自己的意愿而去批评学生。这说明教师把学生作为学习的主体,而不是自己公开课的配合者,充分尊重学生,促进学生的发展。

(2)材料中的执教老师巧妙地运用了教育机智。在课堂上遇到突发事件的时候,该老师沉着冷静,用自己的智慧迅速而正确地化解问题。在公开课上,学生大胆地表示自己不想读,这时候该老师没有因为学生当着其他老师的面表达自己所想而生气或者逃避,而是因势利导,开玩笑一样地鼓励他,给了学生希望的"台阶"。后半节课学生积极表现,圆满地解决了问题。

(3)材料中的执教老师具有高超的教育艺术。这节课是一节充满师爱的教育过程,教师允许学生拒绝自己的教学要求,并在课堂上坚持正面教育,有利于师生和谐。

2. 福勒和布朗根据教师的需要和不同时期所关注的焦点问题,把教师的成长划分为关注生存、关注情境和关注学生三个阶段。

(1)关注生存阶段

处于这一阶段的一般是新教师,他们非常关注自己的生存适应性,最担心的问题是:"学生喜欢我吗""同事们如何看我""领导是否觉得我干得不错"等。

(2)关注情境阶段

在此阶段教师关心的是如何教好每一堂课的内

容,一般来说,老教师比新教师更关注此阶段。

(3)关注学生阶段

在此阶段,教师将考虑学生的个别差异,认识到不同发展水平的学生有不同的需要,某些教学材料和方式不一定适合所有学生。能否自觉关注学生是衡量一个教师是否成熟的重要标志之一。材料一中的章老师在教学时把关注的焦点放在如何提高学生的成绩上,处于关注情境阶段;材料二中的郭老师在教学时非常关注自身的生存适应性,处于关注生存阶段;材料三中的王老师十分注重学生内在的学习情况,注重学生的发展,能够考虑到不同学生的个体差异,处于关注学生阶段。

专题五　小学教育科学研究

一、单项选择题

答案速查

1~5	DBDDA	6~10	DCDDB
11~15	ACBDC	16~20	AAABC

1. D 【解析】文献按加工程度不同,可以分为一次文献、二次文献、三次文献。三次文献是在利用二次文献的基础上对某个范围内的一次文献进行广泛深入的分析研究之后,综合浓缩而成的参考性文献。这类文献一般包括动态综述、专题述评、数据手册、年度百科大全以及专题研究报告等。本题要求"想快速了解近年来国内'义务教育均衡发展'问题的研究动向",符合要求的是D选项。

2. B 【解析】教育实验法是指研究者根据研究目的,运用一定的人为手段,主动干预或控制研究对象的发生、发展过程,通过观察、测量、比较等方式探索、验证所研究现象因果关系的研究方法。实验研究的目的是发现事物间的因果关系,是各类研究中唯一能确定因果关系的研究。题干描述的符合教育实验法的内涵。

3. D 【解析】根据调查的方法和手段,调查法可分为问卷调查、访谈调查、测量调查和调查表法。

4. D 【解析】经验性文献是指专门为教育科学研究提供感性认识的文献,包括调查报告、工作总结、经验、教育参考书、各级各类学校教科书、教学大纲等。事实性文献是指专门为教育科学研究提供事实证据的文献,理论性文献是指专门为教育科学研究提供理性认识的文献,工具性文献是指专门为教育科学研究提供检索咨询的文献。所以本题答案选D项。

5. A 【解析】一次文献包括专著、论文、调查报告、档案材料等以作者本人的实践为依据而创作的原始文献。《民主主义与教育》是杜威教育理论和实践经验的总结,是原创的,属于一次文献。故选A项。

6. D 【解析】教育观察法是指研究者有目的、有计划地通过感官或科学仪器,对处于自然状态下的研究对象进行系统考察,从而获取经验事实的研究方法。题干中陈老师在课外活动或学生交往中观察学生的行为,并以此来研究性别与攻击关系的方法属于教育观察法。

7. C 【解析】行动研究法是指实际工作者(如教师)基于解决实际问题的需要,与专家、学者及本单位的成员共同合作,将实际问题作为研究的主题,进行系统的研究,以解决实际问题的一种研究方法。题干描述的是行动研究法的内涵。

8. D 【解析】实验法是指研究者根据研究目的,运用一定的人为手段,主动干预或控制研究对象的发生、发展过程,通过观察、测量、比较等方式探索、验证所研究现象因果关系的研究方法。题干中的老师通过使用不同的教材进行教学来验证教材版本的有效性,体现了对实验法的运用。

9. D 【解析】非参与性观察指观察者不直接参与被观察者所从事的活动。这种观察类型不要求研究人员站到与观察对象同一地位上,而是以"旁观者"的身份,采取公开或秘密的方式进行观察。结构式观察指观察者在观察前有详细的观察计划、明确的观察指标体系,观察时严格按计划进行。题干中的教研室教研员通过跟堂观察来研究学生参与课堂讨论对其成绩的影响,这是一种非参与式观察;他依据含有具体观测维度的观察表来记录学生的情况,这是一种结构化观察。

10. B 【解析】教育行动研究是指实际工作者(如教师)基于解决实际问题的需要,与专家、学者及本单位的成员共同合作,将实际问题作为研究的主题,进行系统的研究,以解决实际问题的一种研究方法。题干中杨老师基于部分学生在写生字时有丢笔少划的问题,进行调查研究,在教学过程中收集资料提出假设,根据反馈信息来调整教学行动方案,这体现了教育行动研究方法的运用。

11. A 【解析】教育调查法是指研究者通过问卷、访谈等方式,有目的、有计划地搜集研究对象的有关资料,对取得的第一手资料进行整理和分析,从而揭示事物本质和规律,寻求解决实际问题的方案的研究方法。从题干中"采用问卷、谈话、座谈等多种形式收集资料”可判断出该教师运用的研究方法是调查法。

12. C 【解析】行动研究法是指实际工作者(如教师)基于解决实际问题的需要,与专家、学者及本单位的成员共同合作,将实际问题作为研究的主题,进行系统的研究,以解决实际问题的一种研究方法。

13. B 【解析】郑老师的研究课题来源于他自己在工作中发现的教学问题以及进行的教学方法改革,即教育实践。

14. D 【解析】个案研究法是指研究者在自然状态下,对特殊或典型的案例进行全面、深入的调查和分析,来认识该案例的现状或发展变化的研究方法。通过题干中“搜集特定个体的有关资料,研究其发展变化过程”可知,这种研究方法是个案研究法。

15. C 【解析】教育叙事研究法的一般步骤是:(1)观察并提出问题;(2)事件的记录与描述;(3)反思与分析;(4)总结与提升;(5)交流与评价。

16. A 【解析】叙事研究法是以抓住人类经验的故事性特征进行研究并用故事的形式呈现研究结果的一种研究方式。根据教育叙事研究结果的呈现形式,可分为教育传记、教育自传、教育故事、教育小说、教育电影和教育寓言。题干所述的属于叙事研究中的教育自传。

17. A 【解析】一次文献包括专著、论文、调查报告、档案材料等以作者本人的实践为依据而创作的原始文献。

18. A 【解析】顺查法,即以课题研究发生的时间为起点,按事件发展的时序,由远及近地查找有关资料。题干描述的是顺查法的概念。逆查法是由近及远地查找资料,引文查找法是以引文和附录为线索查找资料,综合查找法是综合运用各种方法来查找资料。

19. B 【解析】行动研究的优点包括:(1)灵活,能适时做出反馈与调整;(2)能将理论研究与实践问题结合起来;(3)对解决实际问题有效。对行动研究的批评包括:(1)研究过程松散、随意,缺乏系统性,影响研究的可靠性;(2)研究样本受具体情境的限制,缺少控制,影响研究的代表性。个案研究常常会遇到伦理道德问题,对研究人员的语言技能、洞察力有较高要求。

20. C 【解析】结构式观察指观察者在观察前有详细的观察计划、明确的观察指标体系,观察时严格按计划进行。题干中张老师按照听课记录表进行观察记录属于结构观察。

二、简答题(参考答案)

1. 简述一个好的教育研究课题应具有的特点。

(1)选题必须有价值;(2)选题必须有科学的现实性;(3)选题必须明确具体;(4)选题必须新颖,有独创性;(5)选题必须有可行性。

2. 简述教育行动研究的优缺点。

(1)优点:①灵活,能适时做出反馈与调整;②能将理论研究与实践问题结合起来;③对解决实际问题有效。

(2)缺点:①研究过程松散、随意,缺乏系统性,影响研究的可靠性;②研究样本受具体情境的限制,缺少控制,影响研究的代表性。

3. 简述教育科学研究的基本过程。

(1)选择研究课题;(2)教育文献的检索;(3)提出研究假设;(4)制订研究计划;(5)收集、整理和分析资料;(6)教育研究成果的表述。

4. 简述实验法的优点。

(1)能确立因果关系,认识事物的本质和规律;(2)研究结果客观、准确、可靠;(3)能对变量进行控制,提高研究的信度;(4)能为理论的构建提供佐证和说明;(5)能将实验变量和其他变量的影响分离开来;(6)严密的逻辑性是其他研究方法难以比拟的。

第二章　学生指导

经典真题回顾

一、单项选择题

答案速查

1 ~ 5	CABCA	6 ~ 10	CBCCA
11 ~ 14	BBCB		

1. C 【解析】本题考查注意的品质。注意的分配是指人在进行两种或多种活动时能把注意指向不同对象的现象,表现为“一心二用”。题干中,教师在讲课板书的同时留意学生的反应,这一行为体现的是注意的分配。

2. A 【解析】本题考查情感的分类。道德感是根据一定的道德标准评价人的思想、意图和言行时所产生的主观体验。它表现在对待国家、集体、工作、事业、学习以及人与人之间的关系等各个方面，如爱国主义情感、集体主义情感、责任感、事业心、荣誉感、自尊心等。题干中小英帮助生病的小勇辅导功课后，感到很快乐，这种情感属于道德感。

3. B 【解析】本题考查自我意识的发展阶段。个体自我意识的发展经历了从生理自我到社会自我、再到心理自我的过程。生理自我是自我意识最原始的形态，儿童在3岁以后进入社会自我阶段，心理自我是在青春期开始发展和形成的。小学高年级大约是10～12岁，还未进入青春期，处于社会自我的发展时期。

4. C 【解析】本题考查个体身心发展的规律。根据个体身心发展的不均衡性这一规律，教育教学工作要抓住关键期，以求在最短的时间内取得最佳的效果。故本题选C。

5. A 【解析】本题考查巴甫洛夫的经典性条件作用理论。泛化是指机体对与条件刺激相似的刺激做出条件反应。题干中，小军因为喜欢王老师，所以对王老师的课和她组织的活动都喜欢，这种情感是小军对与王老师相关的情境产生了情感泛化。因此题干所述现象属于泛化。

6. C 【解析】本题考查学习策略的种类。精加工策略是指把新信息与头脑中的旧信息联系起来从而增加新信息意义的深层加工策略。精加工越深入细致，回忆就越容易。为方便学生理解和记忆，教师将某个英语单词编成小故事，正是运用了精加工策略。

7. B 【解析】本题考查意志品质的培养。意志是指人自觉地确定目的，有意识地根据目的、动机调节支配行动，努力克服困难，实现目标的心理过程。题干中的学生作业稍微难一点就望而却步，经常叫苦叫累等行为体现其意志薄弱。因此，班主任在班级中需要加强学生意志品质的培养。

8. C 【解析】本题考查科尔伯格品德发展阶段理论。科尔伯格系统扩展了皮亚杰的理论和方法，提出了人类道德发展的顺序原则。他采用“道德两难故事法”进行研究，最典型的就是用“海因茨偷药”的故事，让儿童对道德两难问题做出判断。

9. C 【解析】本题考查小学德育的途径。我国小学的德育途径是广泛多样的，其中基本途径是：思想品德课(思想政治课)与其他学科教学。

10. A 【解析】本题考查德育方法。品德评价法是通过对学生品德进行肯定或否定的评价而予以激励或抑制，促使其品德健康形成和发展的德育方法。包括奖励、惩罚、评比和操行评定等，“贴小红花、插小红旗”是对学生行为的奖励，故A项正确。

11. B 【解析】本题考查小学生安全教育的相关内容。一旦发生踝关节扭伤，正确的紧急处理方法如下：(1)立即停止行走、运动或劳动，取坐位或卧位，同时可用枕头、被褥或衣物、背包等把足部垫高，以利静脉回流，从而减轻肿胀和疼痛。(2)立即用冰袋或冷毛巾敷局部，使毛细血管收缩，以减少出血或组织液渗出。(3)冷敷后可用绷带、三角巾等布料加压包扎踝关节周围，把伤员送往医院进一步诊断治疗，必要时拨打“120”急救电话。

12. B 【解析】本题考查小学生卫生保健的内容。儿童缺乏维生素B_2容易出现口角炎、日光性皮炎、角膜炎等。

13. C 【解析】本题考查小学生常见的心理问题中的多动症。多动症也称“儿童多动综合征”，是小学生中最为常见的一种以注意力缺陷和活动过度为主要特征的行为障碍综合征。其中，注意力集中困难是该类儿童突出的、持久的临床特征。

14. B 【解析】本题考查小学生心理辅导的方法。移情是来访者将自己过去对生活中某些重要人物的情感投射到咨询师身上的过程。小学生把辅导老师当成自己的父母，以获得情感的满足，这种心理现象属于移情。

二、简答题(参考答案)

1. 简述皮亚杰认知发展理论的教育启示。

根据皮亚杰的认知发展理论，在教育教学中应该注意以下几点：

(1)提供活动。该原则有两方面的含义：①教师既应为学生创设大量的物理活动，也应为他们提供相应的心理活动机会；②在形式运算阶段前，教师应为学生提供从现实物体和事件中学习的机会。

(2)创设最佳的难度。教师的主要任务是通过提问来引起学生认知的不平衡，并提供有关的学习材料或活动材料，促使学生的认知发展。

(3)关注儿童的思维过程。在教学中，教师必须认识到儿童思考问题的方式与成人不同，并根据儿童当前的认知机能水平提供适宜的学习活动，只有这样，才能真正促进儿童的认知发展。

(4)认识儿童认知发展水平的有限性。教师需要认识各年龄阶段儿童认知发展所达到的水平，遵循儿童认知发展顺序来设计课程，这样在教学中就会更加主动。

(5)让儿童多参与社会活动。皮亚杰特别强调社会活动对儿童认知发展的作用,他认为环境教育重于知识教育,因此,在教学中应让儿童多参与社会活动。

2. 简述学习迁移的影响因素。

(1)学习材料的特点。(2)原有的认知结构。(3)对学习情境的理解。(4)学习的心理准备状态(心向)。(5)学习策略的水平。(6)智力与能力。(7)教师的指导。

3. 简述小学德育的实施途径。

(1)思想品德课与其他学科教学;(2)课外、校外活动;(3)劳动;(4)少先队活动;(5)班主任工作;(6)班会、校会、周会、晨会。

过关必刷题库

专题一 心理学基础知识

一、单项选择题

答案速查

1~5	DADAC	6~10	BCABA
11~15	BDBCA	16~20	CDAAA
21~25	BCDDA	26~30	CDCCC
31~35	CCABC	36~40	BCBAB
41~45	BACDA	46~50	ABBDC
51~55	DCABD	56~60	CCBCA
61~65	BBACB	66~70	BBCCC
71~77	BCBBCCD		

1. D 【解析】视觉后像有正后像和负后像。注视发光的灯泡几秒钟,再闭上眼睛,就会感到眼前有一个同灯泡差不多的光源出现在黑暗的背景里,这时出现的就是正后像。

2. A 【解析】无意注意也称不随意注意,是没有预定目的、无需意志努力、不由自主地对一定事物所发生的注意。题干所述是教师利用声音的变化来引起学生的无意注意。

3. D 【解析】个体的气质、性格、能力等统称为个性心理特征。能力与性格上的不同表现说明人有个性心理特征上的差异。

4. A 【解析】暗适应是指照明停止或由亮处转入暗处时视觉感受性提高的过程。

5. C 【解析】在手段—目的分析中,首先要发现当前所处状态与想要达到状态的差异,然后把一个问题分解为若干子问题,设立各种子目标,通过实现一系列的子目标最终达到总目标,即解决问题。手段—目的分析法是一种不断减少当前状态与目标状态之间的差别而逐步前进的策略,是一种常用的解题策略,对解决复杂问题有重要的应用价值。

6. B 【解析】知觉的理解性是指人以知识经验为基础对感知的事物加工处理,并用语词加以概括赋予说明的加工过程。由于个体知识经验的不同,对同一事物会有不同的理解。同一个报告,懂行的人和不懂行的人由于自身知识经验对其有不同的理解,这体现了知觉的理解性。

7. C 【解析】在有意注意阶段,主体从事一项活动需要意志努力,但随着活动的深入,个体由于兴趣的提高或操作的熟练,不用意志努力就能够在这项活动上保持注意。此时,个体的注意状态达到了有意后注意。

8. A 【解析】思维的间接性是指思维活动不直接反映作用于感觉器官的事物,而是借助一定的媒介和一定的知识经验对客观事物进行间接的认识。题干中,李清照这首词翻译成白话文意思是:昨夜雨虽然下得稀疏,但是风却劲吹不停,酣睡一夜仍有余醉未消。问那正在卷帘的侍女,外面的情况如何,她却说海棠花依然和昨天一样。知道吗?知道吗?(经受一夜风吹雨打后海棠)应该是绿叶繁茂,红花凋零了。通过"昨夜雨疏风骤"来推知海棠"绿肥红瘦",这体现了思维的间接性。

9. B 【解析】创造想象是按照一定目的、任务,使用自己以往积累的表象,在头脑中独立地创造出新形象的过程。聊斋志异中神鬼狐妖的故事是作者运用自己积累的表象创造出来的,故属于创造想象。

10. A 【解析】知觉的选择性是指当面对众多的客体时,知觉系统会自动地将刺激分为对象和背景,并把知觉对象优先地从背景中区分出来。题干中用红笔画重点就是为了把知觉对象优先从背景中区分出来,这利用了知觉的选择性。

11. B 【解析】表象是事物不在面前时,人们在头脑中出现的关于事物的形象。想象是人脑对已储存的表象进行加工改造,形成新形象的心理过程。题干描述的是想象的概念。

12. D 【解析】注意的转移是指根据新的任务,主动地把注意从一个对象转移到另一个对象或由一种活动转移到另一种活动的现象。小刘能根据领导的安排很快地把注意力转移到新任务上,这说明小刘注意的转移快。

13. B 【解析】根据人脑反映的对象的不同,可以把知觉分为物体知觉和社会知觉。物体知觉可分为空间知觉、时间知觉、运动知觉等。社会知觉,也叫社会认知,是人对社会现象和社会关系的知觉。它包括对别人的知觉、自我知觉、人际知觉三部分。

14. C 【解析】注意的集中性是指心理活动在选择对象的同时,对别的事物的影响加以抑制而不予理会,以保证对所选对象做出鲜明和清晰的反映。人在注意力高度集中时,除了对目标物之外,对自己周围的其他事物就会"视而不见、听而不闻"了。

15. A 【解析】直观动作思维是以实际动作为支柱的思维过程。思维活动往往是在实际操作中,借助触摸、摆弄物体而产生和进行的。成人也有动作思维。题干中,技术工人在对一台机器进行维修时,一边检查一边思考故障的原因,直至发现问题排除故障为止,这一过程中动作思维占据主要地位。

16. C 【解析】意义识记是在理解的基础上,依据材料的内在联系,并运用已有知识经验而进行的识记。在学新知识前先复习旧知识,找到新旧知识之间的内在联系,从而用已获得的知识去帮助理解、记忆新知识,这一过程属于意义识记的运用。

17. D 【解析】思维的灵活性是指能灵活地思考问题。"足智多谋,随机应变"指的是人富有智慧,善于谋划,能随着情况的变化灵活机动地应付出现的情况,这反映了思维的灵活性。

18. A 【解析】感觉对比是同一感受器接受不同的刺激,而使感受性发生变化的现象。感觉对比分为两种:同时对比和继时对比。几个刺激物同时作用于同一感受器会产生同时对比现象。题干所述体现的是同时对比。

19. A 【解析】意志的自制性是一个人善于根据预期目的或既定要求,控制自己的心理活动和行为的意志品质。题干中的"节之""纵之"说的是一个人是否善于控制自己、约束自己。

20. A 【解析】人格是构成一个人思想、情感及行为的特有模式,是一个人区别于他人的稳定而统一的心理品质。

21. B 【解析】胆汁质和抑郁质的学生由于兴奋性太强和太弱而容易影响其心理健康。因此,在教育中,教师要特别重视胆汁质和抑郁质学生,对这两种极端类型的学生应该给予特别的照顾,采取一些特殊的措施,尽量避免强烈的刺激和大起大落的情绪变化。

22. C 【解析】"笨鸟先飞""勤能补拙"都强调勤奋的重要性,而勤奋是性格的态度特征,因此体现了性格对能力的影响。

23. D 【解析】系列位置效应是指接近开头和末尾的记忆材料的记忆效果好于中间部分的记忆效果的趋势。

24. D 【解析】过度学习是指学习达到恰能背诵之后再继续学习。实验证明:过度学习达到50%,即学习的熟练程度达到150%时,学习的效果最好;超过150%时,效果并不递增,很可能引起厌倦、疲劳而成为无效劳动。故题干中运用的方法属于过度学习。

25. A 【解析】性格的态度特征包括对社会、集体、他人的态度,对劳动、工作和学习的态度,对自己的态度等。节俭属于性格的态度特征。

26. C 【解析】晕轮效应(又称光环效应)是指当我们认为某人具有某种特征时,就会对他的其他特征做相似判断。题干中的班主任仅根据小李和小张的成绩便对他们作出了评价,认为成绩好的学生品质也好,成绩差的学生其他方面的表现也差,这种以点概面、以偏概全的主观印象就是晕轮效应。

27. D 【解析】一种感觉兼有另一种感觉的心理现象叫联觉。题干中学生由《冰上圆舞曲》的听觉反应产生了视觉反应,这种心理活动属于联觉。

28. C 【解析】陈述性记忆是指对有关事实和事件的记忆,如课本知识和生活常识。

29. C 【解析】一种感觉兼有另一种感觉的心理现象叫联觉。题干中,人们看到不同颜色后会产生暖或冷的感觉,这种同时兼有两种感觉的心理现象属于联觉。

30. C 【解析】手段—目的分析法就是把一个问题分解为若干子问题,设立各种子目标,通过实现一系列的子目标最终达到总目标,即解决问题。

31. C 【解析】压抑(动机)说认为,遗忘是由于情绪或动机的压抑作用引起的,如果压抑被解除,记忆就能恢复。由于情绪紧张而引起的遗忘(考试时经常发生)就属于这种类型。

32. C 【解析】短时间内注意周期性地不随意跳跃现象称为注意的起伏(或注意的动摇),它是由于人的感受性不能长时间地保持固定的状态,而是间歇性地加强和减弱造成的。题干中的运动员因起跑信号与预备信号的间隔时间太长而受到影响,这是因为注意的起伏。

33. A 【解析】知觉的理解性是指人以知识经验为

基础对感知的事物加工处理，并用语词加以概括赋予说明的加工过程。丽丽和爸爸不同的回答体现了知觉的理解性。

34. B 【解析】意志的自制性是指一个人善于根据预期目的或既定要求，控制自己的心理活动和行为的意志品质。自制性较强的人善于控制和支配自己的情绪，约束自己的言行。题干中的教师能够控制自己的不愉快情绪，体现了其意志的自制性较好。

35. C 【解析】美感是人们根据一定的审美标准对自然或社会现象及其在艺术上的表现予以评价时所产生的情感体验。

36. B 【解析】心境是一种微弱的、持续时间较长的、带有弥漫性的情绪状态。心境一经产生就不只表现在某一特定对象上，而是在相当长的一段时间内，使人的整个心理活动都染上某种情绪色彩，影响人的整个行为表现，成为情绪生活的背景。"忧者见之则忧，喜者见之则喜"说的就是心境。

37. C 【解析】"外行看热闹，内行看门道"说的是有相关知识经验的人在知觉当前事物时会以以往的知识经验来理解，体现了知觉的理解性。

38. B 【解析】刻板效应(刻板印象)是指对一类事物或人物的一种比较固定、概括而笼统的看法。当个体对一群人的特征或动机加以概括，把概括得出的群体的特征归属于团体中的每一个人，认为他们每个人都具有这种特征，而无视团体成员中的个体差异，就会产生刻板印象。题干中，人们对护士、空姐等职业的固有看法即是一种刻板印象。

39. A 【解析】无意注意也称不随意注意，是没有预定目的、无需意志努力、不由自主地对一定事物所发生的注意。题干中的老师突然停止讲课，学生会不自觉地看向他，这是一种没有预定目的、不由自主的注意。故答案选A项。

40. B 【解析】知觉的选择性是指当面对众多的客体时，知觉系统会自动地将刺激分为对象和背景，并把知觉对象优先地从背景中区分出来。知觉对象和背景的差别性会影响知觉的选择性，题干中变色龙根据周围环境调节自身颜色，使对象和背景的差别变小，从而达到不易被人发现的目的，这主要是利用了知觉的选择性。

41. B 【解析】情绪可分为心境、激情、应激三种。其中，激情是一种爆发式的、猛烈而持续时间短暂的情绪状态。例如，狂喜、暴怒、恐惧、绝望、剧烈的悲痛等。它往往带有特定的指向性和较明显的外部行为表现，如暴跳如雷、浑身战栗、手舞足蹈等。

42. A 【解析】定势又称心向，是指重复先前的操作所引起的一种心理准备状态。定势会影响人们以习惯的方式解决问题。题干中，小东学会数量的比较方法后，就用这种方法去判断百分数之间的大小对比情况，这种思维方式体现了定势的消极影响。

43. C 【解析】功能固着是指人们看到某物品的惯常用途后，就很难看出它的其他新用途。功能固着也是思维活动刻板化现象。张博只能联想到事物的常见用途而无法想到其他可能的功能，不能摆脱对事物的固有观念去灵活地思考，他的这种固化、刻板的想法体现的心理现象是功能固着。

44. D 【解析】原型启发是指从其他事物上发现解决问题的途径和方法。题干中鲁班由"茅草划破手"发明了"锯"是原型启发的表现。

45. A 【解析】再造想象是依据词语或符号的描述、示意在头脑中形成与之相应的新形象的过程。人在阅读文艺作品、历史文献时，头脑中出现的有关事物的形象，就属于再造想象。题干中小王在阅读《水浒传》时，脑海中浮现出鲁智深的形象，这是典型的再造想象。

46. A 【解析】注意的广度也称注意的范围，是指在同一时间内，人们能够清楚地知觉出的对象的数目。"一目十行"指的就是注意的范围。人们同一时间只能注意到六颗以内的石子儿，这是知觉到的客体的数目。

47. B 【解析】多血质类型的人反应迅速、有朝气、活泼好动、动作敏捷、情绪不稳定。题干所述学生的气质类型属于多血质。

48. B 【解析】意志品质主要包括自觉性、果断性、自制性和坚韧性等几个方面。题干中有些学生经常缺交数学作业、在各项活动中也有一些学生叫苦叫累都是缺乏意志品质的表现。因此需要加强对学生意志品质的培养。

49. D 【解析】气质是表现在心理活动的强度、速度、灵活性与指向性等方面的一种稳定的心理特征，即我们平时所说的脾气、秉性。气质是人的天性，很难改变，且无好坏之分。题干所述"情绪爆发快""多愁善感""思维灵活""稳重"等都属于个体气质方面的体现。

50. C 【解析】思维的间接性是指思维活动不直接

反映作用于感觉器官的事物，而是借助一定的媒介和一定的知识经验对客观事物进行间接的认识。例如，医生通过号脉诊断疾病。

51. D 【解析】在总体印象形成上，最初获得的信息比后来获得的信息影响更大的现象称为首因效应，例如人们交往时很注重第一印象。题干所述体现了首因效应。

52. C 【解析】根据思维的内容凭借物、任务的性质、发展水平以及解决问题的方式可把思维分为直观动作思维、具体形象思维和抽象逻辑思维。其中，直观动作思维是以实际动作为支柱的思维过程；具体形象思维是以直观形象和表象为支柱的思维过程；抽象逻辑思维是以词为中介来反映现实的思维过程，也叫词的思维或逻辑思维。学生利用头脑中的概念、理论知识来解决问题的思维属于抽象逻辑思维。

53. A 【解析】感觉适应是指由于刺激对感受器的持续作用而使感受性发生变化的现象。"入芝兰之室，久而不闻其香"，在心理学中把这种现象称为嗅觉的适应。

54. B 【解析】艾宾浩斯的遗忘曲线表明，遗忘在学习之后立即开始，而且在最初的时间里遗忘速度很快，随着时间的推移，遗忘的速度逐渐缓慢下来，过了相当长的时间后，几乎不再发生遗忘。

55. D 【解析】影响遗忘进程的因素包括：(1)学习材料的性质；(2)系列位置效应；(3)识记材料的数量和学习程度；(4)记忆任务的长久性与重要性；(5)识记的方法；(6)时间因素；(7)情绪和动机。

56. C 【解析】解释遗忘的理论比较著名的主要有四种，分别是消退说、干扰说、压抑说和提取失败说。提取失败说认为遗忘之所以发生，是因为编码不准确，失去了检索线索或线索错误。题干中"明明知道对方的名字，但就是想不起来"，说明这个人的名字并没有被我们遗忘，他的信息仍然在我们的记忆系统中，之所以想不起来，是由于无法提取这个人名字的线索。

57. C 【解析】趋避冲突是指对同一目的兼具好恶的矛盾心理。题干中人们既想去旅游又怕耗费时间、精力和钱财属于趋避冲突。

58. B 【解析】无意注意也称不随意注意，是没有预定目的、无需意志努力、不由自主地对一定事物所发生的注意。题干中这位母亲用电动玩具人引起了孩子的无意注意，从而使孩子停止了哭闹。

59. C 【解析】双趋冲突是指从自己同时都很喜爱的两个事物中仅择其一的心理状态。

60. A 【解析】前摄抑制是先学习的材料对识记和回忆后学习材料的干扰作用。题干中小学生学习的汉语拼音影响了他学习英语字母的发音，这是前摄抑制的干扰作用。

61. B 【解析】从以机械记忆为主向以意义记忆为主过渡，是小学生记忆发展的特点。机械识记是根据材料的外在联系，采取多次重复的方式所进行的识记，即平时所说的死记硬背。意义识记是在理解的基础上，依据材料的内在联系，并运用已有的知识经验而进行的识记，有人也称之为理解记忆或逻辑记忆。佳佳以前反复诵读诗句进行记忆，这体现的是机械记忆；后来佳佳可以根据老师解释的诗句含义进行记忆，这体现的是意义记忆。所以，答案选B项。

62. B 【解析】注意的转移是根据新的任务，主动地把注意从一个对象转移到另一个对象或由一种活动转移到另一种活动的现象。所以注意的转移是有意识的行为，故A项说法错误。有意后注意是在有意注意的基础上，经过学习、训练或培养个人对事物的直接兴趣达到的。有意后注意是一种更高级的注意，在活动进行中不容易感到疲倦，这对完成长期性和连续性的工作有重要意义。因此，有意后注意应该在课堂上出现，以帮助学生更好的学习，故C项说法错误。有意注意也称随意注意，是有预先目的、必要时需要意志努力、主动地对一定事物所发生的注意。因此，有意注意一定是有目的的，故D项说法错误。注意具有选择、保持、调节与监督三大功能，但注意最重要的功能是调节与监督功能。因此，本题答案选B项。

63. A 【解析】思维的概括性包含两层意思：(1)把同一类事物的共同特征和本质特征抽取出来加以概括；(2)将多次感知到的事物之间的联系和关系加以概括，得出有关事物之间的内在联系的结论。题干中，古人通过观察月亮与石头的变化，找到了二者与天气之间的内在联系，并总结出一条气象谚语，这种思维方式体现了思维的概括性。

64. C 【解析】流畅性是指在限定时间内产生观念数量的多少。该特征能反映个体的心智灵活、思路通达的程度。题干要求学生在3分钟内尽可能多地说出"砖"的用途，说得越多，表明学生思维的流畅性越好。

65. B 【解析】直觉思维是未经逐步分析就迅速对问题答案做出合理的猜测、设想或突然领悟的思维。题干描述的是直觉思维的表现。

66. B 【解析】直觉思维是未经逐步分析就迅速对问题的答案做出合理的猜测、设想或突然领悟的思维。警察能迅速辨别出罪犯利用的就是直觉思维。

67. B 【解析】刚刚能引起感觉的最小刺激强度叫绝对感觉阈限。题干阐述的是绝对感觉阈限的实验。

68. C 【解析】黏液质的人稳重,但灵活性不足;踏实,但有些死板;沉着冷静,但缺乏生气。题干中安安的气质符合黏液质气质类型的特点。

69. C 【解析】趋避冲突是指对同一目的兼具好恶的矛盾心理。题干中这位学生既想参加演讲比赛锻炼自己,又害怕讲不好,这属于趋避冲突。

70. C 【解析】抑郁质的人以敏锐、稳重、体验深刻、外表温柔、怯懦、孤独、行动缓慢为特征。小佳生性柔弱,做事磨蹭,敏感易哭,这表明小佳的气质类型属于抑郁质。

71. B 【解析】依据情绪发生的强度、持续性和紧张度的不同,可以把情绪状态划分为激情、心境、应激三种。其中,心境是一种微弱的、持续时间较长的、带有弥漫性的情绪状态。因此,题干中的小莉持续几天闷闷不乐的情绪状态属于心境,故答案选B项。

72. C 【解析】儿童在3岁以后,自我意识的发展进入社会自我阶段。社会自我至少年期基本成熟。心理自我是在青春期开始发展和形成的。因此,十岁左右的学生自我意识发展较为成熟的方面是社会自我。

73. B 【解析】理智感是人认识事物和探求真理的需要是否得到满足而产生的主观体验。人在认识事物或研究问题时,对于新的还未认识的东西,表现出求知欲、好奇心;对于不能理解或不能解决的问题,表现出惊奇和疑虑;对于正在论证、评价的问题,表现出维护自己观点的热情或浓厚的兴趣;对于经过努力钻研与思考得到了解决的问题,又会表现出无比的喜悦。所有这些都属于理智感。

74. B 【解析】意志的果断性是指一个人在面对复杂多变的情境时,能够分辨是非,迅速而合理地采取决定和执行决定的意志品质。项羽在鸿门宴中没有当机立断,抓住时机杀掉刘邦,表明其需要加强意志的果断性的培养。

75. C 【解析】意志是指人自觉地确定目的,有意识地根据目的、动机调节支配行动,努力克服困难,实现目标的心理过程。

76. C 【解析】美国精神分析学家埃里克森认为,人格发展是一个逐渐形成的过程,必须经历八个顺序不变的阶段。小学阶段的儿童处于勤奋感对自卑感阶段,此时正规教育开始,儿童最关心的是教师与社会所要求掌握的知识和技能,学习各种必要的谋生手段以及能使他们成为社会生产者所具备的专业技巧。这就需要儿童以稳定的注意和孜孜不倦的勤奋来完成工作。否则的话,他们就会形成一种对其能力缺乏信心的自卑感。

77. D 【解析】"我是一个怎样的人"是对自我及其角色提出的疑问,与此相关的是自我同一性与角色混乱阶段。

二、简答题(参考答案)

1. 简述动机冲突的种类。

(1)双趋冲突,从自己同时都很喜爱的两个事物中仅择其一的心理状态,例如高中分科,有人既想学文科又想学理科。

(2)双避冲突,从希望回避的两种事物中必取其一的心理状态,例如进退维谷。

(3)趋避冲突,对同一目的兼具好恶的矛盾心理,例如既想当班干部又怕耽误时间影响学习。

(4)多重趋避冲突,对含有吸引与排斥两种力量的多种目标予以选择时所发生的冲突,例如大学毕业生就业中的选择困难。

2. 简述加德纳提出的智力类型。

加德纳认为,人的智力结构中存在着七种相对独立的智力,这七种智力在每个人身上的组合方式是多种多样的,每个人在不同领域的智力发展水平是不同步的。七种智力分别是:(1)言语智力;(2)逻辑—数理智力;(3)视觉—空间智力;(4)音乐智力;(5)运动智力;(6)人际智力(也即社交智力);(7)自知智力(也即内省智力)。1995年,加德纳又提出了第八种智力,即认识自然智力。后来,他又提出了第九种智力,即存在智力。

3. 简述在教学中如何提高学生解决问题的能力。

(1)培养学生主动质疑和解决问题的内在动机;(2)问题的难度要适当;(3)帮助学生正确表征问题;(4)帮助学生养成分析问题和对问题归类的习惯;(5)提高学生知识储备的数量和质量,指导学生善于从记忆中提取信息;(6)训练学生陈述自己的假设及其步骤,鼓励自我评价和反思;(7)教授与训练解决问题的方法和策略;(8)提供多种练习机会;(9)训练逻辑思维能力,提高思维水平。

4. 简述遗忘过程的规律。

艾宾浩斯遗忘曲线表明,遗忘在学习之后立即开始,而且在最初的时间里遗忘速度很快,随着时间的推移,遗忘的速度逐渐缓慢下来,过了相当长的时间后,几乎不再发生遗忘。由此可以看出,遗忘是有规律的,即遗忘的进程是不均衡的,其趋势是先快后慢、先多后少,呈负加速,且到一定的程度就几乎不再遗忘了。

5. 简述知识、技能与能力之间的联系。

知识、技能与能力之间的联系表现为:(1)能力是掌握知识与技能的前提。能力的高低会影响到知识掌握的深浅、难易和技能水平的高低。(2)能力是在掌握知识和技能的过程中形成和发展起来的,掌握系统的知识和技能有利于能力的增长和发挥。(3)从一个人掌握知识、技能的速度与质量上,可以看出其能力的大小。

6. 简述如何培养小学生的想象力。

(1)在教学中发展学生的再造想象。①要扩大学生头脑中的表象储备。②教师要帮助学生真正弄懂描述中关键性词句和实物标志的含义。③教师要唤起学生对教材的想象,以加深学生对知识的理解和巩固。

(2)在教学中培养学生的创造想象。①要引导学生学会观察,丰富学生的表象储备。②引导学生积极思考,有利于打开想象力的大门。③引导学生努力学习科学文化知识,扩大学生的知识经验,以发展学生的空间想象能力。④注意发展学生的语言能力。⑤结合学科教学,有目的地训练学生的想象力。⑥引导学生进行积极的幻想。

7. 影响学生解决问题的因素有哪些?

(1)问题情境;(2)定势与功能固着;(3)原型启发;(4)已有知识经验;(5)情绪与动机。此外,个体的认知结构、个性特征以及问题的特点等也会影响问题解决。

8. 简述埃里克森的人格发展阶段理论中的八个阶段。

(1)基本的信任感对基本的不信任感(0~1.5岁);(2)自主感对羞耻感(2~3岁);(3)主动感对内疚感(4~5岁);(4)勤奋感对自卑感(6~11岁);(5)自我同一性对角色混乱(12~18岁);(6)亲密感对孤独感(19~25岁);(7)繁殖感对停滞感(26~60岁);(8)自我整合对绝望感(60岁以上)。

三、材料分析题(参考答案)

(1)美国心理学家马斯洛是需要层次理论的提出者和代表人物。他根据需要出现的先后及强弱顺序,把需要分成了七个层次,即生理需要、安全需要、归属与爱的需要、尊重需要、求知需要、审美需要和自我实现的需要。其中归属与爱的需要,也称社交需要,是指每个人都有被他人或群体接纳、爱护、关注、鼓励及支持的需要。例如,和谐人际关系、被团体接纳、有归属感等。从马斯洛需要层次理论来看,小明的归属与爱的需要没有得到满足。

(2)马斯洛对以上七种需要进行了进一步的区分:位于需要层次底部的四种需要被称为缺失性需要,后三种需要是成长性需要。较低级的需要至少必须部分满足之后才会出现对较高级需要的追求。学习属于求知需要,属于一种更高层次的需要。小明因为归属与爱的需要没有得到满足,进而影响他对求知需要的追求,这也是他成绩下滑的主要原因。

(3)从家长方面,小明的父母应给予小明更多的关爱,平时多与小明沟通,及时了解他内心想法,使小明感受到爱的温暖;从学校方面,老师应关心爱护小明,加强与其家长的沟通,并集合全班同学的力量加强对小明的关心与爱护,使其感受到集体的温暖,满足他对归属与爱的需要,进而激发小明的学习动机,提高学习成绩。

专题二　小学生身心发展

一、单项选择题

答案速查

1~5	CCDCC	6~10	CBBBD
11~15	BBADB	16~20	ACABC

1. C 【解析】个体身心发展的阶段性规律要求教育工作必须从学生的实际出发,针对不同年龄阶段的学生,提出不同的具体任务,采取不同的教育内容和方法,既不能把小学生当中学生看待,也不能把初中生和高中生混为一谈。同时应注意前后相邻阶段的衔接,做好幼儿园与小学的衔接、小学与初中的衔接工作。

2. C 【解析】在皮亚杰和英海尔德的"三山实验"任务中,7~9岁的儿童能够注意到一种情境的多个方面,从他人的角度理解问题。根据题干中的描述可知,这些儿童能够从亮亮的角度去看问题,即思维去自我中心化,这是具体运算阶段的思维特征。

3. D 【解析】进入形式运算阶段是儿童思维发展趋

于成熟的标志。

4. C 【解析】个体身心发展的不平衡性(不均衡性)的表现之一是身心发展的同一方面的发展速度,在不同的年龄阶段是不平衡的。例如,青少年的身高体重在其全部发展过程中经历两个高峰,在这两个高峰期内,身高体重的发展较之其他阶段快得多。题干所述即体现了个体身心发展的不均衡性。

5. C 【解析】个体身心发展的个别差异性的表现有:(1)不同个体同一方面的发展速度和水平不同,如有些人"少年得志",有些人则"大器晚成";(2)不同个体不同方面的发展存在差异,如有的儿童数学能力较强,但绘画却很差,而有的儿童正好相反;(3)不同个体所具有的个性心理倾向不同,如同年龄的儿童具有不同的兴趣、爱好和性格等;(4)个别差异也表现在群体间,如男女性别的差异。题干中不同的人在爱好、能力等方面存在着差异,即体现了个体身心发展具有个别差异性。

6. C 【解析】顺应是主体改变其已有图式或形成新的图式以适应外界的变化。个体调节内部结构以适应特定刺激的过程就是顺应过程。

7. B 【解析】最近发展区是儿童在有指导的情况下,借助成人的帮助所能达到的解决问题的水平与独自解决问题所达到的水平(现有水平)之间的差异,实际上是两个邻近发展阶段间的过渡状态。故题干所述符合最近发展区的内涵。

8. B 【解析】前运算阶段(2~7岁)的儿童思维活动表现的关系单一,不能进行可逆运算。题干所述儿童的思维发展处于前运算阶段。

9. B 【解析】小强妈妈明知道小强不喜欢弹钢琴,还给他报了钢琴兴趣班,这违背了个体发展的差异性,没有做到因材施教,是不正确的。

10. D 【解析】所谓关键期,就是指人的某种身心潜能在人的某一年龄段有一个最好的发展时期。在这一时期内,对个体某一方面进行训练可以获得最佳成效,并能充分发挥个体在这一方面的潜力。错过了关键期,训练的效果就会降低,甚至永远无法补偿。

11. B 【解析】个体身心发展具有阶段性,不同年龄阶段学生的身心发展具有不同的总体特征及主要矛盾,面临着不同的发展任务。个体身心发展的阶段性规律决定了教育工作必须从教育对象的实际出发,针对不同年龄的学生,提出不同的具体任务,采用不同的教育内容和方法。根据课程标准的规定,不同学段的教学目标不同,语文教师不按课程标准所要求的学段目标开展教学,其行为主要违背了儿童发展的阶段性。

12. B 【解析】场独立型的学生偏爱理科和自然科学,关心抽象的概念和理论,喜欢独处,社会敏感性差,不善于社交。

13. A 【解析】认知发展处于前运算阶段的儿童思维具有泛灵论的特点,即将人类的特征赋予无生命的物体。前运算阶段的儿童会认为任何物体都是有生命的。题干中儿童将"太阳""白云""小草"称为"太阳公公""白云姐姐""小草妹妹",这是将物体拟人化的表现,故体现了泛灵论的特点。

14. D 【解析】场依存型的学生对客观事物的判断常以外部线索为依据,其态度和自我认知易受周围环境或背景(尤其是权威人士)的影响,往往不易独立地对事物做出判断,而是人云亦云,从他人处获得标准。根据题干所述可知多多的认知方式倾向于场依存型。

15. B 【解析】维果斯基提出了最近发展区理论,强调"教学应走在发展前面"。在课程实施过程中,教学应当有一定的难度,超出学生现有的知识范畴,发挥教学对学生的主导作用,引导学生掌握新的知识技能。同时,教学也要量力而行,要根据学生的现有水平适当控制学习难度,避免因难度过大而使学生丧失对学习的自信心和热情。题干所述教学理念主要基于最近发展区理论。

16. A 【解析】个体身心发展的互补性规律要求教育工作者:(1)要树立信心,相信每一个学生,特别是暂时落后或某些方面有缺陷的学生,通过其他方面的补偿性发展,都会达到与一般正常学生一样的发展水平;(2)要掌握科学的教育方法,发现学生的优势,扬长避短、长善救失,激发学生自我发展的信心和自觉。

17. C 【解析】题干中"从两个或两个以上角度思考问题",表明儿童能够从多个角度看待和思考问题。在具体运算阶段,儿童的一个重要特点就是思维出现"去自我中心性",逐渐学会从他人的角度去看问题,因此本题选C。

18. A 【解析】所谓守恒性是指儿童认识到客体在外形上发生了变化,但属性保持不变。小红认为橘子被剥成一瓣一瓣后比原来少了,这说明小红的思维还没有具备守恒性。

19. B 【解析】个体在不同的年龄阶段表现出不同

的总体特征及主要矛盾，面临着不同的发展任务，这就是身心发展的阶段性。在此阶段切忌“一刀切”。所以，身心发展的阶段性启示我们，在教育中要有针对性。

20. C 【解析】冲动型认知风格的学生在解决问题时反应时间很快，在解决认知任务时，总是急于给出问题的答案。题干中的小丽在老师提出问题后就立马回答，但答案有错误，这说明其认知风格属于冲动型。

二、简答题(参考答案)

1. 简述个体身心发展的不平衡性(不均衡性)的表现。

身心发展的不平衡性主要表现在两个方面：

(1)个体同一方面的发展速度，在不同的年龄阶段是不平衡的。(2)个体不同方面发展具有不平衡性。

2. 简述“教学应走在发展前面”的含义。

在维果斯基看来，教学的可能性由学生的最近发展区决定，“教学应该走在发展的前面”。这里有两层含义：

(1)教学在发展中起主导作用。它决定着儿童的发展，决定着发展的内容、水平、速度及智力活动的特点。

(2)教学创造着最近发展区。教学应适应学生的现有水平，但更重要的是要发挥教学对发展的主导作用。

3. 简述个体的认知风格类型。

认知方式又称认知风格，是个体在认知活动中加工和组织信息时所显示出来的独特而稳定的风格。不同的人将认知方式分为不同种类，具体如下：

(1)场依存型与场独立型；(2)冲动型与沉思型；(3)辐合型与发散型；(4)具体型和抽象型。

三、材料分析题(参考答案)

1. (1)朱勃“早慧”和马援“大器晚成”说明了个体能力的发展存在早晚差异，个体身心发展具有差异性。

(2)这则材料启示教师在教学过程中要注重学生的个体差异，在实施教学时要坚持因材施教原则。本故事也说明了教师期望的重要性。对于学习不好的学生，教师不要对其失去信心，而是要多加鼓励，让儿童认识到他是有能力和希望成为好学生的。在老师的积极鼓励、循循善诱下，学生是有可能变好的。如果对暂时学习不好的学生加以打击，会损害学生的学习积极性，使他们的学习成绩每况愈下。

2. (1)从场独立型和场依存型的角度分析，陈明属于场独立型，罗亮属于场依存型。场独立型的学生对客观事物的判断常以自己的内部线索(经验、价值观)为依据，不易受到周围环境因素的影响和干扰，倾向于对事物的独立判断；场依存型的学生对客观事物的判断常以外部线索为依据，其态度和自我认知易受周围环境或背景(尤其是权威人士)的影响，往往不易独立地对事物做出判断，而是人云亦云，从他人处获得标准，行为常以社会为定向，社会敏感性强，爱好社交活动。材料中，陈明在学习上遇到问题时，常常利用个人经验独立对其进行判断，并且很少受到同学与老师建议的影响，故属于场独立型的认知风格；罗亮更愿意听老师和同学的建议，并以他们的建议作为分析问题的依据，另外还喜欢察言观色，关注社会问题，故属于场依存型的认知风格。

(2)①创设适应学生认知差异的教学组织形式。为了适应学生的智力差异，可以采用的教学组织形式包括：分校、分班、班内分组(同质分组)、复式教学、升留级、跳级、开设特长班和课外兴趣班等。②采用适应认知差异的教学方式，努力使教学方式个别化。如掌握学习、个别指导教学法和个人化教学系统等。③运用适应认知差异的教学手段。如计算机辅助教学、多媒体计算机辅助教学(电视及录像设备、电声设备、光学投影设备、教学机器)等。

专题三 小学生学习指导

一、单项选择题

答案速查

1～5	CDBCD	6～10	BDBDB
11～15	ABBAA	16～20	CDACB
21～25	CAABB	26～30	CBCBB
31～35	AAADA	36～40	CDBBB
41～46	CDBBCC		

1. C 【解析】自我强化是指对自己表现出的符合或超出标准的行为进行自我奖励。题干中的学生对自己完成家庭作业的奖励就属于一种自我强化。

2. D 【解析】逃避条件作用是指当厌恶刺激出现时，有机体做出某种反应，从而逃避了厌恶刺激，则该反应在以后的类似情境中发生的概率便增加的条件作用。在日常生活中，逃避条件作用不乏其例，如看见路上的垃圾后绕道走开、感觉屋内人声嘈杂时暂时离屋等。

3. B 【解析】顺应性迁移指将原有认知经验应用于新情境中时,需调整原有的经验或对新旧经验加以概括,形成一种能包容新旧经验的更高一级的认知结构,以适应外界的变化。小石原先认为空气没有重量,经过科学演示后,他改变了自己原有的认知,形成了新的认知结构,这属于顺应性迁移。

4. C 【解析】桑代克认为,学习要遵循三条重要的原则:准备律、练习律、效果律。其中,效果律是指刺激和反应之间的联结可因导致满意的结果而加强,也可因导致烦恼的结果而减弱。它是最重要的学习规律。生活中,越是成绩好的学生越愿意学习,越是成绩差的学生越不愿意学习,体现了桑代克的效果律。

5. D 【解析】学习策略可分为认知策略、元认知策略和资源管理策略。认知策略包括复述策略、精加工策略和组织策略。题干所述的学习策略属于精加工策略中的首字连词法。

6. B 【解析】水平迁移也叫横向迁移,是指先行学习内容与后继学习内容在难度、复杂程度和概括层次上属于同一水平的学习活动之间产生的影响。锐角三角形和钝角三角形属于同一水平之间的学习活动,故该现象属于横向迁移。

7. D 【解析】桑代克提出了三条主要的学习规律:效果律、练习律、准备律。

8. B 【解析】替代强化是指观察者因看到榜样的行为被强化而受到强化。在本题中,亮亮因看到张强上课乱说话被老师批评,从而知道了上课不能乱说话,因此,亮亮受到了替代强化。

9. D 【解析】学习是个体在特定情境下由于练习和反复经验而产生的行为或行为潜能的相对持久的变化。学习有广义和狭义之分。广义的学习包括人和动物的学习,狭义的学习指的是人类的学习。选项中A、B、C三项都是先天具有的本能,D项属于学习。

10. B 【解析】垂直迁移也称纵向迁移,是指先行学习内容与后续学习内容是不同水平的学习活动之间产生的影响。"生物"的概括水平高于"植物""动物",所以学习"植物""动物"等概念后有助于学习"生物"这一概念体现的是垂直迁移。B项符合题意。

11. A 【解析】普雷马克原理,又称"祖母法则",它最早是由普雷马克提出的,指利用高频活动作为低频活动的有效强化物。简单来说,如果有一件愉快的事等着孩子去做,那么孩子会很快完成另一件不喜欢的行为。运用普雷马克原理时,行为和强化的关系不能颠倒,必须先有行为,再有强化。题干中,告诉孩子吃完青菜后可以吃鸡腿,孩子就会为了吃到鸡腿而去吃青菜,这一做法运用了普雷马克原理。

12. B 【解析】前摄抑制是指先学习的材料对识记和回忆后学习材料的干扰作用;倒摄抑制指后学习的材料对保持和回忆先学习材料的干扰作用。负迁移也叫"抑制性迁移",是指一种学习对另一种学习的阻碍作用。故B项正确。

13. B 【解析】奥苏伯尔从学习内容与学习者认知结构的关系上,将学习分为有意义学习和机械学习。有意义学习的本质就是以符号为代表的新观念与学习者认知结构中原有的适当观念建立起非人为的和实质性的联系的过程,是原有观念对新观念加以同化的过程。与此相反,机械学习就是学生没有建立实质性的联系,没有将教材的内容真正地理解,也就是传统教学中的"死记硬背"。题干中学生对地球结构的知识并没有真正理解,即为机械学习。

14. A 【解析】水平迁移也叫横向迁移,是指先行学习内容与后继学习内容在难度、复杂程度和概括层次上属于同一水平的学习活动之间产生的影响。

15. A 【解析】元认知策略,是指学生对自己整个学习过程的有效监视及控制的策略,大致分为三种:计划策略、监控策略和调节策略。计划策略是根据认知活动的特定目标,在认知活动开始之前计划完成任务所涉及的各种活动、预计结果、选择策略,想出各种解决方法,并预估其有效性的策略。在四个选项中,设置目标属于元认知策略中的计划策略,而列提纲是认知策略中的组织策略,做笔记属于认知策略中的精细加工策略,寻求同学帮助属于资源管理策略。

16. C 【解析】回避条件作用是指当预示厌恶刺激即将出现的刺激信号呈现时,有机体可以自发地做出某种反应,从而避免厌恶刺激的出现,则该反应在以后的类似情境中发生的概率便增加的一类条件作用。题干中小明用撒谎来逃避惩罚,属于回避条件作用。

17. D 【解析】强化有正强化和负强化之分。正强化也称积极强化,是通过呈现想要的愉快刺激来增强反应频率;负强化也称消极强化,是通过消除或中止厌恶、不愉快刺激来增强反应频率。

题干所述符合正强化的概念,所以答案为D项。

18. A 【解析】机体对与条件刺激相似的刺激做出条件反应,属于刺激的泛化。题干中,同学们将隔壁班班主任穿高跟鞋走路的声音误认为是自己班班主任的,从而做出了相同的反应,这体现了刺激的泛化。

19. C 【解析】建构主义的学习观认为,学生本身具有一定的知识经验,教学不能无视学生已有的经验而另起炉灶,因此必须把学生现有的知识经验作为新知识的生长点,引导学生从原有知识经验中"生长"出新的知识经验。学生不是空着脑袋走进教室的,学习必须要考虑在学生已有经验基础上建构。

20. B 【解析】负强化也称消极强化,是通过消除或中止厌恶、不愉快刺激来增强反应频率。处分对学生来说是一种厌恶刺激,老师通过撤销厌恶刺激鼓励学生努力学习,这是负强化的典型运用。

21. C 【解析】惩罚是指当有机体做出某种反应以后,呈现一个厌恶刺激,以消除或抑制此反应的过程。惩罚是通过厌恶刺激的呈现来降低反应在将来发生的概率。以不准孩子吃肯德基来消除孩子打人的行为,属于惩罚。

22. A 【解析】刺激的分化是指只对条件刺激做出条件反应,而对其他相似刺激不做反应。学生学会分辨勇敢和鲁莽、谦让和退缩、重力和压力、质量和重量后,就能正确辨认不同的刺激并做出不同的反应,故题干要求体现了刺激的分化。

23. A 【解析】格式塔学派认为,从学习的结果来看,学习并不是形成刺激—反应的联结,而是形成了新的完形。

24. B 【解析】一般迁移也称非特殊迁移、普遍迁移,是指一种学习中所习得的一般原理、原则和态度对另一种具体内容学习的影响,即原理、原则和态度的具体应用。例如,获得基本的运算技能、阅读技能后运用到各种具体的学科学习中。将语文中总结的阅读技能运用到英语学习中,属于一般迁移。

25. B 【解析】题干语句的意思是:当管理者自身言行端正,做出表率时,不用发号施令,被管理者也会跟着行动起来;相反,如果管理者自身言行不端正,而要求被管理者端正,那么,纵然三令五申,被管理者也不会服从的。这强调了榜样的作用。对榜样的观察学习,可以用班杜拉提出的社会学习理论来解释。

26. C 【解析】消退是一种无强化过程,其作用在于降低某种反应在将来发生的概率,以达到消除某种行为的目的。消退是减少不良行为、消除坏习惯的有效方法。父母对小贺的哭闹行为不理睬,即不予强化,之后小贺哭闹的行为就会逐渐减少,这属于消退。

27. B 【解析】机体对与条件刺激相似的刺激做出条件反应,属于刺激的泛化。如果只对条件刺激做出条件反应,而对其他相似刺激不做反应,则出现了刺激的分化。"一朝被蛇咬,十年怕井绳"就是一种典型的泛化现象。

28. C 【解析】努力管理策略是指为了使学生维持自己的意志努力,需要不断鼓励学生进行自我激励。这包括:(1)激发内在的动机;(2)树立正确的学习信念;(3)选择有挑战性的任务;(4)调节成败的标准;(5)正确归因;(6)自我奖励等。题干所述反映了学生的努力管理策略。

29. B 【解析】发现学习是指给学生提供有关的学习材料,让学生通过探索、操作和思考,自行发现知识、理解概念和原理的教学方法。

30. B 【解析】具体迁移也称特殊迁移,是指学习迁移发生时,学习者原有的经验组成要素及其结构没有变化,只是将一种学习中习得的经验要素重新组合并移用到另一种学习之中。例如,学习了"日""月"对学习"明"的影响;掌握了加减法对做四则运算题的影响等。

31. A 【解析】奥苏伯尔提出"先行组织者"概念,即先于某个学习任务本身呈现的引导性学习材料。

32. A 【解析】准备律是指联结的加强或削弱取决于学习者的心理准备和心理调节状态。题干强调不搞突然袭击,让学生在有准备的状态下进行学习,这符合准备律的内涵。

33. A 【解析】桑代克是行为主义学习理论的代表人物。他认为,学习的过程是一种渐进的、盲目的、尝试错误的过程。故题干中的观点属于行为主义学习理论的观点。

34. D 【解析】凡是能增强行为频率的刺激和事件都叫强化物。在选择强化物时,可以遵循普雷马克原理,又称为"祖母法则",即用高频活动作为低频活动的有效强化物。简言之,如果有一件愉快的事等着学生去做,他们会很快完成另一件不喜欢的行为。在题干中,看电视是高频活动,做作业是低频活动,规定儿童"按时完成家庭作业后才能看电视"能取得最佳效果。

35. A 【解析】托尔曼认为，期望是个体依据已有经验建立的一种内部准备状态，是通过学习而形成的关于目标的认识和期待。期望是托尔曼学习理论的核心概念。

36. C 【解析】学习迁移也称训练迁移，是指一种学习对另一种学习的影响，或习得的经验对完成其他活动的影响。学习迁移作为一种普遍的学习现象，广泛存在于各种知识、技能、行为规范与态度的学习中。平时所说的“举一反三”“触类旁通”等就是典型的迁移形式。

37. D 【解析】学业求助策略指当学生在学习上遇到困难时，向他人请求帮助的行为。学业求助包括两个方面：(1)学习工具的利用，如善于利用参考资料、工具书、图书馆、电脑等。(2)社会性人力资源的利用，如善于利用老师的帮助以及同学间的合作与讨论来加深对学习内容的理解。小学生遇到不认识的字向老师请教，运用的是学业求助策略。

38. B 【解析】纲要策略主要用于对学习材料结构的把握上，列提纲属于纲要策略，而纲要策略是组织策略的一种。

39. B 【解析】所谓发现学习，是指给学生提供有关的学习材料，让学生通过探索、操作和思考，自行发现知识、理解概念和原理的教学方法。题干中，小明通过阅读文献，在求知过程中，自行组织属于自己的知识，符合发现学习的内涵。

40. B 【解析】元认知策略是指学生对自己整个学习过程的有效监视及控制的策略。学生分析考试成败的原因，并做出下一步的计划和安排，这属于典型的元认知策略。

41. C 【解析】记忆术即通过把那些枯燥无味但又必须记住的信息“牵强附会”地赋予意义，使记忆过程变得生动有趣，从而提高学习记忆效果。题干中的潇潇将英语单词“dog”赋予有趣的意义来帮助自己记忆，这正是运用记忆术的表现，而记忆术属于常见的精加工策略，故答案选C项。

42. D 【解析】组织策略中有一种是纲要策略，也称提纲挈领，是掌握学习材料纲目的方法。纲要可以是用语词或句子表达的主题纲要，如以写小标题的形式概括重点，也可以是用符号、图式等形象表达的符号纲要。题干中学生用简洁的词语概括材料的主要观点、次要观点等，符合纲要策略的内涵。

43. B 【解析】布鲁纳在教学观中提出四条掌握学科基本结构的教学原则，分别是动机原则、结构原则、程序原则和强化原则。A项为班杜拉提出的观察学习的四个过程，C项错误，D项为桑代克认为的学习要遵循的三条重要原则。

44. B 【解析】负强化也称消极强化，是通过消除或中止厌恶、不愉快刺激来增强反应频率。当小刚发现坐在后排不用回答问题时，此后出现该行为的次数越来越多，是一种强化的反应，同时当他发现坐在教室后排并趴在桌上时，就不大可能被提问，撤销了一个令小刚厌恶的刺激，所以是一种负强化。

45. C 【解析】形象联想法是记忆术的一种，记忆术属于精加工策略。

46. C 【解析】正迁移也叫“助长性迁移”，是指一种学习对另一种学习的促进作用。题干所述是正迁移的典型事例。

二、简答题(参考答案)

1. 简述布鲁纳的结构教学观。

(1)教学的目的在于理解学科的基本结构。布鲁纳认为，教学的最终目标是促进学生“对学科结构的一般理解”。所谓的学科基本结构，是指学科的基本概念、基本原理及其基本态度和方法。而掌握学科的结构，应该是学习知识方面的最低要求。学生如果掌握了学科的基本结构，就能更好地掌握整个学科。

(2)掌握学科的基本结构的教学原则：动机原则、程序原则、结构原则、强化原则。

(3)发现学习。布鲁纳认为，发现是教育儿童的主要手段，学生掌握学科的基本结构的最好方法是发现学习。发现学习是指给学生提供有关的学习材料，让学生通过探索、操作和思考，自行发现知识、理解概念和原理的教学方法。

2. 简述奥苏伯尔有意义学习的条件。

(1)客观条件：有意义学习的材料必须具有逻辑意义，在学习者的心理上是可以被理解的，是在其学习能力范围之内的。

(2)主观条件：学习者必须具有有意义学习的心向；学习者认知结构中必须具有适当的知识，以便与新知识进行联系；学习者必须积极主动地使这种具有潜在意义的新知识与认知结构中有关的旧知识发生相互作用。

3. 简述建构主义的知识观。

建构主义在一定程度上对知识的客观性和确定性提出质疑，强调知识的动态性。具体表现为：

(1)知识并不是对现实的准确表征，也不是最终

答案,而只是一种解释、一种假设;

(2)知识并不能精确地概括世界的法则,而是需要针对具体情境进行再创造;

(3)知识不可能以实体的形式存在于具体个体之外,尽管我们通过语言符号赋予了知识一定的外在形式,但学习者仍然会基于自己的经验背景进行理解并建构属于自己的知识。

4. 简述影响学习兴趣的因素。

(1)事物本身的特性。凡是相对强烈、对比明显、不断变化、带有强烈的新异性与刺激性的事物,都会引起人们的兴趣。

(2)人们已有的知识经验。对于一些不具有新异性的事物,由于其与人的知识经验之间产生了紧密的联系,并能满足人们获得新的知识经验的需求,也将会引起人们的兴趣。

(3)人们对事物产生的愉快情感体验。一个人在学习过程中获得别人的承认或内在的满足等积极情感体验,对于其学习的稳定性而言,也会起到很好的强化作用。

5. 简述常用的复述策略。

(1)在复述的时间上,采用及时复习、分散复习;(2)在复述的次数上,强调过度学习;(3)在复述的方法上,包括运用有意识记和无意识记、排除相互干扰、运用多种感官协同记忆、整体识记与部分识记相结合、复习形式多样化、画线等。

6. 简述学习迁移的种类。

(1)根据迁移的性质和结果,可分为正迁移、负迁移和零迁移;(2)根据迁移发生的方向,可分为顺向迁移和逆向迁移;(3)根据迁移内容的抽象和概括水平不同,可分为水平迁移和垂直迁移;(4)根据迁移内容的不同,可分为一般迁移和具体迁移;(5)根据迁移过程中所需的内在心理机制的不同,可分为同化性迁移、顺应性迁移和重组性迁移。

7. 简述激发学生学习兴趣的方法。

(1)建立积极的心理准备状态;(2)充分利用本学科的特点优势,激发学生学习兴趣;(3)创设问题情境,激发学生学习兴趣;(4)通过第一课堂及第二课堂中共同培养学生学习兴趣;(5)改进教学方法,增强学生学习兴趣。

三、材料分析题(参考答案)

1. (1)学习策略是指学习者为了提高学习的效果和效率,有目的、有意识地制定有关学习过程的复杂的方案。

学生A做笔记采用了精加工策略,把教师讲授的知识用关系图或框架图进行总结采用的是组织策略。

学生B在学习新知识前设立一个学习目标,采用了元认知策略中的计划策略,对有疑问的知识点做标注采用了元认知监控策略,课下找老师解答采用了资源管理策略中的学业求助策略。

学生C学习时监控自己哪些懂了哪些没懂,并思考老师讲的重要内容自己是否都关注到,采用了监控策略,调整自己的学习进度采用了调节策略。

学生D学习天文学常阅读科普杂志采用了资源管理策略中的学业求助策略。

(2)作为教师要运用好学习策略的训练原则引导学生形成适合自己的学习策略。

①主体性原则。主体性原则是指在学习策略教学中应该发挥和促进学生的主体作用。它既是学习策略训练的目的,又是必要的方法和途径,任何学习策略的使用都依赖于学生主动性和能动性的充分发挥。

②内化性原则。内化性原则是指在学习策略的学习过程中,学生能够不断实践各种学习策略,逐步将其内化成自己的学习能力,熟练掌握并达到自动化的水平,从而能够在新的情境中灵活应用。

③特定性原则。特定性原则是指学习策略一定要适合于学习目标和学生的类型。同样的策略,不同的学生使用起来的效果是不一样的。教师要针对学生的年龄、已有的知识水平以及学习动机类型,帮助学生选择学习策略或改善对其学习不利的学习策略。

④生成性原则。生成性原则是指在学习过程中要利用学习策略对学习的材料进行重新加工,产生某种新的东西。也就是说,学习者应该利用学习的策略对学习材料进行生成性加工,而不是简单地利用别人已有的知识和经验。

⑤有效监控原则。有效监控原则是指学生应该把注意力集中在学习结果和学习过程之间的关系上,监控自己使用每种学习策略所导致的学习结果,以便确定所选策略是否有效。经过这样的监控实践,学生就能够灵活把握何时、何地以及如何使用某种策略,甚至在这些策略运作时能将它描述出来。

⑥个人效能感原则。个人效能感原则是指学生在执行某一任务时对自己胜任能力的判断和自信程度,它是影响学习策略选择的一个重要动机因素。

2. (1)根据马斯洛的需要层次理论,归属与爱的需要,也称社交需要,是指每个人都有被他人或群体接纳、爱护、关注、鼓励及支持的需要。王明作为班集体的一员,希望被整个班集体接纳、爱护、关注和鼓励。而作为一个成绩一般的学生,他的归属与爱的需要得不到满足,所以他采用上课叠纸飞机的方式来吸引大家的注意。

(2)根据行为主义学习理论,材料中英语老师的批评不仅不会改变王明的不良行为,反而迎合了他渴望被老师和同学注意的需要。在本材料中,英语老师可以采用消退的方法来消除王明的不良行为。消退是一种无强化的过程,其作用在于降低某种反应在将来发生的概率,以达到消除某种行为的目的。不去强化而去淡化,既可消除不正确的行为,又不会带来诸如惩罚等导致的感情受挫的副作用。因此,消退是减少不良行为、消除坏习惯的有效方法。材料中王明在课堂上叠纸飞机并把飞机投向空中,是为了得到老师和同学的关注(强化),老师与同学可以不予理睬,不给予其希望得到的强化,那么此类行为就会逐渐减少。

(3)根据班杜拉的社会学习理论,个体可以通过替代强化,即观察者因看到榜样的行为被强化而受到强化。也就是说,老师最好的方法是在班级中树立榜样,让同学们都学习榜样的积极行为,从而抑制个别消极行为的出现。

专题四　小学德育、美育与劳动教育

一、单项选择题

答案速查

1~5	DBBCB	6~10	ACADC
11~15	BDDBC	16~20	DAADB
21~26	DBBDCB		

1. D 【解析】德育过程是一个长期、反复、不断前进的过程。学生正处于成长时期,世界观尚未形成,思想很不稳定。学生品德过程中的反复是不断深化的过程。这也就要求教师要正确认识和对待这种现象,耐心细致地教育学生,引导学生在反复中逐步前进。

2. B 【解析】科尔伯格采用"道德两难故事法"进行道德研究,最典型的就是用"海因茨偷药"的故事,让儿童对道德两难问题做出判断。

3. B 【解析】小学是学生行为习惯养成的关键期,小学生具有很强的可塑性。因此小学德育的重点是培养学生良好的道德行为习惯。

4. C 【解析】道德意志是个体自觉地调节道德行为,克服困难,以实现预定道德目标的心理过程。道德意志实际上是道德观念的能动作用,是个体通过自己理智的权衡作用去解决道德生活中内心矛盾与支配行为的力量,这种力量表现为能够排除内部障碍和外部困难,坚决执行道德动机所引起的行为决定。王军因为天冷不肯起床而再次迟到,说明他不能克服困难、自觉地调节自己的行为,缺乏克服赖床毛病的意志力,所以对王军进行品德教育要重点提高其道德意志水平。

5. B 【解析】皮亚杰将儿童的道德认知发展阶段依次划分为:前道德阶段、他律道德阶段和自律道德阶段。

6. A 【解析】道德认知是指对于道德行为规范及其意义的认识,它是人的认识过程在道德上的表现。题干中,小赵把冒险当作勇敢,说明其缺乏正确的道德认识,因此做出违反纪律的事情。

7. C 【解析】普遍原则的道德定向阶段是进行道德判断的最高阶段。道德发展达到这一阶段的个体能以正义、公平、平等、尊严等这些高级原则为标准进行思考。在根据自己选择的原则进行某些活动时,认为只要动机是好的,行为就是正确的。在这个阶段,他们认为人类普遍的道义高于一切。

8. A 【解析】学校德育实施的途径主要有思想品德课与其他学科教学,课外、校外活动,劳动,少先队活动,班主任工作,班会、校会、周会、晨会等。其中,思想品德课与其他学科教学是学校有目的、有计划、有系统地对学生进行德育的最经常、最基本的途径。

9. D 【解析】教育影响的一致性与连贯性原则是指在德育工作中,教育者应主动协调多方面教育力量,统一认识和步调,有计划、有系统、前后连贯地教育学生,发挥教育的整体功能,培养学生正确的思想品德。题干所述是贯彻这一原则的要求之一。

10. C 【解析】疏导原则是指进行德育要循循善诱,以理服人,从提高学生认识入手,调动学生的主动性,使他们积极向上。题干所述体现了德育的疏导原则。

11. B 【解析】习俗水平包括两个阶段:(1)好孩子的道德定向阶段;(2)维护权威或秩序的道德定向阶段。

12. D 【解析】孩子认识到拿人家东西不对,说明道德认知是正确的;抵不住诱惑,说明他们的意志不坚定,不能够克服种种困难达到目标。所以,应该加强他们的道德意志的培养。

13. D 【解析】疏导原则是指进行德育时要循循善诱、以理服人,从提高学生认识入手,调动学生的主动性,使他们积极向上。疏导原则也就是循循善诱原则。题干中,孔子以经过加工的竹子能够射得更深来比喻经过教育的人能取得更高的成就,由此改变了子路的观点,让他认识到教育的作用。这符合疏导原则的内涵。

14. B 【解析】学校组织学生开展参观历史博物馆、走访抗日老战士的活动属于课外与校外活动。

15. C 【解析】内化,即在思想观点上与社会规范及其价值一致,将自己所认同的思想和自己原有的观点、信念融为一体,构成一个完整的价值体系。在内化阶段,个体的行为具有高度的自觉性和主动性,并具有坚定性,表现为"富贵不能淫,贫贱不能移,威武不能屈"。

16. D 【解析】道德行为是道德形成的最终环节,是指个体在一定的道德意识支配下表现出来的对他人和社会的有道德意义的活动。道德行为是衡量道德品质的重要标志。

17. A 【解析】他律道德阶段的儿童服从外部规则,接受权威指定的规范,把人们规定的准则看作是固定的、不可变更的,而且只根据行为后果来判断对错。甲打碎了一盘玻璃杯,乙只打碎了一个玻璃杯,甲造成的后果更严重,道德发展处于他律阶段的儿童会认为甲的错误更大。因此,答案为A项。

18. A 【解析】依从,即表面上接受规范,按照规范的要求来行动,但对规范缺乏认识,甚至有抵触情绪。它是规范内化的初级阶段,是态度与品德建立的开端。

19. D 【解析】美育是培养学生健康的审美观,发展他们鉴赏美、创造美的能力,培养他们的高尚情操与文明素养的教育。小学美育的主要任务是:(1)培养学生正确的审美观点,使他们具有感受美、理解美和鉴赏美的知识与技能;(2)培养学生参加艺术活动的技能,发展他们体现美和创造美的能力;(3)培养学生心灵美和行为美,使他们在生活中体现内在美和外在美的统一。培养和提高学生的美术课成绩不是美育的主要任务,本题选D。

20. B 【解析】科尔伯格把道德判断分为前习俗水平、习俗水平和后习俗水平三种水平。在习俗水平的好孩子道德定向阶段,儿童的价值是以人际关系的和谐为导向,顺从传统的要求,符合大众的意见,谋求大家的称赞。题干中描述个体根据家庭、社会的期望和要求行事,体现了习俗水平的好孩子道德定向阶段的特点。

21. D 【解析】"视其所以,观其所由,察其所安"是孔子提出了解学生的方法,要求根据学生的不同特点进行区别性的教育。这体现了因材施教原则。

22. B 【解析】实际锻炼法是有目的地组织学生参加各种实践活动,使其在活动中锻炼思想,增长才干,培养优良思想和行为习惯的德育方法。锻炼的方式主要是学习活动、社会活动、生产劳动和课外文体科技活动。

23. B 【解析】榜样示范法是用榜样人物的优秀品德来影响学生的思想、情感和行为的德育方法。"言传不如身教"的意思是用言语来教导,不如用行动来示范,强调要以身作则,这体现的是榜样示范法。

24. D 【解析】品德修养指导法是指教师指导学生自觉主动地进行学习、自我品德反省,以实现思想转化及行为控制的方法。

25. C 【解析】王国维是第一个把美育概念引入中国并对美育的独特性质和独特地位做进一步阐述的思想家。

26. B 【解析】劳动教育是发挥劳动的育人功能,对学生进行热爱劳动、热爱劳动人民的教育活动。劳动教育是我国国民教育体系的重要内容,是学生成长的必要途径,具有树德、增智、强体、育美的综合育人价值。我国的劳动教育旨在使学生学会使用劳动工具,掌握相关劳动技能,培养学生的动手能力,感受劳动创造价值,养成良好的劳动态度和艰苦奋斗的精神。

二、简答题(参考答案)

1. 简述贯彻教育影响的一致性与连贯性原则的要求。

(1)充分发挥教师集体的作用,统一学校内部的多种教育力量,使之成为一个分工合作的优化群体;(2)争取家长和社会的配合,主动协调好与家庭、社会教育的关系,逐步形成以学校为中心的"三位一体"的德育网络;(3)保持德育工作的经常性和制度化,处理好衔接工作,保证对学生影响的连续性、系统性,使学生的思想品德得以循序渐进地持续发展。

2. 简述小学生品德发展的基本特征。

(1)良好行为习惯(自觉纪律)的养成在小学品德发展中占据显著地位;(2)小学生品德发展具有

明显的形象性；(3)小学生的品德发展具有过渡性；(4)小学生品德发展具有一定的协调性。

3. 简述德育过程的基本规律。

(1)德育过程是对学生知、情、意、行的培养与提高过程；(2)德育过程是一个促进学生思想内部矛盾斗争的发展过程，是教育与自我教育相结合的过程；(3)德育过程是组织学生的活动和交往，统一多方面教育影响的过程；(4)德育过程是一个长期的、反复的、逐步提高的过程。

4. 简述运用榜样示范法的要求。

榜样示范法是用榜样人物的优秀品德来影响学生的思想、情感和行为的德育方法。

运用榜样示范法要注意：(1)选好学习的榜样；(2)激起学生对榜样的敬慕之情；(3)狠抓落实，引导学生用榜样来调节行为，提高修养。

5. 简述小学美育的实施途径。

(1)通过课堂教学和课外文化艺术活动进行美育；(2)通过大自然进行美育；(3)在日常生活中进行美育；(4)通过教师的示范作用对学生进行美育。

6. 简述我国劳动教育的内容。

我国劳动教育主要包括日常生活劳动、生产劳动和服务性劳动中的知识、技能与价值观。

(1)日常生活劳动教育立足个人生活事务处理，结合开展新时代校园爱国卫生运动，注重生活能力和良好卫生习惯培养，树立自立自强意识。

(2)生产劳动教育要让学生在工农业生产过程中直接经历物质财富的创造过程，体验从简单劳动、原始劳动向复杂劳动、创造性劳动的发展过程，学会使用工具，掌握相关技术，感受劳动创造价值，增强产品质量意识，体会平凡劳动中的伟大。

(3)服务性劳动教育让学生利用知识、技能等为他人和社会提供服务，在服务性岗位上见习实习，树立服务意识，实践服务技能；在公益劳动、志愿服务中强化社会责任感。

三、材料分析题(参考答案)

(1)音乐老师在教育过程中主要体现了以下德育原则：

①疏导原则。疏导原则是指进行德育要循循善诱，以理服人，从提高学生认识入手，调动学生的主动性，使他们积极向上。材料中，音乐老师上课发现小刚有“手指不自觉地敲打桌子”的不良行为习惯后，并没有武断地进行批评，反而表扬小刚的节奏感好，进而再指出小刚的问题，从而达到了很好的教育目的，体现了德育中的疏导原则。

②尊重信任学生与严格要求学生相结合原则。尊重信任学生与严格要求学生相结合原则是指在德育过程中，教育者既要尊重信任学生，又要对学生提出严格的要求，把严和爱有机地结合起来，使教育者的合理要求转化为学生的自觉行动。材料中音乐老师在教育小刚时先肯定他的长处(音乐节奏感好)，并根据他的长处推荐他去学校乐队，维护了小刚的尊严，然后才委婉地指出他的错误，并提出了遵守纪律的要求。

③因材施教原则。因材施教原则是指教育者在德育过程中，应根据学生的年龄特征、个性差异以及品德发展现状，采取不同的方法和措施，加强德育的针对性和实效性。材料中音乐老师根据学生个人特点有的放矢地进行教育，做到了“一把钥匙开一把锁”的德育要求。

(2)音乐老师的做法对我的教育教学有以下启示：

①学生是发展的人，教师要全面公正地看待每一个学生，要善于发现学生的优点和长处，不能片面地否定学生。材料中，音乐老师发现了小刚节奏感好的优点，并引导小刚发展自己的优点。

②教师要遵循教育规律，尊重学生的主体性与差异性，循循善诱，诲人不倦，因材施教，培养学生的良好品行，激发学生的创新精神，促进学生全面发展。材料中，音乐老师从小刚自身的特点出发，循循善诱，因材施教，帮助小刚更好地发展。

③新课程改革指出，教师在教学过程中要学会尊重学生、赞赏学生、帮助引导学生，要改变课程过分强调甄别、选拔的功能，要关注过程性评价，强调评价的激励功能。教学过程中，教师要充分的看到学生的长处、进步，要学会在教学中激励学生，肯定学生，从而让学生得到信任、肯定。

专题五　小学生安全教育

单项选择题

答案速查

1～5	DCADC	6～10	DCDBD
11～15	DBACD	16～20	BABAC

1. D 【解析】佝偻病中以维生素D缺乏性佝偻病最为常见，严重者可出现骨骼畸形和软化。常用药物有维生素D、钙剂、磷剂。

2. C 【解析】在发生火灾冲出火海后，若身上衣服仍在燃烧，应立即就地打滚或跳入附近的水潭、泥池或河水中。ABD项都不属于身上衣物着火时的急救方法。

3. A 【解析】对于学生轻微烫伤的处理,可先在烫伤处用冷水冲洗,物理降温,然后涂抹烫伤药物,送医院处理。烫伤后不可直接包扎烫伤处,也不能用热水冲洗,BCD三项做法均不正确。

4. D 【解析】家用电器着火时要立即关闭开关,拔下电源插头或拉下总闸,如果是电器外壳着火,可用湿棉被等覆盖物封闭窒息灭火。注意不能用水扑救,以防引起爆炸,而且电器未经专业人员修理,不得接通电源,以免触电、发生火灾事故。结合题干,本题选D。

5. C 【解析】蜜蜂的毒液为酸性,肥皂水为碱性,二者可以中和。因此,被蜜蜂蜇伤后症状较轻的,可用肥皂水冲洗叮咬处。

6. D 【解析】对待摔伤的学生,应该实施冷敷,避免皮下组织出血。

7. C 【解析】使用香水、化妆品、香皂等带花香味的物品后,被蚊子叮咬的概率反而会上升,A项错误。蚊子对湿度、温度、汗液都很敏感,所以它们爱叮爱出汗又不洗澡的人。B项错误,C项正确。蚊子喜爱弱光,所以在户外穿黑色的衣服容易吸引蚊子,D项错误。故本题选C。

8. D 【解析】急性扭伤后,会引起毛细血管的破裂和周围软组织挫伤,如果立即按摩,只能加重毛细血管出血和挫伤,出血量多了,会形成血肿并加重疼痛。故本题选D。

9. B 【解析】用湿毛巾捂住口鼻可以防止有害气体和粉尘进入呼吸道,所以逃生时应该用湿毛巾捂住口鼻,蹲下靠近地面或沿墙壁跑离着火区域。

10. D 【解析】地震发生时,大地剧烈晃动,人往往无法稳定行走,而且家具、门窗玻璃、天花板、吊灯、吊柜等可能掉落砸伤人,此时若盲目行动,受伤概率很大。地震来临时,应先就近避险,保护好头部,如把靠垫举在头顶,蹲到坚固的桌子下面,待晃动停止、确认安全后再撤离到安全地带。地震发生时不要使用电梯;如果地震时刚好在电梯里,需赶紧按下所有楼层按钮使电梯停下,尽快离开。

11. D 【解析】户外急救时应沉着大胆,细心负责,分清轻重缓急,果断实施急救方法。在做急救处理时,以患者感觉最舒适的方式移动身体。若患者意识昏迷,需注意确保呼吸道的畅通,谨防呕吐物引起的窒息死亡,让患者平躺;若撞击到头部,要水平躺下;若脸色发青说明缺氧,需抬高脚部;而脸色发红者需稍抬高头部;有呕吐感者,需让其侧卧或俯卧为宜。故答案为D。

12. B 【解析】脚崴后,局部的小血管会破裂出血,与渗出的组织液混合形成血肿,具体处理方法是先冷敷后热敷。因为血得热而活,得寒则凝,B项正确。流鼻血时抬高下巴会造成血液倒流进喉咙,加剧危险性,A项错误;嚼口香糖只能清新口气,不能使牙齿更加健康,C项错误;头被磕了个包后应立即冷敷,D项错误。综上,本题正确答案为B。

13. A 【解析】在帮助低温症患者时,可以使用热水袋装些温水,升高患者的体温。但只能用热水袋对头颈、胸部、腹部加热,不能对四肢加热。对四肢加热会使低温的血液回流到心脏、大脑,使身体核心温度下降,甚至致命。A错误,当选。

14. C 【解析】化学药品中毒者,可先用干布轻轻擦干药品,然后冲洗。故选项C是错误的。

15. D 【解析】出现有人中暑时:(1)首先将病人搬到阴凉通风的地方,使之仰卧;(2)然后解开病人衣领,用浸湿的冷毛巾敷在其头部,再服用一些解暑药物;(3)对中暑较严重者,除采取上述降温方法外,还可用冰块或冰棒敷其额头、腋下等,同时用凉水反复擦身,并配合扇风进行降温。严重者应迅速送往医院救治。中暑后可以适量饮用淡盐水或者含盐的饮料,但不可喝浓盐水。综上,本题选D最为合适。

16. B 【解析】出现皮肤炎症、脚气病可能是缺乏维生素B_1造成的,平时可多食用一些谷物、新鲜蔬果、牛乳等来缓解症状。

17. A 【解析】学生扭伤时应停止活动、减少出血,采用冷敷的方式达到止血、消肿、止痛的目的。故本题选A。

18. B 【解析】对于学生轻微烫伤的处理,可脱去烫伤处的衣物,在烫伤处用冷水冲洗,物理降温,之后涂抹烫伤药物。送医院处理并通知家长来是对重大烫伤事故的处理措施。烫伤切记不可直接包扎烫伤处,选项⑤错,故选B项。

19. A 【解析】眼睛被酸、碱烧伤,急救的关键是立即用大量的生理盐水冲洗,如果没有生理盐水,可以用冷开水、自来水冲洗眼睛。冲洗后,马上送医院做进一步的治疗。

20. C 【解析】如果儿童缺乏维生素B_2,会导致口角炎、日光性皮炎等症状。平时可多补充蛋黄、牛乳、酵母、动物肝脏等食物。

专题六　小学生心理健康教育

一、单项选择题

答案速查

1~5	CBCCC	6~10	DCDCB
11~15	BACCA	16~20	DADDD
21~25	CAACB	26~30	BDBDC

1. C 【解析】抑郁症的表现有:(1)情绪消极、悲伤、颓废、淡漠,失去满足感和生活的乐趣;(2)消极的认知倾向,低自尊、无能感,对未来没有期望;(3)动机缺失,被动,缺少热情;(4)肢体疲劳、失眠、食欲不振等。由此可判断,小东的表现说明他具有抑郁倾向。

2. B 【解析】心理健康至少包括两层含义:一是无心理疾病;二是有积极发展的心理状态。

3. C 【解析】艾利斯的情绪 ABC 理论中:A 表示个体遇到的主要事实、行为、事件;B 表示个体对 A 的信念、观点;C 表示事件造成的情绪结果。

4. C 【解析】系统脱敏是指当某些人对某事物、某环境产生敏感反应(害怕、焦虑、不安)时,我们可以在当事人身上发展起一种不相容的反应,使其对本来可引起敏感反应的事物不再发生敏感反应。例如,一个学生过分害怕猫,我们可以让他先看猫的照片,谈论猫;再让他远远观看关在笼中的猫,让他逐渐靠近笼中的猫;最后让他摸猫、抱起猫,消除对猫的惧怕反应。这就是"脱敏"。

5. C 【解析】题干中"没有查出病就是健康"其实是对健康狭义的理解,在新时期,我们的健康不仅仅包括生理上的健康,即没有躯体上的不适,还包括心理健康,即在心理上保持一种良好的、持续的心理状态和过程。

6. D 【解析】焦虑症是以与客观威胁不相适应的焦虑反应为特征的神经症。学生中常见的焦虑反应是考试焦虑。考试焦虑是指人由于面临考试而产生的一种特殊的心理反应,是在一定的应试情境下,受个体认知评价能力、人格倾向与其他身心因素制约,以担忧为基本特征,以防御或逃避为行为方式,通过一定程度的情绪反应所表现出来的心理状态。

7. C 【解析】学生有较大的差异性,因此,心理辅导要根据学生的心理特点,采取因材施教的方法,个别化地对待每个学生。这是学生心理辅导所要遵循的个别化对待原则。教师贯彻个别化对待原则时应考虑到以下四点:(1)注意对学生个别差异的了解;(2)对不同学生实行区别对待;(3)认真做好个案研究;(4)制定个别化对待的特殊目标。题干强调了解学生的个别差异,并对不同学生实行区别对待,这体现了个别化对待原则的内涵。

8. D 【解析】观察、模仿教师呈现的范例(榜样)是学生学习社会行为的重要方式。模仿学习的机制是替代强化。题干所述体现的心理辅导方法是示范法。

9. C 【解析】肯定性训练也叫自信训练,目的是促进个人在人际关系中公开表达自己真实的情感和观点,维护自己权益也尊重别人权益,发展人的自我肯定行为。小雨平常不敢表达自己的意见或情感,可以用肯定性训练增强她的自信心。

10. B 【解析】强迫症包括强迫观念和强迫行为。其中,强迫行为是指个体反复去做他不希望执行的动作,如不这样想、不这样做,就会感到极端焦虑。题干中,小刘出门前总是反复检查门锁,这种现象可能属于强迫症中的强迫行为。

11. B 【解析】学生中常见的焦虑反应是考试焦虑。考试焦虑是一种复杂的情绪现象,其表现是随着考试临近,心情极度紧张。考试时注意力不集中,知觉范围变窄,思维刻板,出现慌乱,无法发挥正常水平。结合题干,故答案选B。

12. A 【解析】多动症是小学生中最为常见的一种以注意力缺陷和活动过度为主要特征的行为障碍综合征。多动症的特征包括:(1)活动过多,儿童的活动是杂乱无章的、缺乏组织性和目的性;(2)注意力不集中,注意力集中困难是该类儿童突出的、持久的临床特征;(3)冲动行为,即多动症儿童经常未经考虑就行动。

13. C 【解析】儿童多动综合征(简称多动症)是小学生中最为常见的一种以注意力缺陷和活动过度为主要特征的行为障碍综合征。高峰发病年龄为8~10岁。

14. C 【解析】强迫症包括强迫观念和强迫行为。其中,强迫行为是指个体反复去做他不希望执行的动作。题干中,小林经常连续不断洗手的行为属于强迫症中的强迫行为。

15. A 【解析】强化法认为,一个行为发生后,如果紧跟着一个强化刺激,这个行为就会再一次发生。例如,一个学生不敢同老师说话,学习上遇到了疑难问题也没有勇气向老师求教,当他一旦敢于主动向老师请教,老师就给予表扬,并耐心解答问题时,这个学生就能学会主动向老师请教的行为方式。

16. D 【解析】自我控制法是让当事人自己运用学习原理,进行自我分析、自我监督、自我强化、自我惩罚,以改善自身行为。

17. A 【解析】学校恐怖症表现为儿童害怕上学,严重者还会害怕与学校有关的东西,如怕老师、怕去教室等,有些儿童还会出现上学前身体不舒服等保护行为。结合题干,可知亮亮的心理问题属于学校恐怖症。

18. D 【解析】儿童厌学症的主要表现是对学习不感兴趣,讨厌学习。厌学的儿童对学习有一种说不出的苦闷感,一提到学习就心烦意乱,焦躁不安。他们对教师或家长有抵触情绪,学习成绩不好,有的还兼有品德问题。

19. D 【解析】理性—情绪疗法,又称合理情绪疗法,这一疗法由艾利斯提出,他认为情绪不是由某一诱发性事件本身所引起,而是由个体对这一事件的解释和评价引起的。人们持有的不合理信念总结起来有三个特征:绝对化的要求、过分概括化和糟糕至极。通过改变不合理信念可以调整自己的认知,维护心理健康。理性—情绪疗法是认知疗法的一种,结合题干,故答案选D。

20. D 【解析】小青认为做事应该尽善尽美,决不允许出现任何差错,说明其过于追求完美,常因不能达到完美而影响自己的情绪,进而产生焦虑。小青的不合理信念属于绝对化要求,老师通过改变不合理的认知来帮助小青,这种心理疏导方法是理性—情绪疗法。

21. C 【解析】行为塑造是指通过不断强化逐渐趋近目标的反应,来形成某种较复杂的行为。有时候教师所期望的行为在某学生身上很少出现或很少完整地出现,此时就可以依次强化那些渐趋目标的行为,直到合意行为的出现。老师依次强化张亮渐趋目标的行为,直到他能完成期待的作业量也就是合意行为的出现。老师的这种行为矫正的方法是行为塑造法。

22. A 【解析】肯定性训练是通过角色扮演以增强个体的自信心,然后再将学得的应对方式应用到实际生活情境中。

23. A 【解析】肯定性训练,也叫自信训练、果敢训练,其目的是促进个人在人际关系中公开表达自己真实的情感和观点,维护自己的权益也尊重别人的权益,发展人的自我肯定行为。

24. C 【解析】世界卫生组织认为,心理健康是一种良好的、持续的心理状态与过程,表现为个体具有生命的活力,积极的内心体验,良好的社会适应能力,能够有效地发挥个人的身心潜力以及作为社会一员的积极的社会功能。

25. B 【解析】考试焦虑的表现是:随着考试临近,心情极度紧张;考试时注意力不集中,知觉范围变窄,思维刻板,表现慌乱,无法发挥正常水平。小飞因为担心考试,吃不下睡不着,注意力集中不起来这正是考试焦虑的表现。

26. B 【解析】代币是一种象征性强化物,筹码、小红星、盖章的卡片、特制的塑料币等都可作为代币。当学生做出教师所期待的良好行为后,就发给他们数量相当的代币作为强化物。学生用代币可以兑换有实际价值的奖励物或活动。故该班主任采用的行为疗法是代币奖励法。

27. D 【解析】社交恐怖症表现为害怕在社交场合讲话,担心自己因双手发抖、脸红、声音颤抖、口吃而暴露自己的焦虑,觉得自己说话不自然,因而不敢抬头,不敢正视对方的眼睛。结合题干,故选D。

28. B 【解析】艾利斯提出了情绪“ABC”理论,又称合理情绪疗法或理性情绪疗法,这属于认知疗法的一种。

29. D 【解析】考试焦虑治疗时可以采用认知矫正程序,教师指导学生在考试中使用正向的自我对话,如“我能应付这个考试”来缓解焦虑情绪。故题干所述方法即为认知矫正法。

30. C 【解析】考试焦虑是指人由于面临考试而产生的一种特殊的心理反应,是在一定的应试情境下,受个体认知评价能力、人格倾向与其他身心因素制约,以担忧为基本特征,以防御或逃避为行为方式,通过一定程度的情绪反应所表现出来的心理状态。其表现是:随着考试临近,心情极度紧张;考试时注意力不集中,知觉范围变窄,思维刻板,表现慌乱,无法发挥正常水平。

二、简答题(参考答案)

1. 简述小学生常见的心理问题。

小学生常见的心理健康问题有:(1)多动症;(2)焦虑症;(3)抑郁症;(4)强迫症;(5)恐怖症;(6)厌学症。

2. 简述学校心理辅导的原则。

学校心理辅导的原则有:(1)面向全体学生原则;(2)预防与发展相结合原则;(3)尊重与理解学生原则;(4)学生主体性原则;(5)个别化对待原则;(6)整体性发展原则。此外,心理辅导的原则还包括教育性原则、活动性原则、参与性原则、保密性原则和多样性原则。

3. 简述常见的行为疗法。

常见的行为疗法包括:(1)强化法;(2)代币奖励法;(3)行为塑造法;(4)示范法;(5)处罚法;(6)自我控制法;(7)放松训练;(8)系统脱敏法;(9)肯定性训练。

4. 简述学校开展心理健康教育的途径。

在学校开展心理健康教育有以下几种途径:(1)开设心理健康教育的有关课程和心理辅导的活动课;(2)在学科教学中渗透心理健康教育的内容;(3)结合班级、团队活动开展心理健康教育;(4)个别心理辅导或咨询;(5)小组辅导。

5. 简述考试焦虑症的治疗方法。

(1)采用肌肉放松、系统脱敏等方法;(2)采用认知矫正程序,指导学生在考试中使用正向的自我对话;(3)锻炼学生的性格,提高挫折应对能力;(4)往最好处做,不要计较最后结果;(5)考前要注意调节情绪。

第三章　班级管理

经典真题回顾

一、单项选择题

答案速查

1~5	BDBAD	6~8	CDC

1. B 【解析】本题考查班主任的领导方式。班主任的领导方式一般可以分为三类:权威型、民主型和放任型。采用民主型领导方式的班主任比较善于倾听学生的意见,不是以直接的方式管理班级,而是以间接的方式引导学生。题干中李老师与学生协商处理班级事务,鼓励学生参与讨论,剩余质量数,运用的就是民主型的管理方式。

2. D 【解析】本题考查班队劳动的类型。班队劳动的形式有生产劳动、社会公益劳动和自我服务劳动等。学生在学校里的自我服务劳动包括:当值日,保持教室、校园的卫生;布置教室,绿化校园和为集体服务等。自我服务劳动不只是为自己服务,还包括为自己生活的集体服务,为同学服务。小学生轮流值日负责班级卫生扫除,属于自我服务劳动。

3. B 【解析】本题考查少先队基本知识。《中国少年先锋队章程》提出,凡是6周岁到14周岁的少年儿童,愿意参加少先队,愿意遵守队章,向所在学校少先队组织提出申请,经批准,就可成为队员。

4. A 【解析】本题考查主题班会的类型。叙事型是通过一个事件、故事的讲述调动大家对这个故事的体验,唤起大家的共鸣。题干中白老师通过讲述钱学森的故事,激起了学生们的强烈爱国热情,这种通过事件或故事的讲述来调动学生情感体验的活动属于叙事型的班会活动。

5. D 【解析】本题考查课外活动的组织形式。群众性活动是一种面向多数或全体学生的带有普及性质的活动。安全教育报告会是面向全体学生的活动,属于群众性活动。

6. C 【解析】本题考查课外活动的内容。主题活动是就某一特定专题而展开的短期或长期的专门活动。法治教育报告会是以“法治教育”为主题的专门活动,属于主题活动。

7. D 【解析】本题考查课外活动的内容。题干中某小学围绕“中国风”这一主题,组织学生开展活动,属于主题活动。

8. C 【解析】本题考查班主任在班级管理中的影响力。班主任在班级管理中的影响力主要表现在两个方面:职权影响力和个性(人格)影响力。

二、简答题(参考答案)

1. 简述小学班主任对学优生的教育策略。

(1)严格要求,防止自满;(2)不断激励,提高抗挫折能力;(3)消除嫉妒,公平竞争;(4)发挥优势,带动全班。

2. 简述班主任了解、研究学生的主要内容。

班主任了解和研究学生的主要内容有:

(1)了解和研究班级群体的主要内容。①班级成员的基本构成,如生源状况、年龄层次、性别比例等;②班级群体的学业状况,包括不同学业程度的具体情况和不同学科学业程度的具体情况;③班级群体的发展状况,如班级组织、班级规范、人际关系、班级舆论、班风、班级传统等;④班级日常行为表现,如学习习惯、课堂内外的纪律等。对于一个新组建的班级,主要是侧重于对第一项内容的把握。

(2)了解和研究班级个体的主要内容。①学生的基本情况,如性别、年龄、身体状况、兴趣爱好、个性倾向等;②学生的社会关系,如家长职业、家庭经济状况、家庭结构、家庭关系、家庭所在的社区环境等;③学生的学业和品德状况,如学习态度、学习习惯、学习性向、智能发展水平等;④学生的品德形成与社会性发展状况,如行为习惯、人际关系、人际交往方式、思想道德面貌等。

3. 简述家校合作的途径。

家校协调合作的途径有家访、班级家长会、家长学校、家长委员会、家长沙龙等。

三、材料分析题(参考答案)

(1)①材料中的班主任顾老师和小明的家长在交流的过程中没有做到互相尊重,只是简单地把孩子出现的问题归责于对方,没有形成教育合力,两者最终没有就小明的教育问题达成共识。

②材料中的班主任顾老师在跟小明家长沟通过程中缺乏沟通技巧,偏重指责、命令,很少运用引导、激励的方法,让家长对老师的要求产生抵触情绪,使沟通无实效。

③材料中小明的父亲片面地认为,教育孩子是学校和教师的事情,家长只把孩子照顾好就可以了。对于老师提出的一些建议也不予理睬,不能很好地与学校配合。

(2)为了使家访收到实效,要注意以下几点:

①明确家访目的,即每次家访不可例行公事,更不可盲目进行。②分析家访对象、选择家访时机,并选择与家长沟通访谈的恰当方式。家访时老师的态度要诚恳,要尊重学生和家长,注意谈话艺术,保护家长和学生的自尊心。更多情况下,班主任老师是带着学生的"不足"去家访的,而家访的目的则是想在家长的配合下,让学生改掉这些不足。"望子成龙""望女成凤"是绝大多家长共同的心理,但家长都不想听到别人对自己孩子的否定性评价,这就需要班主任的信息传递具有艺术性,要多鼓励,忌多批评。③注重家访后期追踪,有针对性地调整后续的教育方式。

过关必刷题库

专题一　班级与班级管理

一、单项选择题

答案速查

1~5	BBAAC	6~10	CCABA
11~15	DDACB	16~22	BDADCAD

1. B 【解析】班级是学校行政体系中最基层的行政组织,是学校开展教学活动的基本单位。

2. B 【解析】班级常规管理是指通过制定和执行规章制度来管理班级的经常性活动。题干中的王老师通过制定和执行班规来管理班级活动的做法体现了常规管理。

3. A 【解析】"班级"一词最早由文艺复兴时期的著名教育家埃拉斯莫斯提出。

4. A 【解析】班级管理的根本目的是实现教育目标,使学生得到充分的、全面的发展。

5. C 【解析】规范制约法是用规范、制度等约束学生行为,促使学生逐步形成良好行为习惯的方法。题干中的张老师运用"班级规则"对班级进行管理的方法即规范制约法。

6. C 【解析】班级民主管理是指班级成员在服从班集体的正确决定和承担责任的前提下参与班级全程管理的一种管理方式。故C项正确。

7. C 【解析】教师在处理班级突发事件时,应遵循客观性原则,要充分调查、了解事实的真相,公平公正地分析和处理问题,客观地对待每一个学生。要先查清缘由,再做决定,故C项正确。A项教师没有做到关爱学生,是不对的。B项的处理方式并不会解决两个学生之间的问题,并且违背了班级突发事件处理的可接受性原则。D项叫家长的做法明显也是不正确的。

8. A 【解析】班级平行管理的理论源于马卡连柯的"平行影响"的教育思想。马卡连柯认为,教师要影响个别学生,首先要影响学生所在的班级,然后通过学生集体与教师一起去影响这个学生,这样就会产生巨大的教育力量。

9.B 【解析】舆论影响法是班级教育管理者通过健康向上的集体舆论,形成积极的、浓厚的班级学习、生活的环境氛围,从而对身处其中的每个学生产生潜移默化的影响的方法。题干中的杨老师对学生进行积极正向的引导,建立和谐的班级氛围即运用了舆论影响法。

10. A 【解析】班集体处在组建阶段时,班组织从形式上建立起来了,但同学间互不了解,缺乏凝聚力和活动能力,对班主任有很大的依赖性,不能离开班主任的监督独立开展活动。如果班主任稍有放松,就可能使班级变得松弛、涣散。故题干中二年级(1)班处于组建期。

11. D 【解析】冷处理原则即对于有些突发事件,教师不应急于表态、下结论,而应冷静地观察,待把问题的来龙去脉弄清楚再去处理。

12. D 【解析】心理疏导法的常用方式有心理换位法、宣泄疏导法和认知疏导法三种。

13. A 【解析】目标是集体发展的方向和动力,一个班集体只有具有共同的目标,才能使班级成员在认识上和行动上保持统一,才能推动班集体的发展。所以,衡量一个班级是不是一个良好的班集体,关键是看有没有共同的奋斗目标。

14. C 【解析】班级常规管理是指通过制定和执行

规章制度来管理班级的经常性活动。班级民主管理是指班级成员在服从班集体的正确决定和承担责任的前提下参与班级全程管理的一种管理方式。班级民主管理的实质是在班级管理的全过程中,调动学生自我教育的力量,使人人都积极主动地参与班级事务。题干中,班主任通过制定一日常规来稳定班级秩序,运用的是班级常规管理模式;班主任发动学生参与管理,且每项打分都由学生负责,运用的是班级民主管理模式。

15. B 【解析】班级平行管理是指班主任通过对集体的管理去间接影响个人,又通过对个人的直接管理去影响集体,从而把对集体和个人的管理结合起来的管理方式。题干描述的是班级平行管理的内涵。

16. B 【解析】情境感染法是班级教育管理者利用或创设各种教育情境,以境育情,使学生在情感上受到感染的方法。

17. D 【解析】班级目标管理是指班主任与学生共同确定班级总体目标,然后转化为小组目标和个人目标,使其与班级总体目标融为一体,形成目标体系,以此推动班级管理活动,实现班级目标的管理方法。

18. A 【解析】班级管理的模式有常规管理模式、平行管理模式、民主管理模式、目标管理模式,每一种模式都有不同的功能和作用,要根据实际情况采用。

19. D 【解析】班级管理的重要功能是有助于锻炼学生能力,学会自治自理。故本题选择D项。

20. C 【解析】核心初步形成阶段的特点是师生之间、同学之间有了一定的了解,产生了一定的友谊与信赖,学生积极分子不断涌现并团结在班主任周围,班的组织与功能较健全,班的核心初步形成,班主任与集体机构一道履行集体的领导与教育职能。

21. A 【解析】班级常规管理是指通过制定和执行规章制度去管理班级的经常性活动。班级常规管理是建立良好班集体的基本要素。遵守班级规章制度是对每个学生的基本要求,也是每个学生必须履行的基本义务和职责。

22. D 【解析】教学是学校的中心工作,教学质量管理是班级教学管理的核心。

二、简答题(参考答案)

1. 简述班级管理的方法。

(1)了解和研究学生;(2)说理法;(3)目标管理法;(4)情境感染法;(5)规范制约法;(6)舆论影响法;(7)心理疏导法;(8)行为训练法;(9)心理暗示法;(10)自我管理法。

2. 简述班级管理的内容。

(1)班级组织建设;(2)班级制度管理;(3)班级教学管理;(4)班级活动管理。

3. 简述培养良好班风的措施。

首先,发挥班主任的表率作用;其次,发挥舆论阵地的宣传作用;再次,发挥身边榜样的作用;最后,发挥任课教师和家长的作用。

4. 简述班集体的形成与培养过程。

(1)确定班集体的发展目标;(2)建立得力的班集体核心;(3)建立班集体的正常秩序;(4)组织形式多样的教育活动;(5)培养正确的舆论和良好的班风。

5. 简述班集体的特征。

(1)明确的共同目标;(2)一定的组织结构,有力的领导集体;(3)共同生活的准则,健全的规章制度;(4)具有正确的集体舆论以及团结、和谐、向上的人际关系。

6. 简述班级突发事件的处理原则。

(1)教育性原则;(2)客观性原则;(3)有效性原则;(4)可接受性原则;(5)冷处理原则。

三、材料分析题(参考答案)

(1)在学校教育中,良好的班集体对学生健康成长是非常重要的,具体表现在:①有利于形成学生的群体意识。②有利于培养学生的社会交往能力与适应能力。③有利于训练学生的自我教育能力。材料中的王老师为了把班级带好,代替学生完成部分学校布置的班级活动任务,忽略了学生在班集体中的自觉主动性,没能通过班集体来培养学生的自我教育能力。而材料中的张老师尊重每个孩子的个性,注重班集体的建设并创造条件让每个孩子在集体中成长成才。几年下来,张老师不仅带好了班级,也使学生在班集体中展示了自己的才华,培养了他们的自我教育能力,从而促进了学生的健康成长。

(2)培养良好班集体要注意:①确定班集体的发展目标;②建立得力的班集体核心;③建立班集体的正常秩序;④组织形式多样的教育活动;⑤培养正确的舆论和良好的班风。

材料中两位老师在班级管理中的成败经验,明确体现了其中两点:

第一,建立得力的班集体核心。张老师在班集体的建设中尊重每个孩子的个性,注重班集体建设,相信班集体的力量,创造条件让每个孩子在集体中成长成才。她的这些做法有利于培养班集体的核心,带动全班学生的积极性,促进班集体的良好发展。

第二,组织形式多样的教育活动。材料中的王老师在班级的各项活动中投入过多的精力,甚至亲力亲为,代替学生完成部分学校布置的班级活动任务,这些做法都不利于学生个人在班级建设中展示自己的才华和能力。而张老师尊重每个孩子,创造条件让每个孩子在集体中成长。在她的带领下,班级的教室环境卫生、体育运动和文艺演出等都走在全校前列,从而实现了各种教育活动对班集体的培养和发展的作用。

专题二　班主任工作

一、单项选择题

答案速查

1～5	CCACB	6～10	AABBA
11～15	BDBCD	16～18	DAD

1. C 【解析】班主任要对班级实施有效的教育与管理,必须要争取校内外各种教育力量的配合,调动各种积极因素。具体内容如下:(1)协调学校内部各种教育因素之间的关系。A项体现。(2)协调学校教育与家庭教育之间的关系。B项体现。(3)协调学校教育与社会教育之间的关系。D项体现。结合题干,故选C。

2. C 【解析】采用放任型领导方式的班主任主张对班级管理不做过多干预,以容忍的态度对待班级生活中的冲突,不主动组织班级活动。这种管理方式下的学生无目标、无组织纪律性,放任自己的行为,对自己的行为不负责任,品德和学习往往都比较差。题干所述符合放任型管理方式的特征。

3. A 【解析】组织班会活动是班主任工作的重要内容。班会活动是班主任进行教育活动的重要方式,是培养优良班集体的重要方法,也是提高学生活动能力的基本途径。

4. C 【解析】建立学生档案一般分为四个环节:收集—整理—鉴定—保管。

5. B 【解析】操行评定的步骤:(1)学生自评;(2)小组评议;(3)班主任评价;(4)信息反馈。

6. A 【解析】采用民主型领导方式的班主任比较善于倾听学生的意见,不以直接的方式管理班级,而是以间接的方式引导学生。根据题干所述,赵老师的领导方式属于民主型。

7. A 【解析】组织和培养班集体是班主任工作的中心环节。

8. B 【解析】教育部印发的《中小学班主任工作规定》指出:“班主任是中小学日常思想道德教育和学生管理工作的主要实施者,是中小学生健康成长的引领者,班主任要努力成为中小学生的人生导师。”

9. B 【解析】协调各方面教育影响包括加强学校与家庭之间的相互联系。学校可以通过与家庭相互访问、建立通讯联系、定时举行家长会、组织家长委员会、举办家长学校等途径加强与家庭之间的联系。依据题干描述可选B项。

10. A 【解析】在当前班级管理实践中,班主任在具体操作过程中有两种领导方式运用得比较多,即“教学中心”和“集体中心”的领导方式。

11. B 【解析】班主任工作总结是对整个班主任工作过程、状况和结局做出全面的、恰如其分的评估,进行质的评议和量的估计。一般分为两类,即全面总结和专题总结,一般在学期学年末进行。

12. D 【解析】班主任做好个别教育工作,包括做好先进生的教育工作、中等生的教育工作和后进生的教育工作,也即做好全体学生的教育工作。

13. B 【解析】了解和研究学生包括对班级群体和班级个体的了解和研究。

14. C 【解析】了解和研究学生是班主任工作的前提和基础,是做好班级工作的先决条件,也是班级教育过程中有效开展各项工作必不可少的基本环节。故班主任的工作是从了解和研究学生开始的。

15. D 【解析】班主任指导学生的交往活动时,需要细心研究班级的人际关系,把学生作为交往的主体,指导学生避免和解决冲突,因此班主任是协调班级人际关系的主导者。

16. D 【解析】书面材料分析法,即借助学生的成绩表、作业、日记等书面材料对学生进行了解的方法。“登记表、学籍卡、体格检查表、学习手册”都属于书面材料,故班主任张老师使用的方法是书面材料分析法。

17. A 【解析】操行评定是以教育目的为指导思想,以“学生守则”为基本依据,对学生一个学期内在学习、劳动、生活、品行等方面的小结与评价。题干描述的是操行评定的内涵。

18. D 【解析】优秀生既有优点和长处,也有缺点和不足,甚至也会犯错误。班主任不能偏爱优秀生,对他们的缺点不能袒护和掩饰,而是要从严要求,及时指导优秀生改正错误。题干所述体现了对优秀生的教育工作要遵循严格要求、防止自满的教育要求。

二、简答题(参考答案)

1. 简述班主任的基本素养。

班主任的基本素养包括三大方面:(1)责任意识和移情能力;(2)学习意识与探究能力;(3)团队意识与领导能力。

2. 简述班主任做好中等生的个别教育工作的要求。

对于中等生的教育,班主任应注意:(1)重视对中等生的教育;(2)根据中等生的不同特点有的放矢地进行个别教育;(3)给中等生创造充分展示自己才能的机会,增强他们的自信心。

3. 简述教师撰写操行评语的原则。

教师撰写操行评语要遵循以下原则:(1)体现素质教育思想;(2)公平客观;(3)促进学生发展。

4. 简述班主任的职责。

(1)全面了解班级内每一个学生,深入分析学生的思想、心理、学习、生活状况。关心爱护全体学生,平等对待每一个学生,尊重学生人格。采取多种方式与学生沟通,有针对性地进行思想道德教育,促进学生德智体美全面发展。

(2)认真做好班级的日常管理工作,维护班级良好秩序,培养学生的规则意识、责任意识和集体荣誉感,营造民主和谐、团结互助、健康向上的集体氛围。指导班委会和团队工作。

(3)组织、指导开展班会、团队会(日)、文体娱乐、社会实践、春(秋)游等形式多样的班级活动,注重调动学生的积极性和主动性,并做好安全防护工作。

(4)组织做好学生的综合素质评价工作,指导学生认真记载成长记录,实事求是地评定学生的操行,向学校提出奖惩建议。

(5)经常与任课教师和其他教职员工沟通,主动与学生家长、学生所在社区联系,努力形成教育合力。

5. 简述班主任工作的内容。

(1)了解和研究学生;(2)组织和培养班集体;(3)建立学生档案;(4)进行个别教育工作;(5)组织班会活动;(6)协调各种教育影响;(7)操行评定;(8)班主任工作计划与总结。

6. 简述班主任在班级管理中的地位和作用。

(1)班主任是班级建设的设计者;(2)班主任是班级组织的领导者;(3)班主任是协调班级人际关系的主导者(艺术家)。

三、材料分析题(参考答案)

1. (1)从评语一中的用词“该生”可以看出,这是传统式的评语,虽然在评语中提到了学生表现良好的一面,但在用词上依然是不能达到鼓励学生的效果。相对于评语一而言,评语二的用词能够拉近师生之间的关系,且评价理念符合鼓励性评价理念,更能突出老师对学生的尊重与鼓励。在促进学生发展这个层面上,评语一可能会取得适得其反的效果。

(2)操行评定是以教育目的为指导思想,以“学生守则”为基本依据,对学生一个学期内在学习、劳动、生活、品行等方面的小结与评价。操行评定的目的在于教育学生奋发向上,肯定其优点,找出其缺点,指出其努力的方向,帮助家长全面了解子女在学校的情况以便与老师密切配合,共同教育学生;帮助班主任总结工作经验,找出问题,改进工作。

(3)班主任在写操行评语时应注意:①操行评语要实事求是,抓住主要问题,有针对性,能反映学生思想品德的全面表现和发展趋向;②要充分肯定学生进步,适当指出他们的主要缺点,指明努力方向,不可罗列现象,主次不分;③文字要简明、具体、贴切,使人能够接受,切忌空洞、抽象、一般化,严禁用词不当,避免伤害学生情感,造成家长误解。

2. 材料中涉及的主要是后进生的教育问题。后进生的心理特征一般表现为:不适度的自尊心;学习动机不强;意志力薄弱;是非观念模糊。对于后进生的教育,教师首先应对其进行深入的了解,针对他们的具体情况采取有针对性的教育方式,逐步促其转化。具体可以采取以下措施:

(1)对于后进生要尊重他们。教师要主动与学生建立良好的师生关系,这是做好后进生转化工作的极为重要的前提和条件。教师应该多与这样的学生沟通,主动与后进生做朋友,取得其信任,为转化工作打好基础。

(2)要针对学生的个性差异进行因材施教。教师要认真调查,了解后进生不良习惯形成的原因。教师要通过自己观察、向其他同学侧面了解、与后进生交流沟通等方式深入了解后进生的情况,这样才能够对症下药,帮助其向积极的方向转化。

(3)要本着赏识的原则,全面、辩证地看待后进生,培养和激发他们的学习动机。每个人身上都有闪光点,后进生也不例外,关键是教师要有一双善于发现和挖掘后进生优点的眼睛。刘林“特别喜爱画画,象棋也下得非常棒”,教师应该抓住这些特长和优点对他进行表扬和鼓励,为其向好的方面转化建立信心。

(4)遵循教育合力的原则,为后进生转化创造各种条件。教师要主动与后进生建立良好的师生关系,积极与其家长联系,争取家庭的配合与支持,并依靠、发挥班集体的力量,共同促进后进生的转化。

(5)遵循循序渐进的原则,促进后进生逐步向好的方向转化。对于后进生的转化工作,要抓反复、反复抓,抓一点,进步一点,巩固一点,在低谷时应注重培养其意志力;在进步时,要及时给予鼓励。刘林“偶尔也有进步,但没过两天又恢复原样了”,对于刘林的这种情况,教师更要常抓不懈,着重培养刘林的意志力,培养其自我教育能力。

专题三　班队活动和课外活动

一、单项选择题

答案速查

1～5	CADBA	6～10	DBDAA
11～13	ACC		

1. C 【解析】群众性活动是一种面向多数或全体学生的带有普及性质的活动。从题干中的“全校性”可知此活动是全体学生都参加的活动,属于群众性活动。

2. A 【解析】课外活动的组织形式有群众性活动、小组活动和个别活动。

3. D 【解析】小组活动的特点有自愿组合、小型分散、灵活机动。因此,D项不正确。

4. B 【解析】少先队活动的自主性要求少先队员自己出主意、想办法、定计划、做事情,自己管理自己,自己教育自己,做少先队组织的主人。结合题干分析,可知该题选B。

5. A 【解析】群众性活动是一种面向多数或全体学生的、带有普及性质的活动。选项B、C、D均为群众性活动。A项小制作、小发明属于个人活动。

6. D 【解析】在开展少先队教育活动过程中,要遵循少年儿童的年龄特点,用知识性、活动性、群体性、新异性、竞赛性、游戏性、趣味性等具有激励性的工作方法,满足少年儿童的兴趣和爱好,激发他们对活动的主动性、积极性和创新精神。

7. B 【解析】课外活动是实现教育目的的重要途径,每项活动都要有明确而具体的目的,防止出现“为活动而活动”的形式主义倾向。

8. D 【解析】教育性原则是少先队活动的第一原则,一切活动都是为达到教育和自我教育的目的。题干所述体现了少先队活动的教育性原则。

9. A 【解析】群众性活动是一种面向多数或全体学生的带有普及性质的活动。参加这种活动的人数较多,它的具体活动方式有以下几种:集会活动;竞赛活动;参观、访问、游览和调查活动;文体活动;墙报和黑板报活动;社会公益劳动;主题系列活动等。

10. A 【解析】学科活动是以学习和研讨某一学科的知识或培养某一方面的能力为主要目的的活动。可以分学科组成不同的小组,如数学活动小组、语文活动小组等;也可以依据某一专题成立小组,如以化学实验为专题的小组、以会话为专题的外语小组。语文小组定期举办的“汉字听写大赛”属于学科活动。

11. A 【解析】主题班会是班主任依据教育目标,指导学生围绕一定主题,由学生自己主持、组织进行的班会活动。它是班级活动的主要形式。

12. C 【解析】科技活动是以让学生学习和了解科技知识为目的的课外活动。例如:举办科技讲座,参观游览,成立无线电小组、航模小组、园艺小组等,开展小发明、小创造、小制作、小实验、小论文等“五小活动”。题干中的以“小发明、小创造”为主题的活动就属于科技活动,故本题答案选择C项。

13. C 【解析】小组活动是学校课外活动的基本组织形式。

二、简答题(参考答案)

1. 简述组织课外活动的基本要求。

(1)要有明确的目的性、计划性;(2)活动内容要丰富多彩,形式要多样化,要富有吸引力;(3)发挥学生集体和个人的主动性、独立性和创造性,并与教师的指导相结合;(4)要考虑学生的兴趣爱好和特长,符合学生的年龄特征;(5)课堂教学与课外活动互相配合、互相促进;(6)因地、因校制宜。

2. 简述少先队活动的原则。

(1)全面性原则;(2)教育性原则;(3)实践性原则;(4)趣味性原则;(5)自主性原则。

3. 简述课外活动的主要内容。

课外活动的内容主要有社会实践活动、学科活动、科技活动、文学艺术活动、体育活动、社会公益活动、课外阅读活动、主题活动。

4. 简述开展主题班会的要求。

(1)教育性。教育性是主题班会的核心所在。(2)针对性。班主任在举行主题班会前必须做好调查研究,把握学生所关注的、所需要的、所追求的以及他们正在面临的各种具体矛盾和问题,对症下药。(3)主体性。主体性是指在主题班会中充分挖掘学生的主体意识,发扬学生的主人翁精神和集体责任感。(4)多样性。(5)时代性。

5. 简述班队活动的类型。

(1)主题教育活动;(2)班队例会;(3)班队文艺活动;(4)班队体育活动;(5)班队科技活动;(6)班队劳动;(7)班队游戏活动。

第四章　学科知识与教学设计

经典真题回顾

教学设计题(参考答案)

1. (1)教学目标:

知识与技能目标:会认"葫、芦、藤、谢"等11个生字,会写"棵、谢、想、盯"等8个生字。正确、流利、有感情地朗读课文,在阅读中积累词语,理解课文主要内容。

过程与方法目标:通过朗读,体会反问句、感叹句与陈述句的不同语气。

情感态度与价值观目标:明白植物叶子与果实的关系,懂得事物之间是有联系的,不能孤立地看问题,要虚心听取别人的意见,知错就改。

(2)教学环节:

①谜语导入

课件出示"送信的人走了"(言)"一颗圣洁的心"(怪)两个字谜,让学生猜字谜。

(学生自由讨论交流,猜字谜)

导语:同学们真棒,这么快就猜出来这两个字了。这两个字是我们今天要学习的《我要的是葫芦》这篇课文里面的生字,让我们一起来学习这篇课文吧。

②朗读课文,学习生字

A. 学生自由读课文,要求读准字音,把课文读通读顺,在不认识的生字旁边做上记号,多读几次。

B. 带拼音认读生字。

C. 反复朗读带生字的句子和段落。

③检查生字认读情况

A. 教师课件出示生字词和句子,引导学生在没有拼音的情况下认读。

a. 藤上挂了几个小葫芦。

b. 你别光盯着葫芦了,叶子上生了蚜虫,快治一治吧!

B. 男女生比赛读。

④巩固生字,正确书写

A. 巩固生字。

a. 同桌之间相互考查识字情况。

b. 游戏巩固:从"我会认"和"我会写"的生字中选择几个,进行认字挑战赛。分小组挑战。

B. 指导书写。

a. 课件出示"棵、谢、想、盯、言、邻、治、怪"。

b. 观察字的结构,说说书写的姿势(头正,肩平,身直,足安)以及每一笔在田字格中的位置。

c. 教师范写,引导学生边观察边书写,注意笔顺。

d. 学生在田字格里描红并仿写,教师相机纠正写字姿势。

C. 运用。

用"想、盯、言、怪"等造句,比一比看哪位同学造得好。

⑤作业布置

A. 选几个今天所学的生字,回家后教给爸爸妈妈。

B. 用今天所学的生字写一段话,下节课分享给全班同学。

(3)课堂小练笔:

我们知道一棵葫芦从发芽到成熟,会遇到虫子叮咬,那还可能会遇到哪些问题呢?遇到这样的问题我们应该如何应对呢?假如第二年,那个人又种了一棵葫芦,会是什么样子的呢?请大家以《我要的是葫芦》为题,发挥你们的想象力,把这个故事继续编写下去,看看哪一位小作家编写得更好、更生动。

2. (1)教学活动是师生积极参与、交往互动、共同发展的过程。有效的教学活动是学生学与教师教的统一,学生是学习的主体,教师是学习的组织者、引导者与合作者。

数学教学活动,特别是课堂教学应激发学生兴趣,调动学生积极性,引发学生的数学思考,鼓励学生的创造性思维;要注重培养学生良好的数学学习习惯,使学生掌握恰当的数学学习方法。

数学教学,要紧密联系学生的生活环境,从学生的经验和已有知识出发,创设有助于学生自主学习、合作交流的情境,使学生通过观察、操作、归纳、类比、猜测、交流、反思等活动,获得基本的数学知识和技能，进一步发展思维能力，激发学生的学习兴趣，增强学生学好数学的信心。

教师要积极利用各种教学资源，创造性地使用教材，设计适合学生发展的教学过程。要关注学生的个体差异，使每一个学生都获得成功的学习体验，得到相应的发展；要因地制宜、合理有效地使用现代化教学手段，提高教学效率。

(2)教学目标：①知识与技能目标：通过动手操作和观察比较，知道三角形任意两边的和大于第三边；

②过程与方法目标：能根据三角形三边的关系解释生活中的现象，提高运用数学知识解决实际问题的能力；提高观察、思考、抽象概括的能力以及动手操作的能力；

③情感态度与价值观目标：积极参与探究活动，获得成功的体验，激发学习数学的兴趣。

(3)新授环节：

①教学例3。

出示课本例3主题图。

师：小明和我们一样每天都按时上学，请看小明到学校的线路图，小明上学共有几条路线？

有一天小明起晚了，你们猜猜他肯定会走哪条路去学校？为什么？

学生讨论并回答。

师：大家都认为走中间这条路最近，这是什么原因呢？

请大家看，连接小明家、商店、学校三地，近似一个什么图形？连接小明家、邮局、学校三地，同样也近似一个什么图形？

那么走中间这条路，走过的路程是三角形的一条边，走旁边的路，走过的路程实质上是三角形的另外两条边的和，根据刚才大家的判断，三角形的两条边的和要比第三边大，那么，是不是所有三角形的三条边都有这样的关系呢？

归纳：两点间所有连线中线段最短，这条线段的长度叫作两点间的距离。

【设计意图】通过联系实际的生活情境，激发学生参与学习的兴趣与积极性，促进自主思考；通过对“两点之间的连线中线段最短”的归纳，为接下来探究“三角形任意两边之和大于第三边”做铺垫。

②教学例4。

实验1：用三根小棒摆一个三角形。

在每个小组的桌上都有5根小棒，请大家随意拿三根来摆三角形，看看有什么发现？

学生动手操作，发现随意拿三根小棒不一定都能摆成三角形。接着引导学生观察和比较摆不成三角形的三根小棒，寻找原因，深入思考。

实验2：进一步探究三根小棒在什么情况下摆不成三角形。

A. 每个小组用以下四组小棒来摆三角形，并做好记录。

a. 4厘米、5厘米、6厘米；b. 4厘米、4厘米、6厘米；c. 3厘米、3厘米、6厘米；d. 3厘米、2厘米、6厘米。

B. 请不能摆成三角形的同学说出不能摆成三角形的三根小棒的长度。

C. 引导学生观察和比较摆不成三角形的三根小棒，寻找原因，深入思考。

D. 请能摆成三角形的学生汇报用哪些尺寸的小棒摆成了三角形，思考能摆成三角形的三根小棒的长度又有什么规律。

学生汇报。

师生归纳总结：三角形任意两边的和大于第三边。

【设计意图】动手实践是学生认识世界，了解数学知识，经历形成过程的重要手段。课程标准中也强调让学生经历“数学化”的过程。在学生小组合作之后，让他们自主发现摆成三角形和摆不成三角形的小棒的长度分别有怎样的关系，进而总结规律，学生的体会深刻而具体。

③巩固练习。

通过实验，我们知道了三角形三条边的一个规律，你能用它来解释小明家到学校哪条路最近的原因吗？

学生独立完成课后练习题。

【设计意图】通过巩固练习，对本节课新学的内容进行巩固，并且对新课开始的问题有了新的思考和认识。

3. (1)①巩固性作业。如：抄写单词，背诵、默写课文以及课后练习等，以巩固课堂中所学内容为目的。

②思考性作业。不需要笔答，可以分散在课堂问答或课后练习中，课堂教学时，还可以进一步启发诱导。

③比较性作业。把正确与不正确的几种答案都给学生，由学生选择、判断，在比较中掌握知识，提升能力。

④归纳性作业。如：概括段意，词语、句子归类等，主要在课堂中边学习边总结，注意掌握知识规律。

⑤创造性作业。如:造句、写片段、小作文等几项内容。要加强课堂指导,使学生明确范围、内容与要求,课堂保证充足的练习与思考时间,少部分留为家庭作业。

⑥口头性作业。如:读、说、讲、述,可以向学生提供一定的口语素材,鼓励学生进行口语输出。

⑦实践性作业。学生亲自动手,从实践中获取真知。

⑧综合性作业。把几种训练内容,比如听、说、读、写综合在一起,培养学生综合运用语言的能力。

⑨同伴协同作业。同伴协同作业可以与以上作业形式相结合,引导学生在相互合作下完成任务,提高合作意识和合作能力。

(2)教学目标:

①Knowledge aims:

Students can learn some new words: beautiful, round, short, tall...and the sentences: She has..., She is..., She likes....

Students can understand the main content of these two short passages.

②Ability aims:

Students are able to talk about "what are their teachers like" in their daily life using the words and sentence patterns they've learnt.

Students ' reading and speaking ability can be strengthened by practicing.

③Emotion aims:

Students can get more interested in English and build up confidence of speaking English in public.

Students learn to respect their teachers and love their school life.

(3)读后说环节:

①After reading, students will be divided into groups of four to think about their favorite teachers, recall the physical traits of their teachers and share their ideas with others using the expressions of the material.

【设计意图】阅读文本学习结束后,仿照材料的内容,引导学生进一步掌握如何介绍并描述人物特征,争取达到活学活用的课堂效果。通过小组活动练习对话,在练习听说的同时,培养学生的合作交流能力。

② One student from each group will be invited to introduce his or her favorite teacher in front of the class. Other students will guess "who is his or her favorite teacher?" and add more details about the teacher.

Teacher will give some positive evaluation for students, encourage them to speak boldly and correct their mistakes after they speak if any.

【设计意图】帮助学生敢于开口表达,提高学生的口语表达能力,提升课堂学习的参与度和趣味性,为课后的写作任务奠定基础。同时,渗透本课的情感目标,引导学生尊重和热爱教师。

4.(1)歌曲的特点

《数鸭子》是一首具有说唱风格、形象生动、活泼有趣的童谣歌曲。歌词描写了小朋友看到鸭群游过大桥,兴奋地数鸭子的情景。曲调为C大调,$\frac{4}{4}$拍,旋律主要以级进为主。前后皆有数板,巧在说唱结合,表现了少年儿童活泼可爱的个性,充满了童趣。

(2)教学目标

情感态度与价值观目标:学唱歌曲《数鸭子》,感受歌曲欢快活泼的音乐情绪,并能够编创动作表现其音乐形象。

过程与方法目标:在歌曲学唱过程中,认识四分休止符,并能准确运用。

知识与技能目标:认、读、拍出四分休止符"0";能够用自然、活泼的声音演唱歌曲《数鸭子》。

(3)教学环节

节奏练习:

①模仿小鸭子的动态

师:"真是一群快乐的小鸭子呀!刚才我们模仿过它们的叫声,现在能不能用手模仿一下小鸭子在'呫嘎呫嘎'叫时那扁扁的嘴巴呢?"(学生自由模仿)

②初听音乐,拍出歌曲的强弱规律

指导学生模仿小鸭子的嘴巴:双手掌根相靠,指尖朝前模仿鸭嘴一张一合。聆听音乐,在歌曲强拍时合,弱拍时张,拍出歌曲的强弱规律。

③再听音乐,认、读、拍出四分休止符"0"

师:"在这首歌曲当中,小鸭子给我们留下了非常特殊的礼物,那就是一个个小鸭蛋。这些小鸭蛋在音乐当中叫作'四分休止符',在这首歌曲里,我们每次看见它,就要停下来休息一拍,将鸭蛋捡起来。仔细观察一下,在这首歌曲中,我们要捡几颗鸭蛋?接下来,就让我们跟着音乐模仿鸭子嘴巴的动态。注意,在看见小鸭蛋时,一定要停一拍,做一个捡鸭蛋的动作。"

【设计意图】通过形象的动作,拍出歌曲的强弱规律,并将四分休止符比喻成鸭蛋,每遇到它就停下一拍捡鸭蛋,轻松掌握四分休止符的时值。根据低年级学生的心理特点，将知识与技能巧妙融入音乐活动中，让学生通过形式多样的音乐活动反复聆听音乐，熟悉歌曲旋律，将本课的难点简单化。

5. (1)教学重难点

①教学重点：持球后引，呈反弓，蹬地、收腹、挥臂的用力顺序，球的出手角度。

②教学难点：动作连贯、协调，快速挥臂、甩腕。

(2)水平三的教学目标

①知识与技能目标：能够说出双手从头后向前掷实心球和发展投掷能力的练习的动作名称与术语，知道其基本健身价值，能够体验到投掷运动的乐趣。

②过程与方法目标：基本掌握双手从头后向前掷实心球的动作方法，能全身协调用力完成投掷动作，发展力量、灵敏素质及身体的协调性。

③情感态度与价值观目标：能够在投掷练习和游戏中表现出自信、果断、互助等优良品质，具有安全意识，并养成安全锻炼的意识和习惯。

(3)易犯错误、纠正方法及理由

易犯错误	纠正方法及理由
只用两手臂掷球，而用不上全身力量	纠正方法：讲清动作方法，让学生多做徒手模仿练习或持轻物的练习，加深体会自下而上的蹬地、收腹、挥臂、甩腕的用力顺序 理由：学生对动作要领不清楚，只有明白动作方法，多进行模仿练习，学生才能掌握正确的动作要领
球未掷出双脚跳起	纠正方法：①徒手练习。先用力蹬地，然后收腹，上体向前压送，最后挥臂，让学生体会用力顺序和力的传递；②加强学练提示。如“投掷时身体要放松，为保持身体平衡，后脚蹬地后随身体重心前移，可向前迈一步” 理由：学生对动作要点不清楚，要使学生掌握正确的用力顺序，提高对动作技术的理解能力
掷出的球太高或太低	纠正方法：在墙上或挡网上设置目标，让学生对目标进行投掷，体会球出手的角度和用力方向，同时提示学生，球未出手前，眼睛要始终盯着投掷目标 理由：利用目标设置，能有效组织学生提高投掷的准确性，提高投掷的远度

6. (1)我国先秦时期青铜器按用途划分，可分为礼器、乐器、兵器、工具及车马器等。

我国古代青铜的铸造，远在四千年前的夏代就已经出现。商代和西周是青铜铸造的鼎盛时期。商代前期青铜器的质量大幅提高，器壁较薄，纹样以线性浅浮雕为主，多采用带状装饰，造型规整大方，纹饰简洁疏朗；商代后期，青铜器的铸造工艺更加精湛，造型丰富，流行兽面纹(或称饕餮纹)、云雷纹、龙纹、人面纹等纹饰，通常在云雷纹、地纹上再加浮雕式的主题纹样，铭文简短，多系几个字的族徽图像。西周青铜器普遍使用高浮雕和凸起的扉棱，流行饕餮纹、夔纹、鸟纹等，其中卷体夔纹特色鲜明，部分器物上开始出现长篇铭文，器物造型凝重结实，纹饰繁缛华丽。

(2)教学目标

知识与技能目标：初步了解青铜器的相关知识，欣赏青铜器的纹饰美。

过程与方法目标：通过欣赏与分析，了解青铜器的艺术特点。

情感态度和价值观目标：在欣赏青铜器艺术的过程中，感受青铜文化的魅力，增强民族自豪感和自信心。

(3)新课讲授

1. 学生分组讨论、交流课前收集的关于青铜器的资料，了解青铜器的起源与发展历史。

【设计意图】让学生将课下搜集到的知识在课堂上得到展示与肯定，这样可以激发学生课下的学习兴趣。

教师总结：我国古代青铜器的铸造，远在四千年前的夏代就已经出现，商代和西周是青铜器铸造的鼎盛时期。接下来我们就一起来欣赏一些青铜器的图片。在欣赏图片的时候，请大家思考，你会从哪些角度来欣赏我们的国宝——青铜器？

2. 欣赏青铜器

①从造型角度欣赏。根据不同用途，青铜器有各种不同的造型。

课件展示青铜器《莲鹤方壶》，教师介绍：这是春秋中期青铜制盛酒或盛水器。整个器物造型优美，花纹流畅，制作工艺精湛，挣脱了商周以来青铜器庄严肃穆的风格，加强了姿态的动势和力感。展翅欲飞的立鹤，攀岩登壁的猛兽，使器物具有静中有动，寓动于静的艺术魅力，融清新活泼和凝重神秘为一体。莲鹤方壶的艺术构思，反映了春秋中期新旧思想的交替，被誉为“时代精神之象征”。

课件展示青铜器《铜奔马》，教师介绍：甘肃武威雷台东汉墓出土的“马踏飞燕”(又称马超龙雀、铜奔马)是东汉的大型青铜雕塑。创作者独具匠心,铸造一匹矫健奔驰的骏马,三足腾空,一足踩在展翅疾飞的燕背上,使人产生骏马的速度能超过飞燕的联想。其大胆的构思、浪漫的手法给人以惊心动魄之感,令人叫绝,堪称中国古代青铜雕塑的奇葩。

②从纹样角度欣赏。青铜器上常饰有动物纹、几何纹以及人事活动等图案,反映当时人们的社会生活和思想观念。

课件展示青铜器《宴乐攻战纹壶》。教师介绍:这个壶的纹样共三层,第一层表现的是妇女在树上采桑叶;第二层展现了人们吃饭、歌舞、打猎的情景;第三层刻画了古人陆战和水战的场景。这些纹样来源于人们的生活,属于纪实的纹样。根据这些纹样,这件青铜器被叫作《宴乐攻战纹壶》。

教师:青铜器上不仅有记录人事活动的写实纹样,还有富有想象的抽象纹饰,通过预习课本,同学们一定已经认识它们了,请这位同学来介绍一下。

学生回答,教师总结:"凤鸟纹"和"龙纹"是我国自古以来的吉祥纹样,人们借助这些纹样表达对生活的美好祝愿。"兽面纹"又称饕餮纹,象征传说中的一种凶兽。它是古人融合了自然界各种猛兽的特征,同时加以自己的想象而形成的,其中兽的面部巨大而夸张,装饰性很强,常作为器物的主要纹饰,与古代人民的文化生活息息相关,充分体现了古代劳动人民的智慧和创造能力。

③从文字角度欣赏。青铜器上常铸或刻有文字。这些文字通常称为"铜器铭文",又称"金文""钟鼎文"等。它是研究汉字发展演变的珍贵资料,也是研究我国古代历史的重要资料。

课件展示青铜器《毛公鼎》,教师介绍:青铜器上常铸或刻有文字。这些文字通常称为"铜器铭文",又称"金文"或"钟鼎文"。这件作品是毛公鼎,它是西周晚期毛公所铸青铜器。鼎内铭文接近五百字,是现存最长的铭文,记载了毛公衷心为国,向周宣王献策之事。铭文就是铸造的历史,所以我们在欣赏青铜器时一定不能忽略它的铭文。

【设计意图】从造型、纹样和文字三个方面进行赏析,使学生对青铜器有全面深入的了解,为进一步欣赏青铜器奠定了基础。

3. 作业评价

每个小组从课本或教师课件中出示的范例图片中任选一例,从造型、纹饰以及铭文等方面进行介绍。教师和其他小组学生对其表现进行评价。(教师在巡视指导的同时,了解各小组的课前准备,观察各小组的讨论情况以及学生参与情况。)

【设计意图】小组成员合作、探究,自主交流赏析,体现了以生为主、以生为本的新课程理念。客观的评价,他人的肯定,满足了学生的情感需求,激发了自信心和积极性。

4. 课堂总结

教师:同学们,我们今天欣赏的这几件青铜器只是我国古代青铜艺术的冰山一角。中国古代青铜艺术博大精深,难怪一位历史学家这样说:"中国的历史是一部石头的书,青铜的书。"这毫不夸张。几千年来所凝练的浓郁厚重的青铜文化,是一部浓缩的中国百科全书,留给我们的是无穷的物质与精神财富。青铜文化神秘厚重,还有很多连考古学家都无法解开的谜,等着同学们去研究开发。青铜艺术不仅体现了我国祖先的聪明才智和精湛的技艺,而且体现了我国悠久历史和灿烂文化,让我们一起把我国优秀传统文化继承和发扬下去吧!

【设计意图】在欣赏青铜艺术的过程中,激发学生的自豪感,使学生树立保护文物、珍爱国宝的意识,升华主题。

过关必刷题库

专题一　小学语文学科知识与教学设计

教学设计题(参考答案)

1. (1)洞庭湖的水光与秋月交相辉映,显得十分和谐,水面波平浪静就好像一面未打磨的铜镜。远远望去,月光照耀下的洞庭湖山水一片翠绿,好似白银盘里托着一枚青螺。

(2)教学目标:

①知识与能力目标:学会本课生字;能正确、流利、有感情地朗读课文,背诵课文。

②过程与方法目标:通过多次朗读与教师讲解,能解释诗句的意思,并能用自己的话描述这首诗中所描绘的景色。

③情感态度与价值观目标:感悟诗的意境,从中受到美的熏陶。

(3)导入环节:

教师:同学们,我们伟大的祖国山河秀丽、风景如画,前不久老师去游了一回九寨沟,感受颇深。今天,老师想带大家去洞庭湖走一走,领略一下洞庭的美景。(多媒体展示图片)这是老师眼中的洞庭湖,那同学们眼中的洞庭湖是什么样子呢?

大家在课下都查到了什么资料呢?

学生1:洞庭湖位于湖南省的北部,岳阳市附近,是我国第二大淡水湖。八百里洞庭,烟波浩渺。水天相接、朝晖夕阴、气象万千。湖中有君山,山上有诸多名胜。著名诗人范仲淹来到洞庭湖,留下了“先天下之忧而忧,后天下之乐而乐”的经典名句。

学生2:……

学生3:……

教师:同学们介绍得很好,洞庭湖的景象非常迷人,从古至今有无数文人墨客被它吸引,写下了许多描写洞庭湖的美诗佳句。在一千多年前,唐朝有位大诗人刘禹锡来到了洞庭湖,看到了这样一幅美景,不禁诗兴大发,写下了一首千古传颂的佳作,听,他正在吟诵呢!(配乐诗朗诵)

【设计理由】教师与学生分享自己的经历,既引起了学生对洞庭湖的好奇心,也增进了教师与学生之间的关系,营造了和谐的教学氛围。同时,结合同学们的预习情况给出配乐朗诵,为学生创设了良好的学习情境。

2. (1)文本分析:

作者按照一年四季的先后顺序描绘了小兴安岭的景色,抓住了不同季节景物独有的特点,春天生机勃勃,夏天葱郁繁盛,秋天硕果累累,冬天安静宁谧,表达了作者对小兴安岭的赞美、喜爱之情。

(2)教学目标和教学重、难点:

①教学目标

知识与能力目标:会认、会写本课生字词;正确、流利地朗读课文,读出对小兴安岭的喜爱之情;尝试背诵喜欢的段落。

过程与方法目标:探究并发现描写春、夏、秋、冬这四个段落的组段规律,学习并积累准确、生动的语言。

情感态度与价值观目标:了解小兴安岭美丽的景色和丰富的物产,激发对祖国大好河山的喜爱之情。

②教学重、难点

教学重点:体会小兴安岭一年四季的美,理解重点词句,学习积累语言。

教学难点:体会作者想要表达的思想感情,学习作者描写小兴安岭的写作手法。

(3)教学环节:

①谈话导入

教师:同学们,我们的祖国地大物博,资源丰富。在语文课上,我们曾经观赏过景色奇丽的五彩池,游览过物产丰富的西沙群岛。今天,我们再一起到小兴安岭欣赏那里一年四季美丽的风光。

②初读全文

学生朗读,初步了解课文内容。

教师:先读课文,然后说说你对小兴安岭最突出的印象是什么。

师生讨论明确:小兴安岭很美丽,有许许多多宝物。

③赏读课文,感受美景

步骤:

第一步:看小兴安岭的录像——春天美。

第二步:默读画批——春天什么景物美?分析这些景物怎么美,是通过哪些词语表达的?思考景物美与树木美有什么联系。

第三步:学生沟通与讨论,教师相机引导。

第四步:小结——什么美(标画景物);怎么美(分析语句);整体美(联系树木)。

第五步:运用以上学法自学“夏、秋、冬”几段,先看有关录像,再学习、讨论相关季节景色描写。

第六步:全班交流学习体会。

第七步:小结四季美景的特点。

④教师总结并布置作业

教师:齐读最后一节,想一想作者为什么说小兴安岭是一座美丽的大花园,也是一座巨大的宝库?(从景美、物美、有价值、有贡献几个方面来回答)

布置作业:用学到的词语和描写方法描写家乡的景色。

3. (1)该文本用记叙的方式叙述了一个村庄环境变化的过程,并采用对比的表现手法,用简洁质朴的语言言简意赅地表达了作者对小村庄环境变化的遗憾,警醒人们要爱护环境。

(2)教学目标:

①知识与能力目标:会认、会写本课的生字词;能把课文读得正确、流利、有感情。

②过程与方法目标:朗读课文,了解课文的主要内容,能简单地复述故事;联系上下文和生活实际,理解含义深刻的句子,并体会其表达效果。

③情感态度与价值观目标:讨论小村庄发生的悲剧是天灾还是人祸,领会爱护树木、保护环境、维护生态平衡的道理。

(3)导入环节:

教师播放村庄的画面,创设情境,学生欣赏感悟,同时设问质疑。

教师:同学们,今天老师想给大家讲一个小村庄的故事:在山谷中,有一个小村庄,那里的森林郁郁葱葱,村前河水清澈见底,天空湛蓝深远,空气清新甜润。这里住着几十户人家,因为周围有着丰富的自然资源,所以他们用斧头砍下树木,并盖成房子,造成各种工具,日子过得还都不错(课件出示)。同学们,你们觉得这个小村庄怎么样?(生回答)

那么这个美丽的小村庄现在怎么样了呢?请同学们齐读(出示:"什么都没有了——所有靠斧头得到的一切,包括那些锋利的斧头")。为什么会这样呢?让我们一起来学习《一个小村庄的故事》。

4.(1)教学目标:

知识与能力目标:会认、会写本课生字;有感情地朗读课文,会分角色朗读课文。

过程与方法目标:通过朗读、角色扮演等方式加深对课文内容的理解;通过课堂交流与讨论了解有益动物的一些知识。

情感态度与价值观目标:从内心喜欢阅读童话故事,培养对科学常识的兴趣;树立保护益虫的意识。

(2)教学重难点:

教学重点:正确流利、有感情地朗读课文。

教学难点:通过认识"七星瓢虫"和"蚜虫",了解益虫和害虫的概念,并树立保护益虫的意识。

(3)教学环节:

①激趣导入

师:(课件出示图片)同学们看到了什么?

生:棉花。

师:这就是上次老师给你们介绍的那位新朋友。(板书:棉花姑娘)

师:今天可爱的棉花姑娘和我们玩起了捉迷藏,躲到了语文书中,请同学们读课文,在文中和棉花姑娘打个招呼,交个朋友吧!

②由果溯因

A. 找出描写棉花姑娘样子的自然段,(出示第6自然段)指生读,读出轻松、高兴的语气。

师:你读懂了什么?有什么疑问?

总结学生提的问题。

B. 棉花姑娘生病了,都是可恶的蚜虫把她害成这个样子的。

(课件出示第1自然段,再出示蚜虫图片,介绍蚜虫)

师:如果你就是棉花姑娘,现在满身都是虫子在咬你,你有什么感觉?(生答)

③品读课文,探究体验

A. 棉花姑娘请了哪些医生给自己治病?

请同学们读一读课文的2、3、4、5自然段,在文中圈出答案。

课件出示:棉花姑娘请了(　　)、(　　)、(　　)和(　　)来给她治病。指生到黑板上来按顺序填写。

B. 学习第2自然段。

生轻声地读第2自然段。

师:读了第2自然段,你有什么发现?

生甲:燕子只会捉空中飞的害虫。(师板书)

生乙:棉花姑娘和小燕子都很有礼貌。

C. 小组合作学习第3、4自然段。

师:这些医生都治不好棉花姑娘的病,同学们说说还有哪些小动物也治不好棉花姑娘的病?根据你查到的资料说说。

生:蜻蜓、壁虎、蜘蛛……

D. 学习第5自然段。

师:这么多医生都治不好棉花姑娘的病,难道就没有人能治好棉花姑娘的病吗?

生:有。

师:谁?

生:七星瓢虫

师:是的,七星瓢虫,因为七星瓢虫吃的是蚜虫。大家自由读这一自然段,看看七星瓢虫是什么样子的,等会我们要做一个扮演七星瓢虫的游戏,想一下怎么介绍七星瓢虫。

生扮演介绍。

E. 学习第6自然段。

师:不久,棉花姑娘又长出了碧绿碧绿的叶子,吐出了雪白雪白的棉花,她咧开嘴笑啦!看她多开心啊!到这里我们才知道七星瓢虫才是真正能治棉花姑娘身上蚜虫的医生。

F. 小结。

师:通过对这篇课文的学习,我们知道了小燕子会捉空中飞的害虫,啄木鸟会捉树干里的害虫,青蛙会捉田里的害虫,七星瓢虫会捉棉花身上的蚜虫。燕子、啄木鸟、青蛙和七星瓢虫都是对人们有益的动物,我们要保护它们。

④布置作业

回家后把这个童话故事讲给你的爸爸妈妈和小伙伴听。

5.(1)如何开展识字教学:

根据《义务教育语文课程标准》(2011年版),教师应该从以下几个方面入手开展识字教学:

①识字写字是第一学段的教学重点,是开展阅读

写作教学的基础。在低年段应该贯彻“多认少写”的原则,以减轻学生学习负担。

②识字教学要充分利用儿童的生活经验,引导学生在生活中主动识字,力求识用结合。

③利用直观化的教学手段开展识字教学,并创设丰富的教学情境以激发学生的学习兴趣。

④写字教学重视对学生写字姿势的指导,帮助学生形成良好的书写习惯。

⑤汉语拼音教学应尽量具有趣味性,以活动和游戏为主,并与普通话和识字教学相结合。

(2)教学目标:

知识与能力目标:能够认识图、梨、笼、浪、粱、燃、勤、劳这8个生字;会写波、浪、灯、作、字、苹、丽、劳这8个生字;能够用普通话流利地朗读课文,积累关于秋天的词汇。

过程与方法目标:通过与同学交流的方式掌握关于秋天的词汇,并加强自身的观察能力与语言表达能力。

情感态度与价值观目标:能够感受秋天的色彩,体会秋天的美丽与丰收的喜悦,激起对大自然的热爱之情。

(3)教学过程:

①提问,导入新课

师:同学们,一年都有什么季节?每个季节都有哪些美景?大家知道秋天都有哪些美景吗?让我们一起走进《秋天的图画》!

放映关于秋天美景的幻灯片。

②交流,讲读课文

同桌为一组,交流阅读课文。

A. 初读,掌握生字词。

师:请同学们读课文,读给同桌听,读准字音,边读边想象秋天美丽的景象。

教师指导读准音难字:梨、笼、浪、粱、劳。

学生提出形难字,教师范写,小组间讨论并分享记忆方法:波、浪、苹、劳。

B. 精读,体悟秋天美景。

师:请同学们齐读课文,读的过程中思考:

秋天来啦,秋天来啦,山野就是美丽的图画。这幅美丽的图画是什么样子的?

梨树挂起金黄的灯笼,苹果露出红红的脸颊,稻海翻起金色的波浪,高粱举起燃烧的火把。你感受到了秋天的什么景象?用自己的话说一说。

阅读指导:读出秋天的美,读出喜悦的心情。

③升华,巩固提高

师:同学们,秋天美不美?是谁使得秋天这样美?指导学生朗读:勤劳的人们画出秋天的图画。读出对勤劳的人们的赞美之情。

④总结,加深情感

师:同学们,今天你们感受到秋天的美景了吗?你们觉得美吗?请同学们在课余时间用自己的画笔把感受到的秋天的美景画出来,与其他伙伴分享。

专题二　小学数学学科知识与教学设计

教学设计题(参考答案)

1.(1)小学数学学习活动具备以下特点:

小学数学学习是一个对生活中数学现象“解读”的过程;小学数学学习是获取数学知识,形成数学技能和能力的一种思维活动过程;小学数学学习是一个数学“再创造”与“再发现”的过程;小学数学学习是一个教师启发引导的过程。

(2)教学目标:

①知识与技能目标:结合具体内容认识小数,知道以元为单位,以米为单位的实际含义;知道十分之几可以用一位小数表示,百分之几可以用两位小数表示;能识别小数,会读写小数。

②过程与方法目标:通过合作学习,形成合作意识,具备一定的思考与语言表达能力。

③情感态度与价值观目标:将数学与生活密切联系,激发学习数学的兴趣。

教学重点:正确理解小数的含义。

(3)教学过程:

一、创设情境,引入小数

1. 教师出示PPT课件:小数的初步认识。

师:周末,小明的妈妈去商店给全家人买早餐,货架上有牛奶、面包、火腿肠等食物。同学们能不能读出这些食物的标价呢?

学生小组讨论、交流,教师选代表试回答。

2. 区别整数和小数。

师:同学们,根据我们之前学习的整数的知识,大家想一想这节课我们见到的这些数字有什么特点?(数中间都有一个小圆点)这样的数叫作小数,今天我们就一起来认识小数。(出示课题:认识小数)

二、认识小数

1. 师:刚才我们看到的数中间都有一个小圆点,我们知道分数中间有一条线,我们把它叫作……(分数线),那么请你们猜一猜,小数中间的小圆点叫什么呢?(小数点)(师表扬:猜得真准!)这个小圆点就叫小数点。(板书:小数点)读数的时候我们把它读作:点。小数点左边代表整数部分,按照整数的读法读;小数点右边代表小数部分,依次读出每一个数字。读时,先读整数部分,再读“点”,最后读小数部分。
认识以元为单位的数的实际含义。
师:哪些同学知道标价牌上的小数分别表示多少钱?(学生回答)。
2. 你还在哪里见过小数?(学生小组讨论并分享)
三、例题教学
师:(出示课件)看看这些学生都在做什么? 同学们,你知道自己的身高吗?
1. 学生交流自己的身高是多少米多少厘米?
2. 只用米作单位,该怎样表示?
3. 引出以米为单位的一位小数。出示课件:把1米平均分成10份,每份是多少分米? 1分米用分数表示是几分之几米,还可以写成零点几米? 3分米是几分之几米,还可以写成零点几米?
介绍小数的写法:先写整数部分,再在右下角写点,最后写小数部分。
想一想:什么样的分数能改写成一位小数?
4. 引出以米为单位的两位小数。出示课件:把1米平均分成100份,每份是多少厘米? 1厘米用分数表示是几分之几米,还可以写成零点零几米? 3厘米是几分之几米,写成小数是多少米? 18厘米是几分之几米,写成小数是多少米?
想一想:什么样的分数能改写成两位小数? 让学生把答案填写在课本上。
5. 小组讨论。出示课件:王东身高1米30厘米,写成小数是(　　)米。同桌交流后汇报。写成1. 30米和1. 3米都是对的,因为30厘米也就是3分米。
四、巩固应用
五、拓展:小数的历史

2. (1)比的基本性质
比的前项和后项同时乘或除以同一个不为0的数,比值不变。
(2)教学难点
理解并能正确应用比的基本性质。
(3)教学过程
①复习引入
教师活动:引导学生回顾之前学过的除法的商不变的规律和分数的基本性质,提出问题:谁能直接说出80÷25的商,你是怎么想的,根据是什么? $\frac{6}{8}$约分后是多少,根据是什么? 怎样求出3:2,8:4,7:21,24:5的比值?
②讲授新课
教师提问:想一想,以前学习过除法的商不变规律和分数的基本性质,猜想一下在比中又有怎样的规律?
将6:8和12:16找出来,向学生提出问题:两个比有什么共同特点?(比值都相等)有什么不同点?(前项和后项都不同)既然这样我们可以说6:8=12:16吗?
让学生根据比与除法的关系探讨6:8与12:16的关系。
$6\div8=(6\times2)\div(8\times2)=12\div16$;
$6:8=(6\times2):(8\times2)=12:16$;
$12:16=12\div16=(12\div4)\div(16\div4)=3\div4=3:4$;
$6\div8=(6\div2)\div(8\div2)=3\div4$;
$6:8=(6\div2):(8\div2)=3:4$。
根据比与分数的关系引导学生尝试概括出比的基本性质。
③巩固练习
以生活中的练习题“学校有8个篮球,12个排球,问篮球和排球数量的比值是多少?”让学生对本节课知识进行梳理和巩固。
④小结提高
教师引导学生,让学生谈谈自己本节课的收获和心得体会,总结出比的基本性质:比的前项和后项同时乘或除以同一个数(0除外),比值不变。
⑤课后作业
学生回家后,算一下自己家筷子的数量与碗的数量的比是多少,还有什么其他的物体数量之间的比跟筷子与碗的数量比是相等的,第二天与其他同学和老师一起交流和讨论。

3. (1)《义务教育数学课程标准》(2011年版)在“课程内容”“第二学段”的“统计与概率”部分“(二)随机现象发生的可能性”中提出:
①在具体情境中,通过实例感受简单的随机现象;能列出简单的随机现象中所有可能发生的结果。
②通过试验、游戏等活动,感受随机现象发生的可能性是有大小的,能对一些简单的随机现象发生的可能性大小做出定性描述,并能进行交流。
(2)教学目标及重难点:
知识与技能目标:通过具体的活动体验事件发生的可能性及游戏规则的公平性;用几分之一描述事件发生的概率。
过程与方法目标:学会用概率的眼光去观察世界;增强观察分析及逻辑推理能力。
情感态度与价值观目标:通过探究游戏的公平性,潜移默化地理解公平、公正意识;通过做游戏逐步养成对数学的积极情感态度。

教学重点：体验事件发生的可能性以及游戏规则的公平性，会用几分之一表示事件发生的可能性。

教学难点：能按要求设计公平的游戏方案。

(3)教学过程：

①游戏设疑，引出新课

A. 师生谈话，引出活动，布置游戏规则：全班学生按性别分成两个组玩摸球游戏，每组各摸10次，摸到黄球多的那组赢。

B. 每组各派一名学生摸球，其他学生统计组员摸到黄球的次数。

C. 师生讨论，揭示课题：可能性。

教师揭秘，师生讨论：这样的游戏公平吗？为什么？

②提出猜想，活动验证

A. 观察足球比赛开场情境图，发现其中的数学问题。

师生谈话，引出足球比赛，学生观察，并发现足球比赛中的数学问题。

B. 师生讨论，提出猜想。

师：你认为用抛硬币的方法确定谁先开球公平吗？为什么？

师生讨论，学生提出自己的观点和想法，引出抛硬币的实验。

C. 活动：抛硬币。

活动一：教师示范抛硬币，学生观看教师抛硬币的方式，记录硬币落地时正反两面朝上的情况并展开讨论。

活动二：学生抛硬币。

要求：每4人一大组，2人一小组，每小组抛10次，并做好记录，完成4人大组的汇总表，注意抛硬币时要保持大约20厘米的高度，用力要均匀，一人抛硬币，另一人记录。小组成员要注意分工合作，看哪个小组合作得最好，完成得最快。(限时3分钟)

D. 收集并分析数据，初步体验。

要求：分析整理大组数据，并制成统计图表。分析观察数据，并针对数据特点展开讨论。

E. 展示几位数学家的实验情况。

学生观看统计图表，发现硬币正反面朝上的次数比较接近，可以用分数1/2来表示正反两面出现的可能性。

讨论：如果数学家罗曼诺夫斯基再抛一次，会是什么结果，怎么表示？

F. 小结：用抛硬币的方法确定谁先开球是比较公平的。

G. 列举生活中用抛硬币决定先后顺序的例子：乒乓球、网球等比赛的开球。

③游戏激趣，拓展运用

A. 动手设计，探究公平。

设计一：巧改转盘，玩转盘。

设计二：巧改骰子，体验公平。

B. 回顾运用。

C. 重温摸球活动，设计公平的摸球活动。

④总结全课，布置作业

总结：今天我们都学到了什么呢？你们认为在游戏的过程中最重要的是什么呢？(师生共同总结)

作业：大家想想我们生活中还有哪些类似的随机现象，列举出来。

4. (1)方程是等式，又含有未知数，两者缺一不可，方程里的未知数可以参加运算，并且只有当未知数为特定的数值时，方程才成立。与方程不同，算术式是一个式子，它由运算符号和已知数组成，它表示已知数。

(2)教学目标：

①知识与技能目标：根据等式的性质，初步掌握解方程及检验的方法，并理解解方程及方程的解的概念。

②过程与方法目标：通过自主讨论的方式，学会运用代换思想和分析能力进行解题的方法。

③情感态度与价值观目标：培养运用分析能力以及应用所学知识解决实际问题的能力，养成自觉检验的良好习惯。

教学重点：理解并掌握解方程的方法。

(3)新授部分教学环节：

一、看图写方程

教师：(多媒体出示图片)请同学说出从图中得到的数学信息都有哪些？能根据这幅图片列出方程吗？

学生回答，老师补充给出答案：已知有3个篮球，盒子里面有X个，加起来一共有9个。列出方程式即：$3+X=9$。

二、分组讨论，求方程中的未知数

教师提出问题：那么方程中的X等于多少呢？请同桌两人一组进行讨论，说说你是怎么想的？

讨论以后请学生陈述自己的观点。可能有以下的观点：

A. 根据加减法之间的关系，$9-3=6$，所以$X=6$

B. 根据数的组成，$6+3=9$，所以$X=6$

C. 3+X=9=3+6,所以X=6

D. 假如在方程左右两边同时减去3,那么也可得出X=6

教师给予鼓励并引出方程的解和解方程两个概念。

教师:我们说X=6是方程3+X=9的解,求未知数X的过程就叫解方程。

三、自主探究方程的解与解方程的概念

教师:同学们自学课本找出什么叫方程的解?什么叫解方程?

学生回答,教师给予评价鼓励并补充完整:方程的解是未知数的值,它是一个数。判断一个数是不是方程的解的方法是看这个数能不能使方程左右两边相等。而解方程是求未知数的过程,是一个计算过程,它的目的是求出方程的解。

【设计意图】在列方程和学生分组讨论的逐步深入学习过程中,教师引导学生通过自主探究的方法进行概念的学习与分析,培养学生的分组合作能力以及自主学习和判断的能力。

5. (1)教学目标:

①知识与技能目标:认识长度单位“米”,知道用“m”表示“米”,感知“米”有多长。

②过程与方法目标:通过实践与探究活动理解1米=100厘米,提升估测及实践能力。

③情感态度与价值观目标:学生的合作意识通过实际测量活动得到提升,并增强对数学知识的求知欲与兴趣。

(2)教学重点:通过观察与实际测量活动,认识“米”,知道“m”用来表示“米”,感知米的实际表象。

教学难点:通过测量活动,理解1米=100厘米;在测量活动中提升学生的估测能力。

(3)教学过程:

将全班同学以5~6人为1个小组进行划分,开展小组研讨活动学习本课。

一、创设情境,导入新课

教师准备厘米尺与米尺。

比赛活动:教师用米尺测量黑板的长度,学生用厘米尺测量黑板的长度。看谁先完成测量活动。这样的比赛公平吗?

导出新课:量短的物体用厘米尺就可以了,如果是长的物体就要用米尺。今天我们来学习一个新的长度单位:米。

二、测量探究,获得新知

1. 认识米

①观察米尺,感受1米有多长。

②教师为每个小组发一条1米长的绳子,感受1米的长度。

③想一想,量一量,身体哪些部位有1米长。(如将手臂伸开是多长?几个脚印是1米等等)

④生活中哪些物体的长度适合用“米”。

总结:较长的物体的长度适合用米,米用“m”表示。

2. 理解米与厘米的关系

①请同学估测1厘米的长度,再估测1米的长度,1厘米与1米之间有什么关系?

②测量活动:两名同学拉直1米长的绳子,其他同学用厘米尺测量,你发现了什么?(20厘米+20厘米+20厘米+20厘米+20厘米=100厘米=1米)

教师总结:1米=100厘米

三、联系实际,巩固知识

测量活动:量一量2米有多长?3米有多长?

思考:2米=(　　)厘米,(　　)厘米=3米。

四、总结本课,畅谈收获

这节课我们有哪些收获?回家量一量家中的家具有多长。

专题三　小学英语学科知识与教学设计

教学设计题(参考答案)

1. (1)教学内容分析

这一课时有三个部分: A. Listen and number; B. Let′s talk; C. Let′s write。A部分借助Get ready中的图和对话录音,情境化地呈现了本课的七个目标词汇scared, worried, angry, proud, sad, excited, happy,并让学生通过看、听及给七幅情境图标号等途径来感知并学习这些词汇。B部分通过在情境中选择恰当的单词补全句子的活动,帮助学生操练词汇,并体会它们在交际情境中的运用。C部分让学生根据Get ready中的语境,选择恰当的单词填空,进一步理解和内化知识。

(2)Teaching aims

Knowledge aims:

①Students can understand and say the seven words of scared, worried, angry, proud, sad, excited and happy, and try to memorize the words with the help of phonetic symbols, spelling rules and other vocabulary learning strategies;

②Students can choose the right words according to the context to fill in the blanks and complete the sentence.

Ability aims:

Students can express their inner feelings with "I am..." in the context or in combination with their life experience.

Emotion aims:

①Students are able to actively participate in various activities or games in class, and to complete tasks with partners;

②Students are able to listen to their partner and try to express their point of view. Learn to have a good attitude every day.

(3)A. Listen and number

①Teaching words.

Teacher uses multimedia courseware to display the stick figure of expression corresponding to the seven words scared, worried, angry, proud, sad, excited, happy. The teacher first asks the students to discuss in groups, connecting the stick figures of the expression to the corresponding words. Then the teacher teaches seven words in sequence. After the students are familiar with it, the teacher asks the students to check the connection exercises they have done before and correct the wrong connections.

②Listen to the recording and label.

The teacher plays the recording twice, and lets the students number the seven scene in Get ready according to the recording. Students form a group to discuss the labeling situation. After the discussion, the teacher asks several groups of students to report the label situation, and finally gave the correct label.

③The teacher plays the recording again, and the students read the recording twice.

【设计意图】先猜词再通过学习检查猜词情况,可以加深学生对新单词的记忆与理解。在充分掌握新词的基础上听录音,给情境图标号,使听力理解活动变得更容易。整个过程都是学生自主学习的过程。

2. (1) The contents of teaching vocabulary include word meaning, word use, word information and word memory strategy.

(2)Knowledge aims:

① Students can listen, say, read, and write the words: doctor, cook, driver, farmer, nurse.

② Students can listen, read and use the sentence patterns "What is your father's job?" "My father is a doctor."

Ability aims:

Students use the sentence patterns to inquire about someone's job and to communicate with others smoothly.

Emotion aims:

① Students actively join in the learning activities and confidently speak in English.

②Students know something about "job" and set up their own dream.

(3)Practice

Activity 1 Dictation

T: Please work in pairs. One student reads a new word and the other student writes it down. Then change your roles when you finish the five words. Let's see which pair will finish it as the first one. OK, begin!

While students do dictation, the teacher walks around the classroom to correct students' pronunciation and handwriting.

【设计意图】通过学生两两合作听写新单词,训练学生的听力、口语和书写能力。教师巡视课堂,可以纠正学生的语音与书写错误。

Activity 2 Task time

T: You have done a good job! Now there is a task for you boys and girls. Please act as an interviewer to survey what your classmates' family members' jobs are by using the sentence "What is your father's/mother's/uncle's/... job?"

"He/She is...". You should finish the table below.

For example: Li Hua's mother is a doctor.

Student	Family member	Job
Li Hua	Mother	Doctor

【设计意图】学生扮演小记者调查同班同学的家人的职业,可以在语境中训练学生的表达与运用能力,让学生感受到"学以致用"的乐趣。

Production

T: Please find your partners freely and make a dialogue with your partners according to the table you have finished and act it out.

【设计意图】学生在足够的语言输入的基础上自由选择搭档编对话。这个活动可以为学生提供语言输出的机会，培养学生灵活运用语言的能力。

3.(1)运用实物创设情境；运用图片创设情境；运用多媒体创设情境；运用语言描绘情境；运用生活素材创造情境等。

(2)教学目标：

①知识与技能目标：听、说、读、写单词：spring，summer，autumn，winter，season；听、说、认、读句子：Which season do you like best？/ What's your favourite season？并能在实际情境中进行运用。

②过程与方法目标：在交互式电子白板、flash、图片、视频等多媒体的帮助下，通过小组合作、TPR活动等，在快乐、自主、合作、探究中学会关于季节的句型。

③情感态度与价值观目标：了解有关全国气候差异的常识，注重与人合作，互相交流，沟通情感，有兴趣并积极地参与到课堂的活动中来。

(3)教学过程：

Step 1 Warming-up

A. 播放Let's chant：

Mmm！It's warm today！Take off your jacket！

Phew！It's hot today！Put on your T-shirt！

Ooh！It's cool today！Put on your sweater！

Brr！It's cold today！Put on your coat！

配上形象的动作说唱，充分调动学生的积极性。

【设计意图】通过课前的热身活动，活跃课堂气氛，调动学生的学习积极性，为本课的教学创造有利的条件。

B. Ask and answer

T：Which words about the weather can you hear？(Warm，hot，cool，cold.)

T：What's the weather like today？(It's warm.)

T：What's your favourite weather？(Warm days.)

T：Do you know any other weather？(Rainy，sunny，cloudy，snowy，windy.)

教师呈现四季图片：What's the weather like in this picture and what about this one？教师将学生的回答有意识地按季节进行板书，并将图片贴在相应的位置上。

【设计意图】复习旧知识，为学习季节做扎实的铺垫，自然而然地导入今天内容的讲解，温故而知新。

Step 2 Presentation

A. Learning new words

播放动画和图片

T：We know there are four seasons in a year. Today we'll learn something about season. 让学生猜出season的汉语意思，并尝试发音[si:]+[zn]→['si:zn]

【设计意图】在单词教学中渗透语音教学，让学生在新授课中逐步掌握单词拼读、拼写的方法。

T：Now look at the screen carefully，then answer my questions—what season is it？(播放春天动画，学生认真看动画，回答问题。)

T：(点击声音)What season is it？

Ss：It's spring.(教授单词spring)

T：Do you like spring？Why？

Ss：Yes. The spring is green and warm，and the flowers bloom.

之后，教学其他季节单词，方法同上。

【设计意图】创设情境，开篇即导入目标内容，动画、图片不仅给学生带来视觉冲击，还充分调动学生多种感官，让学生感受和体验不同季节的变化，学生身临其境，心理上自然放松，且充满热情，每一个词句的学习最终都归位到具体情境的交际活动中去，给学生一个完整而明确的认识。

B. Learning new sentences

T：OK，we know there are four seasons in a year，and my favourite season is spring，Which season do you like best？/ What's your favourite season？(板书句型并且教学)

T：What's the weather like in...？

Ss：It's...

【设计意图】这个环节体现了语言的交互性，也为最终让学生能够掌握句型，进行交际活动做了自然的训练。

Step 3 Practice

分层练习，从A—B—C由易到难：Let's guess/Let's play/Let's interview.

【设计意图】通过多种方式练习所学的内容，从单词练习转移到句型练习，再到对话操练，层层深入，巩固对知识的学习和记忆，将学生被动的接受性学习转变成主动积极的活动，培养学生的自主学习能力。

Step 4 Extension

A. 课堂小结

教师和同学们一起回忆本节课所学到的新单词和句型，并请几位同学谈谈自己对本节课的感想。

【设计意图】向学生再次呈现今天的重点内容，并理清思路,加强记忆。

B. 欣赏图片,了解不同地域季节变化的不同。

【设计意图】丰富学生的一些课外知识,培养学生的文化意识。

Step 5 Homework

Choose one of the following homework and do it earnestly.

A. Make a season book.

B. 介绍自己最喜欢的季节,和大家分享你的收获。

【设计意图】课后作业不应是课堂教学的结束,而应是课堂教学的延续、拓展和深入。作业设计了两个层次的活动供学生自由挑选,既体现了作业的开放性和层次性,也具有很大的灵活性和创造性。

4. (1)重点句式的突破策略

①单词教学与句子教学相结合。注意在语境下进行教学,联系以前学过的知识,与新知识相连贯,表述成句。操练句型时引导学生学会进行关键词替换练习。单词与句子教学相辅相成,融会贯通。

②多营造学习英语的氛围,尽量多利用多媒体教学手段,让学生感受纯正英语。教师在常规课时充分发挥录音机与磁带的作用,让学生在听的过程中,掌握某些句型的语音语调,并通过建立激励机制,调动学生的积极性,让学生多听、多观察、多模仿,逐步掌握句子的正确发音。

③句子教学要运用灵活多样的方法。

(2)教学目标

①知识与技能目标:能听、说及认读本课的新单词和 long hair, short, thin, strong, tall 和 friendly,会运用句型 My friend has short hair/long hair. My Friend is friendly/strong/thin.

②过程与方法目标:通过做游戏等方法,准确掌握新单词及新句型的用法。

③情感态度与价值观目标:通过本课的学习培养和朋友的关系,能更好地与朋友、与同学相处,培养合作能力和精神。

(3)方式一:Guessing game

It is so big and tall. It has a long nose, a short tail and two large ears like fans. It is from Africa.

It's small. It has two long ears and two blue eyes. What is it?

Other students look and say.

方式二:课件出示具有鲜明特征的人物图片,学生观察10秒后,人物消失,请学生根据记忆用词汇描述人物,若描述正确,画面上就会出现相应的身体部位,直到出现完整的人物。

方式三:一分钟简笔画。

给学生一分钟画出自己好朋友的画像,并描述他的外貌(先在同桌之间描述,再分别请几位同学站起来描述);然后让其他同学猜猜他是谁 Who is she/he;然后展示他的简笔画,看看画像是否与自己的描述是一致的,并给予适当的奖励。

让学生用到下面的词汇:

My friend is________.

She/He has________.

strong, thin, friendly, cute.

Long hair, long arms, big eyes, big mouth, big ears.

Short hair, short arms, small eyes, small mouth, small ears.

5. (1)教学目标:

①知识与技能目标:能听、说、读、写本节课中重要的单词和短语,掌握用某种交通工具去某地的表达法,并能替换关键词进行问答。

②过程与方法目标:通过做游戏、完成任务和合作学习,准确运用基本词汇和句型。

③情感态度与价值观目标:学会在生活中能够自觉遵守交通规则;能够养成乐于助人的品质,具有一定的团队合作、竞争进取的精神。

(2)教学重点:

①掌握以下单词和短语:on foot, by bike, by bus, by train, by plane, by ship, by subway, by taxi。

②能准确运用以下句型:How do you go to school? I go to school by bike.

教学难点:

掌握运用交通工具去某地的表达法,特别是 on foot 和其他表达法的区别。

(3)教学过程:

Step 1 Pre-task

①A guessing game

T: Here are some sounds of transportation. Can you listen and guess which kind of transportation they are? 教师根据学生的回答,板书交通工具对应的单词。

②New phrases teaching

T: Look! This is a toy bike. Do you go to school by bike?(在已板书的"bike"前加上"by"。)

Ss: No. I don't.

T: Do you go to school on foot?(教师边走边说,然后在已板书的"foot"前加上"on"。依次类推,教

授其他短语和句子。)

Step 2 Task-cycle

①Matching game

T: Look! These are some beautiful places. How do people go there? Please find appropriate ways. Now Group one takes the Picture One, and group two takes the Picture Two. Now, Let's go! (The teacher sticks the pictures above the words on the black-board.)

【设计意图】通过配对活动,帮助学生熟悉新的短语。

②Let's play

T: Here are some word cards. These words are about some places, and these are about some ways. Choose one card from the places and one card from the ways. Then, use these two selected cards to make sentences. You should work in groups of four and then show us how many sentences you have made up; the more the better.

【设计意图】让学生挑选卡片组成句子,然后进行汇报,以培养学生的运用与表达能力。

Step 3 Language focus

Survey and report

T: Interview your classmates where he/she goes and how he/she can go there. Take a note about the information, and report the result of the interview by use of the sentence patterns"sb. go to sp. by/on..."

【设计意图】将语言知识与实际生活相联系,让学生体会"学以致用"的乐趣。

Step 4 Homework

T: Ask your family members "How do they go to school in their childhood?" You can draw a picture or write a short passage about their ways of going to school. Please show us in the next class.

专题四　小学音乐学科知识与教学设计

教学设计题(参考答案)

1. (1)连音记号(Legato)又称圆滑线、连音线,用⌒标记,一般记写在音符的上方或下方,表示连线内的音要唱(奏)得连贯、流畅。

(2)教学目标:

①情感态度与价值观目标:通过了解茉莉花的精神品质,激发学生热爱自然、热爱民族音乐的情感。

②过程与方法目标:通过视听欣赏和对比分析作品《茉莉花》,了解民歌的演唱风格、表现形式等知识。

③知识与能力目标:学会演唱歌曲《茉莉花》,了解不同地区的歌曲韵味。

(3)教学过程:

一、导入新课

在节奏鲜明的现代音乐伴奏中,学生走进音乐教室。

师:同学们,又到了愉快的音乐课时间了,你们准备好了吗?

生:准备好了。

师:那我们开始上课。播放风格截然相反的音乐《梦江南》MV。

师:同学们,听到这首乐曲,看到这幅小桥流水的画面,你想到了什么?

生:江南水乡。

师:今天,老师就带领大家一起走进江南,去领略江南的好山、好水、好景、好花。

二、新课教学

1. 播放歌曲《茉莉花》,让学生听赏完,回答歌曲的速度是怎样的?

生:中速稍慢。

师:非常正确,这首歌曲的速度是中速稍慢,曲调幽静舒缓,就如同温婉的江南小城的生活,恬静淡然、抒情优美。

2. 播放第二遍乐曲,师生一起朗读歌词:好一朵美丽的茉莉花,好一朵美丽的茉莉花,芬芳美丽满枝丫,又香又白人人夸。让我来将你摘下,送给别人家,茉莉花茉莉花。

3. 师:歌词朗读完了,有哪位同学能告诉大家,茉莉花是什么样子的?

生:洁白,芬芳。

师:说得非常好,盛开的茉莉花洁白芬芳,非常圣洁美丽。老师现在就给同学们看一下盛开的茉莉花的图片。(教师播放课件,展示茉莉花的图片,同时播放《茉莉花》的伴奏。)

师:茉莉花漂不漂亮?谁能用词语形容一下?

生:圣洁、美丽。

师:茉莉花是印尼国花,原产于印度,西汉时期传入我国,叶子四季常绿,青翠欲滴。越冬种植,六七月间,便是它怒放的季节了。因其花瓣洁白素雅,芳香沁人心脾,故有"天下第一香"的美称。

4. 师:同学们,了解了茉莉花的一些资料,知道了茉莉花的圣洁美丽之后,让我们再听赏一遍这首歌曲吧。听的时候,让我们细细体会茉莉的芬芳美丽。(教师播放歌曲。)

5. (1)学习节奏

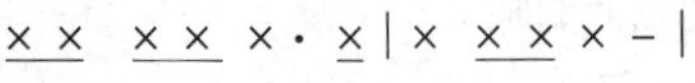

×× ×× ×·× | × ×× × – | 同时按节奏读歌词。

(2)学习试唱

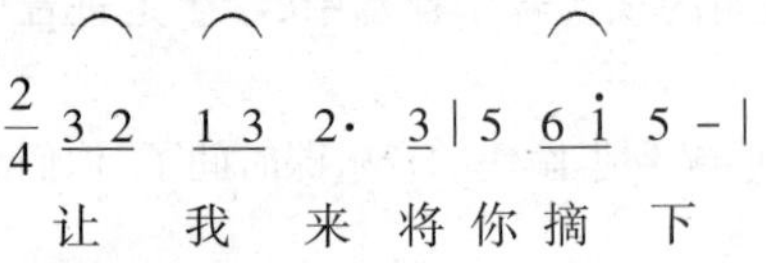

2/4 32 13 2· 3 | 5 6$\dot{1}$ 5 – |

让 我 来 将 你 摘 下

6. 听赏歌曲，要求学生用手拍击节奏，找出歌曲中附点的处理。

7. 学唱歌曲。教师在课件上出示歌曲的乐谱，教师弹奏，学生模唱。

8. 学生演唱歌词。

9. 学生分组演唱，进行第一次小组比赛。

10. 师：同学们，学习了江苏民歌《茉莉花》，现在，我们再来听赏河北《茉莉花》和东北《茉莉花》，听完后，告诉老师这三首《茉莉花》的曲调分别有什么特点？

教师播放课件，学生小组讨论，进行第二次小组比赛。

生：河北《茉莉花》缓慢优美；东北《茉莉花》直接爽快；江苏《茉莉花》委婉抒情。

三、拓展延伸

师：我国是一个多民族国家，民歌浩如烟海，这些民歌是我国劳动人民智慧的结晶。一朵小小的茉莉花，洁白芳香，犹如江南的少女，婉约秀丽。就是这样一曲小小的《茉莉花》却走出了中国，走向了世界大舞台。（播放宋祖英在维也纳金色大厅演唱的《茉莉花》。）

四、本课小结

《茉莉花》是中国民族民间音乐中的一朵奇葩，在我国还有许许多多像《茉莉花》一样优美的民歌，希望同学们课后多欣赏一些这样的歌曲，让我们的民歌焕发出更加灿烂的光辉。

2. (1)《打切分音的小闹钟》是美国作曲家安德森创作的一首音乐作品。乐曲形象鲜明，情绪欢快、明朗。特别是表现小闹钟节奏的音型非常突出，装饰音的运用显得既愉快又诙谐。开始时给小闹钟上弦的声音，使人一下子就明白了乐曲要表达的内容。接着在用梆子模拟小闹钟嘀嘀嗒嗒的节奏声中出现了欢快、诙谐的第一主题。装饰音和切分音的运用使乐曲显得更加轻快、活泼。

(2)教学目标：

①情感态度与价值观目标：通过欣赏乐曲，感受《打切分音的小闹钟》欢快活泼的情绪。

②过程与方法目标：通过欣赏乐曲，能听音乐记录空缺的旋律。

③知识与技能目标：通过欣赏乐曲，能分辨切分音。

(3)教学过程：

一、探索身边不同的钟声

1. 师：前面我们学唱了《枫桥夜泊》，欣赏了《灵隐钟声》，了解了古诗中那幽静、悠远的钟声，以及听到那钟声给人带来的那种伤感的情绪。但也不是所有的钟声都是那样的情绪，有的钟声听起来会让我们感到愉快或庄严。你们说说，听到什么样的钟声会让人感到愉快呢？

2. 感受不同的钟声。

师：老师这儿也准备了几种不同的钟，请大家听一听这样的钟声表现了什么样的情绪？为什么？（教师可出示几种不同的钟，并听一听不同的钟声）

3. 音乐里的钟声。

师：这是生活中真实的钟，也有不少表现钟声的音乐作品，你们听过吗？

二、欣赏《打切分音的小闹钟》

1. 师：今天我们来欣赏一首管弦乐合奏曲《打切分音的小闹钟》，音乐形象地模拟了小闹钟的节奏和铃声，轻快、诙谐，使听者感到非常愉快。听完后请你们说一说，为什么音乐是轻快的。

2. 分段欣赏。

(1)欣赏《打切分音的小闹钟》第一部分。

师：这首乐曲第一部分的音乐模仿了小闹钟嘀嘀嗒嗒的节奏，使我们感到很欢快，你们再想一想，为什么叫打切分音的小闹钟呢？

师：切分音给人的感觉是重音不在第一个音上，而在第二个音上。

师：再次欣赏《打切分音的小闹钟》第一部分，当听到切分音的时候，请大家举起手示意。

师：欣赏音乐很重要的一点就是要有较强的音乐听力。现在我们来做个小游戏，看看你们的音乐听力怎么样？请大家看课本，下面我把第一主题的旋律弹三遍，看你们谁能把书上第六小节空缺的音符填上。

师：现在我们来唱一唱这个主题。要唱得短促、有弹性，切分音处的强音要突出一些，这样可以表现音乐欢快、诙谐的情绪。

师：刚才同学们听出音乐中有嘀嗒嘀嗒表现钟声的节奏，现在请你们选择自己喜欢的打击乐器为音乐伴奏，让我们的小闹钟唱起来吧。

(2)依次欣赏《打切分音的小闹钟》第二部分和第

三部分。
(3)师:乐曲的第二部分和第一部分的情绪基本相似,更加活泼,特别是加进了闹钟的铃声,使音乐显得更加有生气。你们可要仔细听,什么地方加进了铃声,听到铃声时请你们举一下手。
师:同学们听得很仔细,现在,请你们在铃声出现的音符上做个记号。
师:如果在这个地方加进打击乐器,你们能试一试吗?(教师可为学生提供不同音色特点的打击乐器,如三角铁、响板、木鱼等,让学生试验不同的乐器,对音色进行总结,再选择合适的乐器,针对打击乐器的音乐表现力进行教学)
师:接着音乐又再现了第一部分的旋律,在欢快的气氛中结束。下面我们来完整地欣赏一遍,在第一部分时,可随音乐做模拟钟声的节奏伴奏,第二部分时,在铃声处敲击,同学们可以自由选择。
三、拓展欣赏其他表现钟声的音乐
1. 师:音乐家创作了许多表现钟声的音乐作品,通过钟声表达情感,有伤感的、欢快的,还有庄严、辉煌的。下面我们来听一听俄罗斯音乐家穆索尔斯基《图画展览会》中《基辅大门》的钟声。这个钟声和《打切分音的小闹钟》的钟声有什么不同呢?
2. 师:不同的钟声实际上代表了不同的文化,《灵隐钟声》幽静、悠远的钟声表达了中国古代寺庙文化的意境,而《基辅大门》的钟声代表了俄罗斯教堂文化的特点。正因为有了这些不同的文化,世界上的音乐才会这样丰富多彩。如果同学们感兴趣的话,课下还可以找一些表现钟声的音乐作品。除了我们课上欣赏的之外,还有李斯特的《钟》、奥尔特的《在钟表店里》等。你们会发现,钟声的音乐非常奇妙。
四、课堂小结
师:通过本节课的学习,我们又欣赏了许多有关于钟声的乐曲,让我们在这些美妙的音乐中结束这节课吧!
3. (1)《童心是小鸟》是一首节奏轻快、旋律优美的儿童歌曲,为二段体结构,降E大调。歌曲由主歌和副歌两部分组成,主歌部分以排比句的形式描述了大自然中春夏秋冬四个季节的美;副歌部分抒发了少年儿童对大自然满怀热爱和对幸福童年无比珍惜的心情。演唱时应注意表达歌词的语气,休止符前面的四分音符要唱得轻一些,但时值要唱足。
(2)教学目标
①情感态度与价值观目标:通过学唱歌曲,感受童真、童趣,激发对生活的热爱之情。
②过程与方法目标:在实践中学习四三拍知识,并表现三拍子的韵律感。
③知识与技能目标:能带着欢快的情绪、自然的声音完整演唱歌曲。
(3)教学过程
(一)体验与学习三拍子韵律
1. 听音乐进教室(放《童心是小鸟》伴奏)。
教师带学生跟随音乐进教室(第一拍向前迈一步,后两拍原地踏节奏点)。
2. 乐器合作体验。
(1)出示两件小乐器。
(2)教师:请你模拟这两种乐器的演奏,使用这两条节奏型,为音乐伴奏,然后和大家交流一下你的感受。
(3)播放伴奏音乐,学生模拟乐器演奏并体验。
3. 交流:用三角铁的节奏型伴奏比较恰当,音乐中第一拍为强拍,后面为两个弱拍。
4. 学习四三拍。
教师:我们学习过四二拍是以四分音符为一拍,每小节两拍,那么这种以四分音符为一拍,每小节一个强拍两个弱拍的节拍,应该用什么拍号呢?
课件出示:四三拍及其含意和强弱规律。
5. 律动体验。
(1)请你设计几个动作,在原地或在允许的范围内走动,听音乐用动作表达四三拍音乐带给你的律动感,可以随音乐情绪的变化变换动作。
(2)放音乐伴奏,任选两名学生用三角铁伴奏,其余学生用动作体验。
【设计意图】课堂直接从音乐入手,每一个环节都围绕音乐进行直接体验,通过走一走、敲一敲、辨一辨,引导学生在实践中学习四三拍的知识,体验三拍子的韵律感,在律动体验中感受歌曲情绪的变化。通过有效的活动设计以避免过多的语言讲述替代音乐的体验。
(二)歌曲学唱
1. 节奏声势。
(1)出示节奏。
教师加声势念节奏。
提示:符干朝下用左手拍左腿(肩),符干朝上用右手拍右腿(肩)。
(2)学生模仿。

(3)节奏接龙。

伴随声势念节奏,教师念第一句,学生轮流用第二句回答,要求把“咦”放在心里,不出声。

(4)听全曲。

放原唱,听一听,刚才游戏中的节奏在歌曲的什么地方出现,出现了几次?

2. 歌曲学唱。

(1)交流:游戏中的节奏和歌曲前面四个乐句相同,比较跳跃,歌曲后半部分比较舒展,歌曲按照情绪变化可以分成两部分。

(2)出示曲谱。

教师:仔细观察曲谱,前面四个乐句的节奏和我们游戏的节奏有什么不一样的地方?(第三乐句的休止符是八分休止符)

(3)学习A乐段。

①师生接龙识谱,教师唱四个乐句的前两小节,学生接唱后两小节。

②交换顺序。

③第一部分填词演唱。

④教师范唱,对比哪一种更能体现儿童快乐的心情。

⑤交流:第一拍要有推动感,整个乐句带着三拍子的韵律,才能表达儿童愉快的心情。

(4)听全曲,体验情绪变化。

放原唱,A乐段轻声跟唱,B乐段教师引导用动作体验情绪变化。

A乐段是轻巧跳跃的点的感觉,B乐段是舒展手臂甩出去长长的线的感觉。

(5)唱B乐段。

伴随声势,跟随琴声唱B乐段,准确唱好B乐段反复的最后乐句,体会它的不同之处。

(6)跟琴唱全曲。

教师:老师这里有几个小伙伴想和这首歌交朋友,你觉得它们在什么地方比较合适?(学生讨论,根据自己的理解为歌曲添加力度记号)

用不同情绪和有变化的力度演唱全曲。

(7)尾声合唱。

①教师:同学们像快乐的小鸟一样飞来飞去,歌曲的尾声渐弱好像看着一群小鸟慢慢飞远了,你听,这一群小鸟的家在哪里?

②教师范唱第二声部。

③分组合作。

(8)小组讨论不同形式的演唱。

①教师:除了为尾声加入第二声部,你还可以通过什么办法让歌曲的表现力更为丰富?

②小组讨论。

③展示:加入小型打击乐器,A乐段用三角铁,B乐段用沙槌伴奏;或者改变演唱形式(加入轮唱)等。

【设计意图】学习歌曲从典型节奏入手,在游戏中快速记忆,通过对比聆听帮助学生了解歌曲曲式结构;用形象的语言和声势,提示“点”和“线”的不同韵律感,帮助学生体验歌曲的情绪变化,更准确地表达歌曲情绪;通过加入二声部,培养学生的合唱能力,让学生自主选择小型打击乐器伴奏、改变演唱形式等方式,激发学生学习的主动性和探究性,培养学生的创新、合作能力。

(三)课堂小结

童年是最快乐的,有音乐陪伴的童年是最美好的,如果你在校园里、电视上或者其他地方听到三拍子的音乐,一定要记住曲子的名称,下节课和同学们分享。

【设计意图】音乐的教学不仅仅局限于课堂,应该让学生学会在生活中热爱音乐、享受音乐,让音乐为学生的童年插上快乐的翅膀。

4. (1)歌曲的特点

《两只小象》是一首五声宫调式歌曲。整首曲目音域较窄,旋律起伏不大;歌曲为一段体结构,$\frac{3}{4}$拍,基本节奏型较统一,只在最后一句结尾处用附点节奏稍加变化,结构简单、规整,整体呈现出小象玩耍时的状态,每句结尾的休止符更好地表现了歌曲的轻快活泼;歌词朗朗上口。

(2)教学目标

情感态度与价值观目标:通过学唱歌曲,感受人与动物、动物与自然之间的密切关系;培养良好的爱护动物的行为习惯和互相理解、互相尊重、的意识。

过程与方法目标:通过听、唱感受表现大象体态的音乐;通过律动,体会三拍子的韵律感。

知识与技能目标:学会并能演唱这首歌曲;与小伙伴一起模仿小象的动作,边唱边表演。

(3)导入环节

师:现在老师说一个“谜语”,看哪个小朋友猜得又快又对:“鼻子像钩子,耳朵像扇子,尾巴像绳子,大腿像柱子。”同学们猜猜是什么?(学生思考并回答)

师:我们把大象的宝宝叫什么?(学生回答)

师小结:同学们都说得非常好,真了不起!今天老师收到了一张请帖,大森林里要开一场动物演唱会,老师邀请大家一起去听演唱会,顺便看看小象。

【设计意图】谜语导入能激发学生的兴趣，学生很容易就猜出谜底能加强他们的学习信心和动力，使学生的印象更加深刻。

专题五　小学体育与健康学科知识与教学设计

教学设计题(参考答案)

1. (1)教学重难点

教学重点:动作顺序的连贯性和协调性。

教学难点:摆臂制动与脚面、小腿压垫,收腿快。

(2)教学目标

①知识与技能目标:通过跪跳起的教学,90%的学生学会摆臂、小腿压垫的技术要领,并能够掌握名称和基本技术。

②过程与方法目标:通过设置情境,小组合作,自主探究和练习,提高灵敏、平衡、协调能力,增强上下肢、背部、腰部力量等综合能力。

③情感态度与价值观目标:乐于接受教师的指导,积极参与到各种学习活动中来,养成拼搏向上的体育意识和体育习惯。

(3)教学活动

活动一:教师创设哑剧——小兔子犯错误受罚。

哑剧活动:小兔子顽皮,打碎了家里的窗户,兔子妈妈非常生气,罚小兔子跪在地上,小兔子跪在地上通过奇思妙想,表演挥臂和跪跳行进。最后妈妈原谅了它,它兴高采烈地跳了起来。

教师活动:生动形象地表演,激发学生表演欲望,使其参与到其中。

学生活动:认真观看老师的表演动作,并积极地模仿。

教学组织:四排横队,插空站立。

活动二:根据教师表演模仿学习哑剧挥臂、跪跳行进、跪跳起的几个环节,教师讲解并进行动作示范。

①跪立挥臂模仿练习,主要让同学们感受到通过快挥臂能带动身体向上。

教师活动:讲解动作,跪立,两臂斜上举,经下后摆,臀部后坐、上体前倾,接着两臂迅速向前上方摆至斜上举部位制动。教师数1时两臂斜上举,数2时向后摆,身体后坐,数3时迅速向前摆动。

②模仿哑剧第二个情节,跪跳行进。

教师活动:老师让学生跟随自己进行摆臂练习,通过手臂的摆动带动和小腿压垫让身体跪立行进。教师进行巡视指导。

学生活动:体会手臂对身体的带动,以及小腿、腰部的用力技巧。

教学组织:四列纵队依次进行,每人20次。

③模仿哑剧第三个情节,妈妈原谅了小兔子,小兔子高兴地运用跪跳起站起来。

教师活动:A. 讲解在跳起来的过程中,让身体向前上方腾起,迅速提膝收腿。

B. 老师降低难度进行练习,将小垫子叠放在垫子上,学生跪立在高垫上进行站立练习,逐渐降低高度。最后能在平地上完成站立的动作。

C. 教师巡视指导,纠正错误动作。

学生活动:根据老师提到的要领分散练习,每组每人10次。

教学组织:四列横队。

活动三:学生学会哑剧,进行表演比赛,看谁完成得最好。

2. (1)教学重点:掌握低头含胸,蹬腿有力,团身翻滚的动作。

教学难点:动作的连贯性和协调性。

(2)教学目标:

①知识与技能目标:通过本堂课的学习,熟悉并初步掌握前滚翻的基本动作过程,能够说出一蹲、二撑、三滚翻的动作要领并能展示简单动作。

②过程与方法目标:通过分组练习的方式,掌握前翻滚的动作。

③情感态度与价值观目标:养成勇敢果断的优良品质,以及团队协作的精神和保护自身的意识。

(3)教学过程:

一、开始部分

课堂常规:组织集合,体育委员点名,掌握本次课的出席情况,介绍本次课的主要内容。

二、准备部分

(1)带领学生慢跑热身

(2)徒手操

(3)组织一个"比比谁更像"的游戏,学生跟着音乐模仿动物走、跳和跑,比比谁最像,带动学生学习的积极性。

三、学习部分

(1)初步学习

教师先示范前滚翻的动作,示范完之后组织学生分组练习一次。体验之后组织学生思考探索,抱团时能否像西瓜一样圆? 此后组织学生听取前滚翻的动作要领,一蹲、二撑、三低头、团身滚翻像圆球,依次从脑、颈、背着垫,再平稳地站起来。然后,再次组织学生练习前滚翻动作,练习5次,教师巡回指导,及时纠正。

(2)分解练习

学生团身抱膝背部着垫,前后滚动,练习时间5分钟。教师巡回指导,及时纠错。

(3)完整练习

将学生分成两组,一组学生进行练习,另一组学生进行点评。练习之后教师对错误动作进行纠正,要求学生在分组练习中互相帮助,自评互评。教师集体与个别纠错结合帮助学生掌握动作要领。

(4)练习展示

组织学生同组内成员开展展示比赛,看谁团身更圆,然后组织小组之间的展示,教师对于展示成果给予点评。

四、结束部分

(1)整理放松

教师带领学生跟随音乐做放松操,调节身心,恢复身体。

(2)课堂小结

教师引导学生对本节课的重点内容进行回顾和总结之后,进行点评并补充。

(3)宣布下课,归还器材

3. (1)教学重难点

教学重点:持球后引,交叉上步、蹬地、转体、肩上屈肘、挥臂等动作连贯。

教学难点:助跑与最后用力做到连贯协调。

(2)教学目标

①知识与技能目标:通过学习,知道助跑投掷垒球的动作要领,80%的学生能基本掌握助跑投掷垒球的技术动作;通过练习,发展学生的上肢力量,提高身体的协调性。

②过程与方法目标:学生通过模仿、分组、交流等方法探索学习;在学练中,学会互助合作与自主探究的学习方法。

③情感态度与价值观目标:养成积极进取的精神,培养良好的交往与合作能力,提高安全运动的意识。

(3)技术教学环节设计

①教师讲解并示范助跑投掷垒球动作

A. 教师讲解助跑投掷垒球的技术动作要领,并强调安全注意事项。

B. 教师示范助跑投掷垒球的技术动作,帮助学生建立动作表象。

【设计意图】循序渐进地讲解技术动作,帮助学生建立正确的动作表象。

②原地徒手练习,教师纠错并指导

A. 学生成体操队形散开,做原地徒手动作练习。

B. 教师喊口令,并观察学生动作。

C. 教师对错误动作进行纠正和指导,并再次强调动作要领。

D. 教师喊口令,学生再次练习。

【设计意图】增加练习次数,强调易犯错误,加强肌肉的动作记忆。

③学生分组练习,教师纠错并指导

A. 学生分组,各组依次做原地投掷垒球练习。

B. 教师喊口令,练习完后统一捡回垒球。

C. 教师对错误动作进行纠正和指导,并再次强调动作要领。

【设计意图】建立安全运动的意识,提高对垒球的投掷感觉。

④学生展示,教师和学生点评

A. 学生自由展示,学生互评。

B. 教师挑选不同水平学生展示,教师和学生点评。

【设计意图】对练习中的不足进行及时纠正,对表现好的学生进行表扬,对完成较差的学生进行鼓励,提高学生的学习热情和自信心,提高教学质量。

⑤组织教学比赛

教师组织"投掷排位赛"。学生分组,各组选派6名学生参加比赛。比赛开始,各组依次派1名学生进行投掷,并记录远度;全部投完后,比较全队综合远度。距离最远的队获胜。

【设计意图】检验掌握技能的程度,活跃课堂气氛,提高竞争意识。

4. (1)教学重点:比较准确地踢向目标。

教学难点:支撑腿与球的距离及动作的协调性。

(2)知识与技能目标:知道脚背内侧传球动作的方法、动作要领及要求;

过程与方法目标:80%的学生初步掌握传球动作技能,能比较准确地踢向目标,通过练习发展下肢肌肉力量,提高动作协调性;

情感态度与价值观目标:通过体育活动,正确认识自己,增强个人的自尊与自信。

(3)练习方法1:学生分成两个半场进行颠球活动。

【设计意图】通过颠球活动使学生体会触球部位,以便更好地掌握脚内侧踢球的踢球部位。

练习方法2:两个同学一组,迎面间隔5米进行脚内侧传接球练习。

【设计意图】踢球的过程既有助于掌握动作要领,又能锻炼踢球方向的准确性,同时两人一组还能互相观察、纠正对方的动作是否正确，能锻炼学生的合作能力。

练习方法3：行进间脚内侧传球。九个同学一组，一人传球，八人面对接球，传过后跑至队尾。

【设计意图】这种方法能够提高学生练习的积极性，让学生在协作、配合的基础上掌握技术。

专题六　小学美术学科知识与教学设计

教学设计题（参考答案）

1.（1）①不规则图形组成的正负形：图形简洁，线条流畅，主要以面的形式表现。②对称法组成的正负形：黑与白都是一个完整的图形。③重复法组成的正负形：每个基本形大小相同，造型简洁。④二方连续法组成的正负形：由一个基本形可以重复，改变方向组成正负形。

（2）教学目标：

①知识与技能目标：欣赏黑与白图形，激发创作灵感。

②过程与方法目标：掌握黑与白图形的创作要领，提高创作能力。

③情感态度与价值观目标：用学过的图形来表现不同的正负形，体会图形所带来的乐趣，培养以审美之心感受抽象画面的能力。

（3）教学过程：

一、欣赏导入

（1）引导学生欣赏有关黑与白的图形，感受黑与白图形之间的相互转换，激发他们的创作灵感。（课件展示）①生活中常见的黑与白：足球、太极、连续纹样、水墨画等。②心理学上产生错觉的黑白图片：人与杯子、房间、会亮的灯。③美学上渐变的黑白图片：埃舍尔的一组鱼鸟渐变图。

【设计意图】通过分类欣赏，初步感知黑白图形表现出来的美感。

（2）引导学生进行小组交流，谈谈各自的看法。

二、探究新知

（1）指导学生按照《人像与杯》的制作过程，尝试制作人像与杯的黑白正负形。①展示课件：引导学生观察人像与杯的制作过程。②学生动手练习制作人像与杯图。

【设计意图】通过动手操作在尝试过程中体验黑白对称图形组合后产生的不同效果。

（2）引导学生观察思考课本中的插图，小组讨论：这些作品可以分为几类？它们各有什么特点？

【设计意图】从作品表现产生的效果将它们进行归类，进一步体验到黑白图形所表现出来的美感。

（3）归纳总结黑白图形的表现方法（出示课件）：①不规则图形组成的正负形：图形简洁，线条流畅，主要以面的形式表现。如变化的脸、一家三口等。②对称法组成的正负形：黑与白都是一个完整的图形。如人像与杯、皇后与卫士、女人与狗等。③重复法组成的正负形：每个基本形大小相同，造型简洁。如象与羊、埃舍尔的变换等。④二方连续法组成的正负形：由一个基本形可以重复，改变方向组成正负形。如中国汉代装饰纹样等。

【设计意图】通过二次欣赏，加深理解黑白图形的表现方法，进一步认识黑白图形在内容和形式方面表现出来的美感。

三、欣赏评述

引导学生讨论、交流，准备用什么方式方法设计一幅由什么组成的黑与白图画？

【设计意图】在欣赏的基础上，学生根据自己的实际能够找到适合自己的方法和表现不同的黑白图形。

四、创作表现

（1）用绘画或剪纸等形式表现黑与白的正负形。要求：图形简洁，有创意，形式感强；线条流畅，涂色均匀。

（2）学生进行临摹或创作，教师进行个别辅导，及时处理学生出现的问题，发现与众不同的作品。

五、评价小结

（1）作品展示与交流：①学生将完成的作品在视频展示台上展示或贴在黑板上。②引导学生欣赏评价，说说你喜欢哪一幅作品和喜欢的理由。③引导学生自我反思，说说自己所作的这幅画有何需要改进的地方。④教师对学生作品进行点评，肯定学生的成功之处，并提出合理化建议。

（2）课堂小结：学习了这一课你有什么收获？还有哪些地方有疑问？

2.（1）手提袋的构成：袋身、袋口、（拎带）；手提袋的材质：纸、布、藤编、皮革等；手提袋的用途：广告宣传、购物、放置物品、搭配服装等。

（2）教学目标

①知识与技能目标：通过欣赏，了解手提袋在生活中的应用及功能。

②过程与方法目标：通过学习手提袋的设计，能够发挥想象力，设计出新颖美观的手提袋。

③情感态度与价值观目标：培养美化生活的能力以及对生活的热爱；通过手提袋的设计和制作，提高立体思维能力和手工制作能力。

(3)教学过程

(一)导入新课

1. 谈话:请学生说说自己喜欢的手提袋,并展示自己的手提袋,向大家介绍自己的手提袋的来历、特点和用途。

2. 欣赏:展示手提袋成品。

(二)讲授新课

1. 欣赏教材中的手提袋,体会它带给人们的感受。

老师:请大家分别从图案、色彩、用途、造型、设计等方面谈谈你的感受。

(提示:你一定见过许多漂亮的手提袋,它们既方便我们购物,又展示了商品的品牌形象,好的手提袋就是一件艺术品。)

2. 探究手提袋设计。

老师:说说你平时见过的印象最深、最喜欢的手提袋。这些手提袋选择了哪些材料,是运用什么方法制作的?

(提示:可以结合手提袋实物拆开后分析。)

3. 讲解、演示手提袋的制作过程:设计—材料—剪裁—折叠—装饰。

具体步骤:

(1)根据用途设计手提袋的长、宽、高,色彩及图案等;

(2)折出基本形状,在提手处可双折并内加衬卡纸增加强度;

(3)牢固黏合底部和边部,也可加衬卡纸;

(4)打孔穿提绳,提绳内侧可加一短横小棒,增加提重。

(三)学生进行设计尝试

1. 鼓励学生谈谈他所带的材料适合以何种方式进行设计,说说大致的做法。

(用挂历纸制作、把旧手提袋拆开后重新装饰、用有色图画纸以剪贴或绘画的方式制作)

2. 小组讨论:怎样才能制作出实用美观的手提袋?

3. 用所选材料设计制作一个新颖、时尚的手提袋。

(四)展示作品,交流互动,学生自评互评

1. 组内选评出优秀学生的作品并展示。

2. 谈谈你设计的手提袋在生活中的更多用途。

(五)课外拓展

拿出塑料、布制的手提袋,引导学生课下思考这些材料有什么好处?并让学生收集相关环保手提袋的资料。

3. (1)同类色

同类色是指同一色相的颜色之间有深浅不同的变化,比如淡黄、柠檬黄、中黄、土黄等都是同类色。

(2)教学目标

①知识与技能目标:能初步掌握割纸、粘贴组合的技巧。

②过程与方法目标:通过亲身体验发展动手操作能力。

③情感态度与价值观目标:通过创设轻松愉悦的教学氛围,感受生活之美,创造之美,艺术之美;培养正确使用美工刀的安全意识。

(3)教学活动

①引导阶段

引导学生欣赏教材上的作品,激发创作变一变的欲望。

呈现两幅相同的画,一幅是切过的,一幅是未切过的,让学生对比观察切过后所产生的效果。

教师示范,学生学习教师的切割方法,同时,思考还能想出什么样的切割变化方式。

②发展阶段

A. 问题:如何做得更好看:出示一幅用手撕的作品,让学生观察,想一想这一幅为什么不好看?(撕得不齐,有毛边,不好看)

B. 花样切割:除了(横、竖)直线切割外,还可以曲线切割、螺旋切割等。

花样切割可以用直尺也可以用剪刀,用剪刀时,可以先在图片的背面用铅笔画上切割线路,然后再小心地剪裁,最后再排列、粘贴上去。

C. 课堂作业:从自己搜集的图片中挑选一幅进行切割变形,做成一幅富有新意的画面。(独立完成)

学生作业,教师巡回辅导,提醒学生注意刀具的使用安全。

D. 作业展评:说说你对同学作品的看法,有什么地方画得比较好,什么地方值得修改?

E. 收拾与整理:收拾桌面,整理教室。

4. (1)相框的总体结构:

相框的总体结构分成外框、背板和支架三部分。

(2)教学目标:

知识与技能目标:了解制作相框的材质、固定背板与支架等相关知识,利用身边的材料制作一个美观、实用的小相框。

过程与方法目标:通过自主探究和合作学习,设计并制作一个小相框,提高动手能力。

情感态度与价值观目标:通过制作小相框,体验创作的乐趣,培养创新思维和实践精神,提高动手实践能力,养成对美术学习的持久兴趣。

(3)导入环节：

师：老师这里有一个谜语想让大家猜一猜：长得平平凡凡，常放桌子上面，把童年放进去，把记忆藏里边。大家想一想是什么？

学生讨论并回答。

师：有的同学已经猜出来了，谜底就是相框。

从而揭示课题《自制小相框》。

【设计意图】运用谜语导入激发学生的学习兴趣，为新课的教学做铺垫，顺利地将学生引入学习情境。

(4)教学活动：

①相框展示与欣赏

教师请学生展示课下收集的各种相框，找出自己最喜欢的相框，并说明理由。

教师总结：同学们选取的最喜欢的相框不仅设计新颖、美观，而且实用。

【设计意图】通过直观欣赏，引发学生兴趣，培养学生的分析、概括能力及语言组织能力。

②观察相框造型，了解相框构造与材料

教师引导学生观察这些相框的造型，并让学生说一说相框是由哪几部分构成的？

学生回答。

教师总结：相框由外框、背板、支架三部分组成。

教师展示自己制作的小相框，问：大家想一想，这些小相框是用什么材料制作的呢？在我们的生活中还可以用哪些材料制作小相框呢？

学生回答。

教师总结：生活中的废旧材料如塑料、毛线、硬纸板、纽扣、贝壳、丝带等都可以用来制作小相框。

【设计意图】通过欣赏，培养学生认真观察、善于发现的能力，发散学生思维。

③教师示范制作

师：我看大家都带来了自己最喜欢的照片，下面我们就一起来学习怎样为我们的照片制作一个漂亮的小相框吧！

教师示范制作步骤和方法：

A. 用彩色纸或者布料进行折叠，组成外框的四个边。

B. 分别剪裁四个边框，使之可以自由组合。

C. 将四个边框粘贴起来。

D. 最后对粘好的外框进行装饰。

师：外框做好了，那么大家思考一下怎样将相框的背板固定在相框上？

学生分小组自由讨论，并派代表回答。

教师总结：横向支撑、纵向支撑、斜角支撑。

【设计意图】采用教师示范法的方式进行教学可以更好地突出本课的教学重点，突破难点，加深学生对于相框制作方法的理解，为接下来的创作打好基础。

④学生实践创作，展览评选

教师出示本班拔河比赛的照片，要求学生合理运用自己所带材料设计制作一个尺寸适中、色彩搭配和谐的小相框。

学生动手创作，教师巡视予以指导。

以“小小设计展”的形式展示自己设计的相框，通过学生互评、学生自评、师评等方式，评出“最具创意奖”“最佳实用奖”等。

【设计意图】通过自己动手创作，培养学生的动手能力。通过学生自评、互评、师评等方式，进行多角度评价，肯定学生的学习成果，培养学生的学习自信，指出问题的同时鼓励学生。

第五章　教学实施

经典真题回顾

一、单项选择题

答案速查

1～5	CCDCA	6～10	ABDCA
11～16	DADADA		

1. C 【解析】本题考查教学原则。“不陵节而施”指教育要根据学习者的年龄、学习基础、智力等因素循序渐进，不要超过人的接受能力而进行(教育)。

2. C 【解析】本题考查教学原则的内容。“君子之教，喻也”的意思是：有经验有修养的教师，总是善于运用启发诱导的方法。

3. D 【解析】本题考查教学原则。因材施教原则是指教师在教学活动中根据学生的个别差异，有的放矢地进行有差别的教学，使每个学生都能扬长避短，获得最佳发展。题干中李老师针对不同水平的学生设置不同的作业，说明他注意到了学生的差异，遵循了因材施教原则。

4. C 【解析】本题考查教学方法。演示法是指教师通过展示实物、直观教具，进行示范性实验或采取现代化试听手段等，指导学生获得知识或巩固知识的方法。题干中张老师通过展示大量的图片，加强了教学的直观性，这是对演示法的运用。

5. A 【解析】本题考查教学方法。练习法是学生在教师指导下运用知识去反复完成一定的操作、作业与习题，以加深理解和形成技能技巧的方法。题干中教师让学生有感情地反复朗读课文是对练习法的运用。

6. A 【解析】本题考查教学方法。实验法是指教师引导学生使用一定的仪器和设备，进行独立操作，以引起某些事物和现象产生变化，从而使学生获得直接经验，培养学生技能和技巧的教学方法。老师让学生分组进行实验，理解二氧化碳不支持燃烧这一知识，运用的就是实验法。

7. B 【解析】本题考查教学组织形式。现场教学是指教师把学生带到事物发生、发展的现场进行教学活动的形式。题干中教师组织学生到学校附近路口观察交通标志，这种教学组织形式属于现场教学。

8. D 【解析】本题考查复式教学的相关内容。复式教学是把两个或两个以上不同年级的学生编在一个教室里，由一位教师分别用不同的教材，在一节课里对不同年级的学生进行教学的一种特殊组织形式。它适用于学生少、教师少、校舍和教学设备较差的农村以及偏远地区。题干所述体现了复式教学的内涵，故本题选D。

9. C 【解析】本题考查新型教学组织形式。开放课堂又称开放教学。其特点是教师不再分科系地按照教材传授知识，而是为学生创造学习环境，由学生根据自己的兴趣在教室或其他场所自由活动或学习。题干所述的教学形式是开放课堂。

10. A 【解析】本题考查课堂教学导入的类型。设疑导入是通过设置悬念、提出问题，进而激发学生兴趣，调动学生思维的一类教学导入形式。题干中王老师抛出一个问题进而导入新课，正是对设疑导入的运用。

11. D 【解析】本题考查对内部学习动机的理解。内部学习动机是指诱因来自学习者本身的内在因素，即学生因对活动本身发生兴趣而产生的动机。A、B、C项均属于外部学习动机。

12. A 【解析】本题考查耶克斯—多德森定律。耶克斯—多德森定律表明，动机的最佳水平随着任务性质的不同而不同。在比较容易的任务中，行为效果(工作效率)随着动机的提高而上升。故学生在完成比较容易的学习任务中，教师应使其学习动机强度处于较高水平，这样学生的学习效率会更高。

13. D 【解析】本题考查成败归因理论的相关内容。根据韦纳的成败归因理论，只有努力是唯一可控的因素，因此将成败归因于努力就会激发学生强烈的学习动机，对学生的激励作用也最大。

14. A 【解析】本题考查成败归因理论。美国心理学家韦纳对成败归因进行了系统的研究，他把人经历过事情的成败归结为六种原因，即能力、努力程度、工作难度、运气、身心状况、外界环境。又把上述六项因素按各自的性质，分别归入三个维度：内部归因和外部归因、稳定性归因和不稳定性归因、可控制归因和不可控制归因。其中，能力是内部、稳定、不可控归因。题干中小勇将成绩不好归因于自己不够聪明，即归因于自己的能力，这属于内部、稳定的归因。

15. D 【解析】本题考查知识学习的类型。命题学习是学习若干概念之间的关系。题干描述的是路程、速度、时间三个概念的关系，属于命题学习。

16. A 【解析】本题考查高原现象的表现。通常把学生在学习过程中出现一段时间的学习成绩和学习效率停滞不前，甚至学过的知识感觉模糊的现象，称为"高原现象"。题干中学生在学习舞蹈动作的过程中，刚开始的时候会进步得很快，到了某一阶段就会进步得很缓慢，甚至停滞不前，这是典型的高原现象。

二、简答题(参考答案)

老师如何培养学生的自我效能感。

教师培养学生的自我效能感可以从以下几点入手：

(1)个人自身行为的成败经验(直接经验)。这一效能信息源对自我效能感的影响最大。一般来说，成功经验会提高效能期望，反复的失败会降低效能感。因此，教师可以让学生获得更多的成功经验，以此提高学生的自我效能感。

(2)言语劝说(言语暗示)。他人的言语暗示在一定程度上能够提高自我效能感。教师在日常教学过程中可以对学生进行积极的言语暗示。

(3)情绪唤醒。高水平的情绪唤醒使成绩降低而影响自我效能感。教师在日常教学中可以引导学生使其情绪唤醒水平保持在中等水平。

(4)替代经验。个体的许多效能期望是来源于对他人的观察，如果看到一个与自己一样或不如自己的人成功，自己的效能感就会提高。教师要善于利用替代经验和榜样的作用。

三、材料分析题(参考答案)

1.(1)材料中王老师的行为是正确的。

①王老师在使用教学媒体时,遵循了教学目标的要求,通过播放视频、展示海面图景、播放声音、黑板作画,一步步导引学生感知了海底世界、深化了海洋知识,获得了积极的情感体验。

②王老师在使用教学媒体时,考虑了学科性质和内容的不同,综合运用了多种教学媒体,使学生多角度感知海底世界,满足了教学的需要。

③王老师在使用教学媒体时,考虑了教学对象的特点,通过不同媒体,展现不同层次的教学,遵循了学生的认知发展规律,激发了学生的参与热情。

(2)选择教学媒体的依据:

①依据教学目标。每个知识点都有具体的教学目标,为达到不同的教学目标常需要使用不同的媒体去传递教学信息。

②依据教学内容。各门学科的性质不同,适用的教学媒体会有所区别;同一学科内各章节内容不同,对教学媒体的使用也有不同要求。

③依据教学对象。不同年龄阶段的学生对事物的接受能力不一样,选用教学媒体时必须顾及他们的认知层次,心理、年龄特征。

④依据教学条件。教学中能否选用某种媒体,既要考虑媒体的效果原理,还要看所处的具体条件,其中包括资源状况、经济能力、师生技能、使用环境和管理水平等因素。

2.(1)材料中王老师的教学行为是正确的,是值得提倡的。

①启发性原则是指在教学活动中,教师要调动学生的主动性和积极性,引导他们通过独立思考、积极探索,生动活泼地学习,自觉地掌握科学知识,提高分析问题和解决问题的能力。材料中王老师在教学过程中注意调动学生的学习主动性,在学生产生疑惑时,组织同学讨论,从而帮助学生解决了疑惑,这就是一个引导学生独立思考,积极探索,生动活泼地学习的过程,体现了启发性教学原则。

②在教学关系上,新课程强调帮助、引导。教师应该是学生学习的促进者。材料中王老师在教学过程中,一步步引导学生自己发现问题并解决问题,这体现了教师在学生学习过程中的促进作用。

③以"学生为本"是"以人为本"的理念在学校教育中的具体体现,也是教育的价值追求所在。它强调了学生的主体地位,要求教师尊重学生,关爱学生,充分发挥学生的主动性,为学生提供适合的教育。材料中王老师在教学过程中充分尊重学生,以学生为本,并在学生产生疑惑的时候,调整教学思路,引导学生通过讨论自己解决疑惑,体现了"以人为本"的教育理念。

(2)学生资源是指在课堂教学中源于学生的,包括学生已有的知识、生活经验、情感、动作等,通过师生互动而产生的,有利于教学的资源。教学过程中开发和利用学生资源的基本要求:①合理选择;②学生自愿;③利用适度;④创设机会;⑤因地制宜;⑥导有目的;⑦及时调控;⑧社区参与;⑨了解学生;⑩尊重学生。

过关必刷题库

专题一　教学概述

一、单项选择题

答案速查

1~5	DBAAD	6~10	DDCCB
11~15	ABBDA		

1. D 【解析】由题干中学生学习"间接经验"并"间接地认识世界"可知,题干所述为认识的间接性。
2. B 【解析】"授人以鱼仅供一饭之需,授人以渔则终身受用无穷。"这句话说明教学中应重视发展学生自身的能力,强调"能力"的重要性。
3. A 【解析】教学以培养全面发展的人为根本目的,是学校实现教育目的的根本途径,是教师教和学生学两方面活动的统一。故本题选A项。
4. A 【解析】教学过程是教师根据一定社会的要求和学生身心发展的特点,通过有目的、有计划地指导学生掌握系统的科学文化知识和基本技能,发展学生的智力和体力,培养学生的良好品德和健康个性,使其形成科学世界观的过程。而教学内容对学生来说属于间接的学习经验而不是直接的经验。
5. D 【解析】书本知识,一般表现为概念、定理、原理等,这对学生来说是间接经验。学生要把这些知识转化为自己的知识,必须以个人以往积累的或现时获得的感性经验为基础,教师要根据教学需要充分利用和丰富学生的直接经验。教师在教学过程中,结合学生的感性认识,促使学生掌握书本知识,这说明教学过程具有间接经验与直接经验相结合的规律。
6. D 【解析】传授知识与思想品德教育相统一是指

在教学过程中,学生掌握科学文化知识和提高思想品德修养是相辅相成的。知识是思想品德形成的基础,学生思想品德修养的提高有赖于其对科学文化知识的掌握。思想品德修养的提高为学生积极地学习知识提供动力。题干中,学生在掌握人物描写方法的同时也体会到了妈妈温暖的爱,从而更加尊重自己的母亲。在这一教学过程中,充分体现出教师坚持传授知识与思想品德教育相统一的规律。

7. D 【解析】发展智力需要在掌握基本知识的基础上进行。

8. C 【解析】题干中赫尔巴特说的"我不承认有任何无教育的教学"说明教学永远具有教育性。在教学过程中,学生的知、情、意同时介入,相互作用。这体现的是传授知识与思想品德教育相统一的规律。

9. C 【解析】教学过程是一种特殊的认识过程,其特殊性之一表现在学生的认识始终是在教师的传授、指导下进行以达到认识目的的,因此这种认识是有领导的认识。

10. B 【解析】魏老师把大部分时间交给学生讨论问题,充分发挥了学生的主体作用;同时魏老师作为课堂的引导者,保证学生不偏离主道,这体现了教师的主导作用。魏老师的课取得了良好的教学效果,这说明在教学过程中要把教师的主导作用和学生的主体作用统一起来。

11. A 【解析】教学是在一定教育目的规范下,由教师的"教"和学生的"学"共同组成的传递和掌握社会经验的双边活动。教学活动就其本质而言,是一种特殊的认识活动。

12. B 【解析】"记问之学,不足以为人师"出自《学记》,可译为:仅仅靠背诵和记忆前人的东西而没有自己的见解和想法,这样的人是不足以给别人当老师的。这说明教学不能只停留在掌握已有的知识经验层面,还要注重智力的发展,即要具备认识客观事物的基本能力,这主要体现的是掌握知识和发展智力相统一的教学规律。

13. B 【解析】学习间接经验是学生认识客观世界的基本途径。

14. D 【解析】"指引者,师之功也"的意思是:教师的功劳在于引导、指导学生。"师傅领进门,修行靠个人"的意思是:师傅只起着引导作用,学业或技艺上的钻研与提高,还得靠学子自身的努力。题干中的教师和学生、"师傅"和"个人"的关系体现了教学中教师主导作用与学生主体作用相统一的规律。

15. A 【解析】教学过程作为一种特殊的认识过程,其特殊性表现在:(1)认识对象的间接性与概括性。(2)认识方式的简捷性与高效性。(3)教师的引导性、指导性与传授性(有领导的认识)。(4)认识的交往性与实践性。(5)认识的教育性与发展性。结合题干,故选A。

二、简答题(参考答案)

1. 简述教学过程的基本规律。

(1)间接经验与直接经验相结合(间接性规律);(2)教师主导作用与学生主体作用相统一(双边性规律);(3)掌握知识和发展智力相统一(发展性规律);(4)传授知识与思想品德教育相统一(教育性规律)。

2. 简述教学过程包括哪几个阶段。

(1)激发学习动机;(2)领会知识;(3)巩固知识;(4)运用知识;(5)检查知识。

3. 简述教学的基本任务。

(1)引导学生掌握科学文化基础知识和基本技能;(2)发展学生智能,特别是培养学生的创新精神和实践能力;(3)发展学生体力,提高学生的健康水平;(4)培养学生高尚的审美情趣,养成良好的品德,形成科学的世界观;(5)关注学生个性的发展。

4. 简述发挥教师主导作用的条件。

(1)教师主导作用的实现有赖于教师自身的条件,即具备应有的知识和能力素质、品德及人格;(2)教师主导作用的发挥还必须具备各种客观条件,如教师在教育过程中的地位是否得到应有的肯定、教师工作的条件是否得到基本的保证。

专题二　教学原则与方法

一、单项选择题

答案速查

1~5	DAADD	6~10	CDCDB
11~15	BDBBB	16~20	DCBBB
21~25	BDBDC	26~31	BBDADA

1. D 【解析】直观性原则是指在教学活动中,教师应尽量利用学生的多种感官和已有的经验,通过各种形式的感知,使学生获得生动的表象,从而比较全面、深刻地掌握知识。题干所述体现的即是直观性原则。

2. A 【解析】启发性原则是指在教学活动中,教师要调动学生的主动性和积极性,引导他们通过独立思考、积极探索,生动活泼地学习,自觉地掌握科学知识,提高分析问题和解决问题的能力。题干这句话的意思是读书没有疑问的,要教他发现疑问;有了疑问的,通过寻求答案,再达到没有疑问的境界。从无疑到有疑再到无疑,这是一个启发诱导的过程,体现的是教学的启发性原则。

3. A 【解析】孔子提出的"不愤不启,不悱不发"的教学要求充分体现了启发式的教学方式。

4. D 【解析】科学性和思想性(教育性)相统一原则是指教学要以马克思主义为指导,授予学生科学知识,并结合知识教学对学生进行社会主义品德和正确人生观、科学世界观教育。这一原则的实质是要求在教学活动中把教书和育人有机地结合起来。题干中,王老师既传授了科学知识,又对学生进行了科学世界观的教育,科学解释了"鬼火"现象产生的原因,有利于破除封建迷信思想,贯彻了科学性和思想性相结合的原则。

5. D 【解析】因材施教原则是指教师在教学中,要从课程计划、学科课程标准的统一要求出发,面向全体学生,同时又要根据学生的个别差异,有的放矢地进行教学,使每个学生都能扬长避短,获得最佳的发展。

6. C 【解析】循序渐进原则是指教师要严格按照科学知识的内在逻辑和学生的认知发展规律进行教学,使学生掌握系统的科学文化知识,能力得到充分的发展。贯彻循序渐进原则要求教师按照学生的认识顺序,由浅入深、由易到难、由简到繁地进行教学。张老师在教学内容方面的选择上,从易到难、从简单到复杂,遵循了循序渐进原则。

7. D 【解析】直观性原则是指在教学活动中,教师应尽量利用学生的多种感官和已有的经验,通过各种形式的感知,使学生获得生动的表象,从而比较全面、深刻地掌握知识。通过播放视频、图片、幻灯片的方式进行教学即体现了李老师在教学中贯彻了直观性原则。

8. C 【解析】练习法是指学生在教师的指导下运用知识去反复完成一定的操作,或解决某类作业与习题,以加深理解和形成技能技巧的方法。练习法是中小学各科教学普遍采用的教学方法。练习法的种类有说话的练习,解答问题的练习,绘画、制图的练习,作文和创作的练习,运动与文娱技能、技巧的练习。李老师每讲完一个公式后,就让学生做大量的题来巩固,这属于解答问题的练习。

9. D 【解析】讲授法是教师运用口头语言系统连贯地向学生传授知识、技能,发展学生智力的教学方法。题干描述的是讲授法的概念。

10. B 【解析】直观性原则是指在教学活动中,教师应尽量利用学生的多种感官和已有的经验,通过各种形式的感知,使学生获得生动的表象,从而比较全面、深刻地掌握知识。题干中"不闻不若闻之,闻之不若见之"的意思是:不听不如听到,听到不如亲眼看到,这体现的是直观性原则。

11. B 【解析】直观教学的基本形式包括:实物直观、模像直观和言语直观。带学生到工厂或农村实地参观,是通过参观实物的形式获得对所学知识的直观感受。

12. D 【解析】演示法是指教师通过展示实物、直观教具,进行示范性的实验或采取现代化视听手段等,指导学生获得知识或巩固知识的方法。题干的描述属于演示法。

13. B 【解析】"夫智者必量其力所能至而从事焉"的意思是聪明的人一定先估量他的能力能否达到,然后才去做某件事。这体现的是量力性原则。

14. B 【解析】谈话法也叫问答法,它是教师按一定的教学要求向学生提出问题,要求学生回答,并通过问答的形式来引导学生获取新知识或巩固旧知识的方法。题干表述为谈话法的定义。

15. B 【解析】演示法是指教师通过展示实物、直观教具和示范性的实验或采取现代化视听手段等,指导学生获得知识或巩固知识的方法。题干中教师通过示范性的实验来讲解燃烧与氧气的关系,即运用了演示法。

16. D 【解析】"学而时习之"是说学习知识要经常复习,"温故而知新"是说复习旧知识会有新的收获,这些都体现了巩固性教学原则。

17. C 【解析】实验法是指教师引导学生使用一定的仪器和设备,进行独立操作,以引起某些事物和现象产生变化,从而使学生获得直接经验,培养学生技能和技巧的教学方法。

18. B 【解析】在实际的教学过程中,主要有三种直观方式,即实物直观、模像直观和言语直观。实物直观指在感知实际事物的基础上提供感性材料的直观教学方式。所谓模像直观即指观察与教材相关的模型与图像(如图片、图表、幻灯片、电影、录像、电视等),形成感知表象。题干中,老师通过让学生观看录像以及向空中抛洒碎纸片的形式让学生感受雪,这属于模像直观。言语直观指在生动形象的言语作用下唤起学生头脑中的表象,以提供感性材料的直观方式。

19. B 【解析】依据指导思想的不同,各种教学方法可以归并为两类：注入式和启发式。注入式是一种“填鸭式”的教学方法，是指教师从主观出发，把学生看成单纯接受知识的容器，向学生灌输知识，无视学生在学习上的主观能动性。启发式是指教师从学生实际出发，采取各种有效的形式去调动学生学习的积极性，指导他们自己去学习的方法。

20. B 【解析】补充必要的乡土教材是贯彻理论联系实际原则的要求之一。

21. B 【解析】因材施教原则是指教师在教学中，要从课程计划、学科课程标准的统一要求出发，面向全体学生，同时又要根据学生的个别差异，有的放矢地进行有差别的教学，使每个学生都能扬长避短，获得最佳的发展。朱熹的这句话是说，圣人施行教育，必须依据各人的不同资质才能有针对性地进行，资质和才能小的，就培养成低一级的人才，资质和才能大的，就培养成高一级的人才。这体现了因材施教的教学原则。故本题选B项。

22. D 【解析】循序渐进原则的贯彻要求有：(1)教师的教学要有系统性。(2)抓主要矛盾，解决好重点与难点。(3)教师要引导学生将知识体系化、系统化。(4)按照学生的认识顺序，由浅入深、由易到难、由简到繁地进行教学。结合题干，故选D。

23. B 【解析】模像直观指观察与教材相关的模型与图像(如图片、图表、幻灯片、电影、录像、电视等)，形成感知表象。孙老师提供各种类型的花的挂图，让学生观察以便更好地理解花的构造的教学方法属于模像直观。

24. D 【解析】题干中的曹老师通过介绍祖冲之的卓越贡献，让同学们感到自豪，说明曹老师在讲授知识的同时，注重思想教育，遵循了科学性与思想性相统一的教学原则。

25. C 【解析】直观性原则是指在教学活动中，教师应尽量利用学生的多种感官和已有的经验，通过各种形式的感知，使学生获得生动的表象，从而比较全面、深刻地掌握知识。直观手段一般分为三大类：实物直观、模像直观和言语直观。其中模像直观是指观察与教材相关的模型与图像(如图片、电影等)，形成感知表象的直观方式。题干中王老师利用了模像直观的方式，通过视频让学生获得了钱塘江大潮的生动表象，体现了直观性原则。

26. B 【解析】题干引文强调在教学中同伴之间要相互学习，讨论切磋，取长补短，共同进步。这说明我们在教学中要注意运用讨论法。故选B项。

27. B 【解析】量力性原则，也称可接受性原则，是指教学的内容、方法、分量和进度要适合学生的身心发展，使他们能够接受，但又要有一定的难度，需要他们经过努力才能掌握，以促进学生的身心发展。贯彻此原则的要求包括了解学生的发展水平，从实际出发进行教学；考虑学生认识发展的时代特点。这与题干中蒙田的观点相符。

28. D 【解析】讨论法是指全班或小组成员在教师的指导下，围绕某一中心问题发表自己的看法和见解，从而进行相互学习的一种方法。故题干所述的教学方法为讨论法。

29. A 【解析】实物直观指在感知实际事物的基础上提供感性材料的直观教学方式。例如，观察标本、演示实验、现场参观、实地观测等。老师带领学生参观前人制造的金银首饰等，促进学生理解中国古代史及文明史的教学形式，就属于实物直观。

30. D 【解析】直观性原则是指在教学活动中，教师应尽量利用学生的多种感官和已有的经验，通过各种形式的感知，使学生获得生动的表象，从而比较全面、深刻地掌握知识。直观手段一般分为三大类：实物直观、模像直观和言语直观。其中模像直观是指观察与教材相关的模型与图像(如图片、电影等)，形成感知表象的直观方式。题干中老师在教授诗词歌曲时，结合《经典咏流传》节目，让学生观看节目运用了直观教学中的模像直观。

31. A 【解析】讲授法是教师运用口头语言系统连贯地向学生传授知识、技能，发展学生智力的教学方法。讲授法可分为讲读、讲述、讲解和讲演四种。题干所说的是讲授法中的讲解，讲解是教师向学生对概念、原理、规律、公式等进行解释、论证。

二、简答题(参考答案)

1. 简述我国小学常用的教学方法。

(1)以语言传递为主的教学方法：主要包括讲授法、谈话法、讨论法、读书指导法四种。

(2)以直观感知为主的教学方法：主要有演示法和参观法两种。

(3)以实际训练为主的教学方法：主要有练习法、实验法、实习作业法、实践活动法四种。

(4)以情感陶冶(体验)为主的教学方法：主要包

括欣赏教学法和情境教学法两种。

(5)以引导探究为主的教学方法：主要是发现法。

2. 简述运用教学方法的一般要求。

(1)运用教学方法必须坚持以启发式为指导思想。(2)运用教学方法必须做到最佳选择和优化组合。(3)运用教学方法必须做到原则性与灵活性相结合。

3. 请简述理论联系实际的教学原则的含义和贯彻要求。

(1)理论联系实际原则的含义：理论联系实际原则是指教师在教学中，应使学生从理论与实际的结合中来理解和掌握知识，并引导他们运用新获得的知识去解决各种实际问题，培养他们分析问题和解决问题的能力。

(2)贯彻此原则的要求：①重视书本知识的教学，在传授知识的过程中注重联系实际；②重视引导和培养学生运用知识的能力；③加强教学的实践性环节，逐步培养与形成学生综合运用知识的能力，进行“第三次学习”；④正确处理知识教学与能力训练的关系；⑤补充必要的乡土教材。

4. 简述我国小学常用的教学原则。

(1)科学性和思想性(教育性)相统一的原则；(2)理论联系实际原则；(3)直观性原则；(4)启发性原则；(5)循序渐进原则；(6)巩固性原则；(7)因材施教原则；(8)量力性原则。

5. 简述因材施教原则的含义以及在教学中贯彻该原则的基本要求。

(1)因材施教原则是指教师在教学中，要从课程计划、学科课程标准的统一要求出发，面向全体学生，同时要根据学生的个别差异，有的放矢地进行有差别的教学，使每个学生都能扬长避短，获得最佳的发展。

(2)贯彻该原则的要求：①要坚持课程计划和学科课程标准的统一要求；②教师要了解学生，从实际出发进行教学；③教师要善于发现每个学生的兴趣、爱好，并创造条件，尽可能使每个学生的不同特长都得以发挥。

三、材料分析题(参考答案)

1. (1)材料中的孙老师在课程结束时采用拓展性问题来激发学生探索自然的兴趣，是值得肯定的教学行为；但在与学生的互动过程中，没有发挥教师的主导作用，并且忽视了学生的主体地位，没有很好地采取教育机智和因材施教，也违背了启发性教学原则。

(2)教学过程中，应当把教师的主导作用与学生的主体地位有机地结合起来，遵循启发性教学原则。首先，加强学习的目的性教育，调动学生学习的主动性。材料中的孙老师应该将问题设置得更具有开放性，才能更好地调动学生学习的积极性与主动性。其次，启发学生独立思考，发展学生的逻辑思维能力。材料中的孙老师不应该立即否定学生的答案，而应该通过学生的回答来进一步引导学生。再次，让学生动手实践，培养学生独立解决问题的能力。材料中的孙老师可以让学生在课后通过查阅相关资料来获取答案，培养学生的探究精神和独立解决问题的能力。最后，发扬教学民主，教师与学生应当建立民主平等的师生关系，创造民主和谐的教学气氛，鼓励学生发表不同见解，并允许学生向教师提问和质疑。

2. (1)①林老师为了上好《两栖动物的生殖与发育》一课，分别采用了实物直观、模像直观的教学手段，但是他不能合理安排和有效利用这些教学手段，使得教学效果不但没有达到预期效果，反而适得其反。②材料中林老师不断翻着PPT，却没有适时做出讲解，即缺少了言语直观。只有实物直观、模像直观、言语直观三种直观方式相结合，才能取得更好的教学效果。

(2)①正确选择直观教具和教学手段。材料中林老师准备的PPT背景上的浅色字很模糊，也没有突出所讲内容的特点。在教学过程中，林老师也没有让学生充分参与直观过程，只是自己单独呈现各种直观方式，没有及时跟学生沟通反馈、了解学生的想法和建议。这些都需要教师正确选择与利用直观教具与教学手段。

②将直观教具的演示与语言讲解结合起来。材料中，林老师只使用了实物直观和模像直观，没有适时做出讲解，即没有与言语直观相结合，没有利用词与形象的配合。

③重视运用言语直观。

3. (1)王老师采用的是以语言传递为主的教学方法，即主要运用讲授法来教授平行四边形面积的计算公式。讲授法是教师运用口头语言系统连贯地向学生传授知识、技能，发展学生智力的教学方法。李老师采用的是以引导探究为主的教学方法，即主要运用的是发现法。发现法又称探索法、研究法，是指学生在教师指导下，对所提出的课题和所提供的材料进行分析、综合、抽象和概括，自行发现并掌握相应的原理和结论的一种教学方法。

(2)①讲授法可以充分发挥教师的主导作用,使学生在短时间内获得大量系统的科学知识。缺点是不易发挥学生的主动性和积极性,不利于因材施教,容易造成“填鸭式”“满堂灌”的教学效果。在王老师的教学中,学生通过教师的讲授,很快地掌握了平行四边形面积公式的应用,但对于面积公式是如何来的却不太清楚,这正是讲授法优缺点的生动体现。

②发现法主要是让学生自己主动发现问题、解决问题及掌握原理。在教学过程中,学生是知识的发现者,可以充分发挥自身的主动性和积极性,提高自身的创新意识和进取精神。通过引导学生主动、独立地探究学习,有利于培养学生的创新精神和实践能力。缺点是教师引导不当难以取得预期效果,实施比较耗费时间和精力。李老师在使用发现法的过程中,善于引导学生发现问题,主动学习,最终取得了良好的教学效果。

专题三　教学组织形式

一、单项选择题

答案速查

1～5	BBDBC	6～10	BABBD
11～15	ABACD	16～20	BDACC

1. B 【解析】历史上最早的教学组织形式是个别教学,它是古代社会教育教学的基本组织形式。在古代,中国、埃及和希腊的学校大都采用个别教学。

2. B 【解析】道尔顿制是由美国教育家柏克赫斯特创建的一种新的教学组织形式。道尔顿制的特点:(1)废除教师面向全体学生的课堂讲授,废除课程表和年级制,代之以教师辅导学生按“公约”个别自学。学生以公约的形式明确自己应完成的各项学习任务,自己按兴趣自由支配学习时间。(2)将教室改为各科作业室或实验室,按学科的性质陈列参考用书和实验仪器,供学生自学使用。(3)设置成绩记录表,由教师和学生分别记录学习进度。道尔顿制的优点是有利于调动学生学习的主动性,培养他们的学习能力和创造才能;缺点是不利于系统知识的掌握,对教学设施和条件要求较高。A、C项主要强调小组学习和班级多种学习方式组合,D项属于复式教学。

3. D 【解析】1632年,捷克教育家夸美纽斯出版的《大教学论》最早从理论上对班级授课制做了阐述,为班级授课制的产生奠定了理论基础。班级授课制是当代学校教学的基本组织形式。故答案选D。

4. B 【解析】班级授课制有利于经济有效地大面积培养人才,提高教学效率。

5. C 【解析】特朗普制把大班上课、小组讨论、个人自学结合在一起,以灵活的时间单位代替固定统一的上课时间。故题干所述教学组织形式为特朗普制。

6. B 【解析】复式教学是把两个或两个以上不同年级的学生编在一个教室里,由一位教师分别用不同的教材,在一节课里对不同年级的学生进行教学的一种特殊组织形式。它适用于学生少、教师少、校舍和教学设备较差的农村以及偏远地区。

7. A 【解析】外部分组,即取消按年龄编班,按学生的能力或某些测验成绩编班。题干描述的是外部分组的内涵。

8. B 【解析】捷克教育家夸美纽斯在其著作《大教学论》(1632年)中最早对班级授课制做了理论上的阐述和论证。

9. B 【解析】班级授课制,是把学生按年龄和文化程度分成固定人数的班级,教师根据课程计划和规定的时间表进行教学的一种组织形式。班级授课制强调的是统一,齐步走,难以照顾学生的个别差异。

10. D 【解析】复式教学是把两个或两个以上不同年级的学生编在一个教室里,由一位教师分别用不同的教材,在一节课里对不同年级的学生进行教学的一种特殊组织形式。

11. A 【解析】现场教学是指教师把学生带到事物发生、发展的现场进行教学活动的形式。它可以以班级为单位,也可以以小组或个人为单位,通常需要有关现场人员的参加。题干所述是现场教学的定义。

12. B 【解析】“微课”是指按照新课程标准及教学实践要求,以视频为主要载体,记录教师在课堂内外教育教学过程中,围绕某个知识点(重点、难点、疑点)或教学环节而开展的精彩的教与学活动的全过程。微课的时长一般为5～8分钟,最长不宜超过10分钟。

13. A 【解析】个别教学制是古代学校的主要教学形式。即在原始社会和奴隶社会里,个别教学是教学组织的主要形式。

14. C 【解析】道尔顿制是由美国教育家柏克赫斯特创建的一种新的教学组织形式。道尔顿制的特点：(1)废除教师面向全体学生的课堂讲授，废除课程表和年级制，代之以教师辅导学生按"公约"个别自学。学生以公约的形式明确自己应完成的各项学习任务，自己按兴趣自由支配学习时间。(2)将教室改为各科作业室或实验室，按学科的性质陈列参考用书和实验仪器，供学生自学使用。(3)设置成绩记录表，由教师和学生分别记录学习进度。根据题干所述，王校长推行的这种教学组织形式属于道尔顿制。

15. D 【解析】班级授课制是现代教学的基本组织形式。

16. B 【解析】复式教学是现代教学的特殊组织形式。

17. D 【解析】现场教学是指教师把学生带到事物发生、发展的现场进行教学活动的形式。王老师组织学生去牛奶厂参观牛奶的生产加工流程属于现场教学。

18. A 【解析】班级授课制不利于因材施教，难以满足学生个性化的学习需要。

19. C 【解析】在我国，最早采用班级授课制的是清政府于1862年设于北京的京师同文馆。

20. C 【解析】所谓翻转课堂，就是在信息化环境中，课程教师提供以教学视频为主要形式的学习资源，学生在上课前完成对教学视频等学习资源的观看和学习，师生在课堂上一起完成作业答疑、协作探究和互动交流等活动的一种新型的教学模式。题干描述的新型教学组织形式是翻转课堂。

二、简答题(参考答案)

简述班级授课制的优缺点。

(1)班级授课制的优点表现在：①有利于经济有效地大面积培养人才，提高教学效率；②它以"课"为教学活动单元，能保证学习活动循序渐进，有利于学生获得系统的科学知识；③有利于发挥教师的主导作用；④有利于发挥学生集体的教育作用；⑤有利于学生德、智、体多方面的发展；⑥有利于进行教学管理和教学检查。

(2)班级授课制的不足表现在：①不利于学生主体性的发挥；②不利于培养学生的探索精神、创造能力和实际操作能力；③不能很好地适应教学内容和教学方法的多样化；④不利于因材施教，难以满足学生个性化的学习需要；⑤不利于学生之间真正的交流和启发；⑥以"课"为基本的教学活动单位，某些情况下会割裂内容的整体性。

专题四　小学课堂教学的实施

一、单项选择题

答案速查

1～5	BDDAA	6～10	BBCDA
11～15	BACBA	16～20	CDBCA

1. B 【解析】充分发挥学生的主体性是上好课的最根本要求。

2. D 【解析】经验导入是以学生原有的生活经验为出发点，教师通过生动而富有感染力的讲解、谈话或提问引起回忆，从而引导学生发现问题的导入方法。题干描述的是经验导入的概念。

3. D 【解析】常见的学生学业成绩检查方式有平时考查和考试两种。平时考查的方式主要有口头提问、检查书面作业和单元测验等。考试一般有学期考试、学年考试和毕业考试等，考试的方式包括口试、笔试和具体实践性考试等。实践考试是考试的一种方式。

4. A 【解析】教师备课要做好三方面的工作，即钻研教材、了解学生、设计教法，也即备教材、备学生、备教法。

5. A 【解析】信度是指测验结果的稳定性或可靠性，即某一测验在多次施测后所得到的分数的稳定、一致程度。题干中，老师担心两次测验的分数不同，针对的是测验所得结果一致性的程度，即信度。

6. B 【解析】温故导入是指教师通过帮助学生复习与即将学习的新知识有关的旧知识，从中找到新旧知识的关联点，合乎逻辑、顺理成章地引导学生学习新知识的一类教学导入形式。题干中方老师在讲授《三角形的外角》这一新内容时，先让学生回忆三角形内角这一旧知识，从而进入新课的学习，这体现的是温故导入的导入方法。

7. B 【解析】课的结构是指课的基本组成部分及各组成部分进行的顺序、时限和相互关系，不同类型的课有不同的结构。题干描述的是课的结构的内涵。

8. C 【解析】课外辅导是上课的必要补充，是适应学生个别差异，贯彻因材施教的重要措施。

9. D 【解析】教学导入原则有：(1)紧扣学习目标和内容重点；(2)从学生的实际出发，符合学生的认知要求；(3)从课型需要入手，凸显教学导入的针对性与有效性；(4)用语要短小精悍，活动组织要任务明确、步骤清晰、事项清楚；(5)形式要新颖多样。结合题干，D项不属于教学导入的原则。

10. A 【解析】区分度有时也称鉴别力，主要指测验对于不同水平的被试加以区分的能力。区分度与难度有关，只有在试卷中包含有不同难度的试题，才能提高区分度，拉开考生得分的差距。因此教师自编测验时，要想提高测验的区分度，最重要的是控制好试题的难度。

11. B 【解析】比较法是指通过图示或表格的方式将新学的概念、性质、定理或公式与原有的知识进行比较，比较它们的异同点，加深学生对知识的理解。题干中张老师在讲授完峻青的《秋色赋》后，将欧阳修的《秋色赋》和毛泽东的《沁园春·长沙》也一同展示给学生，引导学生比较、思考与讨论，体现的是比较式的结课方法。

12. A 【解析】归纳法是在新课结束之后进行归纳、概括和总结的结课方式。要求做到提纲挈领，全面准确，简明扼要。不能只是对前面教学内容的机械再现，简单重复。它起到巩固强化知识的作用。这种结课方式一般由教师来做，也可由学生来做，但教师必须进行必要的补充和说明。这是小学最常见的结课方式。

13. C 【解析】游戏法是根据学生的年龄与心理特点，把小结与游戏结合起来，以游戏作小结，寓教于乐的结课方法。题干中于老师通过角色扮演的游戏让学生加深对古诗的理解，这种结课方法是游戏法。故C项符合题意。

14. B 【解析】常见的学生学业成绩检查方式有平时考查和考试两种。平时考查的方式主要有口头提问、检查书面作业和单元测验等。考试一般有学期考试、学年考试和毕业考试等。会考不属于日常性学业成绩检查的方式。

15. A 【解析】悬念导入，又称设疑导入，是通过设置悬念、提出问题，进而激发学生兴趣，调动学生思维的一类教学导入形式。题干中老师通过做实验让学生对实验原理产生疑问，通过实验设置悬念、提出问题，从而激发学生的学习兴趣，这种导入方法属于悬念导入。

16. C 【解析】归纳结课法是在新课结束之后进行归纳、概括和总结的结课方式。要求做到提纲挈领，全面准确，简明扼要。这种结课方式一般由教师来做，也可由学生来做，但教师必须进行必要的补充和说明。由题干"对整节课的内容进行概括总结"可判断刘老师采用的结课方法为归纳法。

17. D 【解析】备课首先要钻研教材，吃透教材。即熟悉课程标准，掌握将要教授的内容。

18. B 【解析】课堂教学总结又称课堂结尾，是在一堂课即将结束的几分钟的时间内，师生共同对课堂中所蕴含的知识、技能、情感态度以及价值观进行总结。题干所述为课堂总结的内涵。

19. C 【解析】区分度是指测验对不同水平的被试加以区分的能力。题干中杨老师的试卷没有把优等生和后进生的得分拉开，说明杨老师的试卷区分度低。

20. A 【解析】备课就是教师根据学科课程标准的要求和本门课程的特点，结合学生的具体情况，选择最合适的表达方法和顺序，以保证学生有效地学习。题干所述体现了备课的内涵，故答案选择A项。

二、简答题(参考答案)

1. 简述课堂教学导入设计的一般原则。

(1)紧扣学习目标和内容重点；(2)从学生的实际出发，符合学生的认知要求；(3)从课型需要入手，凸显教学导入的针对性与有效性；(4)用语要短小精悍，活动组织要任务明确、步骤清晰、事项清楚；(5)形式要新颖多样。

2. 简述备课的基本步骤。

(1)教师备课要做好三方面的工作，即钻研教材、了解学生、设计教法，也即备教材、备学生、备教法；

(2)写好三种计划，即学年(或学期)教学计划、课题(或单元)计划、课时计划(教案)。

3. 简述维持课堂纪律的策略。

(1)建立有效的课堂规则；(2)合理组织课堂教学；(3)做好课堂监控；(4)培养学生的自律品质。

4. 简述上好课的基本要求。

(1)教学目标明确；(2)教学内容准确；(3)教学结构合理；(4)教学方法适当；(5)讲究教学艺术；(6)板书有序；(7)充分发挥学生的主体性。

5. 简述批改作业的要求。

(1)教师应及时检查和批改作业，使学生养成按时完成作业的良好习惯。(2)教师要注意发现学生在知识、技能方面出现的错误和存在的漏洞。(3)教师要仔细评定、给出成绩，写上简短评语，对学生的学习提出明确要求。(4)教师要及时将作业情况反馈给学生，纠正学生作业中的错误并指出原因。(5)对大多数学生作业中经常出现的错误，教师要找机会进行辅导，重点讲解和纠正。

6. 简述课外辅导的内容。

(1)帮学生解答疑难问题，指导学生做好作业；(2)为基础差和因事、因病缺课的学生补课；(3)为成绩特别优异的学生做个别辅导；(4)对学生进行学习方法上的辅导；(5)对学生进行学习目的和学习态度的教育。

7. 简述课堂教学导入的类型。

(1)直接导入；(2)经验导入；(3)故事导入；(4)直观导入；(5)设疑导入(悬念导入)；(6)活动导入；(7)温故导入。

8. 简述课堂教学情境创设的方法。

(1)实验法；(2)演示法；(3)表演法；(4)游戏法；(5)故事法；(6)比喻法；(7)形象渲染法；(8)介绍困惑材料法；(9)提问法；(10)有意错误法；(11)生动讲述法。

9. 简述课堂总结中要注意的问题。

(1)总结要有目标性，要起到升华主题的功效；(2)总结要有引导性，要注重学生的学习反思；(3)总结要有针对性；(4)总结要言简意赅，通俗易懂；(5)总结要以课外促课内，设计要注重向课外延伸和拓展。

三、材料分析题(参考答案)

1. 上好一堂课的基本要求包括：(1)教学目标明确；(2)教学内容准确；(3)教学结构合理；(4)教学方法适当；(5)讲究教学艺术；(6)板书有序；(7)充分发挥学生的主体性。材料中的教师为了让学生明白"圆"的概念，通过谈话法，一步步引导学生获取"圆"的知识，发挥了学生学习的主动性和积极性。这体现出该教师的教学目标明确、教学内容准确、教学方法适当以及充分发挥了学生的主体性。

2. (1)作业的布置与批改是课堂教学的继续。它的目的在于使学生巩固和消化课堂教学中所获得的知识，形成学生的技能技巧，扩大学生的知识领域，发挥学生学习的主动性和创造精神。材料中孙老师根据新课程改革的理念和要求，重新认识作业的意义，并赋予作业新的意义和价值，充分体现了作业的愉悦性、自主性、实践性和科学性。孙老师的做法是值得肯定和提倡的。

(2)相关研究表明：当前小学生课业负担主要表现在家庭作业繁重。如何把孩子们从家庭作业中解脱出来是减负的关键。

我认为家庭作业不是该不该留而是该怎样留的问题。家庭作业是教学过程中不可忽视的重要环节，在新课程理念的指引下，家庭作业设计的有效性已经成为当前课程改革的重大呼声，教师必须转变过去常规性家庭作业的思维，让家庭作业变得更具有创造性、趣味性和多样性。作业要有差异性；作业要有多样性；作业要有趣味性；作业要有实践性；作业要有探究性；作业要有自主性；作业要有合作性。家庭作业要新颖活泼，能激发学生的好奇心，让家庭作业成为学生学习、创造、游戏的乐园，使家庭作业真正促进学生的发展，实现减负增效。

3. 材料中该教师通过巧妙地创设问题情境，实施启发式教学，引起学生对知识本身的需要来激发学习动机。材料中，教师提出的"平均分"事例，让学生们对将要学习的内容产生了浓烈的兴趣。巧妙地进行导课设计，使新的学习内容与学生的已有水平构成一个适当的跨度，让学生对本节课所学的知识产生强烈的期待。

专题五　学习动机

一、单项选择题

答案速查

1～5	CBBBC	6～10	CCCCB
11～15	BBABA	16～20	BDADD
21～25	BBBBA	26～30	ACDAC

1. C 【解析】内部学习动机是指诱因来自学习者本身的内在因素，即学生因对活动本身发生兴趣而产生的动机。认知内驱力是指学生渴望认知、理解和掌握知识，以及陈述和解决问题的需要。这种内驱力大多是从好奇倾向中派生出来的，在有意义的学习中，认知内驱力是最重要和最稳定的动机。这种动机指向学习任务本身，满足这种动机的奖励是由学习本身提供的，属于内部动机。

2. B 【解析】"耶克斯—多德森定律"表明，动机的最佳水平随着任务性质的不同而不同。在比较容易的任务中，行为效果(工作效率)随着动机的提高而上升；随着任务难度的增加，动机的最佳水平有逐渐下降的趋势。故B项说法不正确。

3. B 【解析】校长宣布三好学生名单，对很多学生产生了强化刺激，从而激发学生的学习动机，这属于外部的动机情境。

4. B 【解析】认知内驱力是指学生渴望认知、理解和掌握知识，以及陈述和解决问题的需要。一般来说，这种内驱力大多是从好奇倾向中派生出来的。题干中该学生非常喜欢数学，说明该学生对掌握数学知识感兴趣，故这种学习动机属于认知内驱力。

5. C 【解析】附属内驱力指学生为了获得长者(如教师、家长等)的赞许和同伴的接纳而表现出来的把工作、学习做好的需要。

6. C 【解析】习得性无助是指由于连续的失败体验而导致个体产生的对行为结果感到无力控制、无能为力的心理状态。故题干中的冰冰放弃继续努力的勇气和信心的心理反应,属于典型的习得性无助。

7. C 【解析】"耶克斯—多德森定律"表明,动机不足或过分强烈都会影响学习效果。第一,动机的最佳水平随着任务性质的不同而不同。在比较容易的任务中,行为效果(工作效率)随着动机的提高而上升;随着任务难度的增加,动机的最佳水平有逐渐下降的趋势。第二,一般来讲,最佳水平为中等强度的动机。第三,动机水平与行为效果呈倒U型曲线。结合题干,故选C。

8. C 【解析】成就动机理论的主要代表人物是阿特金森。

9. C 【解析】学习动机包含学习需要和学习期待两个基本成分。

10. B 【解析】力求成功者倾向于选择难度适中的任务,喜欢选择有50%把握的、有一定风险的工作,通过完成任务提高其自尊心,获得心理上的满足。

11. B 【解析】影响自我效能感的因素有:(1)个体自身行为的成败经验;(2)替代经验;(3)言语暗示;(4)情绪唤醒。其中,个体自身行为的成败经验对自我效能感影响最大。

12. B 【解析】具有内部动机的学生,活动本身就能使其得到满足,无需外力的作用,也能产生荣誉感。题干中王明取得成功的原因是喜欢玩电脑游戏,这项活动本身就能使其得到满足。故答案选B项。

13. A 【解析】在韦纳的成败归因理论中,稳定因素包括个人的能力和工作难度。

14. B 【解析】题干所述是指读书是为了财富和美女,是由外部的诱因激发出来的学习动机,所以属于外部动机。

15. A 【解析】动机的最佳水平随着任务性质的不同而不同。在比较容易的任务中,工作效率随着动机的提高而上升;随着任务难度的增加,动机的最佳水平有逐渐下降的趋势。

16. B 【解析】根据学校情境中的学业成就动机的不同,奥苏伯尔等人把动机分为认知内驱力、自我提高内驱力和附属内驱力三个方面。其中,自我提高内驱力是指个体因自己的学业成就而获得相应的地位和威望的需要。自我提高内驱力并非直接指向学习任务本身,而是把成就看作赢得地位与自尊心的根源。因此,根据题干"赢得相应地位"这一关键词可以推出,这种需要为自我提高内驱力。故选择B项。

17. D 【解析】根据学校情境中的学业成就动机的不同,奥苏伯尔等人把动机分为认知内驱力、自我提高内驱力和附属内驱力三个方面。

18. A 【解析】一个总是失败并把失败归于内部的、稳定的和不可控的因素(即能力低)的学生会形成一种习得性无助的自我感觉。习得性无力感简称无力感,指由于连续的失败体验而导致个体产生的对行为结果感到无力控制、无能为力的心理状态。

19. D 【解析】内部动机是指诱因来自学习者本身的内在因素,即学生因对活动本身发生兴趣而产生的动机。由于内部学习动机是由学生对学习活动本身发生兴趣而产生的,因而学习活动本身就能使其得到满足,无需外力的作用,不必施加外部的奖赏。因此,"让学习本身成为调动学生学习积极性的因素"这句话强调被激发的动机是内部动机。

20. D 【解析】根据学校情境中的学业成就动机,奥苏伯尔等人将动机分为认知内驱力、自我提高内驱力和附属内驱力。认知内驱力是指学生渴望认知、理解和掌握知识,以及陈述和解决问题的需要。自我提高内驱力是指个体由自己的学业成就而获得相应的地位和威望的需要。自我提高内驱力并非直接指向学习任务本身,而是把成就看作赢得地位与自尊心的根源,属于外部动机。附属内驱力是指个体为了获得长者们(如家长、教师)的赞许或认可而表现出把工作、学习做好的一种需要。它既不直接指向学习任务本身,也不把学业成就看作赢得地位的手段,而是为了从长者或同伴那里获得赞许和接纳。附属内驱力是一种间接的学习需要,属于外部动机。综合题干,故选D。

21. B 【解析】依据韦纳的成败归因理论可知,内在的、可控制的因素是个人的努力程度,所以内控型的王莉如果取得成功,她会将成功归因于自己的努力,故该题选B项。

22. B 【解析】奥苏伯尔等人将动机分为认知内驱力、自我提高内驱力与附属内驱力三个方面。认知内驱力是指渴望认知、理解和掌握知识以及陈述和解决问题的需要。在有意义学习中,认知内驱力是最重要而稳定的动机。

23. B 【解析】替代经验是指个体的许多效能期望

是来源于对他人的观察,如果看到一个与自己一样或不如自己的人成功,自己的效能感就会提高。

24. B 【解析】"耶克斯—多德森定律"表明,动机不足或过分强烈都会影响学习效果。一般来讲,最佳水平为中等强度的动机。动机的最佳水平随着任务性质的不同而不同。在比较容易的任务中,行为效果(工作效率)随着动机的提高而上升;随着任务难度的增加,动机的最佳水平有逐渐下降的趋势。

25. A 【解析】明明认为自己生病了导致测验没有发挥好,这属于身心状况的归因。身心状况属于不稳定的、内在的、不可控制的归因。

26. A 【解析】自我效能感是指人对自己能否成功从事某一成就行为的主观判断。

27. C 【解析】学习动机是指激发个体进行学习活动,维持已引起的学习活动,并使行为朝向一定学习目标的一种心理倾向或内部动力。题干描述的是学习动机的概念,故选C。

28. D 【解析】成就动机理论认为,力求成功者倾向于选择难度适中的任务,喜欢选择有50%把握的、有一定风险的工作,通过完成任务提高其自尊心,获得心理上的满足。

29. A 【解析】美国心理学家韦纳把活动成败的原因归结为六种原因,即能力、努力程度、工作难度、运气、身心状况、外界环境。又把上述六个因素按各自的性质,分别归入三个维度:内部归因和外部归因、稳定性归因和非稳定性归因、可控制归因和不可控制归因。题干中的小贺将自己取得班级第一名归因于运气,这一因素是不稳定的、外部的和不可控的。

30. C 【解析】运气是外在不可控的,工作难度是外在、稳定的。我们最好归因于学生的努力,有利于提高学生学习的积极性,增加行为的坚持性。

二、简答题(参考答案)

1. 简述激发小学生学习动机的策略。

(1)创设问题情境,激发兴趣,维持好奇心;(2)设置合适的目标,培养自我效能感;(3)充分利用反馈信息,妥善进行奖惩;(4)正确指导结果归因,促使学生继续努力;(5)对学生进行合作与竞争教育,开展合作与竞争学习。

2. 简述习得性无力感。

习得性无力感简称无力感,指由于连续的失败体验而导致个体产生的对行为结果感到无力控制、无能为力的心理状态。

3. 简述奥苏伯尔关于学习动机的分类。

根据学校情境中的学业成就动机的不同,奥苏伯尔等人把动机分为认知内驱力、自我提高内驱力和附属内驱力三个方面。

(1)认知内驱力是指学生渴望认知、理解和掌握知识,以及陈述和解决问题的需要。这种内驱力大多是从好奇倾向中派生出来的。在有意义的学习中,认知内驱力是最重要和最稳定的动机,属于内部动机。

(2)自我提高内驱力是指个体因自己的学业成就而获得相应的地位和威望的需要。自我提高内驱力并非直接指向学习任务本身,而是把成就看作赢得地位与自尊心的根源,属于外部动机。

(3)附属内驱力是指个体为了获得长者们(如家长、教师等)的赞许或认可,而表现出来的把工作、学习做好的需要。它既不直接指向学习任务本身,也不把学业成就看作赢得地位的手段,而是为了从长者或同伴那里获得赞许和接纳。附属内驱力是一种间接的学习需要,属于外部动机。

4. 简述"耶克斯—多德森定律"。

"耶克斯—多德森定律"表明,动机不足或过分强烈都会影响学习效果。

(1)动机的最佳水平随着任务性质的不同而不同。在比较容易的任务中,行为效果(工作效率)随着动机的提高而上升;随着任务难度的增加,动机的最佳水平有逐渐下降的趋势。

(2)一般来讲,最佳水平为中等强度的动机。

(3)动机水平与行为效果呈倒U型曲线。

5. 简述影响自我效能感的因素。

(1)个人自身行为的成败经验;(2)替代经验;(3)言语暗示;(4)情绪唤醒。

6. 简述成就动机倾向类型的特征。

成就动机理论的主要代表人物是阿特金森。他认为成就动机水平不同的人在选择目标和完成任务上也不同。(1)力求成功者倾向于选择难度适中的任务,喜欢选择有50%把握的、有一定风险的工作,通过完成任务提高其自尊心,获得心理上的满足。(2)避免失败者倾向于选择非常容易或者非常难的任务,回避有50%把握的工作。选择容易的任务可以避免失败;选择过难的任务,即使失败也能找到借口以减少失败感。这种选择能防止自尊心受到伤害和产生心理烦恼。

7. 简述韦纳的归因理论。

(1)美国心理学家韦纳对行为结果的归因进行了

系统探讨，把归因分为三个维度六个因素；(2)三个维度为控制点、稳定性、可控性；(3)六个因素为能力、努力程度、工作难度、运气、身心状况、外界环境。

三、材料分析题(参考答案)

1. (1)不正确。陈斌将自己考试成绩不理想归因于外部的、不可控制的因素(运气)，这样会造成他学习动机不高，学习成绩也不会提高，甚至会越来越差。

(2)陈斌应该将其考得不理想归因于自己内部的、可控制因素(如不努力)。如果他认为学习失败是不努力造成的，那他就会相信只要自己努力，学习一定可以获得成功。

(3)意义：韦纳的归因理论在教育上具有重要意义。归因促使学生在从了解自己到认识别人的过程中，建立起明确的自我概念，促进自身的成长。如果学生有不正确的归因，则表明他们需要教师的辅导与帮助。长期消极的归因不利于学生的个性成长，这就需要教师利用反馈的作用，并在反馈中给予鼓励和支持，帮助学生正确归因，重塑自信。

2. (1)"耶克斯—多德森定律"表明，动机不足或过分强烈都会影响学习效果。①动机的最佳水平随任务性质的不同而不同。在比较容易的任务中，行为效果(学习效率)随动机的提高而上升；随着任务难度的增加，动机的最佳水平有逐渐下降的趋势。②一般来讲，最佳水平为中等强度的动机。③动机水平与行为效果呈倒U型曲线。

(2)①根据"耶克斯—多德森定律"，教师在教学时，要根据学习任务的不同难度，恰当控制学生学习动机的激起程度。在学习较容易、较简单的课题时，应尽量使学生集中注意力，使学生尽量紧张一点，动机激起水平达到中等偏高的最佳状态；而在学习较复杂、较困难的课题时，则应尽量创造轻松自由的课堂气氛，让动机激起水平处于中等偏低的最佳状态；在学生遇到困难或出现问题时，要尽量心平气和地慢慢引导，以免学生过度紧张和焦虑。材料中，班主任的做法是不正确的，班主任通过谈话使吴某的动机激起水平过高，反而不利于学习效率的提高。②根据动机产生的诱因来源，学习动机可分为内部学习动机和外部学习动机。班主任告诉吴某老师们看好他，嘱托他不要辜负老师们对他的期望。班主任过于注重激励学生的外部学习动机，而忽略了激发吴某的内部动机。

(3)由于班主任老师对吴某的期望和过多关注而使他产生了考试焦虑。针对吴某的情况，激励吴某学习的正确做法有：①班主任应当帮助吴某正确认识来自老师和家长的期望，同时，老师可以给吴某营造一个宽松的心理环境，减轻吴某的心理负担。②班主任应当帮助吴某保持适度的学习动机，避免过度紧张和焦虑。在学习上要注意劳逸结合，合理安排学习与休息时间，提高吴某的学习效率。鼓励吴某在学习之余可以参加适当的体育活动，通过运动来缓解学习带来的紧张情绪。③帮助吴某树立正确的成败观，使其以良好的心态来对待比赛的过程和比赛的结果。

专题六　知识与技能

一、单项选择题

答案速查

1～5	DBDBA	6～10	BCCDC
11～15	DCBBB	16～20	ABBCC
21～23	ADC		

1. D 【解析】符号学习是指学习单个或一组符号的意义，或者说学习符号本身代表什么。因此，题干中用文字"鸟"或者语言的形式来代表现实中的鸟，这属于符号学习。

2. B 【解析】下位学习又称类属学习，是一种把新的观念归属于认知结构中原有观念的某一部分，并使之相互联系的过程。原有观念在包容和概括水平上高于新学习的知识。菱形是特殊的平行四边形，包容和概括水平低于先学习的平行四边形，故属于下位学习。

3. D 【解析】陈述性知识也叫描述性知识，是个人能用言语进行直接陈述的知识，主要用于区别和辨别事物。回答A、B、C三项时所用的知识属于陈述性知识，而回答D项时所用的知识属于程序性知识。

4. B 【解析】下位学习又称类属学习，是一种把新的观念归属于认知结构中原有观念的某一部分，并使之相互联系的过程。原有观念在包容和概括水平上高于新学习的知识。题干中，后学习的定滑轮的知识可纳入已学的等臂原理的范畴内，这说明原有知识在概括水平上高于新学习的知识，这种学习属于下位学习。

5. A 【解析】根据知识反映活动的深度不同，知识可分为感性知识和理性知识。

6. B 【解析】程序性知识也称操作性知识，是个人缺乏有意识的提取线索，而只能借助于某种作业形式间接推测其存在的知识。它主要用来解决“做什么”和“怎么做”的问题,如怎样进行推理、决策或者解决某类问题等。这类知识具有动态的性质。因此,王雨的学习属于程序性知识的学习。

7. C 【解析】并列结合学习又称组合学习,是在新命题与认知结构中原有的命题既非下位关系又非上位关系,而是一种并列的关系时产生的。题干中,钠、镁、铝等元素与铜、铁、锌等元素的概念处于同一水平,故属于并列结合学习。

8. C 【解析】根据知识的功能,可将知识分为陈述性知识和程序性知识。

9. D 【解析】知识是指主体通过与环境相互作用而获得的信息及其组织。题干描述的是知识的概念。

10. C 【解析】根据知识本身的存在形式和复杂程度,知识学习可分为符号学习、概念学习和命题学习。其中命题学习是指学习由若干概念组成的句子的复合意义,实质是学习若干概念之间的关系。结合题干,故选C。

11. D 【解析】知识的应用,是指把学到的知识应用于作业和解决有关问题的过程,是抽象知识具体化的过程。

12. C 【解析】操作定向阶段就是了解操作活动的结构与要求,在头脑中建立起操作活动的定向映像的过程。其目的在于掌握与动作有关的陈述性知识和程序性知识;操作模仿阶段是指学习者通过观察,实际再现特定的示范动作或行为模式。操作模仿的实质是将头脑中形成的定向映像以外显的实际动作表现出来。操作整合是指把构成整体的各动作要素,依据其内在联系联结成整体,形成操作活动的序列,获得有关操作活动的完整的动觉映像的过程;操作熟练阶段,可以非常熟练地运用操作技能。蹒跚学步是指小孩学着大人的样子走路,走路缓慢、摇摆的样子,是属于操作模仿阶段。

13. B 【解析】陈述性知识学习的过程包括获得、保持和应用三个阶段。

14. B 【解析】变式,就是变换使用不同形式的直观材料或事例说明事物的属性,使本质属性保持不变而非本质属性或有或无,以便突出本质属性。可食用性并非果实的本质特征,教师选择可食用的果实、不可食用的果实作为直观材料,以突出果实的本质属性,使学生准确掌握果实的概念,这是运用了变式法。

15. B 【解析】上位学习又称总括学习,是在学生掌握一个比认知结构中原有概念的概括和包容程度更高的概念或命题时产生的。遵循从具体到一般的归纳概括过程。将之前学的自行车、汽车等都归到“交通工具”这个概念里,符合上位学习的内涵。

16. A 【解析】吹、拉、弹、唱是通过学习而形成的合乎法则的操作活动方式,因此属于操作技能。

17. B 【解析】内部言语的活动符合智力技能的特点,智力技能又称为心智技能。

18. B 【解析】通常把学生在学习过程中出现一段时间的学习成绩和学习效率停滞不前,甚至学过的知识感觉模糊的现象,称为“高原现象”。题干中的李楠在练习游泳时出现了练习成绩的短暂停顿现象,故体现了高原现象的内涵。

19. C 【解析】操作定向就是了解操作活动的结构与要求,在头脑中建立起操作活动的定向映像的过程。因此,观看乒乓球教练打球,掌握打球的基本要领和动作属于动作技能形成中的操作定向阶段。

20. C 【解析】心智技能也称为智力技能、认知技能,是通过学习而形成的合乎法则的心智活动方式。阅读技能、写作技能、运算技能、解题技能等都是常见的心智技能。

21. A 【解析】根据知识本身的存在形式和复杂程度,奥苏伯尔把知识学习分为符号学习、概念学习和命题学习。符号学习指学习单个符号或一组符号的意义,或者说学习符号本身代表什么。如历史课中对历史事件和历史人物的学习,地理课中对地形地貌和地理位置的学习。题干中学生对我国各省简称的学习也属于符号学习。

22. D 【解析】所谓变式,就是变换使用不同形式的直观材料或事例说明事物的属性,使本质属性保持不变而非本质属性或有或无,以便突出本质属性。

23. C 【解析】C项中,正方形属于一种特殊的长方形,是下位学习。

二、简答题(参考答案)

1. 简述如何运用记忆规律促进学生有效学习。

(1)明确记忆目的,增强学习的主动性;(2)理解学习材料的意义;(3)对材料进行精细加工,促进对知识的理解;(4)运用组块化学习策略,合理组织学习材料;(5)运用多重信息编码方式,提高信息加工处理的质量;(6)有效运用记忆术;(7)适当过度学习;(8)重视复习方法,防止知识遗忘,可根据记忆和遗忘的规律,有效地组织复习。

2. 简述如何培养学生的心智技能。

(1)确立合理的智力活动原型;(2)教师利用示范和讲解,并有效进行分阶段练习;(3)知识影响技能的形成,了解学生的知识基础,并为学生提供相关知识;(4)注重培养学生认真思考的习惯和独立思考的能力。

3. 简述操作技能的形成阶段。

(1)操作定向;(2)操作模仿;(3)操作整合;(4)操作熟练。

4. 简述如何有效地进行知识概括。

(1)配合运用正例和反例;(2)正确运用变式;(3)科学地进行比较;(4)启发学生进行自觉概括。

5. 简述如何提高知识直观的效果。

(1)灵活选用实物直观和模像直观;(2)加强词和形象的配合;(3)运用感知规律,突出直观对象的特点;(4)培养学生的观察能力;(5)让学生充分参与直观过程。

第六章　教学评价与反思

经典真题回顾

一、单项选择题

答案速查

1～4	CDAA

1. C 【解析】本题考查教学评价的类型。题干中所描述的评价方法是档案袋评价,档案袋评价是一种动态的过程性评价。

2. D 【解析】本题考查质性评价的相关内容。质性评价是指在自然情境中,通过评价者与评价对象的互动来收集相关信息,对评价对象的状况作出描述与分析,从而进行价值判断。具体而言,质性评价主要包括档案袋评价、教师评语、成果展示评价等。题干中李老师对小明的评价属于质性评价。

3. A 【解析】本题考查教学评价。延迟评价是指在平时学习过程中,对尚未达到目标要求的学生,可暂时不给明确的评价结果,给学生更多的机会,当取得较好的成绩时再给予评价,以保护学生学习的积极性。题干所述老师延迟对学生错误题目的批改属于延迟评价。

4. A 【解析】本题考查教学评价的方法。测验评价是指运用口试、笔试、操作测验等多种具体方法,对学生的学业成绩进行评价。它是主要侧重于评定学生在学科知识方面学习成就高低或在认知能力方面发展强弱的一种评价方式。题干中教师通过听写测验来了解学生对单词的掌握情况,属于测验评价。

二、材料分析题(参考答案)

(1)材料中李老师评价作文的方式符合发展性评价的要求。

①发展性评价注重评价方式的多样化,将量化评价方法与质性评价方法相结合,适应综合评价的需要,丰富评价与考试的方法。材料中李老师在评价学生作业时,不仅给出了定量的分数,而且给出了定性的语言文字评价,实现了评价方式的多样化。

②发展性评价关注评价过程,将形成性评价和总结性评价相结合。材料中李老师重结果更重过程,在看到小勇的作文字数不足且字迹潦草、错别字较多时,并没有直接否定学生,而是指出小勇作文中的问题,促进其更好地成长。

③发展性评价的根本目的在于促进发展。淡化原有的甄别与选拔功能,关注学生、教师、学校和课程发展中的需要,突出评价的激励与调控功能,激发学生、教师、学校和课程的内在发展动力,促进其不断进步,实现自身价值。材料中李老师评价的目的是希望小勇能改正自己作文的问题,而不是将小勇定为“差生”,这充分体现出李老师很重视学生的发展。

(2)作为教师,应该从以下几个方面通过作业评价促进学生的发展:

①在评价学生作业时,首先要尊重学生人格,尊重学生的劳动成果,尊重学生发展的差异性和不同需求。

②在评价学生作业时,将定性评价与定量评价相结合,不仅给出具体的分数,还要针对学生的具体情况做出针对性的阐述。

③在评价学生作业时,应该注重学生的学习过程,而不是单单看重学生作业的结果。

④在评价学生作业时,要善于发现学生作业中存在的问题,以此来促进学生的发展。而不是通过作业对学生进行区分,将学生分为三六九等。

过关必刷题库

专题一 教学评价

一、单项选择题

答案速查

1～5	BCABA	6～10	CAABB
11～15	CCCDA	16～20	AAABB
21～23	CBC		

1. B 【解析】形成性评价是在教学过程中为改进和完善教学活动而进行的对学生学习过程及结果的评价。它包括在一节课或一个课题的教学中对学生的口头提问和书面测验。张老师在课堂中对学习的内容向学生提问,这种评价方式属于形成性评价。

2. C 【解析】根据教学评价的作用的不同,可以分为诊断性评价、形成性评价和总结性评价。故答案选C。

3. A 【解析】绝对性评价又称为目标参照性评价,是运用目标参照性测验对学生的学习成绩进行的评价。它主要依据教学目标和教材编制试题来测量学生的学业成绩,判断学生是否达到了教学目标的要求,而不以评定学生之间的差异为目的。题干中注重学生是否达到教学目标要求的评价属于绝对性评价。

4. B 【解析】将学生现在的写作状况与以往进行对比,有进步的,其成绩都判为优,这属于典型的个体内差异评价。

5. A 【解析】总结性评价也称为终结性评价,是在一个大的学习阶段、一个学期或一门课程结束时对学生学习结果的评价。故题干所述的测验属于总结性评价。

6. C 【解析】诊断性评价的主要功能有:(1)检查学生的学习准备程度;(2)决定对学生的适当安置;(3)辨别造成学生学习困难的原因。故题干所述的教学评价是诊断性评价。

7. A 【解析】相对性评价的优点是甄选性强,因而可以作为选拔人才、分类排队的依据。"矮子里找高个""水涨船高"这些是相对性评价的典型表现。

8. A 【解析】相对性评价又称为常模参照性评价,是运用常模参照性测验对学生的学习成绩进行的评价,它主要依据学生个人的学习成绩在该班学生成绩序列或常模中所处的位置来评价和决定他的成绩的优劣,而不考虑是否达到教学目标的要求。题干描述的是相对性评价的概念。

9. B 【解析】诊断性评价是在学期开始或一个单元教学开始时,为了了解学生的学习准备状况及影响学习的因素而进行的评价。题干描述的是诊断性评价的内涵。

10. B 【解析】标准化成就测验是指由专家或学者们所编制的适用于大规模范围内评定个体学业成就水平的测验。题干描述的是标准化成就测验的内涵。

11. C 【解析】个体内差异评价是对被评价者的过去和现在进行比较,或将评价对象的不同方面进行比较。题干描述的是个体内差异评价的内涵。

12. C 【解析】教师自编测验是由教师根据具体的教学目标、教材内容和测验目的,自己编制的测验,是为特定的教学服务的。题干描述的是教师自编测验的内涵。

13. C 【解析】绝对性评价主要依据教学目标和教材编制试题来测量学生的学业成绩,判断学生是否达到了教学目标的要求,而不以评定学生之间的差异为目的。进行评价时,每个人的成绩分数只与统一的、固定的客观标准进行比较,宜用于升级考试、毕业考试和合格考试。教师资格考试即属于绝对性评价。

14. D 【解析】教学评价的管理功能有时也被称为"证明"或"甄别"功能。因为不仅有形成性评价,还有总结性评价。因此,教育管理部门和教育机构(包括学校)都会把教学评价的结果当作对教师和学生进行有效分流的根据之一,并据此调整学校教育发展的布局、方向和改进教育教学活动。将教学评价的结果作为决定升留级、分班编组等依据,充分体现了教学评价的管理功能。

15. A 【解析】个体内差异评价是对被评价者的过去和现在进行比较,或将评价对象的不同方面进行比较。题干中对学生的横向评价与纵向评价,体现了个体内差异评价的内涵。

16. A 【解析】诊断性评价是在学期开始或一个单元教学开始时,为了了解学生的学习准备状况及影响学习的因素而进行的评价。它包括各种通常所称的摸底考试。

17. A 【解析】老师利用课堂小测验对学生进行的评价,属于形成性评价,这种评价的目的是改进教学,促进教师和学生的发展、提高。

18. A 【解析】诊断性评价是在学期开始或一个单元教学开始时,为了了解学生的学习准备状况及影响学习的因素而进行的评价。题干中的认知水平测试是在新生入学后立即组织的，目的是了解学生的认知情况，这与诊断性评价的概念相符合，故本题答案选择A项。

19. B 【解析】相对性评价主要依据学生个人的学习成绩在该班学生成绩序列或常模中所处的位置来评价和决定他的成绩的优劣，而不考虑是否达到教学目标的要求，该评价具有甄选性强的特点，可以作为选拔人才、分类排队的依据。选拔性考试属于相对性评价。

20. B 【解析】题干中，老师根据小王现在取得的成绩和他之前的表现做对比，将其评为“良好”等级。这是根据小王自身的前后变化作出的评价，符合个体内差异评价法的内涵。

21. C 【解析】形成性评价是在教学过程中为改进和完善教学活动而进行的对学生学习过程及结果的评价。它包括在一节课或一个课题的教学中对学生的口头提问和书面测验。题干所述内容体现了形成性评价的内涵。

22. B 【解析】形成性评价是在教学过程中为改进和完善教学活动而进行的对学生学习过程及结果的评价。根据题干所述，教师需使用形成性评价。

23. C 【解析】个体内差异评价是对被评价者的过去和现在进行比较，或将评价对象的不同方面进行比较。题干中“关注学生是否存在偏科”是对评价对象不同方面进行的评价，属于个体内差异评价。

二、简答题(参考答案)

1. 简述教学评价的功能。

(1)导向功能；(2)诊断功能；(3)激励功能；(4)调节功能；(5)教学功能；(6)发展功能；(7)管理功能。

2. 简述现代教育评价的理念。

现代教育评价的理念是激励性评价与发展性评价。

(1)激励性评价，是指在教育教学活动过程中，教师对学生的行为做出及时、积极的反馈，以调动学生学习的积极性，促进教学工作的顺利完成。

(2)发展性评价，以被评价者的发展为本，重视被评价者的起点和发展过程中的各种问题。评价的根本目的是促进评价对象的发展，它基于评价对象的过去，重视评价对象的现在，更着眼于评价对象的未来。

3. 简述教学评价的类型。

(1)根据教学评价的作用的不同，可以分为诊断性评价、形成性评价和总结性评价；(2)根据评价采用的标准的不同，可以分为相对性评价、绝对性评价和个体内差异评价；(3)根据教学评价过程中使用工具的不同，可以分为量化评价和质性评价；(4)根据评价的时机，教学评价可分为即时评价和延迟评价。

4. 简述教学评价的基本内容。

教学评价主要包括对学生学习结果的评价和对教师教学工作的评价，也可以划分为：(1)学生学业评价；(2)课堂教学评价；(3)教师评价。

专题二　教学反思

一、单项选择题

答案速查

1～5	CABBD	6～9	CCCD

1. C 【解析】教学后反思，要求教师在教学活动结束后，有充足的时间进行反思，对教学的整体结果进行归因和评价，及时探讨教学中的长处和不足，总结自己的教学实践。题干所述是教学后反思的内涵。

2. A 【解析】教学反思作为一种特殊的反省思维，具有实践性、批判性和创造性等特征。结合题干，故答案选A。

3. B 【解析】教学反思中的行动研究，指的是教师与教育理论工作者或其他成员共同研究本校、本班级教育教学中的实际情况，解决日常教育教学中出现的问题，从而不断改进教育教学工作的一种研究。题干的描述体现了宋老师对行动研究法的运用。

4. B 【解析】教学反思是对自己的教学行为与表现从技术上、伦理道德上进行回顾、重视、质疑、分析，自己考查自己，自愿思考自己的教学行为产生的原因、结果，对自己的教学有效性进行评价。题干描述的是教学反思的概念。

5. D 【解析】按照反思的时间，可分为教学前反思、教学中反思和教学后反思。

6. C 【解析】教学诊断法是需要教师从教学问题的研究入手，挖掘隐藏在其背后的种种教学理念方面的问题，并进行分析，重点讨论影响教学有效性的各种教学观念，最后提出解决问题的对策。题干所述的反思方法符合教学诊断法的内涵。

7. C 【解析】按照反思的对象，反思可分为纵向反思和横向反思。其中，纵向反思就是反思者把自己教学中的某一特定环节作为反思对象放在教学生涯中进行思考、分析、比较。

8. C 【解析】纵向反思就是反思者把自己教学中的某一特定环节作为反思对象放在教学生涯中进行思考、分析、比较。题干中肖老师把自身教学实践作为反思对象放在教学历史生涯中进行思考的教学反思属于纵向反思。

9. D 【解析】按照反思的时间，可分为教学前反思、教学中反思和教学后反思

二、简答题(参考答案)

1. 简述教学反思的基本内容。

(1)反思自己的教学是否真正达到了教学目标(反思教学目标)；(2)总结精彩片段，思考失败之处，反思教学技能(反思教学得失)；(3)反思自己的教育教学行为是否对学生造成伤害；(4)反思教育教学是否让不同的学生在学习上得到了不同的发展；(5)反思是否侵犯了学生的权利；(6)反思自己的教育教学观念(反思教学理念)；(7)反思自己的专业知识。

2. 简述教学反思的作用。

(1)教学反思有利于教案的改进；(2)教学反思为撰写教学研究、论文提供丰富的素材；(3)教学反思对教师专业发展的作用；(4)反思使经验(和教训)变成教学智慧，从发生的事件中得到启发；(5)反思能帮助自己找到问题的解决方法；(6)反思使自己学会教学；(7)反思促进教师成长。

3. 简述教学反思的主要方法。

(1)行动研究法；(2)自我提问法；(3)教学诊断法；(4)比较法；(5)阅读新知法。此外，还有模拟与游戏、成长史与自传、反思日记等方法。

第二模块　全真模拟试卷

国家教师资格考试《教育教学知识与能力》(小学)全真模拟试卷(一)

一、单项选择题

答案速查

1～5	CDAAA	6～10	DDBCD
11～15	DCCDB	16～20	CBCDD

1. C 【解析】道家主张“绝学”和“愚民”，认为“绝学无忧”。根据“道法自然”的哲学，道家主张教循自然原则，一切任其自然，便是最好的教育。

2. D 【解析】依据题干，“轮流从一个生产部门转到另一个生产部门”说明教育可以使劳动力得到全面发展，提高劳动转换能力，摆脱现代分工对每个人造成的片面性。恩格斯的话体现了教育再生产劳动力。

3. A 【解析】心理健康是一种良好的、持续的心理状态与过程，表现为个体具有生命的活力，积极的内心体验，良好的社会适应能力，能够有效地发挥个人的身心潜力以及作为社会一员的积极的社会功能。

4. A 【解析】柏拉图认为教育的最高目标是培养哲学王兼政治家。这种观点是国家主义教育思想的渊源。

5. A 【解析】事实性文献指专门为教育科学研究提供事实证据的文献，如文物、教育史学专著、各种测验量表、各类教育实验报告、教育名家的教育实录等。

6. D 【解析】品德评价法是通过对学生品德进行肯定或否定的评价而予以激励或抑制，促使其品德健康形成和发展的德育方法。包括奖励、惩罚、评比和操行评定等。题干中教师用小红花、小红旗奖励那些做出诚实、助人为乐行为的学生，这是对学生积极行为的肯定评价，这体现的是品德评价法。

7. D 【解析】学校对急性传染病主要是采取管理传染源、切断传播途径、保护易感人群的综合性预防措施。

8. B 【解析】自我提高内驱力是指个体因自己的学业成就而获得相应的地位和威望的需要。自我提高内驱力并非直接指向学习任务本身，而是把成就看作赢得地位与自尊心的根源，属于外部动机。方老师努力学习是为了赢得同学们的尊重，这种学习动机属于自我提高内驱力，故B项正确。

9. C 【解析】序列化是指能够根据大小、体积、重量或其他的一些特性对一系列要素进行心理上的排序。具体运算阶段的儿童能够顺利完成排列大小的任务。

10. D 【解析】命题学习是指学习由若干概念组成的句子的复合意义，实质是学习若干概念之间的关系。学习命题，必先获得组成命题的有关概念的意义。因此，命题学习必须以符号学习和概念学习为基础，这是一种更加复杂的学习。“质量=密度×体积”描述的是质量、密度、体积三个概念之间的关系。故属于命题学习。

11. D 【解析】注意的广度也称注意的范围，是指在同一时间内，人们能够清楚地知觉出的对象的数目。注意的稳定性，是指注意保持在某一对象或某一活动上的时间长短特性。注意的分配是指人在进行两种或多种活动时能把注意指向

不同对象的现象。注意的转移是根据新的任务，主动地把注意从一个对象转移到另一个对象或由一种活动转移到另一种活动的现象。题干中学生的注意没有转移到数学课上，而是停留在上一节的语文课上，这说明学生不能根据新的任务，主动把注意由一个对象转移到另一个对象上。

12. C 【解析】遗忘发展的规律表明，识记后遗忘很快就会发生。因此，对于新学习的材料，为了防止遗忘，必须"趁热打铁"，及时进行复习。

13. C 【解析】算法策略是指将解决问题的所有可能的方案都列举出来，逐一尝试，最后找到一个最佳的方法。题干中采用逐个尝试的方法找回手机密码就属于算法策略。

14. D 【解析】情感态度与价值观目标强调在教学过程中激发学生的情感共鸣，引起积极的态度体验，形成正确的价值观。题干中该教师将学生"学会关爱生命"拟定为教学目标之一，这属于情感态度与价值观目标。

15. B 【解析】直观导入是借助于实物、标本、挂图等直观教具，以及投影、录像等媒体或示范性实验，对与教学内容相关的信息进行演示，并引导学生通过观察产生疑问，进行思考，从而自然进入新课学习的一类教学导入形式。

16. C 【解析】启发性原则是指在教学活动中，教师要调动学生的主动性和积极性，引导他们通过独立思考、积极探索，生动活泼地学习，自觉地掌握科学知识，提高分析问题和解决问题的能力。《学记》中"道而弗牵，强而弗抑，开而弗达"意思是：引导学生，而不是牵着学生走；鼓励学生，而不强迫学生走；启发学生，而不代替学生走。这句话体现了启发性原则的内涵。

17. B 【解析】教科书和讲义是教材的主体，是学生获取系统知识的重要工具，也是教师进行教学的主要依据。

18. C 【解析】形成性评价是在教学过程中为改进和完善教学活动而进行的对学生学习过程及结果的评价。它包括在一节课或一个课题的教学中对学生的口头提问和书面测试。题干中该教师在课堂上进行提问，想要了解学生对这首诗的理解情况属于教学过程中的形成性评价。

19. D 【解析】课外活动是指在课堂教学之外，由学校组织指导或由校外教育机关组织指导的，用以补充课堂教学，实现教育方针要求的一种教育活动，是根据受教育者的需要和自己的努力以及教育教学的需要，在教育者的直接或间接指导下，来实现教育目的的一种活动。课外活动是对学生进行多方面教育的有效形式，也是对课堂教学活动局限性的弥补手段。

20. D 【解析】正迁移也叫"助长性迁移"，是指一种学习对另一种学习的促进作用。题干中，学习了三角形和长方形的面积公式之后，再学习梯形的面积公式就比较顺利，"顺利"指的就是促进作用，题干所述属于正迁移。

二、简答题(参考答案)

21. 简述布置作业的要求。

(1)布置作业要有目的、有重点，作业内容符合课程标准的要求。(2)考虑不同学生的能力需求。(3)分量适宜、难易适度。(4)作业形式与内容要多样化，具有多选性，难度要逐步提高。(5)要求明确，规定作业完成时间。(6)作业反馈清晰、及时。(7)作业要具有典型意义和举一反三的作用。(8)作业应有助于启发学生的思维，含有鼓励学生独立探索并进行创造性思维的因素。(9)尽量同现代生产和社会生活中的实际问题结合起来，力求理论联系实际。

22. 简述分组教学的优缺点。

(1)分组教学的优点：①分组教学比班级上课更适应学生个人的水平和特点，便于因材施教，有利于人才的培养；②便于学生的交流合作；③有助于学生组织能力、管理能力、表达能力以及问题解决能力的培养；④有利于学生在与小组成员的竞争与合作中，强化自己的学习动机。

(2)分组教学的局限：①分组教学较难科学鉴别学生的能力和水平；②在对待分组教学上，学生家长和教师的意愿常常与学校的要求相矛盾；③分组后有可能产生一定的副作用，使快班学生产生骄傲情绪，慢班、普通班学生的学习积极性降低。

23. 简述《小学教师专业标准(试行)》中"师德为先"的基本理念。

热爱小学教育事业，具有职业理想，践行社会主义核心价值体系，履行教师职业道德规范，依法执教。关爱小学生，尊重小学生人格，富有爱心、责任心、耐心和细心；为人师表，教书育人，自尊自律，做小学生健康成长的指导者和引路人。

三、材料分析题(参考答案)

24. (1)①从教师与学生的关系看，教师是学生学习的促进者。材料中的内容只体现教师只有传授知识的作用，因此是片面的。②从教学与研究的关系看，教师是教育教学的研究者。③从教学与课程的关系看，教师是课程的开发者和建设者。材料中的内容对老师的定位仅仅是课程实施的执行者，因此也是片面的。

(2)王老师的担忧不会成真:①教师劳动具有复杂性。主要表现在教育目的的全面性,即教师不仅要传授科学文化知识和训练学生的技能,发展学生的智力,培养能力,还要培养学生一定的思想品德,促进学生的身心健康。材料二中“由于获取知识的途径越来越多,学生完全可以不通过教师来获取知识,教师对学生的作用也越来越小”这句话忽视了教师对学生思想道德方面的影响。

②教师劳动具有创造性。具体表现为对待学生应因材施教,在教学方法上应不断更新,在教学过程中应具有教育机智。教师是教学这部“交响乐”的指挥,起着将资源最优化的作用。材料二中虽然提到学生获取知识的途径越来越多,但是获取的知识却是广泛、零散的,不一定符合每个学生,这就需要教师调动并组合各种学习资源。

③教师劳动具有示范性。教师应以自己的思想、学识、言行和人格,通过示范方式去直接影响学生。材料二中仅仅提到了学生对知识的学习,并没有意识到教师对学生学习知识和形成良好道德有示范、榜样的作用。

综上,王老师的担忧是不会成真的。

25. (1)课堂纪律是指为保障或促进学生的学习而设置的行为标准及施加的控制。良好的课堂纪律是课堂教学得以顺利进行的重要保障条件,有助于维持课堂秩序,减少学习干扰,也有助于学生获得情绪上的安全感。而材料中两位老师的不同理念和行为导致了不同的教学后果。王老师的课堂纪律失控,有时甚至导致教学无法正常进行;而肖老师的课堂上,学生变得更加自觉,课堂效率也越来越高。因此,为了提高课堂效率,教师可从以下方面着手进行有效的课堂管理:①在开学的第一堂课应集中精力建立规则和程序。在开始的几周里,教师应明确传达学业和行为标准,并且始终如一地给予强化。为了有利于教学,占用一些时间花费一些功夫建立、强化规则和程序是很值得的。因此在材料一中,肖老师的行为是正确的。②开学的第一天或第一节课,教师可以做好准备,备有姓名簿、解释某些基本的规则、在不得不为管理任务分心时让学生做一些活动。但是有效的课堂管理应当及时处理课堂问题,不忽视任何违反课堂规则和程序的行为。因此,王老师放任学生的做法是不恰当的,她应当对学生的课堂问题行为及时干预并制止,以保证教学正常进行。③教师要能理解学生的需要和所关心的事情,知道什么时候修改教学活动,要能把课程设计得更好。

(2)课堂气氛是指在课堂上占优势地位的态度和情感的综合状态。创设积极的课堂气氛的方法有:①发挥教师的主导作用。教师在营造良好的课堂氛围的过程中起着主导作用。如果教师能精心组织课堂教学,巧妙地把握语言艺术,善于用良好的情绪情感感染学生,并善于处理课堂问题,就更容易创造出良好的课堂氛围。②尊重学生的主体地位。创造良好的课堂氛围,关键在于教师能否切实调动学生学习的主观能动性,使学生真正成为教学的主体,学习的主人。因此,教师必须调动学生参与的积极性和主动性,让学生保持最佳的学习心态。③构建和谐的师生关系。课堂中的师生关系,直接影响课堂气氛。建立和谐的课堂人际关系,这是创设积极课堂气氛的基础。教师可以采取以下措施来使师生关系更加和谐:第一,师生民主平等;第二,树立一定的教师威信;第三,要关心爱护学生。

四、教学设计题(参考答案)

26. (1)这是一篇写景的短文,文章生动地介绍了闻名中外的黄山风景区内有趣的奇石、怪石,语言生动、描写形象、富有情趣。全文共有六个自然段,课文的第一自然段先介绍了黄山风景区的地理位置,然后概括地描写黄山的景色——秀丽神奇,还特别指出了黄山的怪石有趣极了。第二自然段至第五自然段是文章的重点段落,具体形象地介绍了几处奇石景点,如“仙桃石”“猴子观海”“仙人指路”“金鸡叫天都”,最后一个自然段概括地介绍了其他奇石,表现了黄山奇石数量之多和形状之怪,突出了奇石的有趣。

(2)教学目标:

知识与技能目标:正确认读、描写“区、尤、其”等生字;正确流利地朗读课文,能比较有感情地朗读文中富有表现力的语句。

过程与方法目标:通过练习、摹写等方式掌握生字;结合教材背景图片体会黄山景色,有感情地朗读文章。

情感态度与价值观目标:通过讲、读、演等各种方式体会黄山石的奇妙,激发对祖国大好河山的热爱之情。

(3)教学环节:

一、谈话引入

教师:黄山奇石可真漂亮,作者写得那么生动形象,你们是不是也想去黄山看看啊?现在我们先仔细观察一下课文的插图,自己写一下“黄山奇石”。并和作者比一比,看谁写的黄山奇石更生动,更形象。

二、仔细观察

教师:用自己喜欢的方法,仔细观察这幅图。

(出示图画,稍停顿,给学生预留观察的时间)

教师:你看到它们像什么,会“干什么”?

三、编写故事

教师:同学们观察得非常认真,现在我们仔细地再来观察这幅图,我们把“仙桃石”“猴子观海”“仙人指路”联系在一起,它们会发生什么事呢?开动你们的小脑筋,发挥想象,把图上的内容编成一个有趣的故事。把这个故事写下来,看哪个小作家最棒!

1. 提示写话要点:

(课件出示:开头空两格,要正确使用标点符号,尝试运用好词好句)

2. 学生写话,教师巡视指导。

四、点评写话

教师:同学们,现在我们一起来展示一下自己的作品吧!

1. 邀请3个学生展示并朗读,其他学生点评优缺点。

2. 鼓励继续完善,完成写话。

【设计意图】低年级学生好玩好动,对一切事物感到好奇,爱想象。本课插图为实景图,且内容相互关联,正好为学生提供了一个发挥想象,锻炼写话的机会。让学生进行编故事的写话训练,有利于更好地培养学生的观察和想象能力。

27. (1)设计意图

首先,教材呈现了现实生活中的圆柱形建筑物和生活用品,让学生观察。同时提出问题“这些物体的形状有什么共同特点?”引导学生思考。

其次,从众多圆柱体实物中抽象出圆柱的一般性直观模型,给出这一模型的名称,使学生对圆柱的认识经历由具体到表象的抽象过程。

最后,让学生说说生活中还见到过哪些圆柱形的物体,丰富学生头脑中圆柱形象的储备,把抽象的“圆柱”具体化,同时让学生感受生活中圆柱的运用是非常广泛的。

(2)教学目标

①知识与技能目标:认识圆柱的底面、侧面和高,掌握圆柱的基本特征。

②过程与方法目标:经历探索圆柱基本特征的过程,提高观察、操作、分析和概括的能力。通过自主研究,掌握研究立体几何的一般方法,提高学习数学的积极性。

③情感态度与价值观目标:进一步培养主动探索精神,发展空间观念,提高学习兴趣。

(3)小组探究活动

①动手操作,探究圆柱的特征

小组合作——探究圆柱各部分的组成和特征。

合作要求:

要求1. 请你拿出你所带的圆柱形物体,看一看它是由哪几部分组成的,小组合作研究各部分有什么特征,如果需要用到特别的工具,比如剪刀,可向老师借用。

要求2. 有困难的小组可以到书中去寻找或补充答案。仔细阅读教材例1的内容,注意边读书中内容,边用笔画一画。

要求3. 小组内互相交流,组织整理好汇报的内容(如:有什么发现?是用什么方法来研究的?)。

【设计意图】小组合作学习,明确要求有利于学生有序地开展研究活动,在互相合作、互相补充中培养小组协作精神。

②小组汇报

A. 结合实物,初步探索圆柱的组成。

哪一组同学来给大家说说看,圆柱有哪些特征?你们是怎么验证的?(学生汇报,教师相继质疑)

知道圆柱由3个面组成。上下两个圆叫做底面,圆柱周围的面叫做侧面。(课件出示圆柱和相应的名称)

师:指一指手中圆柱的底面、侧面。(板书:2个底面,1个侧面)圆柱的这些面有什么特征呢?

B. 观察、比较圆柱底面的特征。

圆柱的两个底面都是圆,大小相等。(板书:面积相等)

师:你是怎样知道两个底面相等的?

预设:剪出来比较、量直径计算、画在纸上倒过来观察是否重合。(分别请学生演示验证)用哪种方法验证最简单?

C. 感知圆柱侧面的特征。

师:圆柱周围的面有什么特征?与底面有什么不同?(板书:曲面)再用手摸一摸。

【设计意图】动手操作有利于增强学生的直观感知,让学生更好地理解圆柱的特征,通过多种方法的展示、验证拓宽学生思维。

D. 圆柱的高。

师:哪段距离表示圆柱的高?请看屏幕,圆柱两个底面之间的距离,就叫圆柱的高。

(课件出示:圆柱两个底面之间的距离叫作高)

师:圆柱的高在哪些地方可以找到?

根据学生的回答,在课件上显示。

小结并板书:圆柱的高有无数条,高的长度都相等。

师：你能在你的圆柱上指出这条高吗？（圆柱中心的高，指不到）
师：面对无数条的高，测量哪一条最为简便？（为了方便一般测量侧面上的高）
师：请看这样画一条线段，是它的高吗？（三角板斜放）
预设：高是两个底面之间的距离，应该垂直于两个底面。
在我们的生活中，圆柱的高还有其他的说法。
（课件演示）你看：一口水井是圆柱形的，这个圆柱的高还可以说是"深"，一个1元硬币是圆柱形的，这个圆柱的高还可以说是"厚"，水管也是圆柱形的，它的高还可以叫"长"。
【设计意图】把抽象的立体图形还原于生活原型，更好帮助学生建立数学与生活的联系，为以后解决生活中的实际问题做好铺垫。
③小结圆柱特征
师：现在谁来完整的说说圆柱有什么特征？（板书）

28. (1)多媒体教学的优点：丰富学生的想象，激发学生的学习兴趣；充分调动学生的各种感官，加深学生的理解和记忆；拓宽学生的学习渠道，有利于学生的自主学习。
多媒体教学的缺点：受设备限制；过度使用容易分散学生对课堂教学内容的注意力。
(2)Teaching Aims
Knowledge aims: ① Students can learn some new words: mutton, eggplant, grape, sour, fresh.
②Students can master the new sentence pattern: What would you like for lunch? I'd like...
Ability aim: Through Q&A and group work, students can describe their favorite food for lunch.
Emotional aim: Students can know the importance of healthy eating habits in their daily life and make up their minds to form a good habit of eating.
(3)导入和呈现环节
Warming-up and lead-in(导入环节):
①Daily greeting.
②Let students have a brainstorming about food in their daily life, and then ask them about their favorite food for lunch.
【设计意图】头脑风暴有利于激发学生积极思考，营造良好的课堂氛围，为引出新课做好铺垫。
Presentation(呈现环节):
①Words learning
Teach "mutton" "eggplant" and "grape": Draw some pictures and lead students to guess what they are, and then teach the new words.
Teach "sour" and "fresh": Describe their flavor and then teach the new words.
All the new learnt words need to be read after the tape for three times. Teacher should pay more attention to students' pronunciation.
②Sentence learning
Show a picture about a restaurant on the screen.
T: Welcome to my restaurant. Here are some foods for you. For example, cabbage, green beans, mutton, tofu, beef, eggplant, grapes. What would you like for lunch? I'd like eggplant.
Lead students to answer: I'd like...
Ask students to listen to the tape carefully, find out the new sentence pattern "What would you like for lunch? I'd like..." and read after the tape for three times. Then teach the new sentence and let students make up some sentences using the new words.
【设计意图】设计"餐厅"情境，让学生在接近生活的真实语言环境中感知和体会句型的使用；通过情境把新单词和句型融合在一起，在进行句型教学的同时巩固对单词的学习。

29. (1)歌曲特点
《毕业歌》创作于1934年，田汉词，聂耳曲，电影《桃李劫》的主题曲，是一首进行曲风格的群众歌曲。大切分、附点等节奏型给人一种铿锵有力、坚定的感觉。歌曲表达了电影中人物对自身遭遇的愤恨不满，以及强烈的爱国主义情感。
(2)教学目标
①情感态度与价值观目标：通过聆听、学习歌曲，感受歌曲表达的情感，点燃爱国热情与民族主义激情。
②过程与方法目标：通过聆听体验、小组讨论的方法，提高自身的演唱水平。
③知识与技能目标：了解休止符在歌曲中的作用，并有感情地完整演唱歌曲。
(3)导入环节
①教师播放歌曲《义勇军进行曲》，引导学生聆听歌曲，并提出问题：这首歌是什么歌？由谁作曲？这位音乐家还有哪些代表作品？
(学生自由回答)
②教师总结：聂耳这位音乐家创作了我们的国歌《义勇军进行曲》以及春节联欢晚会上经常播放的《金蛇狂舞》等耳熟能详的作品。
③接下来，我们再来学习一首聂耳先生创作的歌曲《毕业歌》，听听这首歌曲和"毕业"有什么关系？

由此引入本课。
【设计意图】采用学生耳熟能详的歌曲《义勇军进行曲》进行导入，可以激发学生的学习兴趣，吸引学生的注意力，使学生更好地进入课堂学习；既锻炼了学生的思考能力，又将课堂思路引领到了本节课的授课内容中；从课下到课上形成了一个自然、生动的过渡，调动学生学习音乐的积极性，也同新课程标准理念中“以音乐审美为核心，以兴趣爱好为动力”这一理念相契合。

30. (1)教学目标：
知识与技能目标：初步掌握“排球——原地正面双手垫球技术”的动作要领和作用，掌握自主、协作的学练方法，增加对排球运动的兴趣并主动参与锻炼，为进一步掌握技术技能打好基础。
过程与方法目标：通过学练“排球——原地正面双手垫球技术”，发展灵敏性与协调性等身体素质，增进身心健康。
情感态度与价值观目标：在排球学习过程中，养成克服困难、顽强拼搏、与他人密切合作的良好品质及团结协作的能力。
(2)教学重难点：
教学重点：夹臂、提肩、压腕、垫球的部位准确。
教学难点：判断准确，上下肢协调用力。
(3)教学过程：
①引起注意阶段
引起注意阶段，即课堂常规。
②激发兴趣过渡阶段
A. 徒手操。
学生四列横队成体操队形散开，在教师口令指导下集体做徒手操。徒手操的目的是充分活动全身各个关节，避免运动损伤。
B. 排球准备姿势和基本移动步法的练习。
学生维持体操队形，在教师口令的指挥下，做各种不同的移动步法练习。
③传授练习阶段
A. 徒手模仿练习：全身协调用力，避免蹬地与上身力量脱节。
B. 击固定球练习：体会击球感觉，明确击球部位。
C. 一抛一垫练习：学生四人一组，一人抛球，三人垫球，相距3～4米，再轮流交换抛球，主要体会抬臂动作和用力时力度的控制。
④巩固阶段
进行“垫球积分”练习，通过竞赛的形式，激发学生学习的兴趣，提高学生的技术技能，锻炼学生的协作能力。
以上练习均采用以下几个步骤进行：
A. 教师提示；B. 学生分组，自主学练、相互探讨；C. 学生自评和互评，教师讲评，练习。
⑤身心放松及小结阶段
A. 静力拉伸练习。
B. 师生共同分析上课情况，教师布置课后作业，组织学生整理收还器材，宣布下课。

31. (1)色彩的纯度是指色彩的鲜艳程度，又称色彩饱和度。色彩三属性包括色相、纯度、明度。
(2)教学目标
知识与技能目标：了解并掌握色彩纯度知识，尝试用不同的色彩完成一幅美术作品。
过程与方法目标：通过自主探究，尝试运用一些方法改变色彩的纯度。
情感态度与价值观目标：体验动手的乐趣，提高动手实践能力，培养对色彩感受的能力，在学习中提高审美素养。
(3)导入活动
教师收集学生课下搜集的秋天校园内的落叶，让学生观察同色系叶子的微妙变化，并请学生上前按照黄色落叶的鲜艳程度进行排列，最后教师总结：色彩的鲜艳程度又称色彩饱和度，揭示课题——《色彩的纯度》。
【设计意图】激发学生的学习兴趣，运用自主探究的方式，可以更直观地让学生理解色彩纯度的概念，从而为新课教学做铺垫，同时也有利于提高学生的观察能力。

国家教师资格考试《教育教学知识与能力》(小学)全真模拟试卷(二)

一、单项选择题

答案速查

1～5	BBCBB	6～10	ACBDB
11～15	CBABC	16～20	ABABC

1. B 【解析】亚里士多德在教育史上首次提出了“教育遵循自然”的观点，主张按照儿童心理发展的规律对儿童进行分阶段教育，提倡对儿童进行和谐的教育，这一思想成为后来全面发展教育的思想源泉。

2. B 【解析】教师劳动的创造性主要表现在：(1)因材施教；(2)教学方法上的不断更新；(3)教师需要“教育机智”。题干所述正是教师劳动具有创造性的表现。

3. C 【解析】古代斯巴达教育以军事体育训练和政治道德灌输为主，教育内容单一，教育方法也比较严厉，其教育目的是培养忠于统治阶级的强悍的军人。

4. B 【解析】赞可夫提出了发展性教学理论的五条教学原则，即高难度、高速度、理论知识起主导作用、理解学习过程、使所有学生包括“差生”都得到一般发展的原则。他强调学生的“一般发展”，要求“以最好的教学效果来达到学生最理想的发展水平”。

5. B 【解析】教育具有历史性，即不同时期的教育有其不同的历史形态、特征。在西汉时期实行“罢黜百家，独尊儒术”这一政策正是教育历史性的体现。

6. A 【解析】悬念法是在教授知识的同时，教师通过设疑引出下堂课要学的内容。这种方式可以调动学生学习的积极性。叶老师在结课时给学生留下疑问，这是悬念法结课方式的体现。

7. C 【解析】A项是处理严重割伤的方法；B项用纸巾盖上伤处无法缓解学生的痛苦，做法不妥；C项是处理扭伤的方法；D项是处理一般割伤的方法。

8. B 【解析】再造想象是依据词语或符号的描述、示意在头脑中形成与之相应的新形象的过程。题干所述为再造想象的典型实例。

9. D 【解析】位置记忆法是通过与熟悉的地点顺序相联系起来记忆一些名称或者客体顺序的方法。位置记忆法对记忆有顺序的系列项目特别有用。题干学生所用记忆法为位置记忆法。

10. B 【解析】人刚从暗处走到亮处的时候，最初的一瞬间会感到强光耀眼发眩，眼睛睁不开，什么都看不清楚，要过几秒钟才能恢复正常，这属于明适应现象。

11. C 【解析】原型内化，即智力活动的实践模式(原型)向头脑内部转化，由物质的、外显的、展开的形式变成观念的、内潜的、简缩的形式的过程。它分为三个小阶段，即出声的外部言语动作阶段、不出声的外部言语动作阶段和内部言语动作阶段。

12. B 【解析】压抑动机理论认为，遗忘是由于情绪或动机的压抑作用引起的。有些信息可能对我们自己很重要，所以被记住了；而有些信息可能会引起我们的痛苦或不快，因而不大可能被记住。因此，题干中的学生在自己的座右铭中说要“遗忘消极与不快”，这其中的“遗忘”最有可能用压抑动机理论来解释。

13. A 【解析】建构主义理论告诉我们，知识是学生自主建构的，不是老师教的，通过自己的探究与实践构建自身知识体系符合学生的认知发展规律。

14. B 【解析】演示法是指教师通过展示实物、直观教具，进行示范性的实验或采取现代化视听手段等，指导学生获得知识或巩固知识的方法。

15. C 【解析】课程结构有可度量性也就是说课程内部各要素、各成分间的联系和结构方式往往可以用数量关系来说明。题干所述正是课程结构具有可度量性的内涵。

16. A 【解析】“间接经验与直接经验相结合”反映的是教学中传授系统的科学文化知识与丰富学生感性认识的关系。根据题干所述，路老师在教学过程中遵循了间接经验与直接经验相结合的规律。

17. B 【解析】课程目标取向的分类有普遍性目标、行为性目标、生成性目标和表现性目标。其中，行为性目标是以具体的、可操作的行为的形式加以陈述的课程目标。题干中丁老师将《说说广告》的部分教学目标细化为说说自己喜欢和不喜欢的广告，体现了教学目标的具体性和可操作性，属于行为性目标。

18. A 【解析】荀子是社会本位论的代表人物，题干所述体现了社会本位论的观点。

19. B 【解析】“组织做好学生的综合素质评价工作，指导学生认真记载成长记录，实事求是地评定学生操行，向学校提出奖惩建议。”是班主任的职责与任务之一。

20. C 【解析】教育者是指对受教育者在知识、技能、思想、品德等方面起到教育影响的人，包括学校教师，教育计划、教科书的设计者和编写者，教育管理人员以及参与活动的其他人员。

二、简答题(参考答案)

21. 简述完形—顿悟学习理论的内容。

苛勒等人提出了完形—顿悟学习理论。苛勒认为，学习是个体利用自身的智慧与理解力对情境及情境与自身关系的顿悟，而不是动作的累积或盲目的尝试。

(1)学习的实质——形成新的完形。从学习的结果来看，学习并不是形成刺激—反应的联结，而是形成了新的完形。

(2)学习的过程——顿悟过程。从学习的过程来看，学习是通过顿悟过程实现的。

22. 简述我国新型师生关系的特点。

(1)尊师爱生；(2)民主平等；(3)教学相长；(4)心理相容。

23. 简述新课程倡导的学习方式。

新课程倡导的学习方式有自主学习、探究学习和合作学习。

(1)自主学习关注学习者的主体性和能动性，是学生自主而不受他人支配的学习方式。

(2)探究学习是一种以问题为依托的学习，是学生通过主动探究解决问题的过程。

(3)合作学习是指学生以小组为单位进行学习的方式。

三、材料分析题(参考答案)

24.(1)该材料体现了班级管理中的突发事件：恶作剧。在班级日常管理中，常常会遇到一些诸如打架斗殴、财物丢失、逃学辍学等始料不及的事件，我们将其称为班级突发事件。常见的班级突发事件有成员间的分歧、打架斗殴、顶撞老师、恶作剧、财物丢失等。

(2)班主任应对突发事件有以下几种方法：

①沉着冷静面对。这是处理突发事件的基础。材料中班主任应沉着冷静面对事实，这就要求班主任具有很高的教育修养和心理调控能力，要豁达大度，不怕低头承认自己平时工作中的漏洞。所以教师往往要有极大的忍耐力。

②机智果断应对。材料中班主任要尽可能地平息事端，稳定当事人情绪、为思考进一步解决问题的办法而争取时间。还可采取“转移话题，暂避锋芒”“冷处理”等方法。

③公平民主处理。在处理学生与学生之间的矛盾冲突时，教师应以事实为依据，依法秉公办事，要有民主意识，不偏袒班干部和优等生，也不以老眼光看人，贬低“差生”。

④善于总结引导。材料中班主任应把处理一桩突发事件看成一次了解班级情况、教育引导学生的机会，要允许有“突发事件”的存在。善于从不良事件中找出学生的闪光点并帮助学生分析问题，寻找解决问题的办法，维护学生的自尊心。

25.(1)材料中的教师运用了直观性教学原则、启发性教学原则和理论联系实际的教学原则。

①直观性原则是指在教学活动中，教师应尽量利用学生的多种感官和已有的经验，通过各种形式的感知，使学生获得生动的表象，从而比较全面、深刻地掌握知识。材料中的教师通过播放视频和展示植被变化图，调动学生多种感官的参与，丰富了学生的感性认识。

②启发性原则是指在教学活动中，教师要调动学生的主动性和积极性，引导他们通过独立思考、积极探索，生动活泼地学习，自觉地掌握科学知识，提高分析问题和解决问题的能力。材料中的教师通过设置的问题，一步步引导启发学生独立思考，培养了学生独立思考的能力。

(2)材料中的教师的教学方式给我的启示有以下几点。

①要正确选择直观教具和教学手段；直观教具的演示要与语言讲解结合起来；在课堂上重视运用言语直观。

②在教学过程中要加强学习的目的性教育，调动学生学习的主动性；设置问题情境，启发学生独立思考，培养学生良好的思维方法和思维能力；让学生动手实践，培养学生独立解决问题的能力，鼓励学生将知识创造性地运用于实际；发扬教学民主等。

四、教学设计题(参考答案)

26.(1)文言文翻译的原则是“信”“达”“雅”。“信”是忠实于原文的内容和每个句子的含义。“达”就是翻译出的现代文表意要明确，语言要通畅。“雅”就是用简明、优美、富有文采的现代汉语把原文的内容、形式以及风格准确表达出来。

(2)教学目标：

知识与技能目标：掌握文中出现的生字词及其用法。

过程与方法目标：结合工具书和注释，通过多种阅读形式，理清文章主要内容。

情感态度与价值观目标：体会知音的境界，树立正确的交友观，感受音乐艺术的魅力。

(3)新课教学过程：

一、初读课文，感知知音

1. 师：伯牙为什么要破琴绝弦，不再弹琴了呢？请同学们自由读课文，注意读准字音，读通句子。

2. 学生自读课文，教师适时指导。

3. 指名学生读课文，指导学生恰当停顿，理解并读好两个语气词“哉、兮”。

出示：哉、兮

善哉，峨峨兮若泰山！

善哉，洋洋兮若江河！

4. 师：要想把文言文读好，我们就要准确理解文言文中关键词语的意思。请同学们结合注释再读读课文，看看有哪些关键词语不太理解？

预设几个教学生成点：

(1)四个“善”字的不同用法。

(出示：伯牙善鼓琴，钟子期善听。伯牙鼓琴，志在高山，钟子期曰：“善哉，峨峨兮若泰山！”志在流水，钟子期曰：“善哉，洋洋兮若江河！”)

“善鼓琴”“善听”中的“善”字可理解为“擅长、善于”的意思，两个“善哉”表赞叹之意。

(2)“志在高山”中的“志”和”伯牙所念”中的“念”，都是“心里想”的意思。

此处让学生了解汉字是表意文字,不同的字可以表示相同的意思。

二、品读课文,感悟知音

1. 师:读了这么多遍,相信同学们已经理解了这篇文言文的意思。谁能用一两句话来概括文章的主要内容?

2. 理解"知音"一词。

(1)看图,了解身份,感悟二人成为知音的基础。

(出示课文插图,看图介绍这两个人物的身份。)

思考:这样两个身份、地位相差甚远的人,是什么让他们走到了一起?文中哪句话指出了这一点?

预设:是音乐、是琴。

师:爱好相同是伯牙和子期成为知音的基础。

(2)抓重点句子,感悟二人的知音之情。

①从文中哪些事实可以看出伯牙善鼓琴、钟子期善听?

(出示:伯牙鼓琴;……"善哉,洋洋兮若江河!")

②引导学生用自己的话说说这两句话的意思。

③创设情境,指导朗读,启发学生感悟。

A. 假如你们就是站在琴旁善听的钟子期,当琴声悠扬响起时(播放《高山流水》中"高山"这段音乐),你们眼前仿佛出现了怎样的高山?(生欣赏音乐并想象)

预设:我仿佛看到了挺拔险峻的泰山。

我仿佛看到了高耸入云的高山。

我仿佛看到了气势磅礴的高山。

师:于是,你们满心赞叹——(生读)"善哉,峨峨兮若泰山!"

B. 伯牙继续鼓琴,洋洋的流水仿佛从他的指间流淌而出(播放《高山流水》中"流水"这段音乐),你们眼前仿佛出现了怎样的流水呢?(生欣赏音乐并想象)

预设:我仿佛看到了汹涌澎湃的江河。

我仿佛看到了广阔无边的大海。

师:于是,你们满心赞叹——(生读)"善哉,洋洋兮若江河!"

④诱发学生想象,深刻理解"伯牙所念,钟子期必得之"这句话的内涵。

A. 引发学生延伸想象,放飞思绪。既然说伯牙善鼓琴,那么他的琴声一定不只表现了高山、流水,除了峨峨泰山、洋洋江河之外,他的琴声还会表现哪些动人的场景呢?引导学生想象回答:明月、清风……

当伯牙所念清风,钟子期必得——(生接:清风)

当伯牙所念明月,钟子期必得——(生接:明月)

B. 当子期听到时,他又会怎样赞叹呢?引导学生仿照文中句式表达(善哉,皎皎乎若明月……)。

C. 用课文中的一句话概括就是——(生接读:伯牙所念,钟子期必得之。)

D. 总结:一个所念,一个所得,"心有灵犀一点通",这就是真正的——知音!

⑤全班诵读"高山流水"这千古流传的佳句,体会感情。

(出示:伯牙鼓琴,……"善哉,洋洋兮若江河!")

(3)聆听静想,深悟知音不在的痛。

①教师补充介绍相关资料,调动学生情感体验,并指导朗读:相传,伯牙与子期相见恨晚,结拜为兄弟,约定来年的中秋再到这里相会。春去秋来,伯牙如期前来子期家拜访他,但是子期却已经不幸因病去世了。

(出示课文最后一句:子期死,伯牙谓世再无知音,乃破琴绝弦,终身不复鼓。)

②当伯牙再次来到这里的时候,等到的不是钟子期的人,而是冰冷的墓碑。此刻他多想在坟前再为"知音"弹一曲啊,于是,他内心的痛楚全部化作了音符。(课件播放鼓琴的音乐。)

师:伯牙再也见不到自己的知音了。能把伯牙当时的心情读出来吗?

(生读最后一句话)

师:破的只是"琴"吗?绝的只是"弦"吗?

三、诵读全文,回味知音

千百年来,"知音"典故不但在华夏大地传为美谈,而且名扬海外。人们根据这凄美动人的故事,编写了一首同样动人的乐曲《高山流水》(播放《高山流水》乐曲),让我们在这曲《高山流水》中再次体会伯牙和子期的深厚情谊。

四、拓展延伸,积累运用

课下搜集古今中外赞颂友情的名言佳句,体会人们对友情的珍视。

27. (1)数据分析观念包括:了解在现实生活中有许多问题应当先做调查研究,收集数据,通过分析做出判断,体会数据中蕴涵着信息;了解对于同样的数据可以有多种分析的方法,需要根据问题的背景选择合适的方法;通过数据分析体验随机性,一方面对于同样的事情每次收集到的数据可能不同,另一方面只要有足够的数据就可能从中发现规律。数据分析是统计的核心。

数据分析观念可以从三方面来体现:一是体会数据中蕴涵着信息;二是根据问题的背景选择合适的方法进行描述;三是通过数据分析体验随机性。

(2)教学目标

知识与技能目标:初步体验数据的收集、整理、描述和分析的过程,会用一格表示一的条形统计图来表示数据。

过程与方法目标：通过观察、比较，初步认识条形统计图的结构特点和优势，发展数据分析观念。

情感态度与价值观目标：通过数据的收集、描述、分析等，培养问题意识，体会数学知识与实际生活的紧密联系，提高学习兴趣。

(3)教学环节

(一)导入新课

课件出示2012年8月北京市的天气情况图。引导学生认识和了解表示天气的各种图例。

师生交流后，提问：这是北京市2012年8月的天气情况，这个月的每种天气各有多少天？怎样才能把它们清楚地表示出来？

启发引导学生思考并整理数据：用什么方法统计？

让学生小组合作交流，尝试用自己喜欢的方式来统计数据(数数、画√、写正字等)，组织学生汇报交流。

教师根据学生汇报的情况逐一评价。

【设计意图】通过创设参与北京2012年8月天气情况的调查教学情境，让学生亲身经历数据的收集、整理和处理的过程。在合作互助的学习氛围中，提高学生学习的兴趣、探究的积极性。

(二)探究新知

提问：通过数数的方式我们已经知道每种天气各有多少天，那如何清楚地将它们表示出来呢？

组织学生分小组讨论，并在组内完成。

小组1：可以用统计表来表示，将统计得到的数据填入表中方便查找。

提问：从这张表中你能得到哪些信息？用统计表表示数据有哪些好处？

小组2：还可以用图形来表示统计结果。

提问：用图形来表示统计结果有哪些优点？是否存在不足？

【设计意图】通过创设人人都参与的课堂氛围，充分挖掘学生的潜能，尊重学生个体的选择，鼓励学生用自己喜欢的方式描述统计结果，进行有个性的探究活动。

课件出示条形统计图。

观察统计图有什么特点？(介绍横轴、纵轴、单位长度)

(教师边讲解边演示：将不同的天气数量在图中用涂颜色的方法表示出来)

提问：比较分析哪种图表将数据表示的更清楚？统计图和统计表各有什么特点？

(组织小组内合作交流)

教师总结：这三种方法都能表示出2012年8月北京市的天气情况，但用统计图的方法来记录统计数据可以更直观地表示数量的多少。

像这样用条形的长短来表示数量多少的统计图，我们把它叫作条形统计图。条形统计图一般由标题、日期(可以省略)、单位名称、条形、横轴、纵轴等组成。

【设计意图】学生通过亲手操作获得处理信息的方法，体会统计图和统计表的不同特点，有利于培养问题意识和提高能力。

(三)深化概念

提问：条形统计图的横轴和纵轴分别表示什么？(横轴表示要统计的内容，纵轴一般表示数量)

【设计意图】通过探究用条形统计图来表示2012年8月北京市天气情况的整理、描述、分析过程，明晰条形统计图各组成部分的作用，以提问的方式进行强化的同时，总结归纳。

(四)应用新知

统计本班同学的出生月份，并用条形统计图表示出来。

师生共同完成，小组合作展示。

【设计意图】将新授知识与学生生活实际相结合再一次激发了学生的学习兴趣，学生在积极参与中，经历了收集、整理数据的过程。通过自己收集、整理和分析数据的过程，学生体会到统计的必要性，再次体现了“数学来源于生活，应用于生活”的新理念。

(五)小结作业

师：通过今天的学习大家都收获了什么？想想是怎么得到的，你又从中学到了什么？

作业：对自己感兴趣的内容进行统计，进行数据分析，设计一个条形统计图。

【设计意图】小结部分通过学生总结，不仅可以提高学生的总结概括能力，也可以让教师及时获得学生的反馈信息。让学生对自己感兴趣的内容进行数据分析，制作条形统计图，使学生明白统计知识是为现实生活服务的。

28. (1)小学英语课堂写作的教学原则：

①选择合适的写作教学模式。写作教学模式主要分为三类：重结果的教学模式，重内容的教学模式，重过程的教学模式。

②真实性原则，要使写作任务真实化，例如给某个朋友写一封信等，才能激起学生的兴趣。

③过程性原则，使写作任务过程化，不能只注重结果，要注重整个过程的有效展开，包括写作前、写草稿、编辑修改、校读、公布于众等。

④交际性原则，将交际性引入写作教学中，要给

学生交际的机会,使其在交际中获得乐趣,在写前活动和修改活动时尽可能采用小组活动和同伴活动,增加学生间的交流。

(2)Teaching aims:

Knowledge aim: Students will be able to read, recognize the phrase "get together" and review the usage of "be going to". They can have a brief understanding about writing and can write a letter.

Ability aim: Students can learn how to write a letter. Their writing ability will have an improvement.

Emotional aim: Students can learn to care about their family members.

(3)呈现和操练环节:

环节一:

①Show the letter in the PowerPoint and read it in public.

②Get the students to grasp the phrase "get together". After this, let students make more sentences.

③Conclude the rule of the writing with the students, such as the body, the ending and so on. To make students have a better understanding of the writing knowledge, I will show my writing in public:

Dear Lily,

I am going to have a busy weekend! On Saturday, I' m going to clean my room and do homework. Then, in the evening, I'm going to the supermarket with my mother. On Sunday, I' m going to the bookstore on foot. I'm going to buy some books. Then, I' m going to go home and read the new books. In the evening, I'm going to watch TV. That will be fun! What about you? What are you going to do on the weekend?

Sincerely yours,

David

【设计意图】在学生动手写前做好语言的输入准备工作,阅读范文可以帮助学生积累写作素材。

环节二:

①Divide the class into 6 groups and let them talk freely about their weekends. I will walk around the class and give them timely help.

②Let students write what they have talked before writing to their dear friend about their weekend plan.

【设计意图】学生动手写作可以锻炼他们的语言表达和逻辑思维能力。

环节三:

① Self-editing. 20 minutes later I will let them check it by themselves, using dictionary.

②Peer-editing. After self-editing, I will ask them to check their group members' writings.

I will let each group choose their favorite works and read them in public.

【设计意图】自评与互评活动可以帮助学生锻炼改错能力,同时也可以学习别人作文的优缺点,来优化自己的作文。

29. (1)歌曲的特点:

《洋娃娃和小熊跳舞》是一首波兰儿歌,有欢快的旋律、优美的歌词,是姆·卡楚尔宾娜作词、李嘉川译配的儿童歌曲。歌曲为四二拍,D大调,强弱分明,旋律明快舒畅,节奏活泼跳跃,歌词简单而深刻,生动地表现了洋娃娃和小熊可爱憨厚的舞蹈形象。

(2)教学目标:

情感态度与价值观目标:能够积极参与音乐活动,并感受音乐美以及和他人合作的快乐。

过程与方法目标:能够在聆听、模唱、即兴编创活动中发现音乐的特点,感受音乐的变化。

知识与技能目标:能够用活泼愉快的声音表现歌曲《洋娃娃和小熊跳舞》,并能跟着音乐有表情地进行律动。

(3)导入环节:

教师:同学们,森林里召开了一场盛大的舞会,老师有两个好朋友:小熊和洋娃娃。他们是这场舞会最耀眼的舞者!今天啊,他们向我们发出了邀请,那么就跟随老师的脚步,我们一起去感受这场盛大的舞会吧。

(板书课题:洋娃娃和小熊跳舞)

【设计意图】导入环节运用了创设情境法导入。导入时,教师根据教学内容创设一定的情境,渲染课堂气氛,让学生置身其中,深入体验。以观看森林中的舞会来进行切入,能够激发学生的学习兴趣,将学生带入故事一样的情节中,顺势引出本课的课题。

30. (1)教学重点:伸髋立腰,两手撑腰背,脚面绷直。

教学难点:伸髋立腰与两手撑腰背的配合。

(2)教学目标:

知识与技能目标:了解肩肘倒立的基础知识及练习方法。

过程与方法目标:通过模仿、分组、交流等方法探索学习;通过练习,学会互助合作和自主探究的学习方法。

情感态度与价值观目标：通过本节课的学习，养成同学之间互相帮助的优良品质，在相互合作、共同探究中体会成功的喜悦。

(3)①易犯错误：伸腿方向不正，不能一步到位。

纠正方法：仰卧屈体伸髋伸腿成肩臂倒立，还原成仰卧屈体。

②易犯错误：倒立不稳或立不住。

纠正方法：原地站立，练习两手撑腰背的方法(两肘内收)；练习屈腿的肩肘倒立，立稳后，再慢慢将腿伸直。

③易犯错误：倒立不直，屈髋。

纠正方法：语言提示，立腰、挺髋、挺腹、伸腿、绷脚尖；两人合作，在帮助下练习。帮助者上提练习者踝部的同时，一膝抵住腰部；帮助者托练习者的脚做45°的肩肘倒立，进行挺髋练习。

31. (1)速写的定义及其对美术学习的积极意义：

定义：速写是一种快速的写生方法，是以线为主的表现形式。速写同素描一样，既是造型艺术的基础，也是一种独立的艺术形式。

积极意义：速写练习不仅可以锻炼学生的观察能力，而且能培养其绘画概括能力，加深学生的记忆力和提高默写能力。通过速写练习，学生还可以收集大量的素材，不断地积累速写经验。同时，也培养了学生的创作能力。速写是由造型训练走向造型创作的必然途径。

(2)教学目标：

知识与技能目标：了解自行车的基本结构，掌握以线为主的造型方法；以速写的形式，对自行车的局部进行写生。

过程与方法目标：通过认真观察，教师讲解、分析并示范，锻炼对自行车局部的观察和造型能力以及对生活中物象的观察与表现能力。

情感态度与价值观目标：养成热爱生活、观察生活、从生活中发现美的良好习惯，感受创作的乐趣，体会和发现生活中的美。

(3)教学环节：

①提出问题，导入新课

上课开始，教师提问：大家都会骑自行车吗？谁能说出自行车上有哪些构造部件？

学生踊跃回答，教师就势导入本课《自行车局部写生》。

【设计意图】运用提问法导入，激发学生的学习兴趣。从学生生活切入，提高学生的学习热情。

②讲授新知，演示新技能

教师出示自行车PPT，提问：大家认真观察自行车上的细节，看看各部位有什么不同？

学生讨论并回答。

教师总结：自行车上的不同部位(车座，车把，车轮，脚蹬，链条等)体现了不同的线条，如车身是直线，车轮是弧线，链条和轮胎花纹是曲线、折线等。

教师讲解，根据实际观察，体会不同的线条给人的不同感受。教师示范自行车的局部写生，学生观摩学习如何使用线条来表现自行车的各个部位。

【设计意图】通过提问，使学生了解自行车的基本结构；通过教师示范，学生可以更加深刻地体会不同线条的表现力，并直观感受、学习如何进行速写写生。

③巩固新知，实践练习

教师示范结束，让大家选择自己想要描绘的自行车局部，运用不同的线条进行实践练习，教师巡视指导。

【设计意图】通过课堂练习，及时掌握速写写生方法，巩固所学新知。

④展示评价，拓展提高

将练习作品进行展示，通过学生自评、他评、互评、师评等方式，进行多角度评价。肯定学生学习成果，指出不足，鼓励学生。

【设计意图】对学生的实践成果进行多主体、全方位的评价交流，不仅体现了学生的主体地位，也体现了教师的主导作用。